# 城市指南與近代中國城市研究

Finding Urbanity:
Guidebooks and the Study of Modern Chinese Cities

## 巫仁恕　主編
### 中央研究院近代史研究所城市史研究群

# 民國論叢 ｜ 總序

## 呂芳上
民國歷史文化學社社長

1902 年，梁啟超「新史學」的提出，揭開了中國現代史學發展的序幕。

以近現代史研究而言，迄今百多年來學界關注幾個問題：首先，近代史能否列入史學主流研究的範疇？後朝人修前朝史固無疑義，但當代人修當代史，便成爭議。不過，近半世紀以來，「近代史」已被學界公認是史學研究的一個分支，民國史研究自然包含其中。與此相關的是官修史學的適當性，排除意識形態之爭，《清史稿》出版爭議、「新清史工程」的進行，不免引發諸多討論，但無論官修、私修均有助於歷史的呈現，只要不偏不倚。史家陳寅恪在《金明館叢書二編》的〈順宗實錄與續玄怪錄〉中說，私家撰者易誣妄，官修之書多諱飾，「考史事之本末者，苟能於官書及私著等量齊觀，詳辨而慎取之，則庶幾得其真相，而無誣諱之失矣」。可見官、私修史均有互稽作用。

　　其次，西方史學理論的引入，大大影響近代歷史的書寫與詮釋。德國蘭克史學較早影響中國學者，後來政治學、社會學、經濟學等社會科學應用於歷史學，於1950 年後，海峽兩岸尤為顯著。台灣受美國影響，現代化理論大行其道；中國大陸則奉馬列主義唯物史觀為圭臬。直到1980 年代意識形態退燒之後，接著而來的西方思潮——新文化史、全球史研究，風靡兩岸，近代史也不能例外。這些流行研究當然有助於新議題的開發，如何以中國或以台灣為主體的近代史研究，則成為學者當今苦心思考的議題。

　　1912 年，民國建立之後，走過1920 年代中西、新舊、革命與反革命之爭，1930 年代經濟大蕭條、1940 年代戰爭歲月，1950 年代大變局之後冷戰，繼之以白色恐怖、黨國體制、爭民權運動諸歷程，到了1980 年代之後，走到物資豐饒、科技進步而心靈空虛的時代。百多年來的民國歷史發展，實接續十九世紀末葉以來求變、求新、挫折、突破與創新的過程，涉及傳統與現代、境內與域外方方面面的交涉、混融，有斷裂、有移植，也有更多的延續，在「變局」中，你中有我，我中有你，為史家提供極多可資商榷的議題。1949 年，獲得諾貝爾文學獎美國作家福克納（William Faulkner）說：「過去並未死亡，甚至沒有過去。」（The past is never dead. It's not even past.）更具體的說，今天海峽兩岸的現況、流行文化，甚至政治核心議題，仍有諸多「民國元素」，歷史學家對民國歷史的回眸、凝視、觀

察、細究、具機鋒的看法，均會增加人們對現狀的理解、認識和判斷力。這正是民國史家重大任務、大有可為之處。

民國史與我們最是親近，有人仍生活在民國中，也有人追逐著「民國熱」。無庸諱言，民國歷史有資料閎富、角度多元、思潮新穎之利，但也有官方資料不願公開、人物忌諱多、品評史事不易之弊。但，訓練有素的史家，一定懂得歷史的詮釋、剪裁與呈現，要力求公允；一定知道歷史的傳承有如父母子女，父母給子女生命，子女要回饋的是生命的意義。

1950 年代後帶著法統來到台灣的民國，的確有過一段受戰爭威脅、政治「失去左眼的歲月」，也有一段絕地求生、奮力圖強，使經濟成為亞洲四小龍之一的醒目時日。如今雙目俱全、體質還算健康、前行道路不無崎嶇的環境下，史學界對超越地域、黨派成見又客觀的民國史研究，實寄予樂觀和厚望。

基於此，「民國歷史文化學社」將積極支持、鼓勵民國史有創意的研究和論作。對於研究成果，我們開闢論著系列叢書，我們秉持這樣的出版原則：對民國史不是多餘的書、不是可有可無的書，而是擲地有聲的新書、好書。

# 目　錄

1／**導　論** ...................... 1

巫仁恕　中央研究院近代史研究所研究員

2／**從會館、廟寓到飯店、公寓：**

**北京指南書旅宿資訊的近代化歷程** ................... 17

邱仲麟　中央研究院歷史語言研究所研究員

3／**略論近代華文上海指南書刊的編纂策略** ........ 107

林美莉　中央研究院近代史研究所副研究員

4／**城市、避暑與海濱休旅：**

**晚清至 1930 年代的北戴河** ............................. 163

潘淑華　香港中文大學歷史系副教授

5／**城市指南與近代青島的空間變遷**

**（1898-1949）** ...................................... 211

馬樹華　中國海洋大學文學與新聞傳播學院教授

趙成國　中國海洋大學文學與新聞傳播學院教授

6／何為上海、如何指南：

《上海指南》的空間表述（1909-1930）........ 265

孫慧敏　中央研究院近代史研究所副研究員


7／近代日本的中國城市指南及其印象：

以北京、天津為例 ................................ 319

吉澤誠一郎　日本東京大學文學部教授


8／中國菜的現代性：

日本遊客在民國時期食都上海的美食體驗 .... 355

岩間一弘　日本慶應義塾大學文學部教授


9／近代中國寺廟破壞運動的空間特徵：

以江南都市為重心 ................................ 391

康豹　中央研究院近代史研究所特聘研究員


10／清朝至民初的北京旅蒙商 ................................. 433

賴惠敏　中央研究院近代史研究所研究員

# 導　論

巫仁恕

中央研究院近代史研究所研究員

　　19 世紀在西方出現的「現代」指南書籍，其內容的主要特點包括對遊客的大量建議，通常還附有地圖、插圖與重要地點的詳細記錄，而且還會有一個或多個建議的旅遊行程。表面上聲稱是單一作者所撰，實際上是多人合作完成，而且撰寫的體例逐漸制式化。這些城市指南是大眾旅遊業形成的重要產物，過去因為認為它們過於普通，附圖沒有藝術價值可言，文字又太過淺顯通俗，所以一直未如旅遊文學受到重視。[1] 然而，只是將之視為大眾旅遊業下的產物，而以為其角色不過是提供標準化的旅遊經驗和指導「旅遊者的凝視」（tourist gaze），如此便忽略了其所具有的多樣性。至少這些大量出版又暢銷的書籍，一定程度影響了大眾對某些城市的概念，以及數以萬計遊客的旅遊實踐，不應該如此輕忽它。[2]

　　近代中國自從 19 世紀中葉以後也陸續出現城市指南的手冊書籍，過去這類文本也未受到史學家的重視。中

---

1　John Taylor, *A Dream of England: Landscape, Photography and the Tourist's Imagination* (Manchester: Manchester University Press, 1994), p. 135.

2　David Gilbert, "'London in all Its Glory - or How to Enjoy London': Guidebook Representations of Imperial London," *Journal of Historical Geography*, 25:3 (1999), pp. 279-297.

央研究院近代史研究所自從成立「城市史研究群」之後，
致力於近代中國城市史的研究與史料開發，同仁深覺城
市指南對解讀近代中國城市演變具有重要的史料價值，
於是建置有「近代中國城市」資料庫，收錄五十多種城
市指南。此外，城市史研究群也在 2014 年近代史研究所
舉辦之「全球視野下的中國近代史研究」國際學術會議
中，邀請同仁與海內外多位學者共同撰文探討城市指南
的相關問題，本論文集即是該次會議的結晶。[3]

自 19 世紀中葉以來，現代歐洲的城市指南對於城市
的理解，通常是調和三個獨特的元素而成。首先，最明
顯的是突出城市的長遠歷史，城市指南將城內前現代的
遺址與舊有的古老文明聯繫在一起。其次，指南明確地
頌揚城市的現代化。第三個元素則是展示城市作為一個
權力場域，以及國家統一的中心地。[4]對照歐洲，近代中
國的城市指南也同樣存在上述的三個元素。事實上，近
代中國的城市指南還有更多樣的元素，以下筆者嘗試整
合本論文集之論文成幾個不同的主題作介紹。

## 文本傳統與現代變遷
近代中國城市指南手冊的出現，其實有很長的歷史

---

3　該次會議的相關論文之後陸續發表在不同的期刊上，藉此機會再次整合為
　　完整的論文集，同時編者亦邀約岩間一弘教授的相關論文收入本論文集。

4　David Gilbert, "'London in all Its Glory - or How to Enjoy London':
　　Guidebook Representations of Imperial London," pp. 280-281.

淵源。在明清時期的重要城市，尤其是首都城市如北京、南京，就已經有介紹城市的文本。邱仲麟在本書所收入的論文〈從會館、廟寓到飯店、公寓──北京指南書旅宿資訊的近代化歷程〉，指出北京在嘉靖年間首次出現類似城市指南之作，即張爵所撰的《京師五城坊巷衚衕集》。至萬曆年間，以北京風景名勝做為體裁的著作大量出現，直到明季。入清之後，關於北京的這類書籍仍持續不斷出版，其中以道光 25 年（1845），楊靜亭編次之《都門紀略》在記載上更具有「近代性」，於是有學者認為《都門紀略》是北京最早的遊覽與旅行指南。[5] 二十餘年之後，上海書業中人葛元煦受到《都門紀略》的影響，仿其體例輯錄成《滬游雜記》一書，於光緒 2 年（1876）11 月問世，成功打開上海旅遊指南書刊的出版道路。

　　不過，這一類書籍和後來的現代城市指南，在內容上與功能上仍有很大的距離。就像林美莉的論文〈略論近代華文上海指南書刊的編纂策略〉所云，無論是《都門紀略》或《滬游雜記》都是採取較傳統式的典故記聞寫作模式，編者對於選材享有高度自由，內容並非是真正搜羅全備的城市指南。直要到宣統元年（1909）商

5　關世沅，〈最早的北京遊覽指南《都門紀略》〉，收入北京市社會科學研究所《北京史苑》編輯部編，《北京史苑》，第 3 輯（北京：北京出版社，1985），頁 431-439。么書儀，〈道光至光緒間的京師旅行指南〉，《文史知識》，2004年第 1 期，頁 92-102。

務印書館編譯所編印的《上海指南》，才是真正第一本
具有影響力的上海指南專書。在北京，這個進程則更要
等到民國 3 年（1914），擷華書局出版了《新北京指
南》一書，才開啟了北京城市指南書的新頁。上述《上
海指南》所訴求的，便是世界各國大城市都有專屬的城
市專書，作為中國最大商埠的上海，不應落人之後，其
〈序〉云：

> 上海為中國第一大埠，居南北之中，交通最便，故
> 凡官紳商學各界，下及傭工負販之流，道出上海者，
> 日以數萬計，使無專書指示一切，何以便行而示繁
> 富。東西各國，於名都大埠，均有紀述之書，為過
> 客之指南，實為旅行必携之物。本館特仿期意，輯
> 成是編，聊備旅客檢查之需。

　　由此可見，現代的中國城市指南之所以出現，顯然是
受到西方的影響。從這個角度來看，19 世紀城市指南在
各個國家、各個地區紛紛出現，突顯了出全球化的一面。

## 旅遊與指南

　　近代中國城市指南的重要功能之一，即提供休閒旅
遊的資訊。當然，為旅客提供遊覽資訊的出版物，也並
非在民國時期才出現。明清時期以商旅為對象的商人書
與商業路程書，都為出門經商的旅者提供各種路程資訊，

當中亦包括各地旅遊名勝的介紹，例如明朝的《新刻士商要覽》及《天下水陸路程》。同時期也出現介紹單一城市景點的旅遊手冊，如《西湖志摘粹補遺奚囊便覽》。[6]到了近代，鐵路的發展促進了城市的觀光與休旅產業的現代化。我們發現許多城市指南的編輯與鐵路的新建密不可分，所以常見有以「鐵路指南」為名之手冊，接著才出現了以「旅遊指南」或「旅行指南」為名的城市指南，這些手冊書籍主要就是為了推銷休旅，北京、蘇州、青島與北戴河都是很好的例子。

　　北京由鐵路公司所編寫的城市指南，對於旅遊更有使用的價值。如邱仲麟文中所述，北京在光緒23年（1897）以後，京漢、京奉、京張等鐵路陸續修築，各大鐵路管理局相繼出版鐵路旅行指南以期增加客運量，其中就以《京奉鐵路旅行指南》發行最早。民國初年又有《京漢旅行指南》刊行，民國12年（1923）的《北京便覽》也是為「指導旅遊者作也」。民國15年（1926）的《北京遊覽指南》開啟了北京旅遊類指南的新頁，隨之又有《簡明北平遊覽指南》與《北平旅行指南》。

　　北戴河能夠被營造成為華北最重要的海濱閒暇勝

6　巫仁恕，〈晚明的旅遊活動與消費文化──以江南為討論中心〉，《中央研究院近代史研究所集刊》，第41期（2003年9月），頁91-92；巫仁恕、狄雅斯（Imma Di Biase），《游道：明清旅遊文化》（臺北：三民書局，2010）；陳學文，《明清時期商業書及商人書之研究》（臺北：洪葉文化、中華發展基金管理委員會，1997），頁183-190。寺田隆信，《山西商人の研究：明代における商人および商業資本》（京都：京都大學文學部東洋史研究會，1972），第6章，〈商業書にみる商人と商業〉，頁287-324。

地，正如同本書收錄的潘淑華〈城市、避暑與海濱休旅：晚清至 1930 年代的北戴河〉一文所云，同樣是因為清末京奉鐵路的興建，才使偏遠的北戴河進入西方人及中國人的視野。雖然興建京奉鐵路的最初目的是發展經濟，而非休旅文化。最早有關北戴河的中文旅遊資料，也是1910 年開始由京奉路管理局編製的《京奉鐵路旅行指南》。京奉鐵路局為了商業利益，銳意推廣北戴河鐵路旅遊的意圖甚為明顯。

　　旅遊類型的城市指南還不僅只是提供休旅知識而已，在內容上其實反映了許多複雜的意義。從指南中介紹的遊覽名勝地景為例，哪些要介紹？哪些視而不見？其實都反映了編著者背後的企圖。近代德國與歐洲的歷史經驗顯示了旅遊指南不僅提供遊客消耗時間與空間的資訊，也暗示了一套超越商業化與日常生活消費的含義與符號，也就是國族的認同。當旅客遊覽歷史景點後所獲得的知識，除了景點本身之外，還有該景點在國家整體的起源與地位。因此，旅遊業和國家建構的文化場域相遇，旅遊指南提供必看景點的指引標誌。[7] 古蹟就是近代中國旅遊類型的城市指南常常出現的內容，例如民初的蘇州地方知識界重視古蹟的保護，認為古蹟是民族文化的重要遺產。同時的旅遊指南的行程卻將古蹟塑造成

---

7　Rudy Koshar, "What Ought to Be Seen: Tourists' Guidebooks and National Identities in Modern Germany and Europe," *Journal of Contemporary History*, 33:3 (1998), pp. 323-340.

現代旅遊景點，以消費傳統文化來招徠遊客。在追求國家認同的背景下，保護古蹟與消費古蹟兩者看似矛盾的心態，其實是可以相通的。[8] 類似的情形在青島的例子也可以看到。民國 18 年（1929）青島成為直轄市之後，到 1930 年代逐漸成為大眾旅遊的熱門城市，就在這樣的背景下，出現了幾種以青島作為遊覽勝地為目的的城市指南，代表性的有《青島名勝遊覽指南》與中國旅行社所出版的《青島導遊》。青島建市短暫，市區的名勝古蹟屈指可數，然而如同馬樹華與趙成國的論文〈城市指南與近代青島的空間變遷（1898-1949）〉所指出：青島和蘇州一樣，指南裡仍然介紹了不少古蹟名勝，將之包裝成現代旅遊業的賣點。甚至還有仿古建築，為景點賦予了民族的文化內涵，以期通過景物的傳統建築形式，尋求民族文化身分的認同。

## 誰的指南？

　　近代中國各地的城市指南形成的過程中，並不全然是因為休旅的需要而專為遊客所設計編纂，其實也為了滿足當地人的需求。上海的城市指南就是一個很好的例子。林美莉的論文指出民國初年商務印書館發行的《上海指南》，共有 23 版增訂；它最受人歡迎的是把晚清以

---

8　巫仁恕，〈從遊觀到旅遊：16 至 20 世紀初蘇州旅遊活動與空間的變遷〉，收入巫仁恕、康豹（Paul R. Katz）、林美莉主編，《從城市看中國的現代性》（臺北：中央研究院近代史研究所，2010），頁 145。

來中國的工商實業現況，加以分門別類後詳細列出。這樣的安排，不僅是專為對外貿易而設計，更為本土與本地的工商業者提供了便利。因此，這部指南的適用對象從過去的遊人客商，推廣到居住斯土的一般居民，作為翻查日常生活的參考。隨後中華書局才發行了《上海游覽指南》，該書雖然記載了從上海出發的旅遊行程，但是過於簡單，只能聊備一格，無法將之定位為純粹以旅行作為目的。根據本書發刊說明可知，這本簡要版指南其實除了希望吸引過客之外，也期待爭取居民的青睞。其他以上海為描述目標的指南書籍，不論其厚薄大小，都不再滿足於只是單純地為過往旅客提供遊觀指南，同時也希冀化成定居市民置於案頭的生活備要。

如果城市指南的用途不只是旅遊指引，還是城市居民的生活手冊，那麼城市指南所定義的「城市」應該有其整體性與連續性才是。然而，從上海的例子卻證明了與上述相反的事實。過去葉凱蒂曾分析 19 世紀下半葉問世的多幅上海地圖後指出，當時的地圖繪製者基於不同的族裔背景、政治立場與文化價值觀，對「上海」的形狀、位置、地標做了不同的呈現。[9]

即使如此，到了20 世紀以後的《上海指南》在定義上海的範疇時，行政的上海跟城市的上海定義完全不同。

---

9　Catherine V. Yeh, "Representing the City: Shanghai and Its Maps," in David Faure and Tao Tao Liu eds., *Town and Country in China: Identity and Perception* (Hampshire and New York: Palgrave, 2002), pp. 166-202.

最明顯的就像孫慧敏〈何為上海、如何指南：《上海指南》的空間表述（1909-1930）〉提到，1909年至1930年間前後增修共23版的《上海指南》，始終沒有確立一個統攝全書的「上海」定義。這樣多元的「上海」定義，可以在同一作品中同時存在。編者在說明疆域沿革時，始終沿用1871年版《上海縣志》中所界定的「上海縣」。在羅列「行政官署」時，最初仍用「上海縣」，後來改用「淞滬警察廳」，乃至國民政府時期的「上海市已完成接收地區」來定義「上海」的範疇。在作區塊介紹時，卻以「城廂租界全圖」所描繪的範疇為準，僅限於舊縣城和租界及其週邊城市化程度較高的地區；而〈地名表〉最初甚至連舊「美租界」以東的租界地區也付之闕如。孫教授認為這樣的現象似乎不見得是編者失察或失職所致，可能更反映了當事人對上海空間範疇的混雜認知。

## 外文的城市指南

我們可以將城市指南視為是「跨文化」的文本，也就是一種建構瞭解他者文化特徵之文本。在當時中國的城市指南中有不少是外文的指南，尤其以日文的指南為數最多，書名一般稱作某某「案內」。關於中國的日文城市指南，內容相當複雜，編者也各有各自的立場，卻也如吉澤誠一郎〈近代日本的中國城市指南及其印象：以北京、天津為例〉一文所云，這是瞭解日本人對中國體驗的一扇窗。就以北平、天津的城市案內為例，一方

面它呈現了日本人對中國城市的刻板印象，例如天津跟
北京的城市指南就談到中國的北方人與南方人的國民性
之差異，又特別提到中國的衛生落後，此外還提及和中
國商人做生意應該注意的許多風險。

　　除了北京與天津之外，戰前也出現不少日文的上海
指南，[10] 從這些日文指南也可以發現日本人對上海飲食
文化認知的刻板印象。岩間一弘〈中國菜的現代性：日
本遊客在民國時期食都上海的美食體驗〉一文，指出
1910 至1920 年代不同版本的日文上海指南，反映了日
本人對中國菜口味的變化。最初很多人都說廣東菜最適
合日本人口味；到1910 年代中期開始，日本人的口味
就轉向同樣偏甜的福建菜。然而，無論被日本人視為上
海菜的是廣東菜或福建菜，其實皆非上海人日常吃的本
幫菜。

　　另一方面在抗戰爆發之後，北平、天津這些淪陷地
區在日軍支配之下，所出版的日文指南書即是當地政治
狀態的產物。最明顯的例子，就是吉澤誠一郎文中所提
到 1941 年安藤更生編著的《北京案內記》，該書序言明
確指出其出版目的：「北京已不再只是觀光都市，更屹
立成為興亞最主要的基地。」因為有許多外來的日本旅
人缺乏合適的指南書籍，而且長期定居者也非常欠缺指

10 孫安石，〈解説　日本人がみた上海イメージ：《上海案内》の世界〉，
　　收入孫安石監修，《近代中国都市案内集成：上海編》，第 1 卷（東京：
　　ゆまに書房，2011）。

引，所以需要編寫的「市民生活」指南。吉澤誠一郎教授指出：這種情況體現出日本侵略中國的一個面向，而指南書的內容也和日人對華進出的現實密不可分。至日本戰敗之後，日文的中國城市指南書籍也進入了一個很大的空白時代。

馬樹華與趙成國的論文以青島的外文城市指南作為探討對象，讓我們看到另一個饒富意義的例子。光緒24年（1898）德國過條約取得膠澳租界內的新建市區，命名為青島。早期德國人編寫的城市指南強調德國殖民當局的城市建設成就，其目的是把青島作為德國在遠東的「模範殖民地」和避暑勝地進行宣傳推介。1914年日本取代德國佔領青島後，所編寫的日文城市指南則充分突顯日本人在當地從事經營與工商業擴張的結果，尤其體現在青島的日本人街區之描述。同時，日文的城市指南內容也顯示其所塑造的殖民文化空間，包括紀念日本軍功的新景點，以及日本的神社與忠魂碑。

當然，本論文所收錄的論文尚不足以全面地比較中文、英文、日文城市指南的差異與各自的特色，期待本論文集是一新的開始。

## 國族主義與去殖民化

城市指南反映編者的時事觀，例如《上海市大觀》特別指出了上海經歷淞滬戰爭的前後變化，注入了自己對時事的關懷。另外，還有一些中文的指南如青島與北

戴河的城市指南，更加顯示出去殖民化的強烈企圖。

　　潘淑華在探討北戴河被發現成為海濱休旅勝地的論文裡，透過 1920 至 1930 年代出版的指南，分析了印刷媒體對北戴河休旅空間的再現與塑造，其中就可以看到國族主義的論述。徐珂於民國 10 年（1921）編寫成書的《北戴河指南》，並未視北戴河為純粹的休旅空間，在序中可見他為北戴河賦予的民族意義；同時該書選擇性地不多介紹海濱活動，也反映當時西方的海濱休旅文化並未被中國人全盤接受。而之後於民國 14 年（1925）出版的《北戴河海濱志略》與民國24年（1935）出版的《北戴河海濱導遊》則介紹了海浴的好處。可見西方有關海浴療效的醫學論述逐漸為中國人接受，並通過旅遊指南向各界推廣。至此，由華人組織公益會所改造的北戴河海浴空間，已充分發揮了民族認同的融和性，海浴空間成為國人體驗民族情感的空間。

　　青島在歷經德國人與日本人的統治之後，民國 11 年（1922）中國才收回主權。馬樹華與趙成國的論文指出主權回歸後的青島，既繼承了德佔日據時代的空間格局與功能分區，又表現出明顯的去殖民化努力。新編的青島中文指南既表達了對德國市政建設的猶豫與含糊，也迴避了日本在青勢力；所要傳達的則是中國人強烈的城市自我意識、市政管理能力與民族文化認同。由是，青島的這些指南不僅客觀地呈現城市風貌，也主動參與城市形象塑造與空間變遷。透過它們不同的旨趣與內容，

我們可以瞭解在「空間變遷」、「殖民文化」和「民族
主義」之下，清晰地看到青島是如何從一座德日殖民城
市，成長為一座中國人自己的城市。

## 城市指南所反映的社會經濟變遷

　　城市指南所記載的內容雖然是編者所選擇的，然
而，確實也在一定程度上反映了20世紀初城市社會的變
遷。例如抗戰前蘇州的各種指南手冊所記載的菜館數量，
大致上可以看到菜館數量成長的趨勢。在1920年代出版
的指南書中，除了《旅蘇必讀》記載菜館特別細緻、數量
特別多之外，大致上數量都不到二十家。但是到1930年
代的指南書中，記載菜館數量達到三十、四十餘家。同時
也可以看到蘇州旅館數量的增長，在1920年代蘇州指南
手冊上的記載，大約只有十幾家旅館；但是到1930年代
的指南書中，旅館數量已超過三十家。[11]

　　不僅是記載業者的數量，有時城市指南的內容還反
映了業者本身的變化。岩間一弘的論文即指出《上海指
南》的編者敏銳地捕捉到當時各種地方菜的流行變化。
上海早年的菜館除了本幫菜之外，只有安徽和寧波兩幫；
直至租界開闢之後，始有各地的菜館出現。其中，北京
菜和天津菜皆曾盛極一時，但福建菜隨著辛亥革命後革

---

11 巫仁恕，《劫後「天堂」——抗戰淪陷後的蘇州城市生活》（臺北：國立
　臺灣大學出版中心，2017），頁33、43。

命軍勢力的抬頭而崛起，而保路運動的爆發揭開了辛亥
革命序幕，也使四川菜在上海流行起來。1930 年前後，
安徽菜也風靡一時。然而，這些流行均未能持久，取而
代之的是廣東菜。

　　然而，我們也不能盡信城市指南的內容，因為指南
所記載也可能與實際的情況相違。康豹就指出城市指南
中關於寺廟的訊息雖然可貴，但並不能等同於宗教生活
的全面報導，其取材有所篩選，描寫有時亦嫌浮泛。上
海歷年發行的城市指南雖然記載了主要寺廟的位置與沿
革，同時不乏市民宗教生活的描寫，但這與當時盛行的
寺廟破壞運動形成鮮明的對比。上海的寺廟破壞運動在
1920 到 1930 年代達到高潮，然而指南系列的編寫者仍
然記錄了大量的寺廟，給人一種寺廟絲毫沒有受到破壞
的印象。

　　城市指南不僅是研究城市史的重要文獻，因為它的
內容記載非常多元，同時還可以利用來研究商業史與文
化史等不同面相，上述康豹的論文即是很好的範例。本
論文集中另收錄賴惠敏〈清朝至民初的北京旅蒙商〉一
文，為我們展示了如何利用北京的城市指南來分析清代
商業史。清末的《都門紀略》與 1920 年代發行的《北京
指南》與《北京便覽》都記錄了許多北京的商號，包括
其名稱、門市地點、經營業別與販售的商品等資訊。因
為北京指南有此詳細的記載，才得以重建旅蒙的北京商
人之商業活動與商業網絡，以及北京商人與蒙古人交易

與販售的商品種類。

## 小結：未來的研究可能性

在綜述本論文集的研究成果後，在此嘗試提出一些未來值得更進一步進行研究分析的可能路徑。首先，我們不要忘了城市指南雖然是出版品，不過，讀者對這些指南手冊的反應與回響，甚至是干預，都可能會影響城市指南的重修內容與其呈現的城市形象。19世紀英國倫敦城市指南的例子，就表明了讀者對城市指南的干預，影響編者修改了城市指南的圖像表述方式。未來可以進一步更深入探討市場需求、公眾品味，以及出版印刷商三者之間的互動作用。[12]

其次，我們還可以再思考從長時期的眼光，來觀察城市指南如何再現不同時期的城市形象，尤其是首都城市。例如19世紀的倫敦城市指南就毫不保留地表達倫敦的卓越地位，讚譽倫敦在世界上的中心位置，這是從1851年舉行萬國工業博覽會到兩次世界大戰之間反覆出現的主題。直到二戰後，城市指南的主題才從介紹大英帝國取代為其它的主題，包括生存、重建和現代化這類主題，接著是遺產、青年文化和文化多樣性。[13] 倫敦的

---

12 Paul Dobraszczyk, "City Reading: The Design and Use of Nineteenth-Century London Guidebooks," *Journal of Design History*, 25:2 (2012), pp. 123-144.

13 參見 David Gilbert, "'London in all Its Glory - or How to Enjoy London': Guidebook Representations of Imperial London" 一文。

歷史經驗讓我們思考近代中國的北京與南京這兩個首都城市，一個從帝都北京到民國的北平，一個從省城江寧到首都南京，這樣的大變化在城市指南中反映出什麼樣的形象變遷呢？

　　雖然本論文集可以說是第一本關於近代中國城市指南的論文集，但是仍有許多還待開發的空白地帶。在近代中國的城市中還有許多城市指南是未受到注意的，甚至尚未被研究。中國內陸的許多城市在本論文集中都尚未論及，例如漢口、九江、西安、石門等城市，在近代史研究所的資料庫裡都蒐錄有這些城市的指南；即使像杭州這樣的旅遊古城，在資料庫裡雖已蒐錄八種之多，但本論文集卻未有專文討論，誠為最大的遺憾。至於像滿州國的首都長春與抗戰淪陷後的城市指南，同樣地也待開發。抗戰勝利之後到 1949 年後城市指南所發生的變化，在本論文集中也僅有林美莉探討上海指南一文有所涉及，這些都還需要學界持續的努力。

# 從會館、廟寓到飯店、公寓：北京指南書旅宿資訊的近代化歷程

邱仲麟

中央研究院歷史語言研究所研究員

## 前言

　　自古以來，旅行不外公私兩個方面。因公出差，有比較多的官方資源可以利用。私人出行，則以經商、科考或探親為主，兼或有純為旅遊者，但相對較少。而不論基於何種原因出遊，私人旅行的資訊必須自己掌握。

　　旅行指南，並非現代的產物。就路程這類書籍而言，在明代以前即已存在，只是傳世極少。洪武末年，明太祖「以輿地之廣，不可無書以紀之」，於是命翰林院儒臣及廷臣，「以天下道里之數編類為書」。至洪武 27 年（1394）9 月，《寰宇通衢》編成，總計當時天下驛道里數，縱一萬九百里，橫一萬一千七百五十里，「四夷之驛不與焉」。[1] 其後，《大明會典》所記載的天

---

1　李景隆等撰，《明太祖實錄》（臺北：中央研究院歷史語言研究所，1966），卷 234，洪武 27 年 9 月庚申條，頁 3423-3426，并參校勘記。此書現仍傳世，內容見佚名編，《寰宇通衢》（臺南：

下驛路及水陸驛站、里程等旅行資訊，應即根據此書而來。[2] 晚明所編的許多路程書，如黃汴的《天下水陸路程》與《一統路程圖記》等，或許也都參校過以上兩部官書。

晚明旅遊風氣之盛，學界已有相當多的討論，[3] 伴隨著這樣的氛圍，諸多名勝志與路程書陸續出版。路程書做為專門的交通指南，主要記載水路交通路線，並附有部分交通路線圖，對沿途的交通條件、氣候、社會治安、車船價格、飲食住宿、旅遊景點等偶有記載，提供士人、官員與商旅等人群出行的便利。王穉登在〈客越志〉就記載其

---

莊嚴文化事業有限公司，1996），頁 164-236。

2　關於明代的驛遞制度，參見：蘇同炳，《明代驛遞制度》（臺北：中華叢書編審委員會，1969）。星斌夫，《明清時代交通史の研究》（東京：山川出版社，1971），頁 1-208。楊正泰，《明代驛站考》（上海：上海古籍出版社，1994）。

3　章必功，《中國旅遊史》（昆明：雲南人民出版社，1992），頁 367-379。林皎宏，〈晚明黃山旅游的興起〉，《史原》，第 19 期（1993），頁 131-171。梁中效，〈明代旅遊的近代化趨勢〉，《漢中師範學院學報》，第 15 卷第 2 期（1997），頁 18-20。滕新才，〈明朝中後期旅遊熱初探〉，《北方論叢》，第 143 期（1997），頁 21。陳建勤，〈論「游道」——明清文士旅游觀研究之一〉，《旅遊學刊》，2000年第 4 期，頁 64-68。周振鶴，〈從明人文集看晚明旅遊風氣及其與地理學的關係〉，《復旦學報（社會科學版）》，2005年第 1 期，頁 72-78。巫仁恕，〈清代士大夫的旅遊活動與論述——以江南為討論中心〉，《中央研究院近代史研究所集刊》，第 50 期（2005），頁 235-285。魏向東，〈晚明旅遊活動的經濟滲透——關於晚明旅遊近代化的商榷〉，《社會科學》，第 343 期（2009），頁 148-154；《晚明旅游地理研究（1567-1644）——以江南地區為中心》（天津：天津古籍出版社，2011）。任喚麟，《明代旅游地理研究》（北京：中國科學技術大學出版社，2013）。

出遊浙江前，「未識南行道里」，「從書肆買圖經」，放入麓箱中出發。而名勝志與相關圖錄的出版，亦有利於旅客對特定的名山與古蹟進行按圖索驥式的考察。[4]

　　或許受到大環境的影響，嘉靖年間北京首次出現類似城市指南之作，而此即張爵所撰的《京師五城坊巷衚衕集》。張爵生於成化11年（1485），卒於嘉靖45年（1566），是土生土長的北京人。正德年間，張爵外派充任湖廣興王府書辦，興王朱厚熜被立為皇帝後，以張爵「護駕有功，書辦年久，升錦衣衛實授百戶」。此後，張爵一直任職於錦衣衛，由百戶歷官至錦衣衛指揮使。嘉靖3年（1524）以後，張爵「掌街道房事」，專管京城坊巷街道。正由於張爵是北京人，又專管京城坊巷街道，有機會接觸到相關檔冊，序言中所謂「見公署所載五城坊巷必錄之」，即指此事。該書依中城、東城、西城、南城、北城的次序，總計記載衚衕1170條。[5]嘉靖39年（1560），張爵在序言中自詡：「京師之廣，古今之蹟，了然於目，視如指掌。使京師坊巷廣大數十里之外，不出戶而可知。庶五城衚衕浩繁幾千條之間，一舉目而畢見。」[6]北京街

---

4　陳學文，《明清時期商業書及商人書之研究》（臺北：洪葉文化，1997），頁 3-221。魏向東，《晚明旅游地理研究（1567-1644）——以江南地區為中心》，頁 68-71。任喚麟，《明代旅游地理研究》，頁 110-113。吳志宏，〈明代旅游圖書研究〉（天津：南開大學博士論文，2012）。

5　楊捷，〈老北京胡同名字源起〉，《科學大觀園》，2009年第18期，頁 36-37。

6　張爵，《京師五城坊巷衚衕集》（北京：北京古籍出版社，

巷之多，對初次到京的士人與商賈而言，無疑是一大困擾，《京師五城坊巷衚衕集》雖僅臚列衚衕名稱，沒有進一步的細緻說明，但已提供街巷所在的大致方位，有利於投宿與訪友等事項之安排。

萬曆年間，以北京風景名勝做為體裁的著作大量出現，如蔣一葵之《長安客話》，全書分八卷，鋪陳架構由內而外，卷一、卷二為〈皇都雜記〉，卷三、卷四為〈郊坰雜記〉，卷五、卷六為〈畿輔雜記〉，卷七為〈關鎮雜記〉，卷八為〈邊鎮雜記〉，內容除〈皇都雜記〉記述風土、物產較多之外，大部分為古蹟、官署、寺院、與山川名勝等景點。據陸完學為該書所撰序言指出：蔣一葵出行，「輒命童子以奚囊隨，到處走荒臺斷碑，苔封蘚鎖，披拭捫摸」，[7]《長安客話》應係其親身走訪各處所得，主旨雖非為遊客而作，但可做為遊覽北京及其近郊，甚至赴薊鎮、宣府等邊關覽勝之參考。

另外，宋啟明撰有《長安可遊記》，姚士粦撰有《日畿訪勝錄》二卷，孫國敉亦撰有《燕都遊覽志》四十卷，可惜諸書今皆不存，僅若干內容散見於《日下舊聞》等書之中。

在晚明北京景點名勝諸種指南之中，崇禎8年（1635）附梓之《帝京景物略》，無疑最為膾炙人口。《帝

---

1982），頁3。

7    蔣一葵，《長安客話》（北京：北京古籍出版社，1982），頁1。

京景物略》主要以寫景為主，卷一〈城北內外〉，卷二
〈城東內外〉，卷三〈城南內外〉，卷四〈西城內〉，
卷五〈西城外〉，卷六〈西山上〉，卷七〈西山下〉，
卷八〈畿輔名蹟〉。全書係經過計畫分工而成，由于奕
正負責採集史事，劉侗負責執筆撰寫；原先搜集到詩
五千多篇，二人無暇篩選，最後經其友人周損刪汰，只
存一千多篇。在撰寫過程中，景點經過實地考察，文字
反覆推敲。劉侗在敘言說：「事有不典不經，侗不敢筆；
辭有不達，奕正未嘗輒許也。所未經過者，分往而必實
之，出門各嚮，歸相報也。」于奕正在〈略例〉亦言：
「成斯編也良苦，景一未詳，裹糧宿春；事一未詳，發
篋細括；語一未詳，逢襟捉間；字一未詳，動色執爭。
歷春徂冬，銖銖繬繬而帙成。」[8] 該書出版後，迄至明
亡，短短九年，翻刻了三次。在清初，又翻刻過兩次。
乾隆31年（1766），紀昀加以刪訂刻印，是清代最流行
的版本。此外，還有一種巾箱本，和琉璃廠書肆翻刻的
幾種坊刻本。[9] 就此而言，《帝京景物略》應該廣受歡
迎，除欣賞文字之外，亦可視之為景點導覽手冊。

---

8 劉侗、于奕正，《帝京景物略》（北京：北京古籍出版社，
    1980），頁4、7。

9 佚名，〈出版說明〉，見劉侗、于奕正，《帝京景物略》，頁5。

## 一、晚清以前的北京指南書

清朝入關以後，雖有朱彝尊的《日下舊聞考》、勵宗萬的《京城古蹟考》、佚名所撰《日下尊聞錄》、于敏中等編撰的《欽定日下舊聞考》、吳長元的《宸垣識略》、潘榮陛的《帝京歲時紀勝》等書出版，但對於北京風景名勝之記述，並未有突破性的發展。即使到清代後期，還是未出現類似《帝京景物略》的作品。或許在清朝人看來，《帝京景物略》所提供的旅遊景點資訊已是無可復加，沒有必要撰寫這樣的專著。但值得注意的是，乾隆53 年（1788），吳長元在所編《宸垣識略》之〈例言〉上說「是編為遊覽而設」；[10] 而邵晉涵為此書撰序，則提到「觀光日下者，皆得按籍循途」，[11] 都指出其作為北京指南書的目的。可惜此書為求詳盡，難免有蕪雜之病，但書首所附18 幅地圖，為前此相關書籍所未見，具有街巷指引的實用價值（參見圖2-1）。[12]

---

10　吳長元，《宸垣識略》（北京：北京古籍出版社，1981），〈例言〉，頁 5。

11　吳長元，《宸垣識略》，〈序〉，頁 1。

12　這些圖較少受到學者注意，筆者所見僅周立菁，〈從北京舊城圖小議首都城市建設〉，《建築技術》，1979年第 11期，頁 62-64。

圖 2-1　《宸垣識略》外城西北圖[13]

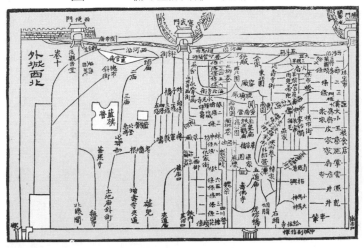

　　道光 25 年（1845），楊靜亭編次之《都門紀略》，
則在記載上更具有「近代性」。據楊靜亭所撰《都門記
略》序言，載其識於都門客邸，而《都門雜詠》序言則說
識於榆林官署，[14] 推測當時他可能擔任陝西榆林知縣的幕
友（道光《都門紀略》書影，參見圖 2-2）。

13　吳長元，《宸垣識略》，卷首。

14　楊靜亭，《都門紀略》，卷上，〈都門紀略・序〉，頁 1a-2b；
　　卷下，〈都門雜詠・序〉，頁 1a-2a（北京：首都圖書館藏清道
　　光 25 年刊本）。

圖 2-2　道光《都門紀略》書影 [15]

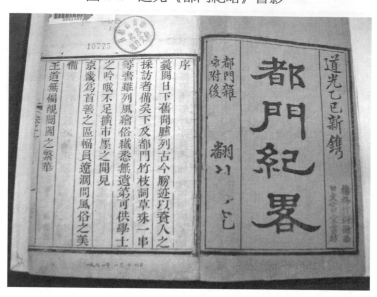

　　民國初年，周明泰首先注意到書中〈詞場〉所載的戲曲史料，並對《都門紀略》六個版本的相關內容加以比對。[16] 謝國楨則提出一個看法：楊靜亭《都門雜記》「所記的商店名色，如某家的乳酪最好，某家的官靴最佳，無疑是各家店鋪所登的小廣告，在旅行指南等類未出以前，這就是為了士子客商入都導游的書。」[17] 其後，有學者認

---

15　作者攝於北京首都圖書館。

16　周明泰，《都門紀略中之戲曲史料》（上海：光明印刷局，1932），頁 1-170。

17　謝國楨，《明清筆記談叢》（上海：上海古籍出版社，1981），頁 125-126。

為《都門紀略》是北京最早的遊覽與旅行指南。[18] 另外，
么書儀透過《都門紀略中之戲曲史料》、北京國家圖書館
與中國社科院文學研究所所收藏的《都門紀略》刊本、孫
殿起《琉璃廠小志》所提供的線索，考證出《都門紀略》
出版後，從道光 25 年到光緒 33 年的 62 年間，翻刻與增
補一直沒有停止。[19]

眾所周知，旅行與購物離不開關係。北京做為全國最
大的城市，其商號與店舖之多，可謂目不暇給。正如楊靜
亭在《都門紀略》序中所言：「外省仕商，暫時來都，往
往寄寓旅邸，悶坐無聊，思欲瞻遊化日，抒羈客之離懷，
抑或購覓零星，備鄉間之餽贈。乃巷路崎嶇，人烟雜逕，
所慮者不惟道途多舛，亦且坊肆牌匾，真贗易淆，少不經
心，遂成魚目之混。」此書所記諸類，分列為十門，市廛
中之勝迹，與茶館、酒肆、店號，必註明地址與向背之東
西，「閱是書者，按圖以稽，一若人遊市肆，凡仕商來自
遠方，不必頻相顧問」。因此，他在序的最後說：「謂是
書之作，為遠人而作，也可。」[20] 其中，「不必頻相顧問」
一語，對於方言各異，不懂北京話的外地人來說，可說是
意味深長。

18 關世沅，〈最早的北京遊覽指南《都門紀略》〉，收入北京市社
會科學研究所《北京史苑》編輯部編，《北京史苑》，第3輯（北
京：北京出版社，1985），頁 431-439。么書儀，〈道光至光緒間
的京師旅行指南〉，《文史知識》，2004年第1期，頁 92-102。
19 么書儀，〈道光至光緒間的京師旅行指南〉，頁 97。
20 楊靜亭，《都門紀略》，卷上，〈都門雜記‧序〉，頁 1b-2a。

圖 2-3　同治《都門紀略》外城圖 [21]

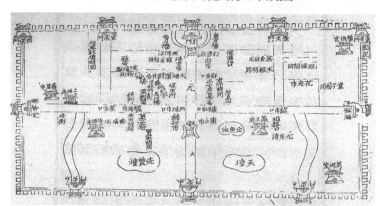

　　《都門紀略》分上、下兩卷，上卷為《都門記略》，下卷為《都門雜詠》。該書所附外城地圖（參見圖 2-3），其詳細程度比不上《宸垣識略》，比例亦不見得精準，但仍可辨識大致方位，讓讀者可以按圖索驥。另一方面，做為北京第一本消費性質的指南，《都門紀略》記載的物質文化相關內容甚多，但筆者在此不擬贅述。至於《都門紀略‧風俗》所記的風俗九條，亦實為另類的旅京資訊，對外來者頗具有警惕作用，茲引述如下：

　　　　【一】京師最尚繁華，市廛舖戶，粧飾富甲天下，如大柵欄、珠寶市、西河沿、琉璃廠之銀樓、緞

---

21　楊靜亭原編，張琴等增補，《都門紀略》（揚州：廣陵書社，2003），卷首，頁 19。

號，以及茶葉舖、靴舖，皆雕梁畫棟，金碧輝煌，令人目迷五色；至肉市酒樓、飯館，張燈列燭，猜拳行令，夜夜元宵，非他處所可及也。

【二】京師最尚應酬，外省人至，羣相邀請，筵宴聽戲，往來餽送，以及挾優飲酒，聚眾呼盧，雖有數萬金，不足供其揮霍。

【三】鄉、會士子來京，不可聽人撞騙，說有道路可謀，如懷挾、傳遞諸弊，以圖捷徑。現值功令森嚴，場中弊竇早已剔除盡絕，如果受其播弄，犯事時他即逃走，而身罹法網，悔之何及。

【四】京師錢舖，時常關閉，客商換銀，無論錢舖在大街小巷，與門面大小、字號新舊，必須打聽錢舖虛實，不然今晚換銀，明日閉門逃走，所開錢帖，盡成廢紙。

【五】京師小綹，最為可惡，外省士子來京時，不敢偷竊；揭曉後旋里，百端纏繞，不容空過，竟敢起去車攬，眾人蜂擁，狼狽為奸。人在車上，原難照顧前後，有一妙策，下車遠遠立看，其計窮矣。

【六】外省人來京，上街不可佔便宜。善騙人者，見人有錢，向前買弄，或金銀玉器及零星什物，紿之曰拾得，若要眼饞，即墮其術中。

【七】外省人來京，不可聽聳惠買人，買成日久，必然潛跑。彼以為家規嚴謹，殊不知門前作小生意者，就是女之親故，買鍼線時即會面矣，夜間暗號

一舉，就有人接去，謂之放鷹。

【八】外省人來京，不知道路，必須僱車，車價多寡，視道路遠近為準，前門至崇文、宣武各三里，崇文、宣武至東、西便門各三里，北面十二里，南面里數如之，東、西兩面各三里，得其大概。小巷崎嶇，亦可按圖以稽，而定其遠近，不至為執鞭者所惑。

【九】外省鄉、會士子來京，住會館居多，帶些輜重，第一小心賊盜，不可諉諸看館之人。公所之地，原難防範，或白晝，或晚間，霎時間門已開矣，鑰已脫矣，物已竊矣，并不辨其盜之何去何來。苟鳴之官府，則非鼀夜踰垣之盜寢之，則實受其累。要之，解鈴繫鈴，有躡其後者，不可不慎。[22]

北京市井繁華，燈紅酒綠之處，是誘人的銷金窟，初到北京之人，若不能有所克制，為五光十色迷惑，盤纏旅費用盡，則寸步難行，這樣的例子在小說及筆記中多有記載，引文中一開頭的兩條即提醒此事。第三條涉及科舉弊端，可以不論。第四條則與兌換銀錢有關，叮嚀旅客須先瞭解錢舖的誠信，否則可能吃虧上當。身處人海之區的北京，陌生的環境總令人充滿不安全感，特別是拐騙之徒的各種招術，往往使人誤入圈套，這也是楊靜亭要旅客預防的重

---

22　楊靜亭，《都門紀略》，卷上，〈都門雜記‧風俗〉，頁 1a-3b。

要事項，五、六、七這三條就與此相關。第八條提供的僱車資訊，也相當具有實用性。最後一條係住店須知，要旅客謹防財物被盜。

同治3年8月，徐永年又補入《路程輯要》一卷，為《都門紀略》增添了路程方面的要素，是為四卷本。據同治3年孫梅所撰《路程輯要》序云：《都門紀略》一書，初集、二集、三集頗為詳盡，「然而男子志在四方，行止無定，在京者觀景物之維新，縱橫自任，而出京者恐道途之未識，跋涉惟艱。以故，仕宦商賈載贄往來，而僕僕問津者不乏其人。」因此，他在公務之餘，依據康熙年間賴盛遠所撰《示我周行》加以刪節，編為《路程輯要》，用以補入《都門紀略》之第四集。徐永年之序言則提到：賴盛遠《示我周行》一書，路程順序皆由各省至京師，「此於來京者便，而出京者不相宜」。這年中秋之後，其友孫梅來訪，「袖出由京師至各省路程一帙，囑余載於《都門紀略》之四集」。他看後覺得此帙「誠為客路之箴規」，於是將其編入《都門紀略》中，「雖非京都之故事，而似於出京之行旅堪作神珍」。[23]

《路程輯要》附有〈行路十二則〉，提醒路途中須注意事項。筆者查閱傅斯年圖書館所藏的兩種《示我周行》刻本，未見相關內容，但與乾隆本《周行備覽》之〈江湖

---

23　楊靜亭原編，張琴等增補，《都門紀略》，卷4，〈路程輯要〉，頁 377-379、381-382。

十二則〉內容相同，文字略有差異。這十二條提示，不僅
於出京途中有用，進京依然值得參考。而隨著時代變遷，
許多旅客赴京不再順著大運河，而是經由海路北上。同治
3 年四卷本《都門紀略・都門雜詠・時尚門》就有〈火
輪船〉詩：「報單新到火輪船，晝夜能行路幾千。多少官
商來往便，快如飛鳥過雲天。」[24] 北京的許多客商便是搭
乘火輪船由海路到天津，再由天津前往北京。

## 二、道光《都門會館》等書的旅館記載

　　根據何炳棣的研究，北京的會館最早可上溯至永樂年
間。京師郡邑會館最初是同鄉仕宦公餘聚會之所，逐漸才
演變成試館：大約自 15 世紀初葉起，北京各郡邑會館似
有兩種典型和兩種演變趨式：一是由窄狹的本鄉已宦之人
的俱樂部推廣到收容本鄉公車及謁選之人，一是由廣泛性
士商並容的同鄉組織逐漸演變成所謂的試館。崇禎初年，
《帝京景物略》記會館曾云：「內城館者，紳是主；外城
館者，公車歲貢是寓。」清初（特別是乾隆）以後，會館
做為試館的性質才越來越明顯。[25] 而由於順治年間，清廷
將漢人遷移出內城，原在內城的會館均被迫遷出，故各省
會館主要集中在外城。當時，正陽、崇文、宣武三門一帶，

---

24　楊靜亭原編，張琴等增補，《都門紀略》，卷 3，〈都門雜詠・
　　時尚門〉，頁 339-340。

25　何炳棣，《中國會館史論》（臺北：臺灣學生書局，1966），頁
　　11-21。

會館日增。乾隆時的工部尚書汪啟淑在《水曹清暇錄》曾
經回顧：「數十年來各省爭建會館，甚至大縣亦建一館，
以至外城房屋基地價值騰貴。」據吳長元《宸垣識略》統
計，清初至乾隆年間，北京的會館已有 182 處。[26]

　　就內容而言，初刻本《都門紀略》與前此諸多文人所
撰北京雜記尚無太大差別，僅是在分門別類上特別清晰，
故有學者指出：此書最初並不具有明顯的商業目的，對內
容的取捨相當嚴肅認真，而後來的增訂本、修補本則逐
漸背離這一初衷，走上純商業的道路。[27] 但對於上京趕考
的舉人來說，兩卷本《都門紀略》完全未提居住方面的
資訊，仍有其不便，自然有待增補加強。因此，楊靜亭
又撰《都門會館》一卷，與前二卷一起刊行。道光26年
（1846），楊靜亭在自序上說：

　　　都中會館，為鄉會士子而設，其法至良且善，一則
　　可以嗇僦居之費，二則可以聯桑梓之情。然各省會
　　館，都中不下三、四百處，《日下舊聞》所載皆係
　　舊館，並未分晰省館、府館、縣館之別，近年又經
　　修葺者亦復不少。茲集覆對明確，照省綱、府綱，

26　王仁興，《中國旅館史話》（北京：中國旅遊出版社，1984），
　　頁 93-95。黃宗漢，〈清代京師宣南士人會館論說〉，見李金
　　龍、孫興亞主編，《北京會館資料集成》（北京：學苑出版社，
　　2007），上冊，頁 1-11。
27　辛德勇，〈關於《都門紀略》早期版本的一些問題〉，《中國典
　　籍文化》，2004年第 4 期，頁 109。

條分縷晰，某為老館，某為新館，某為東館，某為
西館，某為中館，並註明坐落某街、某巷，與向背
東西，以期其士子進京尋覓之便。[28]

至同治 3 年（1864）5 月，徐永年等重輯《都門紀略》三
卷本，趙昶至現地逐一考訂各省會館後重編，此即《新增
都門會館》，列會館計 323 處（參見表 2-1）。據徐永年
所撰《新增都門會館》序言指出：《都門會館》鑴印之後，
歷經十餘年，會館「塌朽者甚多，新葺者不少」。同治 3
年開春以後，其友趙昶花了二十多天，「奔馳街巷，不憚
辛勤」，「按街逐巷，身歷一番，已塌者刪之，新建者增
之，失其向背者詳細而註明之」。趙昶在刪訂增補會館之
餘，還將各省塘務坐落位置附見於後。[29]

---

28  楊靜亭原編，張琴等增補，《都門紀略》，卷 2，〈都門會館〉，
   頁 153-154。
29  楊靜亭原編，張琴等增補，《都門紀略》，卷 2，〈都門會館〉，
   頁 149-151。

表 2-1　晚清北京各省會館的數字變化

| 省分 | 同治《都門紀略》 | 光緒《北上備覽》 | 宣統《新增都門紀略》 |
|---|---|---|---|
| 直隸 | 9 | 12 | 12 |
| 山東 | 4 | 8 | 8 |
| 山西 | 34 | 36 | 38 |
| 河南 | 11 | 13 | 13 |
| 江蘇 | 25 | 26 | 29 |
| 安徽 | 30 | 35 | 35 |
| 浙江 | 23 | 34 | 35 |
| 江西 | 60 | 64 | 69 |
| 湖南 | 13 | 17 | 18 |
| 湖北 | 20 | 24 | 28 |
| 陝甘 | 24 | 26 | 30 |
| 廣東 | 24 | 32 | 35 |
| 廣西 | 5 | 7 | 8 |
| 四川 | 7 | 14 | 14 |
| 貴州 | 7 | 7 | 7 |
| 雲南 | 8 | 9 | 9 |
| 福建 | 19 | 20 | 22 |
| 總計 | 323 | 384 | 410 |

　　北京的旅店業發展甚早，如位於糧食店的恒達店，據說開設於明朝。同治《都門紀略‧都門雜詠‧市廛門》有王嘉誠的〈客店〉詩：「引見還兼鄉會期，店家習氣最隨時。老爺無事閒遊好，下處堂名我盡知。」這是《都門紀略》增補本首次提及客店（參見圖 2-4）。

圖 2-4　晚清北京附近的客棧 [30]

道光《都門會館》匯編進入《都門紀略》之內，經過同治初年重修，後續增修或改名的各個版本都循舊例，列載北京的會館名錄。但記載各省會館只提供士子上京科考之便，其他旅客所需要的客店資訊，雖有詩詠及之，但店名與座落位置則闕如，即使是同治末年至光緒初年一再刊印的《都門彙纂》，卷二亦無客店等相關內容。後來，有人意識到這一點，遂出現增補這類資訊的版本，其開創者乃是畢鍾沅編纂的《北上備覽》。

《北上備覽》書首有一光緒元年（1875）所寫的短序，另在〈目錄〉前亦有兩行小字：「京都為首善之地，仕商雲集，凡初至斯土，問路為難，語言各殊，性情不一。今將地圖、衙署、行館、店舖、廟宇、服食、翰墨、古

---

30　Eliza Ruhamah Scidmore, *China, The Long-Lived Empire* (New York: The Century Co., 1900), p. 263.

蹟、技藝、詞詩，下至優妓角色，彙為成冊，名之為《風俗路程》。士商行篋中各備一冊，聊作相陪云爾。」[31] 此書有光緒14年（1888）鴻寶齋石印本，浙東包德懿在序上指出：「京華為首善之區，士商雲集，初履斯土，語言各殊，路境生疏。且五方雜處，最易藏奸，諺云：『南有拐兒，北有混星』，極慮小人之多。士商或出處山僻，見識較寡，或素食豐厚，從未出門，或作賈初到，或書生新貴，一經北上，地大物博，路歧人雜，風俗各殊，相問又難，街市之中，宵小剪絡，流氓誆騙，客中苦況，嘗之者所深憐。」而此書所載北京資訊簡要明晰，他曾借一冊北上，「宛如久客都門」。因此，他勸畢鍾沅將此一書稿付梓，以方便旅行者利用。[32]

實際上，《北上備覽》係根據同治《都門紀略》加以重編，並增入〈直隸全省地輿圖〉、〈都城貢院圖〉、〈內城八旗分址圖〉、〈外城衙衛地址之圖〉。該書目錄上有會館、客店、廟寓、提塘、匯票銀號等目，其中的客店、廟寓、匯票銀號各目，與先前之《都門紀略》、《都門彙纂》等相比，屬於新增。而在客店項下，列舉的客店數字達101家（參見表2-2）。[33] 另一方面，北京的寺廟亦多為旅客寓居住處，如清代北京興勝寺就有二百餘間客

31 畢鍾沅，《北上備覽》（上海：上海圖書館藏清光緒十四年鉛印本），〈目錄〉，頁1a。
32 畢鍾沅，《北上備覽》，〈序〉，頁1a。
33 畢鍾沅，《北上備覽》，卷3，〈客店〉，頁1a-2b。

房，專為「外來官宦寄居之所」。[34] 另外，北京「東南寺
院多停旅客，故舊址重新，頗為宏敞，夕照、南台是其最
著者也。」[35] 而在《北上備覽》所列寓廟項下就記載了寺
菴31處。[36]

表2-2　晚清《北上備覽》等書所載客店數字[37]

| 坐落地點 | 《北上備覽》 | 《新增都門紀略》 | 《京奉鐵路旅行指南》 |
|---|---|---|---|
| 西河沿內 | 21 | 23 | 31 |
| 東河沿 | | | 1 |
| 李鐵拐斜街 | 2 | 5 | 3 |
| 楊梅竹斜街內 | 8 | 6 | 7 |
| 打磨廠內 | 27 | 23 | 27 |
| 長巷頭條胡同 | | | 3 |
| 長巷上頭條胡同 | 5 | 4 | 1 |
| 上二條胡同 | | | 1 |
| 上三條胡同 | | | 2 |
| 上四條胡同 | | | 2 |
| 花兒市大街 | | 11 | 14 |
| 糧食店內 | 6 | 5 | 9 |
| 煤市街內 | | 5 | 4 |
| 觀音寺內 | 2 | 1 | 1 |
| 驟馬市大街 | 6 | 12 | 8 |
| 巾帽胡同內 | 2 | 3 | 8 |
| 西珠市口 | 6 | | 11 |
| 東珠市口 | | | 1 |

---

34　王仁興，《中國旅館史話》，頁89。

35　劉偉強，〈北京旅館業的時空結構解析〉，《旅遊學刊》，1998
　　年第6期，頁47-48。

36　畢鍾沅，《北上備覽》，卷3，〈寓廟〉，頁1a-1b。

37　畢鍾沅，《北上備覽》，卷3，〈客店〉，頁1a-2b。楊靜亭原
　　編，劉玉奎等修補，《新增都門紀略》（臺北：文海出版社，
　　1972），卷6，〈都門會館・客店〉，頁481-494。張展雲編輯，
　　《京奉鐵路旅行指南》（北京：京奉鐵路局，1910），〈北京大
　　觀・旅店〉，頁83-88。

| 坐落地點 | 《北上備覽》 | 《新增都門紀略》 | 《京奉鐵路旅行指南》 |
|---|---|---|---|
| 西湖營 | 2 | | 1 |
| 虎坊橋西 | 4 | | 1 |
| 刷子市內 | 4 | | |
| 興隆街路北 | 1 | 1 | 1 |
| 協資廟（蝎子廟） | 1 | 1 | 1 |
| 魏染胡同 | 1 | | |
| 小蔣家胡同 | 1 | | 1 |
| 溝（狗）尾巴胡同 | 1 | 4 | 7 |
| 米市胡同 | 1 | 1 | 1 |
| 施家胡同 | | 1 | 1 |
| 王皮胡同 | | 1 | 2 |
| 濕井胡同 | | | 2 |
| 雲居寺 | | | 2 |
| 蔡家胡同 | | | 1 |
| 北火扇 | | | 1 |
| 溝沿 | | | 1 |
| 茶兒胡同 | | | 1 |
| 羊肉胡同 | | | 2 |
| 許家大門 | | | 1 |
| 三眼井 | | | 2 |
| 大耳胡同 | | | 1 |
| 五斗齋 | | | 1 |
| 佘家胡同 | | | 2 |
| 佘家小胡同 | | | 1 |
| 延壽寺街 | | | 1 |
| 前青廠 | | | 1 |
| 海北寺街 | | | 1 |
| 百合園 | | | 3 |
| 鳥市後身 | | | 3 |
| 西柳樹井 | | | 3 |
| 香串胡同 | | | 1 |
| 北官園 | | | 1 |
| 木廠胡同 | | | 1 |
| 櫞子胡同 | | | 2 |
| 崇文門大街 | | | 1 |
| 宣武門大街 | | | 2 |
| 廣安門大街 | | | 3 |
| 鐵轆轤把 | | | 1 |
| 甘井胡同 | | | 1 |

| 坐落地點 | 《北上備覽》 | 《新增都門紀略》 | 《京奉鐵路旅行指南》 |
|---|---|---|---|
| 井兒胡同 | | | 1 |
| 細米巷 | | | 1 |
| 西半壁街 | | | 1 |
| 糞廠 | | | 1 |
| 總計 | 101 | 107 | 197 |

　　光緒 12 年（1886）李虹若重編的《朝市叢載》，卷三列有會館、客店、廟寓、提塘四目；卷五亦有匯號一目。《朝市叢載》所記客店，與《北上備覽》完全相同，即 101 家。[38] 根據學者統計，在這著名的 101 家旅館中，前門地區有旅館 71 家（占 70%），主要密布在西河沿一帶。[39] 另外，《朝市叢載》所列寓廟亦與《北上備覽》完全相同，為寺菴 31 處。[40]

　　光緒 33 年（1907）榮祿堂增補之《新增都門紀略》，卷一、二為〈都門匯纂〉，卷三為〈新增大內楹聯匯彙〉，卷四為〈國朝鼎甲錄〉，卷五為〈都門雜記〉，卷六為〈都門會館〉，卷七為〈都門雜詠〉，卷八為〈路程輯要〉。其中，卷六雖名為〈都門會館〉，但除了各省會館外，還包含各省塘務、客店、廟寓、衙署、警察、學堂與匯號，內容又有所增加。該書所記客店與客棧計 107 家，[41] 與光

---

38　李虹若編，《朝市叢載》，卷 3，〈客店〉，頁 1a-7a。臺北：中央研究院歷史語言研究所傅斯年圖書館藏清光緒 12 年刊本。

39　劉偉強，〈北京旅館業的時空結構解析〉，頁 47。

40　李虹若編，《朝市叢載》，卷 3，〈廟寓〉，頁 1a-2b。

41　楊靜亭原編，劉玉奎等修補，《新增都門紀略》，卷 6，〈都門會館・客店〉，頁 481-494。

緒《北上備覽》存在不少差異，或許編者的取捨標準不一或個人偏好不同（參見表 2-2）。至於廟寓，《新增都門紀略》刪去興勝寺，增加關帝廟（前門外西河沿路北），數字依然是 31 處。[42] 會館方面，何炳棣曾根據朱一新《京師坊巷志稿》與光緒《順天府志》的記載，統計出各省會館計有 391 館。[43] 而據同治《都門紀略》、光緒《北上備覽》、宣統《新增都門紀略》的記載，晚清各省會館仍呈現上升趨勢（參見表 2-1）。

### 三、宣統以降新指南書的資訊多元化

晚清以降，北京出現許多新式的交通工具，鐵路就是其中之一。早在同治4年（1865），英商杜蘭德（Durante）即曾在宣武門外修建長約一里的小鐵路，後被步軍統領衙門勒令拆除。至光緒 23 年（1897）以後，京漢、京奉、京張等鐵路陸續修築，北京才正式進入鐵路時代。[44] 宣統《新增都門紀略》〈都門雜詠・時尚門〉載有松喬的〈鐵路〉詩：「鐵路縱橫一逕斜，磷磷石子墊成花。兩邊楊柳

---

42 楊靜亭原編，劉玉奎等修補，《新增都門紀略》，卷 6，〈都門會館・廟寓〉，頁 495-498。

43 何炳棣，《中國會館史論》，頁 23。

44 李國祁，《中國早期的鐵路經營》（臺北：中央研究院近代史研究所，1961），頁 14。史明正，《走向近代化的北京城——城市建設與社會變革》（北京：北京大學出版社，1995），頁 257-260。顏吾儞等編著，《北京交通史》（北京：清華大學出版社，2008），頁 147-152。孫冬虎、許輝，《北京交通史》（北京：人民出版社，2012），頁 164-173。

好風景，各站站房即店家。」而子青則有〈火輪車〉詩云：
「邇來新造火輪車，快比尋常十倍加。更有客商都道好，
逢人便說易回家。」[45]

　　自晚清以降，因應鐵路旅行的開展，各大鐵路管理局
莫不出版鐵路旅行指南以期增加客運量。北京做為京奉、
京綏、京漢鐵路的起點或終點，故這三條路線的鐵路旅行
指南都述及北京，其中又以京奉鐵路為最早。《京奉鐵
路旅行指南》創刊於宣統2年，卷首附有北京相關照片6
幅，〈北京大觀〉專章下分衙署、王公貝勒府第、閣部大
員住宅、會館、旅店、內城飯店、內城飯莊飯館、外城飯
莊飯館、學堂、報館、茶樓、戲園、遊覽場所、勝蹟等14
目。[46] 與清代各版本的《都門紀略》記載會館、客店、飯
店等主要以外城為主，《京奉鐵路旅行指南》特別之處，
在於其記載飯莊飯館、戲園皆區分內城與外城。[47] 這樣的
區分，開創了鐵路旅行指南的特殊記載風格。

　　晚清時宣武門內外原本旅館就多，不少旅館還專門接
待商人，且有其地域性，如打磨廠內旅館多住京東八縣之
人，西河沿旅館多住內蒙古和張家口的客商，李鐵拐斜街
的三元老店則常住南京玉器行的商人。[48] 而在清末京奉、

45　楊靜亭原編，劉玉奎等修補，《新增都門紀略》，卷 7，〈都門
　　雜詠〉，頁 589-590、593。
46　張展雲編輯，《京奉鐵路旅行指南》，〈北京大觀〉，頁 54-110。
47　張展雲編輯，《京奉鐵路旅行指南》，〈北京大觀〉，頁88-91、
　　94-95。
48　蔡萬坤，〈由會館、驛站發展起來的旅館業〉，收入楊洪運、趙筠

京漢兩條鐵路修通以後，前門東、西兩座車站，成為南北交通的樞紐，往來客商雲集，前門大街兩側巷內的旅店和旅館，更是如雨後春筍般大量開設。[49] 正是基於這一原因，宣統《京奉鐵路旅行指南》記載的旅店以外城為主，按語上提到「俱係前三門上、中兩等客店」。[50] 而其所列舉的客店197處，店名與《北上備覽》、《新增都門紀略》、《新北京指南》存在不少差異，編輯者心中自有一把尺，推薦的店家亦不盡相同。（參見表2-2）

正如資料所言：科舉考試存在之時，學、政兩界人士來北京者，多投會館與試館，普通客人則多投舊式旅店。「內城逼近宮闕，例禁喧囂」，因此旅店亦多開設在前門外、宣武門外一帶。自清末以來，交通日便，新式旅店林立，而以內城最多，「蓋自外商競設飯店，禁例漸破，達官富賈，冠蓋往來，大都樓息外商飯店，投機者乃仿建新式飯店，藉謀厚利」。[51] 其中，順利飯店（Hôtel du Nord）、北京飯店（Grand Hôtel de Pekin）、六國飯店（Grand Hôtel des Wagons-Lits）及華東飯店（Middle Kingdom Hotel）開設較早，清末外人的北京指南即常提

秋主編，《北京經濟史話》（北京：北京出版社，1984），頁116。

49 鍾公望，〈旅店之家——三義客店〉，收入劉娟等選編，《北京經濟史資料‧近代北京商業部份》（北京：北京燕山出版社，1990），頁321。

50 張展雲編輯，《京奉鐵路旅行指南》，〈北京大觀‧旅店〉，頁83。

51 池澤匯等編輯，《北平市工商業概況》（北平：北平市社會局，1932），第5編，〈雜類‧旅店業〉，頁614-615。

到這些大飯店（參見圖2-5）。[52]

圖 2-5　1905 的北京順利飯店 [53]

　　清朝末年，日本清國駐屯軍司令部編纂的《北京誌》，書中有專章談及客店，內容分上等客棧、中等客棧、下等客店、外國人經營之旅館四節。上等客棧有前門外西河沿的第一客棧、同日陞客棧，珠市口的長發棧、同長春客棧，騾馬市大街的佛照樓等，一間房約四吊錢，包含兩餐在內。中等客棧規模較上等客棧小，但設備差不多，如珠市口的明利棧，東河沿的保定棧、同中和棧，西

52　Mrs. Archibald Little, *Guide to Peking* (Tientsin: Tientsin Press, 1904), p. 4. Hans Bahlke, *Guide to Peking and Neighbourhood* (Peking: Hans Bahlke, 1909), p. 1.

53　http://www.ohiohistoryhost.org/.cgi-bin/emAlbum. cgi?cmd=show_image&path=China&img=7&tn=1。

河沿的恒達棧，打磨廠的興順客棧。

> 在清國旅行，因旅館不備寢具，故必須自帶。近年
> 來，北京中上等客棧已提供租被子服務，旅行較其
> 他地方方便。下等客店在內城之外到處都是，住宿
> 費約一吊錢左右，前門外煤市街、糧食店胡同者屬
> 之。比客店更下一層者，俗稱花房子，在朝陽門外
> 楊竹梅斜街、溝沿兒、延壽街、百花園街等處，一
> 日六十文（即三個大錢）至二百文（即十個大錢），
> 乞食、苦力等賤民多住之。屋內平地掘三尺，散布鳥
> 獸的羽毛等以取暖。外國人經營者，則比利時人經
> 營之六國飯店，是當前北京旅館中規模最大者，房
> 費一日八元。日清合資之華東旅館（中國人俗稱林
> ホテル），房費一日三至五元。另有德意志人經營
> 的順利飯店、英國人經營之北京飯店等。至於中國
> 人經營之洋式旅館則有萬通棧，房費比照林ホテル。
> 日本人經營者有扶桑館，為中國家屋改造而成。[54]

北京飯店設於光緒27年（1901），是中國最早的
西式旅館。六國飯店也是著名的西式大飯店，原開設
於光緒27年，飯店的歐洲母公司名為國際臥鋪車公司

---

54　清國駐屯軍司令部編纂，《北京誌》（東京：大橋新太郎，
　　1908），第26章，〈客店〉，頁653-655。

（Compagnie Internationale des Wagons-Lits），開業後生
意平平。光緒31 年（1905），由英國人倡率重新募資，
吸收英、法、美、德、日、俄六國資金，將原飯店拆掉重
建，從此得名六國飯店。飯店內部有客房200 餘套，是當
時北京最高的洋樓之一（參見圖2-6）。外國人在北京開
設的大飯店與西式公寓，專門接待外國資本家、大商人和
旅遊者。這些飯店設備豪華，有大型的舞廳等設施，管理
上全盤西化，講究服務品質，而且用汽車至前門火車站
迎接客人。[55] 而最早提及這些新式大飯店的指南書，則是
《京漢旅行指南》。

55　蔡萬坤，〈由會館、驛站發展起來的旅館業〉，收入楊洪運、趙
　　筠秋主編，《北京經濟史話》，頁 116-117。王仁興，《中國旅
　　館史話》，頁 103、105。彼得 ‧海伯德撰，張廣瑞譯，〈北京
　　飯店與英國通濟隆公司〉，《旅遊學刊》，第 5卷第3期（1990），
　　頁 38-41。鄭焱，《中國旅遊發展史》（長沙：湖南教育出版社，
　　2000），頁 284-285。王京傳，〈民國時期的北京旅館業〉，《歷
　　史教學》，第 563期（2008），頁 70-73。周斌，〈六國飯店：
　　民國北平第一社交舞臺〉，《國家人文歷史》，第 87期（2013），
　　頁 66-68。李涵，〈民國第一社交舞臺：六國飯店〉，《人民文
　　摘》，2014年第 10 期，頁 70-71。

圖 2-6　清末初開業時的六國飯店[56]

　　《京漢旅行指南》編纂於民國元年，而於民國 2 年刊行第 1 期，同年出版至第 4 期，但其內容基本相同，一開頭記載北京分為北京宮城與內外城兩部分，北京宮城之下又分古蹟、名勝兩目；內外城又分古蹟、名勝、遊覽、衙署局所、各省會館、各行會館、學堂、報館、旅館、外國旅館、茶樓、戲園、浴堂、代步、注意、流通貨幣十六目。在記載上將景點列在首位，充分顯示其旅遊指南的性格。該書記載各省會館 36 處，其按語云：「京中各省會館為數繁多，僅擇其中之一二錄下。」[57] 旅館按語亦云：「北京旅館不下數百家，僅擇其上、中等有名者列之」，故僅舉 16 家，即西河沿的中西旅館、金臺旅館、平安旅館、

---

56　http://us.midnightinpeking.com/downloads/grand-hotel-de-wagon-lits-and-other-peking-hotels/。

57　此處僅舉第 4 期做討論，參見京漢鐵路局車務處編輯，《京漢旅行指南》，第 4 期（北京：京漢鐵路局，1913），卷下，〈京師・各省會館〉，頁 45-46。

迎賓館、中和棧、斌魁棧，西珠市口的福來棧、永豐棧，
茶兒胡同的名利棧，許家大門的鴻安棧，李鐵拐斜街的廣
元棧，騾馬市的高陞棧、長發棧、佛照樓、泰安棧，楊梅
竹斜街的福星棧。[58] 至於外國旅館，則推薦 4 家：六國飯
店、北京飯店、華東飯店、扶桑館。[59]

　　民國 3 年，擷華書局《新北京指南》出版，開啟了北
京城市指南書的新頁，後續的諸多北京（或北平）指南，
相關資訊鉅細靡遺，是旅行資訊突飛猛進的時代。馬凱元
在為《新北京指南》第二編所寫的序上曾說：「北京為中
華首都，萬國駢集，四民雲屯，巍巍乎博皇道而宏漢京
矣。」往日雖亦有專記北京之書，但「或偏於景物文詞，
或失於簡單謭陋」，自民國建立，文明進化，「北京猶是
而諸務全非，以前舊有諸書，近今多不適用」，故此書之
作，實為必不可少。[60]《新北京指南》所標榜的「新」，
係相對於《都門紀略》而言，全書分一、二兩編，第一編
詳於規章，第二編詳於地點。第二編分二十類，包括會
館、棧店、市廛、營業、服飾、飲食、風尚、梨園、樂
戶、衛生等。在住宿資訊方面，《新北京指南》仍然大量

---

58　京漢鐵路局車務處編輯，《京漢旅行指南》，第 4 期，卷下，〈京
　　師·旅館〉，頁 48。

59　京漢鐵路局車務處編輯，《京漢旅行指南》，第 4 期，卷下，〈京
　　師·外國旅館〉，頁 49。

60　擷華編輯社，《新北京指南》（北京：擷華書局，1914），〈新
　　北京第二編指南序〉，頁 1a。

列載各省會館，總計435處。[61] 其記載棧店，在一開頭即
分析當時的客棧類型與招徠之道：

> 北京棧店，種類不一，價目不等。有可常年租賃者，
> 有每日取費數元、數角者，有每夜祇須數百文者。
> 常年租賃之棧店，並不在外攬客，多係各省客商長
> 莊居住。每日取費數元之客棧，類皆樓房寬敞，陳
> 設精美，伺候周到，飯食適口。每夜祇須數百文者，
> 乃係小店。著名老客棧，多在前門左右，火車到京
> 之時，各棧皆有專人手持仿單，在火車或車站接客，
> 欲住某棧，即將該棧之仿單留下，下車時將行李點
> 交，該棧夥友運至商稅徵收局，經稅局查驗後，則
> 令該夥友料理，自己先行乘車赴棧。亦可到棧後，
> 如有公文及重要物件，交明賬房，方為妥實。如西
> 河沿之中西旅館，打磨廠之第一賓館，最為著名，
> 各省官商咸樂投住。[62]

值得注意的是，《新北京指南》記載中國棧店102家，列
名在前者多係有電話與電燈者（參見表2-3）。相較而言，
老店多無電話與電燈，新式旅館與外國旅館則相反。這樣
的記載，提供旅客自我衡量的基礎，或許亦具有篩選客群

---

61　擷華編輯社，《新北京指南》，第2編第7類，〈會館〉，頁1a-8b。
62　擷華編輯社，《新北京指南》，第 2編第 8類，〈棧店 ・中國棧
　　店〉，頁 1a。

的作用。另外，該書首次提到公寓，為之前所未見。根據
學者研究，公寓最早出現於民國元年，不少設在學校附近
或城市中比較幽靜之處，在接待對象上，以居住較長的旅
客居多。[63]

表 2-3　《新北京指南》所載中外棧店[64]

| 區別 | 名稱 | 地址 | 電話 | 價目 | 電燈 |
|---|---|---|---|---|---|
| 中國棧店 | 第一賓館 | 打磨廠 | 南局 969 | | 有 |
| | 中西旅館 | 西河沿 | 南局 963 及 102 | | 有 |
| | 金台旅館 | 同上 | 南局 757 | | 有 |
| | 迎賓旅館 | 同上 | 南局 457 | | 有 |
| | 泰安樓 | 同上 | 南局 762 | 房飯 2 毛 | 有 |
| | 中興旅館 | 前門外北孝順胡同 | 南局 492 | | 有 |
| | 寶盛西棧 | 長巷頭條胡同 | 南局 945 | | 有 |
| | 長發棧 | 驛馬市大街 | 南局 836 | | 有 |
| | 佛照樓 | 同上 | 南局 835 | | 有 |
| | 鴻陞店 | 前門外楊梅竹斜街 | 南局 417 | | |
| | 中華棧 | 取燈胡同 | 南局 936 | | 有 |
| | 中和旅館 | 長巷下二條 | | | |
| | 大同公寓 | 西單白廟胡同 | 南局 1365 | | 有 |
| | 西安客寓 | 西安門外 | 南局 1551 | | |
| | 大田公寓 | 捨飯寺 | | | |

| 客店、客棧名稱 | 座落地址 |
|---|---|
| 高陞店　福來店　東陞店　大誠店　義成店　第一棧　泰元店　慶陞棧　悅來店　魁元店　宴賓旅館 中華旅館　東盛店　華洋旅館 | 前門外西河沿 |
| 德裕棧　萬福店　萬福旅館　保安棧　聚泰店　鴻泰店　同升店　新大同店　三義店　同泰店　興順店　太谷店　尚古店　萬福中棧　中西旅館　中尚古店　德華旅館 | 打磨廠內 |
| 天德店　新華旅館　榮華西棧　永陞棧 | 長巷上頭條胡同 |
| 廣亨店　興隆店　德興店　天陞店　全盛店 | 崇文門外花兒市大街 |
| 誠億店　大興店　天合店　餘慶店　德隆店 | 崇文門外巾帽胡同 |

---

63　王仁興，《中國旅館史話》，頁 210。

64　擷華編輯社，《新北京指南》，第 2 編第 8 類，〈棧店 ・中國
棧店〉，頁 1a-3b。

| | 客店、客棧名稱 | | | 座落地址 | |
|---|---|---|---|---|---|
| 中國棧店 | 興隆店　永茂店　天成店 | | | 前門外狗尾巴胡同 | |
| | 玉昇店　興盛店　恒達店　萬德店　萬順店 | | | 前門外糧食店 | |
| | 興隆店　萬隆店　全泰店 | | | 前門外煤市街內 | |
| | 聚魁店　即陞店　高陞店　德陞店　春元棧　長春棧　泰安棧 | | | 宣武門外騾馬市大街 | |
| | 人和店　天和店　三元店　陞官店 | | | 前門外李鐵拐斜街 | |
| | 福星店　斌陞店　嘉興店 | | | 前門外楊梅竹斜街 | |
| | 連陞店 | | | 前門外觀音寺 | |
| | 泰安店 | | | 前門外王皮胡同 | |
| | 恒通店 | | | 前門外施家胡同 | |
| | 慶隆店 | | | 前門外協資廟 | |
| | 迎賓旅館 | | | 前門外排子胡同 | |
| | 華賓旅館　天保棧 | | | 前門外羊肉胡同 | |
| | 長安棧　金豐旅館 | | | 前門外延壽寺街 | |
| | 泰安棧 | | | 前門外北火扇 | |
| | 吉陞棧 | | | 前門外三眼井 | |
| | 中華旅館 | | | 前門外取燈胡同 | |
| | 全安棧　金華旅館 | | | 前門外佘家胡同 | |
| | 延賓館　際會堂 | | | 宣武門外米市胡同 | |
| 外國旅館 | 旅館名稱 | 地址 | | 電話 | |
| | 六國飯店 | 御河橋東 | | 東局 685 | |
| | 北京飯店 | 東長安街 | | 東局 581 | |
| | 長安飯店 | 王府井大街南口 | | 東局 914 | |
| | 德昌飯店 | 燈市口路北 | | 東局 111 | |
| | 德國順利飯店 | 崇文門大街 | | 東局 720 | |
| | 華東飯店 | 仝上 | | 東局 43 | |
| 日本旅館 | 一聲館 | 南船板胡同 | | 東局 347 | |
| | 扶桑館 | 東單牌樓 | | 東局 63 | |

　　民國 5 年，中華圖書館編輯出版的《北京指南》，全書架構除一開始的圖畫之外，卷首為國憲，其下依序為地理、行政、公共事業、交通、食宿遊覽、實業、禮俗、名勝、雜錄、北京京城地名表等十卷。卷三〈公共事業〉記載會館公所411 處與廟寓31 處。[65] 卷五〈食宿遊覽・客

65　中華圖書館編輯部編，《北京指南》（北京：中華圖書館，

店〉分中國客店與外國客店,總計列舉中國客店104 家;
外國客店8 家,即六國飯店、北京飯店、長安飯店（Astor
House Hotel）、德昌飯店（Te-Chang Hotel）、德國順利
飯店、華東飯店、一聲館、扶桑館,但記載不分外國與日
本。[66] 以上記載均無文字說明。至民國 8 年,中華圖書館
編輯出版《北京指南》第三版,書中對各行業的記載與第
一版不同,如列舉的客店數字雖不變,卻增加了客店概況
的描述:

> 京師為人海,每年南北往來之旅客何止數百萬,故
> 寓居客商之店甚多,然種類高低不等,故其寓費亦
> 貴賤不一。除會館、廟寓外,有稱棧者、有稱店者,
> 至近十年來風尚新潮,漸有旅館之稱。然名稱雖異,
> 並不於此名稱上分別高低品等,惟外國客店則不同。
> 大概著名之旅店、客棧,均在正陽門附近,因其緊
> 靠各鐵路落站之處故也。其價目則貴者每日需數元,
> 最賤者祇須數百文而已。應接伺候之處,則各客店
> 均極周到,火車到站之時,各客店均有接客之人在
> 彼接攬,其情形亦與津、滬等地大略相同。[67]

---

66  1916）,卷 3,〈公共事業·會館公所、廟寓〉,頁 11a-17a。

66  中華圖書館編輯部編,《北京指南》,卷 5,〈食宿遊覽·客
    店〉,頁 1a-2b。

67  中華圖書館編輯部編,《北京指南》,第 3版（北京:中華圖書
    館,1919）,卷 5,〈食宿遊覽·客店〉,頁 1a。

　　《北京指南》第三版這段記載，與民國3年《新北京指南》相比，文字雖互有異同，卻都提及清末民初旅館業的發展趨勢，以及飯店等之接站服務與攬客方式，反映出當時旅館經營的新脈動。

　　民國6年，通俗教育研究會編印的《北京入學指南》，是一本特殊的北京指南，下分兩編，第一編〈入學須知〉，第二編〈各種學校規則〉。在〈入學須知〉下又分十章：準備、注意、目的、交通、抵京暫寓、選擇學校、在校費用、郵電事宜、交際、衛生。第一章〈準備〉項下又分甲、乙兩目，甲為旅費：「出門旅費，雖不必過豐，亦不必過簡，如約需十元者，寧帶十五六元，防有意外之用。尤以多帶現洋，少帶鈔票為宜，蓋中途所經，若非通都大邑，鈔票不盡通用也。」乙為行裝：「行裝以輕便為宜，惟衣服及被褥，須酌帶完備。大概最普通者，鋪蓋一捲，網籃一隻（可置零星物件），皮包一個（可置重要物件隨手提攜），衣箱一隻。」[68] 第五章〈抵京暫寓〉所載多為提醒之言：

　　【甲】抵北京前門車站，若無親友可以先期函託，屆時派人赴車站迎候者，各旅館、客棧皆有夥計在站招待，衣上皆標明店號，晚間皆持本號燈籠。其所持招

68　通俗教育研究會編，《北京入學指南》（北京：通俗教育研究會，1917），第1編，〈入學須知〉，第1章，〈準備〉，頁2。

牌紙，皆蓋有圖記，擇定一家，言明每日房資、飯資
各若干，按日或幾日一付，收受其招牌紙後，即將行
李點交，隨之至店，擇定第幾號房間，點收行李，暫
時寄住，如須外出，應招呼茶房，代鎖房門。

【乙】初到北京，人地生疏，所住客店，以在前門
外、西河沿、打磨廠、李鐵拐斜街、楊梅竹斜街、宣
武門外騾馬市大街一帶為便。

【丙】客店每裝有電話，可就電話簿，查有相熟之鄉
友，約定時期，到店面晤，或僱人力車，登門造訪，
與之商定來京就學事宜。

【丁】北京地面寬廣，道路紛歧，凡籍長江流域、珠
江流域者，大都與黃河流域人，語言扞格，問信綦
難。在寓無事時，宜就坊間所售北京內外城地圖，隨
意查檢，庶於出門訪友、僱車等事，略知方向，便益
良多。

【戊】旅店不過暫時投止，長此羈留，則資斧太鉅，
斷非求學者力所能及。各省多建有會館在京，或省或
郡或縣，每館必公舉掌館董事、副董事各一人，專掌
館事。可赴本會館，向館役探問董事所在，前往趨
謁，如允許住館，即可遷入。設館無餘地，或已改作
學校等用，可商董事介紹廟寓、或公寓所在，自往租
定。飯食茶水，可包與館役，或自行舉火。[69]

---

69　通俗教育研究會編，《北京入學指南》，第1編，〈入學須知〉，

為此，《北京入學指南》在接續內容中列載了各省會館 393 處，廟寓 31 處；公寓則宣武門內、西單牌樓，及靠近私立大學、專門學校一帶最多，僅舉其著名者如大同公寓、大田公寓、聚賢公寓、新華公寓 4 處。[70]

在民國初年北京旅店業轉型的過程中，華人也開始興建新式飯店，其中以民國元年的長安春飯店為最早。[71] 其後則為東方飯店（Palace Hotel），開業於民國 7 年 2 月 19 日。據史料記載，東方飯店開業時，每個房間都有電話，當時即使是六國飯店，也只有不到一半的客房有電話。民國 14 年上海的《晶報》曾經報導：「每房間有一電話者，始創於東方飯店，今之上海已有效之者。」由此可見，東方飯店在房間安裝電話方面，遙遙領先於「十里洋場」的上海。東方飯店還有接送旅客的轎車 7 輛，這在當時也不多見。查民國 7 年北京登記的轎車，包括總統、總理等政府首腦和外交使團、外國商社在內總計 154 輛，其中民用轎車只有 45 輛。[72]

民國 8 年出版的林傳甲《大中華京師地理志》，從書名上看雖非指南之類著作，但其內容卻頗似北京要覽，仍有其資訊上之價值，如書中言及北京的房租：「京師

第 5 章，〈抵京暫寓〉，頁 28-29、31。

70　通俗教育研究會編，《北京入學指南》，第 1 編，〈入學須知〉，第 5 章，〈抵京暫寓〉，頁 31-51。

71　王仁興，《中國旅館史話》，頁 108。

72　謝保杰，〈記憶中的東方飯店〉，《北京觀察》，2011 年第 5 期，頁 61。

房租，凡西南繁盛處，每間月租二元；稍僻東北西北，每間月租一元。貧民雜居，有一門牌內五十餘家者，每間三、四角，舖房舊約較廉，修門面則加租。」[73] 該書提到旅館，曾分析今昔之變化：「昔日京外交通，全恃車輛，凡開店者必在廣大之院宇，容納車輛百餘，以便裝卸。」其後，各類旅店開設日多，在住宿價格上，「客棧昂於老店，旅館又昂於客棧」；自西人開設六國飯店，飯店「設施價值又數倍於旅館」，京官與學生久住者，莫不感歎旅費之昂貴，於是公寓乃應運而生，其設備與旅館、客棧相當，而價格稍廉，所不同者為以月計費。接續前文，接下來介紹了北京的幾種旅店，當中最值得注意的是【丁】類，有可能是與沿海輪船公司簽有合同的旅館，由海路赴北京的乘客，可以透過其安排在北京的住宿：

【甲】外國飯店：「中國偉人、黨魁、豪商、巨騙住此，每日數元。」

【乙】日本旅館：「價比西洋特廉，所寓日本人居多。」

【丙】中國新式旅館：如位於西河沿的旅館，取其火車迎送較為方便，中西、金臺旅館，「價昂而高潔，往

---

73　林傳甲，《大中華京師地理志》（北京：中國地學會，1919），第 57 章，〈居處〉，頁 114。

來多達官」，迎賓、中華、宴賓、華洋旅館，「價較廉，亦可居」。

【丁】輪船客棧：「如沿江、沿海，三十年前之新式，牌號亦南北一致，自香港、上海傳來」，這類客棧如佛照樓、春元、長春、泰安、長安、鴻安、全安、天保、泰安、慶陞。

【戊】公寓：「近衙署者寓京官，規模頗大；近學校者多寓學生。」

【己】舊式老店：有些改為客棧而價格較廉，有些提供商人久住有如公寓；有些備置騾車、騾轎通往東北，如順興、高陞、魁元（均在西河沿，亦至火車站接客），明月（東直門外關廟，專走熱河騾轎，及八溝等處）、德順（三里河路南，專走薊縣、遵化、玉田、豐潤、東陵等處，凡正東不通火車之處，皆可於此雇騾車前往，或用轎騾）、鴻陞（三里河路北，專走經棚、圍場、林西、朝陽、平泉，凡熱河境內不通火車之處，皆可於此雇車馬或騾轎）。打磨廠老店，亦有專住熱河客商者。[74]

民國 8 年徐珂編輯，民國 9 年由商務印書館出版的《實用北京指南》，在民初北京各版指南書中最具盛名。據該書序例指出：北京為大一統中央政府之所在地，「凡求名於朝、求利於市者，無不趨之若鶩。且自南

---

74　林傳甲，《大中華京師地理志》，第49章，〈旅館〉，頁97-98。

北鐵路行車以來，交通日利，游客日多，惟指導無人，輒感不便」，有鑒於此，特編此書，「凡所紀載，皆期有切實用」，故定名為《實用北京指南》。[75] 卷首為北京風景畫，其下分十編，包括地理、公共事業、交通、食宿遊覽、古蹟名勝等。第四編〈公共事業·各省會館〉記載會館計403處。[76] 第七編〈食宿遊覽〉記載住宿僅分兩大類，即旅店390家，廟寓156處，兩者合計為546所。[77]

民國12年的《增訂實用北京指南》第五編〈公共事業·各省會館及同鄉會〉，記載會館481處及同鄉會14所，其中順直察熱兩院議員同鄉會放入直隸，東三省會館放入奉天，豫晉秦隴新五省協會放入河南。[78] 第八編〈食宿遊覽〉記載旅館分七類，即飯店23家、旅店54家、客棧84家、客店193家、公寓126家、寄宿舍21處、廟寓112處，合計為613所，這是民國所有北京指南中最高的數字。其中，宿舍為首次出現，即北京大學、北京師範、法政專門學校、協和醫學校、高等師範、陸軍大學、華北協和學校的學員寄宿舍，正金銀行、交通銀行、新亨銀行、新華銀行、勸業銀行的行員寄宿舍，交通部管理鐵路

75　徐珂編輯，《實用北京指南》（上海：商務印書館，1920），〈實用北京指南序例〉，頁1。
76　徐珂編輯，《實用北京指南》，第4編，〈公共事業·各省會館〉，頁16-25。
77　徐珂編輯，《實用北京指南》，第7編，〈食宿遊覽〉，頁8-16。
78　徐珂編，《增訂實用北京指南》（上海：商務印書館，1923），第5編，〈公共事業·各省會館及同鄉會〉，頁27-40。

員寄宿舍及京華印書局寄宿舍。[79]

　　姚祝萱編輯的《北京便覽》，則出版於民國 12 年。據姚鏞在序言上說：「北京便覽一書，為指導旅遊者作也。」[80] 該書分上中下三編，上編分十一卷，包括城垣、河道、古蹟、名勝、交通等；中編分二卷，即商業、工業；下編分七卷，包括會所、遊戲、各表等，其中〈各表〉一卷尤為特色，實用價值極高。編者在中編卷一〈商業・旅店類〉一開頭說：

> 旅店之中，或具飯菜，或備飯而自點菜，或飯菜均不備。房價以每日計，飯店最上約二元至四元；旅館自五角、八角至二元、三元；客棧、公寓則一角至五、六角間，有作八折、九折者；小店僅日需銅元數枚，然皆貧人所居。至常住旅客，間有寓會館及租廟寓者。[81]

其記載旅店細分為六大類：旅館 57 家、飯店（兼旅館）19 家、公寓 93 家、客棧 84 家、客店 177 家、廟寓 154 處，總計 584 處。當中僅西山飯店附有文字說明：「西

---

79　徐珂編，《增訂實用北京指南》，第 8 編，〈食宿遊覽〉，頁 7-18。

80　姚祝萱編輯，《北京便覽》（上海：文明書局，1923），〈北京便覽序〉，頁 1。

81　姚祝萱編輯，《北京便覽》，中編，卷 1，〈商業・旅店類〉，頁 169。

山飯店在京西八大處，食堂閎麗，可布百席。近新建宿
室落成，住客餐宿，日收十元。有聽事一，可供旅客坐
憩。」[82] 與該書所附〈主要飯店住宿價目表〉比對，若
干高檔飯店的價格稍有差距（參見表2-4）。即使如此，
其所列舉的飯店價目較前此各書要細緻許多。下編卷一
〈會所〉則記載各省會館367處。[83]

表 2-4　《北京便覽》所附主要飯店住宿價目表 [84]

| 名稱 | 等級及每日價目 | 附註 |
|---|---|---|
| 中央飯店 | 甲等 5 元至 10 元；乙等 4 元至 10 元；丙等 3 元至 9 元；丁 2.5 元至 8 元 | 各級間有雙客房間 |
| 東方飯店 | 甲等 6 元至 12 元；乙等 4.5 元至 5 元；丙等 2 元至 2.5 元 | 住客 1 人為限，每加 1 客，每日加 1 元 |
| 西安飯店 | 甲等 3 元，加一客加 1 元；乙等 2.5 元，加一客加 0.75 元；丙等 1.5 元，加一客加 0.5 元；丁等 1 元，加一客加 0.3 元 | |
| 大陸飯店 | 房金洋 2.5 元，加一客加 1 元；房飯洋 4.5 元，加一客加 2 元 | 不分級 |
| 長安飯店 | 頭等每客 3 元，連飯共 5 元；加住一客加 1 元，連飯共 3 元 | 不分級 |

　　民國 15 年金嘯梅編輯之《北京遊覽指南》，下分疆
域、公共機關、遊覽、古蹟勝景、宗教、都門風俗、交通、
警務規章、商業、清宮遊紀十章。在〈公共機關〉之下記

---

82　姚祝萱編輯，《北京便覽》，中編，卷 1，〈商業・旅店類〉，頁 169-180。

83　姚祝萱編輯，《北京便覽》，下編，卷 1，〈會所・各省會館〉，頁 1-8。

84　姚祝萱編輯，《北京便覽》，下編，卷 7，〈各表〉，頁 53。

載會館及同鄉會 336 處。[85] 第三章〈遊覽〉記載飯店、旅
社、寺觀寄宿處。飯店項下列載六國飯店、中西飯店、北
京飯店、東亞飯店、中華飯店、大陸飯店、華東飯店、西
安飯店、東華飯店、東方飯店等 10 家。[86] 在旅社項下又
分為大旅社、公寓、客棧、旅店四類：大旅社列舉亞洲旅
館、華洋旅館、五洲旅館、第一賓館、北京旅館、新華旅
館、燕台旅館、中華旅館、萬陸旅館、迎賢旅館等 10 家；
公寓僅列舉大東公寓等 8 家，客棧列舉天保棧等 20 家，
旅店列舉高陞店等 20 家，末尾有編者之按語：「尚有小
客棧、旅店多處，苟統而計之，不下三百餘家，本編限於
篇幅，不能盡量納入，故悉屏之不列。蓋縱能盡錄，斯種
小本營業店，游者未必歡迎，轉以取憎於讀者，則不如不
錄之為愈也。」[87] 至於寺觀寄宿處，則列舉雍和宮、夕照
寺等 24 處。[88]

85　金嘯梅編，《北京遊覽指南》（上海：新華書局，1926），第 2
　　章，〈公共機關・會館〉，頁 29-41。

86　金嘯梅編，《北京遊覽指南》，第 3 編，〈遊覽・菜館・飯店〉，
　　頁 61-62。

87　金嘯梅編，《北京遊覽指南》，第 3 編〈遊覽・旅社〉，頁 63-65。

88　金嘯梅編，《北京遊覽指南》，第 3 編〈遊覽・寺觀寄宿處〉，
　　頁 65。

表 2-5　民國北京各省會館的數字變化

| 省分 | A (1914) | B (1916) | C (1920) | D (1923) | E (1923) | F (1923) | G (1937) |
|---|---|---|---|---|---|---|---|
| 直隸 | 11 | 11 | 11 | 16 (4) | 11 | 10 | 11 |
| 山東 | 7 | 8 | 7 | 8 (1) | 7 | 4 | 5 |
| 山西 | 37 | 38 | 36 | 39 | 31 | 32 | 29 |
| 河南 | 13 | 13 | 12 | 18 (1) | 11 | 19 | 12 |
| 江蘇 | 34 | 29 | 28 | 36 | 26 | 24 | 23 |
| 安徽 | 39 | 36 | 37 | 39 | 35 | 27 | 35 |
| 浙江 | 34 | 35 | 36 | 44 (1) | 36 | 21 | 35 |
| 江西 | 70 | 69 | 63 | 75 | 59 | 60 | 59 |
| 湖南 | 20 | 18 | 21 | 24 | 24 | 20 | 15 |
| 湖北 | 31 | 28 | 28 | 37 (1) | 30 | 27 | 27 |
| 陝西 | 33 | 30 | 28 | 29 | 23 | 24 | 21 |
| 甘肅 | | | | 5 | 5 | | |
| 廣東 | 39 | 35 | 35 | 42 | 36 | 34 | 30 |
| 廣西 | 8 | 8 | 8 | 10 | 8 | 7 | 7 |
| 四川 | 16 | 14 | 14 | 18 | 14 | 14 | 14 |
| 貴州 | 7 | 7 | 7 | 8 (1) | 7 | 7 | 7 |
| 雲南 | 9 | 9 | 9 | 10 | 8 | 5 | 7 |
| 福建 | 24 | 22 | 22 | 30 (2) | 24 | 17 | 21 |
| 奉天 | 1 | 1 | 1 | 2 | 1 | | |
| 吉林 | 1 | | | 1 | | | |
| 東三省 | | | | | | 2 | 3 |
| 蒙古 | 1 | | | 1 (1) | | | |
| 新疆 | | | | 1 | | | |
| 滿州 | | | | 1 (1) | | | |
| 西藏 | | | | 1 (1) | | | |
| 總計 | 435 | 411 | 403 | 495 | 396 | 354 | 361 |

說明 1：A (1914) =《新北京指南》；B (1916) =《北京指南》；C (1920)

　　　　=《實用北京指南》；D (1923) =《增訂實用北京指南》；

　　　　E (1923) =《北京便覽》；F (1923) =《京漢鐵路旅行指南》

　　　　第八期；G (1937) =《增修四版北平旅行指南》。

說明 2：D 欄中 ( ) 內的數字指同鄉會數。

　　在此附帶一提日本北京指南的相關記載。1916 年初版、1921 年增補改版之《北京名所案內》，推薦的日本旅館有扶桑館、華東飯店、一聲館、一二三館、松尾家，均備有汽車接送。[89] 至於中國旅館則推薦東方飯店、大陸飯店、東安飯店、金台旅館、群賢旅館、中西旅館、第一賓館。[90] 外國旅館則推薦北京飯店、六國飯店、長安飯店、電報飯店（Telegraph Hotel）。[91]

　　1921 年，丸山昏迷編輯之《北京》，介紹日式旅館，僅舉扶桑館、一二三館、一聲館、松尾家、林ホテル這五家。扶桑館開設於光緒31 年，民國7 年改建，為北京日式旅館中第一，備有汽車接送。一二三館開業於民國6 年。一聲館開業於光緒34 年，民國9 年改建。[92] 書末所附〈北京諸機關並に北京及び近縣著名地〉記載旅館，列舉中西旅館、金臺旅館、迎賓旅館、泰安樓、高陞店、悅來店、宴賓旅館、中華旅館、華洋旅館、德昌飯店、第一賓館、中西旅館、德華旅館、六國飯店、北京飯店、大陸飯店、

89　脇川壽泉，《北京名所案內》（北京：壽泉堂，1921），第 4 章第 1 節，〈北京に於ける日本の官公所、新聞社、會社、商店、病院・旅館〉，頁 133-134。

90　脇川壽泉，《北京名所案內》，第 4 章第 2 節，〈北京に於ける支那の官公所、學校、商行、旅館、劇場等・支那旅館〉，頁 154-155。

91　脇川壽泉，《北京名所案內》，第 4 章第 3 節，〈北京に於ける外國官公所、學校、病院、公司、旅館・旅館〉，頁 176。

92　丸山昏迷，《北京》（北京：丸山幸一郎，1921），〈北京の邦人・旅館〉，頁 410-413。

長安飯店、德國順利飯店。[93] 同年出版之《北京：名勝と
風俗》，內有〈僑居邦人社會鳥瞰〉一章，當中提到日式
旅館以一二三館為最高級，而一聲館、滿留蒙、福島館這
類的輕便旅館，學生與團體入住頗為便宜。[94]

　　1922 年的《天津北京案內》記述北京旅館，分為歐
風旅館、日本旅館和中國旅館三類，歐風旅館介紹六國飯
店、北京飯店、長安飯店、順利飯店、德昌飯店、東安飯
店、電報飯店。日本旅館則推薦扶桑館、華東飯店、林ホ
テル、一聲館、一二三館、松尾家。中國旅館中，洋式壯
麗、設備齊全者，多位於前門外西河沿附近，如金臺旅
館、臺賢旅館、中西旅館、第一賓館。[95]

## 四、遷都後北平指南等的相關記載

　　民國初年，由於軍閥割據等因素，政局一直不穩定，
戰爭不時爆發，這對國民經濟無疑極為不利，自然也影響
到旅遊業的發展。隨著北伐統一，政局走向穩定，旅遊業
得到快速增長。另一方面，國民經濟恢復，國民財富累
積，消費結構發生改變；加上交通建設不斷增進，為旅行

---

93　丸山昏迷，《北京》，〈北京諸機關並に北京及び近縣著名地
　　（一）‧旅館〉，頁 654-655。

94　村上知行，《北京：名勝と風俗》（北京：東亞公司，1921），
　　第 12 章，〈僑居邦人社會鳥瞰〉，頁 350。

95　上野太忠編著，《天津北京案內》（北京：日華公論社，
　　1922），第 2 編，〈北京の部〉，第 1 章，〈北京到著より旅館
　　迄‧旅館〉，頁 165-167。

活動提供便利；而匯率的下跌，亦促進國際旅遊的發展；相關機構與地方政府的支持，也對旅遊業創造有利的條件。因此，在抗戰前的十年，中國旅遊業達到空前的巔峰。[96] 然就北京而言，遷都確是一大衝擊。

民國 16 年 4 月 18 日，國民政府定都南京。隨著政治中心的南移，北京的人才、資金也迅速南遷。但北京的名勝古蹟搬不走。民國 16 年，中國旅行社正式成立後，著手加強北京的經營項目，其下屬的北平分社開展了平綏、平漢、平遼、平浦、平津五路鐵路聯運業務，在國際上則與日本國際觀光局、英國通濟隆（Thomas Cook and Sons Co.）等建立了合作關係，相互承接國際間的旅行團隊。中國旅行社還在其主辦的《旅行雜誌》上介紹北平的旅遊景點和路線。最初，北京的旅遊業主要掌握在英國通濟隆公司、美國運通公司（American Express）、日本觀光局等外國旅遊公司手中。民國 21 年，中國旅行社在北平創辦旅遊公司，配備遊覽汽車和行李卡車，組織各種形式的旅遊團。當時，到北平旅遊的多是南洋和香港的遊客。針對不同遊客的需求，中國旅行社開發了城內一日遊、郊區一日遊和周邊三日遊等套裝行程。民國22 年底，北平市長袁良制訂了〈市政三年建設計畫〉，希望透過修建道路、疏濬河道、修復古蹟、改善公共娛樂場所等措施，發展

96 易偉新，〈民國時期中國旅遊發展背景透視〉，《湖南大學學報（社會科學版）》，第 24 卷第 4 期（2010），頁 119-122。

北平的旅遊業。在這樣的氛圍下，北京指南一類書籍中旅
遊觀光的內容逐漸增多。這一時期，北平人白夢璋還創辦
了北平義導員事務所。白夢璋在庚子年後曾到英國謀生八
年，說得一口流利的英語。回到北平後做了導遊，並成立
北平義導員事務所。除了當導遊之外，還將人力車夫組織
起來，再教他們幾句簡單英語，建立自己的「旅遊人力車
隊」。在抗戰之前，北平成為中國首屈一指的旅遊勝地。
直到七七蘆溝橋事變爆發，這一產業的榮景才被打斷。[97]

　　民國18年，北平民社所出版的《北平指南》，誠
如該書例言第一條所言：「本書以實用為主，不尚鋪
張」，[98] 記事極為簡要。全書分為地理、街巷地名典、名
勝古蹟、交通、食宿遊覽等十編。第五編〈政治機關及社
會團體〉記錄會館以筆畫多少為序，是既特殊又奇怪的
記載方式。其所錄各省會館529處（包括外蒙古喀爾喀西
部同鄉會館），[99] 超過前此《增訂實用北京指南》的495
處，為歷來最高數字（參見表2-5）。第八編〈食宿遊覽〉
記述北平之旅店，有較長之文字說明，內容大致上分為兩

---

97　徐芳田，〈中國旅行社與早期的北京旅遊〉，收入中國人民政治
　　協商會議北京市委員會文史資料研究委員會編，《北京文史資料
　　選編》，第 29輯（北京：北京出版社，1986），頁 180-188。季
　　劍青，〈旅遊指南中的民國北京〉，頁 73-74。黃加佳，〈觀光
　　北平〉，《北京日報》，2014年 2月 18日，20版。

98　北平民社編，《北平指南》（北平：北平民社，1929），卷首，
　　〈例言〉。

99　北平民社編，《北平指南》，第 5 編，〈政治機關及社會團體
　　‧會館〉，頁 31-44。

部分，其一談旅店業的變遷及其概況：

> 北平自昔為文化中心，五方雜處，商賈雲集，故旅
> 店行之營業，均甚發達。大致旅店之中，或具飯
> 菜，或備飯而自點菜，或飯菜均不備。其房價以日
> 計，飯店最上約四元至十元，以東長安街之長安、
> 中央等處，最為著名。旅館自五角八角至二、三元
> 不等。客棧、公寓、客店，則一角至五、六角，仍
> 有作八折或九折者。旅館、客棧、公寓，以西河
> 沿、打磨廠一帶者為多。公寓者，即變相之客棧。
> 另有所謂學員寄宿舍者，又公寓之變相也，專租各
> 大學、中學之學生居住，其租費多按月計算，伙食
> 亦按月包辦，大約自九元至十二元不等。鄰近各學
> 校之公寓，亦多仿效之。至於外國飯店，如六國、
> 北京各飯店，其價目奇昂，每日膳宿多至百餘元，
> 少亦一、二十元。……另有一種小店，日需銅元數
> 枚，然皆平民及勞動界所居者也。平中各省會館甚
> 多，旅客得以隨意投止，惟須有本省人之介紹，收
> 費與否，各館情形不一，但收費亦較旅店為廉。[100]

比較特別的是，第一編談到北平的房租價格，而此事除先

---

100 北平民社編，《北平指南》，第 8 編，〈食宿遊覽　•北平之旅
店 〉，頁 1-2。

前《大中華京師地理志》曾略微涉及之外，各種北京指南皆未提起。據該書指出，當時北平各地段房租高下約可分為九級：

【甲】前外大街迤西，至新華街，「地勢繁盛，商店八埠并列」，租房每間每月需 4、5 元。西單牌樓、絨線胡同一帶，機關學校林立，僑寓之人亦極多，每間 3、4 元以上。是為第一級。

【乙】崇文門內，使館人員及洋商甚多，距離東安市場亦較近，房租也貴，但比上述各地稍遜。是為第二級。

【丙】崇文門外曉市大街、清化寺街、磁器口、紅橋一帶，原非富足之區，祇因臨近各種曉市、早市，一般小商人非就近居住不可，故該處小房每間月租亦可高達 3、4 元。是為第三級。

【丁】西四、西單之間，與地安門、交道口、東四、東單之間，及宣武門外迤東、崇文門外迤西、東黃城根各處房屋，多者月租 3 元，最少 2 元。而崇文門外至前門一帶，如蘆草園、興隆街等處，伶人、商賈雜居，房價亦不比前處多遜，故為第四級。

【戊】舊皇城內各巷，除東安門內（因近東安市場）及西安門內（因近各機關），房價每間 2、3 元外，其後門內、景山西大街、黃化門、沙灘并南北長街、南北池子迤北等處，位置稍偏僻，但因靠近北京大學，每間 2 元左右，約具有第五級之資格。

【己】天橋一帶地區，因天橋市場的關係，房價亦甚

可觀，狹小的灰房，亦租 1 元至 2 元不等，列為第六級。

【庚】靠近城門各處，平均月租 1 元有餘。而離電車站較近之處，位置雖偏僻，房租亦略有增漲，如新街口、北城根、西直門、南北小街等地，為第七級。

【辛】西北城角東西縋兒胡同、東北角東直門角樓、朝陽門北城根及崇文門外營房等處，則因地勢荒涼，每間約租 1 元，列為第八級。

【壬】齊化門外、平則門外各營房，東直門外中街、西直門外南北關、德勝門外馬甸、安定門外地壇附近，則0.5、0.6 元可租一間，故可做為第九級。[101]

《北平指南》編者還說：「房屋之新舊，裝修之優劣，院宇之大小，往往房價因有參差，以大量觀察，殊不能出此無形之等級」。坊間雖說國都南遷，房租低落，實則深宅大院、月租在20 餘元以上者固屬跌價，甚且乏人問津。但其一二間、二三間、三五間，或十數、八間的中小房屋，反而租金有漸增之勢，原因在於租者顧及經濟條件，大多縮小住房規模，改而覓住小房，因此這類小房反而價格上漲。[102]

北平在遷都之前，飯店與旅館存在著社會犯罪與不肖

101 北平民社編，《北平指南》，第 1 編，〈地理 · 北平之房價〉，頁 12-13。

102 北平民社編，《北平指南》，第 1 編，〈地理 · 北平之房價〉，頁 13。

業者攬客詐騙等情事。民國 16 年 3 月 21 日，《京報》報
導旅店業近況就有所指摘：自長安飯店開幕後，東方、中
國、花園等家飯店接踵而起，社會上傳言飯店內藏垢納
污，官方破獲的案件亦不少，如說大鼓人白某折白案、大
暗娼崔某設局案、九尾狐引誘程小姐之詐財案等。另一方
面，旅館的伙計迎接旅客，西站有迎至長辛店者，東站則
最近亦迎至豐臺。在車上兜攬客人，下車後代運行李等物
件，其招待不能不說勤快，但一進到店內，則房租、飯費、
電燈、煤火及種種雜費無不特別昂貴，並有許多巧立名目
詐欺錢財之事。後被公家取締，車站上不准攬客，於是旅
館營業遂至大衰。[103] 同一日，《京報》又刊出題為〈「招
待學員」之牌匾〉的報導，內容提到：「招待學員」這項
營業，在二十年前尚未出現，自西城大同公寓創始之後，
大田、大興、大純、大來、大東等公寓相繼而起。各處學
員居住之公寓，諸事似較宿舍方便。但公寓經理與茶役良
莠不齊，「每有勾引學員作公餘俱樂之事」。另外，附近
的私娼也「專門以串公寓為其招攬地」。[104] 可見公寓亦
存在不少問題。

　　另據資料指出：北平旅店之名稱不一，就其性質而
言，可粗分為伙房小店、舊式客棧、新式飯店與公寓數

---

103 〈旅店業近況〉，收入《北京經濟史資料 · 近代北京商業部
　　　份》，頁 324-325。

104 〈「招待學員」之牌匾〉，收入《北京經濟史資料 ·近代北京商
　　　業部份》，頁 325。

種。舊式客棧約100餘家，華洋飯店約20餘家，公寓約
300餘家，伙房小店約200餘家。伙房小店係勞動貧民與
鄉販往來寄宿之所，多開設在關廂之處，「一室之內有數
炕，一炕之上恆宿十數人，其形式與女傭寄住之傭工介紹
所相類似；天寒則乞丐麕集於其間，空氣惡劣，蚤蝨食
人，殆此業之最低等
者」。舊式客棧設備簡
單，價錢亦較低廉（參
見圖2-7）。飯店大半
皆規模壯麗，其設備如
客廳、飯廳、浴室、舞
場等，頗為完美。公寓
則為久居之所，房飯費
概以月計，寓公以學界
者為多，其房舍多半由
住宅改建，不帶飯食者
按例須另收茶水費。[105]

圖 2-7　天興盛棧門口的苦力 [106]

105 池澤匯等編輯，《北平市工商業概況》，第 5 編，〈雜類‧旅
　　店業〉，頁 615-616。

106 Heinz von Perckhammer, *Peking* (Berlin: Albertus-Verlag, 1928), p.
　　180. 天興盛棧是客棧或貨棧，筆者未能分辨。

　　而就如《京報》的報導，北平旅館誑騙之事層出不窮。北平人稱這種旅店為野雞店：「查前外一帶，向有少數客店、客棧，僱人在車站、碼頭招攬客商者。其招攬告白所載價目設備，俱不實在。客人誤入其店，必受欺騙，行語謂之『買攬子』。」[107] 為此，《北平指南》特別提醒旅客注意：

> 近年旅館、客棧等之宿膳費，間有視人為轉移者，如房租定價一元，備飯而不備菜，本為各棧公例，而必以管飯隨飯菜為誘惑之招徠，初蒞止者，以為隨飯有菜，於願已足，甚且有雞魚，正慶其公道，比結賬時，開來清單，於所期之價，大相懸殊，甚且駭人聽聞，乃知一切菜類，與雞也魚也，均額外計價，價目亦奇昂，即有質問，仍以管飯隨飯菜一語搪塞，並有定價表為詞，蓋所謂隨飯菜者，一若住一元之房，即須用其隨飯之菜也。更有另計電燈、電話等費者，欺騙行為，言之殊堪痛恨，旅平同胞，應當注意。但房中火爐、煖爐須按日或按月另加。夏日之電扇，按鐘點或計日另加，此通例也。[108]

---

107 池澤匯等編輯，《北平市工商業概況》，第 5 編，〈雜類・旅店業〉，頁 616-617。

108 北平民社編，《北平指南》，第 8 編，〈食宿遊覽・北平之旅店〉，頁 2。

《北平指南》的編者係北平民社，對於現況掌握或許較為細微，其提醒外來者防範旅店攬客詆騙，在其它北京指南中不曾見到，與道光《都門紀略》的風俗警語類似，是相當有用的旅行資訊。

民國 21 年，北平中華印書局編印的《簡明北平遊覽指南》，部頭不大，全冊僅70頁。對旅遊者而言，攜帶方便，或許銷路較好。該書主要係為旅覽而著，故名勝古蹟及景區所占篇幅超過一半。該書介紹旅館分為〈中國旅店之部〉、〈外國客店之部〉兩部分，前者介紹大旅社（在煤市街）、中國飯店、交通飯店、瀛寰飯店、匯通飯店、中西旅館、金臺旅館、迎賓旅館、高陞店、北京客棧、中興旅館、華安旅館、第一賓館等48家；[109] 外國客店則僅推薦六國飯店、北京飯店、長安飯店、順利飯店、扶桑館、中央飯店。[110]

民國 24 年，田蘊錦編輯的《最新北平指南》出版，全書共分十五編。其中第二編〈勝蹟摘要〉介紹名勝古蹟（計 80 頁），第三編〈平市地名一覽〉為街巷索引，所占篇幅極大（計 146 頁）。該書最具特色的是第五編〈遊覽須知〉，分別提醒旅客謹防扒手（黑白潛、輪子潛、朋友潛、攢子潛）及種種騙術（賣假藥、夥騙、腥賭），

---

109 金文華編，《簡明北平遊覽指南》（北平：中華印書局，1932），〈中國旅店之部〉，頁 17-18。
110 金文華編，《簡明北平遊覽指南》，〈外國客店之部〉，頁 18。

並提供交通方面的資訊。[111]第八編〈機關團體學校〉記載會館僅列59處。[112]第十一編〈商業彙集‧住宿〉，列舉飯店29家、公寓88家，及旅店、客棧、客店共53家。當時北平市各大飯店，由於當局嚴禁跳舞，營業狀況頓形蕭條，能維持殘餘生命者，則有賴貿易富商及來北平遊覽之人士。飯店之設備各有不同，如北京飯店及中央飯店等，皆為政客、偉人旅住之所在，「聘有易牙輩之名師，庖製中西大菜」，但其價格較昂，非尋常俗客所敢問津。其餘如華安飯店及六國飯店，規模亦較其他飯店宏大，一切設備均為西式，專供外人旅居，國人前往居住者甚少。[113]旅館約可分為兩種，即西式旅館與華式客棧、客店。如前門外正陽旅館均屬西式，其房間布置皆係西式器皿，清潔雅緻，可與上海二、三等旅社相比。華式旅館則以天達店為最大，房間的陳設以中國器具為多，但也有採用西式鐵床、梳粧台等之類者，惟普通單人房皆用鐵床。至於房間價格，華式較為低廉，西式者較為昂貴。華式旅社，單客房間每日價格多不過0.7、0.8元，少則0.3、0.5元不等。西式房間，單客者起碼需1元上下，其陳設華麗、光線適宜者，每日自1

---

111 田蘊錦編，《最新北平指南》（北京：自強書局，1935），第5編，〈遊覽須知〉，頁1-21。

112 田蘊錦編，《最新北平指南》，第8編，〈機關團體學校‧各會館〉，頁16-18。

113 田蘊錦編，《最新北平指南》，第11編，〈商業彙集‧住宿〉，頁28。

元至2、3元不等。[114]

　　據該書記載，北平市之公寓，以前均係男女雜居，現因官方為維持風化，對此情況加以取締，一般單身女客皆以無處居住為憾，故市面上出現一種女性公寓，可惜佳者不多。因此，善於經營的老闆，將一處分為數院，或築牆加以截斷，一部分給男客居住，一部分供女客投宿，其他一部分則應攜帶家眷旅客之需。價格方面，如東四公寓、大興公寓等，普通房間日需0.4、0.5元或0.6、0.7元不等，頭等房間每日1元。另備有應時小吃、家常便飯，每餐0.2、0.3元即可果腹，至於點心如煬麵、水餃、餛飩等亦均甚適口，且價格低廉。[115]除此之外，《最新北平指南》還介紹了北平中華基督教青年會（Young Men's Christian Association, 簡稱YMCA）西山臥佛寺宿舍、市內一般學生宿舍的住宿規定。[116]這在相關指南當中，可謂極其罕見。

　　民國24年8月，馬芷庠編撰、張恨水審定的《北平旅行指南》出版，此書風行一時，至25年1月再版，同年4月三版，民國26年4月四版。第四版《北平旅行指南》下分八卷，卷二〈食住遊覽之部〉記述旅館及公寓說：「北平市乃教育文化中心，五方雜處，中外遊覽者

---

114　田蘊錦編，《最新北平指南》，第11編，〈商業彙集・住宿〉，頁33。

115　田蘊錦編，《最新北平指南》，第11編，〈商業彙集・住宿〉，頁29-30。

116　田蘊錦編，《最新北平指南》，第15編，〈拾遺〉，頁1-6。

雲集，飯店、旅館營業甚為發達，大致共分有飯店、旅館、客棧、公寓四種，均備有飯菜。房價以日或月計，亦分有等級。大飯店皆中外偉人下榻，旅館則為各界雜居，客棧以工商庄客為多，公寓皆供學生寄宿，間有在機關作事者。此外，天橋一帶尚有小店、雞毛店，凡流落無歸及乞丐、絡竊之輩，給銅元五、六枚，即可安眠一宵。」[117]該書列舉之著名飯店、旅館、公寓不多，但附載房飯費等價格。至於會館，則被放在卷八〈社會公益之部〉，計記載361處（參見表2-6）。[118]

表 2-6　《北平旅行指南》所載著名旅館公寓[119]

| 名稱 | 開辦年 | 價目 | 地址 | 電話 |
|---|---|---|---|---|
| 華安飯店 | 民國 15 年 | 房間 2 元至 6 元<br>中菜西餐味美價廉 | 東交民巷西瑞金大樓 | 東 1323<br>東 2234 |
| 中國旅行社招待所 | 民國 24 年 | 房價 3 元至 5 元，均附浴室 | 西交民巷東口 3 號 | 南 2613<br>南 3184 |
| 東方飯店 | 民國 7 年 | 中西菜均精緻，取消加一小帳 | 香廠路 | 南 605<br>南 2137<br>南 2996 |
| 長安春飯店 | 民國元年 | 房間 2 元至 10 元，附有浴室。中西餐均全 | 東長安街 | 專線 |
| 北辰宮飯店 | 民國 23 年 | 房間 1.1 元至 1.3 元 | 燈市口 | 東 1257 |

117 馬芷庠編，《增修四版北平旅行指南》（北京：經濟新聞社，1937），卷 2，〈食住遊覽之部・旅館公寓〉，頁 252。

118 馬芷庠編，《增修四版北平旅行指南》，卷 8，〈社會公益之部・省郡縣館〉，頁 523-533。

119 資料來源：馬芷庠編，《增修四版北平旅行指南》，卷 2，〈食住遊覽之部・旅館公寓〉，頁 252-254。

| 名稱 | 開辦年 | 價目 | 地址 | 電話 |
|---|---|---|---|---|
| 中國飯店 | 民國 24 年 | 房間 0.8 元起碼 | 西珠市口路北 | 南 3887 |
| 中央飯店 | 民國 12 年 | 房間 1.8 元起至 12 元中西餐俱備 | 東長安街 15 號 | 專線 |
| 西山飯店 | 民國 9 年 | | 平西翠微山麓 | 香山分局 16 號 |
| 香山飯店 | 民國 8 年 | 房間 1.5 元起至 2 元中西餐俱備 | 平西香山 | 香山分局 11 號 |
| 六國飯店 | | | 御河橋東 | 東 664 |
| 北京飯店 | | | 東長安街 | 東 581 |
| 利通飯店 | 民國 19 年 | 房價 2 元至 8 元中西餐均全 | 東交民巷 | 東 3230 東 3344 |
| 正陽旅館 | 民國元年 | | 西河沿 | 南 108 |
| 中西飯店 | | | 崇內大街 | 東 3543 |
| 天有飯店 | 民國 13 年 | 房間 0.36 元起至 2 元 | 打磨廠西口內 | 分 577 分 2403 分 74 |
| 德裕棧 | 光緒 20 年 | 房金 0.26 元至 1 元 | 打磨廠路北 | 分 2473 |
| 北京旅館 | | | 施家胡同 | 南 1196 |
| 鐵道賓館 | | | 西車站 | 南 3363 |
| 天達店 | | | 打磨廠 | 分 1053 |
| 東昇樓旅館 | | | 肉市 | 分 2358 |
| 三義店 | | | 施家胡同 | 南 464 |
| 中華飯店 | | | 前內西城根 | 南 1327 |
| 狀元府飯店 | 民國 25 年 1 月 | 堂皇壯麗，設備完善房飯 0.5 元，包月尤廉 | 西城闢才胡同南寬街 11 號 | 西 581 |
| 大興公寓 | | | 東四南 | 東 3938 |
| 北京公寓 | | | 米市大街 | 東 988 |
| 鎮芳公寓 | 民國 19 年 | 房屋雅潔，飯菜精美，干房包飯價格均廉 | 西單北大木倉 | 西 2396 |
| 新華公寓 | | | 象房橋 | 西 1030 |
| 亞洲公寓 | | | 石駙馬溝沿 | 西 1757 |
| 華興公寓 | | | 粉子胡同 | 西 2588 |
| 會賢公寓 | 民國 23 年 | 房飯每月 13 元起碼 | 西河沿路南 | 南 864 |

## 五、鐵路旅行等指南的簡明推薦

自民國成立以降，迄至抗戰這段期間，北京的旅遊開發，隨著皇城禁苑的開放，城市公園的出現，與遊樂場、旅遊飯店、旅遊交通的開發，北京旅遊業越來越興盛，其現代性與大眾性亦相當明顯。[120] 出版社為了滿足旅客的需求，推出《北京指南》這類的書籍，介紹各方面的實用資訊。這些書雖在體例上有很大變化，但可以視為《都門紀略》傳統的延續。這類書籍往往經常再版，一方面可能跟市場需求旺盛有關，另一方面也是因為此類書籍時效性強，書中提供的資訊需要不斷更新。從內容上看，民國初年的北京指南以介紹實用生活資訊為主，主要針對的是在北京居留時間較長的官員或商人這類讀者，因而有關行政、公共事業、實業的內容最多。相比而言，旅遊觀光方面的資訊就顯得較為薄弱。儘管這些指南一般都設有食宿遊覽、古跡名勝等門類，但從目錄上就可以看出，它們一般都放在靠後的位置上。[121]

相較之下，前面提到的鐵路旅行指南則有所不同。誠如學者所言：鐵路對中國近代化的影響鉅大，除了對傳統運輸工具和交通路線造成衝擊外，也帶動鐵路沿線的資源開發與工礦業的興起，鐵路運輸並擴大商品流通及農業生

---

120 王京傳、劉以慧，〈1912-1937年的北京旅遊開發〉，《歷史教學》，第537期（2007），頁73-76。

121 季劍青，〈旅遊指南中的民國北京〉，《北京觀察》，2014年第3期，頁72-73。

產的商品化；而鐵路沿線新城鎮的大量出現，邊遠地區開
發的加速、中央與地方的聯繫加強、城市與鄉村關係的轉
變、社會風氣與民俗的嬗替，都與鐵路的關係密切。[122] 伴
隨鐵路修築而衍生出的旅遊業發展，更是不言而喻。鐵路
以及它的流動性給社會帶來的變化，就是所謂「風景的發
現」。一方面，鐵路消滅了傳統的空間形式和時間感，摧
毀了兩點之間的空間——旅行空間，帶來景觀的不連續性
和間斷性，鐵路只知道出發點和終點站。另一方面，鐵路
也開闢了新的空間，原來偏遠的地方變得容易接近，大大
擴大了人們的運動範圍和速度，許多景點就像鐵路的「副
產品」一樣被開發出來。[123] 在當時的條件下，鐵路當局
主要的做法，除了制定鐵路遊覽票價優惠之外，還編印各
類旅遊指南、名勝指南、乘車遊覽指南。如民國 21 年編
輯的《乘車遊覽指南》中，按照全國主要遊覽城市和各鐵
路線，分別簡述相關景點及其特色，以提供遊客選擇。同
年，鐵道部「為利用廣告增進營業起見，令各鐵路管理局

122 李占才主編，《中國鐵路史》（汕頭：汕頭大學出版社，
　　　1994），〈緒論：鐵路與中國近代化〉，頁 1-61。

123 李占才主編，《中國鐵路史》，〈鐵路與旅遊〉，頁 493-502。
　　　錢振文，〈鐵路的出現和風景的發現〉，《博覽群書》，2008年
　　　第 11期，頁 10-11。蘇生文、趙爽，〈鐵路與中國近代的旅遊業〉
　　　（上），《文史知識》，2009年第 2 期，頁 67-71；〈鐵路與中
　　　國近代的旅遊業〉（下），《文史知識》，2009年第 3 期，頁
　　　84-89。馬守芹，〈「風景」的發現：近代鐵路旅行風潮與國族
　　　建構（1923-1937）〉（南京：南京大學碩士論文，2013）。楊東，
　　　〈民國時期鐵路乘客的旅行生活及其時代特徵〉，《石家莊鐵道
　　　大學學報（社會科學版）》，第 7卷第 2期（2013），頁 51-56。

將沿路名勝及物產、行程、食宿等項詳細具報，以供編訂《全國鐵路旅行指南》。」[124]

　　基於指涉客群對象明顯，各種鐵路旅行指南多半擇要推薦，而非全面列載，其例除前舉《京奉鐵路旅行指南》、《京漢旅行指南》外，《京綏鐵路旅行指南》也是一個個案。《京綏鐵路旅行指南》初版於民國 5 年，一開頭即為〈京師〉，下分城闕、壇廟、古蹟、名勝、衙署局所、各省會館、各行會館、學校、報館、旅館、外國旅館、茶樓、戲園、浴堂、代步、流通貨幣諸目。其中，列舉中國旅館 45 家，包括中華飯店、長安飯店、西安飯店等；外國旅館則有 6 家，即六國飯店、北京飯店、華東飯店、扶桑館、阿克布洛飯店、德國順利飯店（參見圖 2-8）。[125]

圖 2-8　上海通濟隆洋行《北京指南》的北京飯店廣告 [126]

　　民國 11 年，《中華國有鐵路旅行指南》列舉北京各

124 馬洪元，〈抗戰前的鐵路與旅游〉，《鐵道師院學報》，1993年第 4 期，頁 69。

125 黃安、曹景泉編輯，《京綏鐵路旅行指南》（北京：京綏鐵路管理局，1916），〈京師〉，頁 97-98。

126 Thomas Cook Ltd., *Peking and the Overland Route* (Shanghai: Thomas Cook and Sons Co., 1917), p. ix.

省會館 48 處，其按語云：「京中各省會館為數繁多，僅擇其較大者錄下。」[127] 列舉北京的中國大旅館則有東方飯店、中華飯店、長發棧、長安飯店、東安飯店、中西旅館、迎賓館、德昌飯店、天達店、第一賓館、佛照樓、泰安棧、中央飯店、西安飯店、金臺旅館、燕臺旅館、大陸飯店、東亞飯店等 18 家。[128] 北京的外國旅館僅推薦六國飯店、北京飯店、華東飯店、扶桑館。[129]

民國 12 年出版的《京漢鐵路旅行指南》第八期，記載北京分為：北京宮城、古蹟名勝、實業、交通、商旅、北京各公署、各省會館、各行、學校、銀行、中西醫院、報館、圖書館、中西旅館、中西飯店、照相館、戲園、茶樓、球房、浴堂各目。其中〈商旅〉述要論及在京住宿如下：

> 北京為首善之區，中外旅館林立，又有各省公立之會館，客子得以隨意投止。外國旅館每日宿膳，昂者十元，少則三、四元不等。中國旅館，以西河沿、打磨廠一帶建設較宏，規模較備，其宿費約一元上

---

127 交通部鐵路聯運事務處編印，《中華國有鐵路旅行指南》（北京：交通部鐵路聯運事務處，1922），〈北京・各省會館〉，頁 16-17。

128 交通部鐵路聯運事務處編印，《中華國有鐵路旅行指南》，〈北京・北京中國大旅館〉，頁 18。

129 交通部鐵路聯運事務處編印，《中華國有鐵路旅行指南》，〈北京・北京外國旅館〉，頁 18。

下，飲饌另計。欲居會館，則須有本省之人介紹，
住宿、收費與否，各省情形不一，即收費亦較旅館
為廉。[130]

在〈各省會館〉項下，記載會館354處。[131] 早期版本的
《京漢旅行指南》記載旅館等資訊相當簡略，至第八期則
所記載的旅館等之數字增加甚多，且均區別內城與外城，
如記中西旅館，內城37家、外城79家，總共116家。[132]
在總體數字上，《京漢鐵路旅行指南》雖無法與民國12
年的《增訂實用北京指南》相比，但在記載上區分內外
城，便於旅客抵達北京前掌握相關資訊，是比較貼心的一
種設想。

　　民國13年出版的《京奉鐵路旅行指南》第四期，亦
有〈北京紀略〉專章記述城闕、壇廟、古蹟名勝、商場、
交通、公署局所、學校、會館、旅館、醫院、銀行、報館、
飯館、戲園（電影園、坤書館附）與浴堂。其中，〈會館〉
記載各省會館339處。[133] 〈旅館〉記載旅館也和《京漢

---

130 京漢鐵路管理局總務處編查課編輯，《京漢鐵路旅行指南》，第
　　8期（北京：京漢鐵路管理局總務處編查課，1923），正編卷下，
　　〈京師・商旅〉，頁23。

131 京漢鐵路管理局總務處編查課編輯，《京漢鐵路旅行指南》，第
　　8期，正編卷下，〈京師・各省會館〉，頁31-46。

132 京漢鐵路管理局總務處編查課編輯，《京漢鐵路旅行指南》，第
　　8期，正編卷下，〈京師・中西旅館〉，頁58-63。

133 京奉鐵路管理局總務處調查課編輯，《京奉鐵路旅行指南》，第
　　4期（天津：京奉鐵路管理局總務處調查課，1924），〈北京紀
　　略・會館〉，頁22-37。

鐵路旅行指南》一樣區分內、外城，內城 44 家，外城 92
家，總計 136 家（參見表 2-7）。

表 2-7　《京奉鐵路旅行指南》第四期所載旅館 [134]

| 城區 | 店家 | 座落 | 店家 | 座落 |
|---|---|---|---|---|
| 內城旅館 | 長安飯店 | 東長安街 | 北京飯店 | 東長安街 |
| | 東安飯店 | 東長安街 | 大陸飯店 | 王府井大街 |
| | 東華飯店 | 王府井大街 | 中央飯店 | 東長安街 |
| | 中華飯店 | 西城根 | 六國飯店 | 東交民巷 |
| | 西安飯店 | 西長安街 | 五族飯店 | 西長安街 |
| | 德昌飯店 | 燈市口 | 扶桑館 | 東單牌樓 |
| | 大同公寓 | 宣武門內白廟胡同 | 大純公寓 | 南河沿 |
| | 大樓公寓 | 李閣老胡同 | 大德公寓 | 宣武門內報子街 |
| | 大連公寓 | 石駙馬大街 | 大元公寓 | 皮庫胡同 |
| | 大田公寓 | 二龍坑 | 大學公寓 | 東四牌樓門樓胡同 |
| | 大成公寓 | 中京畿道 | 大安公寓 | 中京畿道 |
| | 大增公寓 | 舊刑部街 | 長安公寓 | 舊刑部街 |
| | 新華公寓 | 象坊橋溝沿 | 北京公寓 | 米市大街 |
| | 鴻文公寓 | 中京畿道 | 永陞公寓 | 東四牌樓八條胡同 |
| | 聚賢公寓 | 宣武門內報子街 | 東安公寓 | 韶九胡同 |
| | 四合公寓 | 東四牌樓九條胡同 | 人和公寓 | 東安門外曉教胡同 |
| | 復興公寓 | 香餌胡同 | 復成公寓 | 舊刑部街 |
| | 羣英公寓 | 二龍坑 | 羣賢公寓 | 宣武門內報子街 |
| | 燕京公寓 | 內務府街 | 同和公寓 | 府學胡同 |
| | 泰安公寓 | 宣武門內白廟胡同 | 北新公寓 | 北新橋花枝胡同 |
| | 長盛和公寓 | 舊刑部街 | 桂忠公寓 | 亮果廠 |
| | 中興公寓 | 宣武門內報子街 | 洪興公寓 | 鐵獅子胡同 |
| 外城旅館 | 金臺旅館 | 西河沿 | 正陽旅館 | 西河沿 |
| | 中華旅館 | 西河沿 | 迎賓旅館 | 西河沿 |
| | 集賢旅館 | 西河沿 | 宴賓旅館 | 西河沿 |
| | 第一客館 | 西河沿 | 第一賓館 | 打磨廠 |
| | 五洲賓館 | 肉市 | 燕台旅館 | 西河沿 |
| | 福安旅館 | 西河沿 | 華洋旅館 | 西河沿 |

---

134 資料來源：京奉鐵路管理局總務處調查課編輯，《京奉鐵路旅行
　　指南》，第 4 期，〈北京紀略・旅館〉，頁 37-43。

| 城區 | 店家 | 座落 | 店家 | 座落 |
|---|---|---|---|---|
| 外城旅館 | 恩成店 | 西河沿 | 日陞店 | 西河沿 |
| | 魁元店 | 西河沿 | 連陞店 | 西河沿 |
| | 泰來店 | 西河沿 | 東昇店 | 西河沿 |
| | 高陞店 | 西河沿 | 義成店 | 西河沿 |
| | 順興店 | 西河沿 | 四合店 | 西河沿 |
| | 天成店 | 西河沿 | 元成店 | 西河沿 |
| | 擷華棧 | 西河沿 | 泰安棧 | 西河沿 |
| | 福來店 | 西河沿 | 慶陞棧 | 西河沿 |
| | 華安旅館 | 五道廟 | 華興旅館 | 櫻桃斜街 |
| | 榮華旅館 | 長巷頭條 | 金華旅館 | 佘家胡同 |
| | 迎賓旅館 | 排子胡同 | 華賓旅館 | 延壽寺街羊肉胡同 |
| | 同和旅館 | 李鐵拐斜街 | 北京旅館 | 施家胡同 |
| | 會元旅館 | 北孝順胡同 | 天壽旅館 | 糧食店 |
| | 新賓旅館 | 西河沿 | 萬陸旅館 | 糧食店 |
| | 同興旅館 | 糧食店 | 天和客棧 | 楊梅竹斜街 |
| | 中和客棧 | 觀音寺 | 京華客棧 | 觀音寺 |
| | 連陞客店 | 觀音寺 | 鴻陞店 | 楊梅竹斜街 |
| | 蘊和店 | 楊梅竹斜街 | 興隆店 | 煤市街 |
| | 萬隆店 | 觀音寺 | 悅來店 | 西河沿 |
| | 三元店 | 李鐵拐斜街 | 福星店 | 楊梅竹斜街 |
| | 斌陞店 | 楊梅竹斜街 | 泰安棧 | 北火扇 |
| | 三義客棧 | 施家胡同 | 萬福中棧 | 打磨廠 |
| | 同泰客寓 | 打磨廠 | 佛照樓 | 驛馬市 |
| | 長發棧 | 驛馬市 | 泰安棧 | 驛馬市 |
| | 聚魁店 | 驛馬市 | 即陞店 | 驛馬市 |
| | 新華客棧 | 虎坊橋 | 新民客棧 | 西珠市口 |
| | 謙安棧 | 西柳樹井 | 萬福賓館 | 北孝順胡同 |
| | 保安棧 | 打磨廠 | 實盛賓館 | 長巷頭條 |
| | 萬德店 | 糧食店 | 萬順店 | 糧食店 |
| | 萬福店 | 打磨廠 | 義順店 | 打磨廠 |
| | 德裕棧 | 打磨廠 | 興順店 | 打磨廠 |
| | 天達客棧 | 打磨廠 | 會成店 | 打磨廠 |
| | 吉陞棧 | 三眼井 | 慶隆店 | 協資廟 |
| | 萃元賓館 | 長巷頭條 | 延賓館 | 米市胡同 |
| | 亞洲旅館 | 煤市街 | 中興旅館 | 北孝順胡同 |
| | 瑞和客棧 | 大李紗帽胡同 | 人和棧 | 王皮胡同 |
| | 北京棧 | 糧食店 | 全安棧 | 佘家胡同 |
| | 泰昌客店 | 打磨廠 | 興盛客店 | 糧食店 |
| | 恒達客店 | 糧食店 | 三順客店 | 西柳樹井 |
| | 東方飯店 | 香廠 | 西山飯店 | 香山 |

　　民國 20 年的《平綏鐵路袖珍遊覽指南》雖極為袖珍，卻列有北平旅遊的套裝行程五期；關於北平旅舍，則說分為旅館、客棧、公寓、飯店數種：「客棧、旅館以日計，每人每日房飯約需五角至二、三元；公寓以月計，每月約需十五元至二十元；飯店以日計，每日約需五、六元至數十元不等。」[135]

　　民國 22 年出版的《津浦鐵路旅行指南》第 7 期，書末附有〈北平述要〉，內容極為簡單，僅有 4 頁，包括古蹟名勝、特產、餐館、旅館、娛樂、代步、遊程、旅行須知八目。〈旅館〉簡單提到旅館分為旅館、公寓、飯店數種；費用則旅館以日計，公寓以月計，飯店以日計。[136]最為有趣的是，〈遊程〉中提供二日遊與三日遊兩種套裝行程供人選擇。[137]〈旅行須知〉則提到北平楊梅竹斜街的中華印書局印有〈北平詳細地圖〉，每張售價洋元一角，前門外廊房頭條勸業場內及城內外各市場多有代售，遊客購置一張，對於北平全市自可瞭若指掌。[138]

　　民國 23 年，北寧鐵路管理局出版的《北平旅游便覽》，為《北寧鐵路旅行指南叢刊》之一。據該書序言指

135 平綏路局總務處編譯課編，《平綏鐵路袖珍遊覽指南》（北平：平綏路局總務處編譯課，1931），〈篇三‧沿線勝蹟述要〉，頁 23。

136 津浦鐵路管理委員會總務處編查課編，《津浦鐵路旅行指南》（天津：津浦鐵路管理委員會，1924），附〈北平述要〉，頁 249。

137 津浦鐵路管理委員會總務處編查課編，《津浦鐵路旅行指南》，附〈北平述要〉，頁 250。

138 津浦鐵路管理委員會總務處編查課編，《津浦鐵路旅行指南》，附〈北平述要〉，頁 250。

出，其內容「不敢繁博取紛，一以簡明為主」。[139]編者在
〈旅行本市須知〉特別提醒相關事宜，如衣服、行李、貨
幣、旅館、食堂、代步、診所、客票、床位、問事等項，
對於旅館的提醒是：「下車以後，如欲寓何旅館，可覓其
接客者（其衣帽有某某旅館字樣），從之出站，乘車前
往。若有起票之行李，可將行李票交其代取，無須自勞，
且甚便捷。旅館以較大者為宜，招待設備，庶較周詳。且
有汽車在站接送，便利多矣。」[140]《北平旅游便覽》未
記載會館，而其〈旅館〉指出：北平的旅館多聚集在前門
一帶。北寧鐵路前門火車站外，西行即至前門大街，西為
西河沿，東為打磨廠，附近旅館甚多，可以投宿。惟是北
平旅館等級甚多，其最壯麗者，首推北京飯店，在東長安
街；六國飯店，在御河橋，中西貴賓，多下榻於此。旅客
乘北寧路鐵路客車一抵站臺，即可見到此等旅館所派穿著
制服之接客人員迎於車外。其它如西珠市口之中國飯店，
東長安街之中央飯店、長安飯店、東安飯店，打磨廠之第
一賓館，西柳樹井之滙通飯店，西長安街之華北飯店，均
派有專人在車站接客。其建築及設備均係近代型式，起居
方便舒適，房價每日2元以上，旅客可選擇適宜自己地址
者投宿。至於以店、棧為名者，多半為中國舊式旅店，取

---

139 北寧鐵路管理局總務處文書課編，《北平旅游便覽》（北平：北
　　寧鐵路管理局，1934），〈北平旅游便覽序〉，頁1。
140 北寧鐵路管理局總務處文書課編，《北平旅游便覽》，〈旅行本
　　市須知〉，頁2-3。

價較為便宜。又有一種小公寓，條件最為簡陋，租費和火食均以月計，不過 10 數元，收入較少之職員、學子以常住為宜。此種公寓散在各處，初到北平的旅客，宜先在客棧小住一、二日，再就本身便利地點尋找租住，頗為簡單。[141] 其所載旅店、公寓與客棧大約價格（參見表 2-8）。

表 2-8　《北平旅游便覽》所載旅店價格 [142]

| 金臺旅店 | 燕臺旅店 | 迎賓旅店 | 萬福賓館 | 正陽旅店 | 中華旅店 |
|---|---|---|---|---|---|
| 中華飯店 | 大來飯店 | 東方飯店 | 宣南飯店 | 永大飯店 | 宴賓旅店 |
| 北京旅店 | 以上各旅館，每日食宿費自 0.4 元至 4 元不等，菜金在外。 | | | | |
| 尚賢公寓 | 東安客寓 | 京華公寓 | 中華公寓 | 東四公寓 | 大學公寓 |
| 以上公寓，均包飯，每日由 0.4 元至 0.8 元不等，菜金在外。 | | | | | |
| 福安客棧 | 長發棧 | 三義店 | 同興客棧 | 泰安棧 | 萬福店 |
| 北京客棧 | 天達店 | 天有店 | 萬隆店 | | |
| 以上客棧，每日自 0.1 元至 0.7 元不等，無飯食。 | | | | | |

另外，涵蓋全國的旅行指南，更不可能像《新北京指南》等書那樣大量臚列。如《中國旅行指南》一開頭的〈北京〉專章，內容係民國 5 年 7 月調查，該章〈客寓〉一節列舉中國旅館、棧店 109 家，並說：「以上各家，每日每人一元、八角、六角、四角、二角不等，亦有包月者，有備飯不備飯者，有飯菜須另議者，被褥均可代賃，電燈費另加。」而外人所設飯店之可住客者，為六國飯店、北京

---

141 北寧鐵路管理局總務處文書課編，《北平旅游便覽》，〈旅館〉，頁 16。

142 資料來源：北寧鐵路管理局總務處文書課編，《北平旅遊便覽》，〈旅館〉，頁 16-17。

飯店、長安飯店、德昌飯店、德國順利飯店、華東旅店、
扶桑館、一聲館。[143] 記載會所則僅舉各行業會館，而未
列各省會館（參見圖 2-9）。[144]

圖 2-9　民國時期的北京飯店 [145]

又如民國 14 年出版的《全國都會商埠旅行指南》，
卷上第一章為〈北京〉，下分三節，一為北京，二為城內
名勝，三為城外名勝。第一節〈北京〉記載：北京市內人
口，「據最近警察廳調查，戶數約十七萬二千餘，人口約

---

143　商務印書館編譯所編，《九版增訂中國旅行指南》（上海：商務
　　　印書館，1921），〈北京‧客寓〉，頁 1-2。

144　商務印書館編譯所編，《九版增訂中國旅行指南》，〈北京‧
　　　會所〉，頁 8-9。

145　http://us.midnightinpeking.com/downloads/grand-hotel-de-wagon-
　　　lits-and-other-peking-hotels/。

九十三萬二千餘，其他外國人約六千五百，而日本人占
二千五百人云。」[146] 記載交通工具提到：旅客下火車、
投宿旅館前，可託在車站的旅館招待員招致馬車。人力車
在各車站前，隨時可以雇乘；前往六國飯店、北京飯店等
特殊旅館及東交民巷之人力車，車身較佳，其價錢比普通
要貴上兩倍或三倍。[147] 另記載主要旅館的價格如下：

【甲】東方飯店、華北旅社，每日房費 2 元至 7 元
不等。

【乙】長安飯店、西安飯店，每日房飯費約 5 元。

【丙】北京旅館，每日 1 元至 3 元不等。

【丁】金臺旅館，房飯費每日特等 4 元（小賬 0.5
元），最優等 3 元（小賬 0.5 元），優等 2 元，頭等 1 元。

【戊】正陽旅館，每日 1 元至 2.5 元。

【己】第一賓館，特等房間可住 3 人，每日 3 元；最
優等可住 2 人，約 2.1 元。

【庚】迎賓館，0.6 元至 3 元（每客小賬 0.2 元）。

此外旅館甚多，不及備述。上述旅館費內包括房間
費、電燈費、飯費，但菜須自點，另外計價，每餐大約自
0.5 元至 1 元不等。其他火爐、被具等須另外加收費用。[148]

---

146 喻守真等編著，《全國都會商埠旅行指南》（上海：中華書局，
　　1925），卷上，第 1 章，〈北京‧北京‧市內人口〉，頁 7。

147 喻守真等編著，《全國都會商埠旅行指南》，卷上，第 1 章，〈北
　　京‧北京‧馬車、人力車〉，頁 1-2。

148 喻守真等編著，《全國都會商埠旅行指南》，卷上，第 1 章，〈北
　　京‧北京‧旅館〉，頁 2。

民國25年出版的《增訂全國都會商埠旅行指南》，卷下第一章為〈北平市〉，下分四節，一為北平市，二為湯山，三為平通支線，四為西陵支線。第一節〈北平市·旅館〉僅推薦北京飯店、六國飯店、中央飯店、中國飯店、長安飯店、東方飯店、華北飯店、交通大飯店、正陽旅店、第一賓館、西安旅館、泰安棧等12家，「上列以北京、六國兩飯店，最為偉麗，價目均極昂貴；其餘宿費不等，每日由五角至四、五元，伙食多係另外計算。」[149]

## 六、抗戰後的《北京市工商指南》等書

七七事變北平淪陷後，日偽政權又將市名改回北京。為此，經濟新聞社商請馬芷庠重編《北平旅行指南》，旋即於民國27年5月出版第五版，書名改為《北京旅行指南》。新增本在卷首列出新補的內容二十四頁，卷六〈軍政機關之部〉全部重編，修正加入卷五之中，而卷八亦修改十餘頁。其餘各卷，內容未變。另在卷八之後續增卷九〈氣候風俗之部〉。而在卷首〈指南增補〉中，列舉的旅館稍有變化，只有華安飯店、惠中旅館、交通旅館、王府旅館、振聲飯店、東方飯店、扶桑館、和平旅館8家，其中僅對華安飯店有文字說明：房間2元起至6元，中菜、

---

149 葛綏成編，《增訂全國都會商埠旅行指南》（上海：中華書局，1936），卷下，第1章，〈北平市·北平市·旅館〉，頁282-283。

西餐味美價廉。另又備註：中央飯店、鐵道賓館暫停
營業。[150]

　　民國28年，由正風經濟社出版的《北京市工商指
南》，全書僅有各類商號的名稱、地址、業主、籍貫、電
話之類的資訊，沒有任何文字說明，其中第十二章〈交
通旅行類〉列舉飯店40家，旅館27家，客棧62家，公寓
32家。[151] 而在已知籍貫的經理人中，主體上以直隸者為
多，特別是順天府各縣，少部分為山東、山西等省之人
（參見表2-9）。

表2-9　《北京市工商業指南》所載飯店、旅館、客棧及公寓

| 類別 | 商號名稱 | 所在地 | 經理人 | 籍貫 | 電話 |
|---|---|---|---|---|---|
| 飯店 | 京華飯店 | 南河沿 | 傅盛卿 | 河北宛平 | 東局 1254 |
| | 利通飯店 | 東交民巷 | 汪仲賢 | 北京 | 東局 3885 |
| | 華安飯店 | 東交民巷 | 顏儀生 | 北京 | 東局 1323 |
| | 中華飯店 | 順城街 | 劉自猶 | 山東福山 | 南局 1327 |
| | 惠中飯店 | 西柳樹井 | 朱象泰 | 浙江鎮海 | 南局 341 |
| | 花園飯店 | 捨飯寺 | 何璽臣 | 北京 | 西局 629 |
| | 大來飯店 | 西交民巷 | 王壽山 | 河北宛平 | 南局 972 |
| | 北辰宮飯店 | 燈市口 37 號 | | | 東局 1257 |
| | 瀛寰飯店 | 燈市口 12 號 | | | 東局 992 |
| | 亞東飯店 | 東河沿 29 號 | | | 東局 5302 |
| | 扶桑館 | 東單排樓 355 號 | | | 東 63、93 |
| | 燕京飯店 | 樓鳳樓扁擔胡同 4 號 | | | 東局 1624 |
| | 雅格洛夫飯店 | 東單三條 15 號 | | | 東局 5142 |
| | 大和飯店 | 官場胡同 12 號 | | | 東局 2231 |
| | 耀東飯店 | 東單二條 1 號 | | | 東局 758 |
| | 東亞飯店 | 西堂子胡同 11 號 | | | 東局 3366 |

150　馬芷庠編，《北京旅行指南》（北京：經濟新聞社，1938），卷首，
　　〈北京旅行指南增補・食住遊覽之部・旅館公寓〉，頁 4-5。
151　正風經濟社主編，《北京市工商業指南》（北京：正風經濟社，
　　1939），XII，〈交通旅行類〉，頁 189-192、195-201。

| 類別 | 商號名稱 | 所在地 | 經理人 | 籍貫 | 電話 |
|---|---|---|---|---|---|
| 飯店 | 六國飯店 | 御河橋東 | | | 東局 664、685、3919 |
| | 三星飯店 | 東長安街 3 號 | | | 東局 2303 |
| | 電報飯店 | 東長安街 11 號 | | | 東局 1532 |
| | 北京飯店 | 東長安街 21 號 | | | 東 581、2350、3151、3152、3153 |
| | 德國飯店 | 崇內大街 18 號 | | | 東 720、2710 |
| | 中西飯店 | 崇內大街 37 號 | | | 東局 3542 |
| | 華東飯店 | 崇內大街 99 號 | | | 東局 43 |
| | 壽司清 | 崇內大街 184 號 | | | 東局 132 |
| | 清水萬歲家 | 八寶胡同 8 號 | | | 東局 258 |
| | 石田作次郎 | 八寶胡同 10 號 | | | 東局 1850 |
| | 曙樓 | 東總布胡同 60 號 | | | 東局 4947 |
| | 隆慶飯店 | 崇外大街 13 號 | | | 分局 238 |
| | 東方飯店 | 香廠 8 號 | | | 南局 605、2137、2996 |
| | 華豐樓飯店 | 陝西巷 48 號 | | | 南局 1355 |
| | 振聲飯店 | 西河沿 45 號 | | | 南局 2847、2717、3144 |
| | 新平飯店 | 新平路 23 號 | | | 南局 3934 |
| | 寶盛飯店 | 旗守衛 11 號 | | | 南局 3920 |
| | 武陵飯店 | 李閣老胡同 22 號 | | | 西局 2554 |
| | 涵靜園飯店 | 鬥才胡同 1 號 | | | 西局 375 |
| | 中亞飯店 | 鬥才胡同 14 號 | | | 西局 1789 |
| | 集賢飯店 | 鬥才胡同 21 號 | | | 西局 1006 |
| | 狀元府飯店 | 南寬街 11 號 | | | 西局 581 |
| | 西湖飯店 | 南長街 | | | 南局 712 |
| 旅館 | 泰興旅社 | 西柳樹井 | 楊清林 | 河北大興 | 南局 3608 |
| | 正陽旅館 | 西河沿 | 呂仲樵 | 河北天津 | 南局 108 |
| | 佛照樓 | 騾馬市 | 勞嶦生 | 廣東南海 | 南局 835 |
| | 五洲賓館 | 前門肉市 | 寵佑民 | 河北通縣 | 分局 2061 |
| | 中興旅館 | 北孝順胡同 | 張德泉 | 河北通縣 | 分局 493 |
| | 北京旅館 | 施家胡同 | 劉書田 | 河北天津 | 南局 1196 |
| | 萬福賓館 | 北孝順胡同 | 陳樹勳 | 河北通縣 | 分局 1212 |
| | 東昇樓 | 前外肉市 | 蔡蘭亭 | 河北新城 | 分局 2358 |
| | 中國旅館 | 西河沿 | 顧柳庠 | 北京 | |
| | 朝鮮旅館 | 受祿街乙 1 號 | | | 東局 3015 |
| | 愛國旅館 | 米市 263 號 | | | 東局 3008 |
| | 金泉館 | 新開路 37 號 | | | 東局 2232 |
| | 東京旅館 | 新開路 41 號 | | | 東局 1122 |

| 類別 | 商號名稱 | 所在地 | 經理人 | 籍貫 | 電話 |
|---|---|---|---|---|---|
| 旅館 | 長春亭 | 觀音寺甲 14 號 | | | 東局 89 |
| | 燕京旅館 | 扁擔胡同 4 號 | | | 東局 3145 |
| | 朝日軒 | 溝沿頭 33 號 | | | 東局 123 |
| | 北鮮旅館 | 八寶胡同 21 號 | | | 東局 3297 |
| | 一聲館 | 船板胡同 51 號 | | | 東局 347 |
| | 日華館 | 洋溢胡同 37 號 | | | 東 889、2389 |
| | 櫻旅館 | 東四南 258 號 | | | 東局 1080 |
| | 王府旅館 | 王府井 | | | 東局 5241、5242、5243 |
| | 第一賓館 | 打磨廠 14 號 | | | 分 969、1369 |
| | 交通旅館 | 西河沿 35 號 | | | 南局 1635 |
| | 宴賓旅館 | 西河沿 80 號 | | | 南局 961 |
| | 金台旅館 | 西河沿 240 號 | | | 南局 1390 |
| | 大旅社 | 煤市街 22 號 | | | 南局 77、187、3615 |
| | 西安旅館 | 西安門外 6 號 | | | 西局 2202 |
| 客棧 | 三元店 | 李鐵拐斜街 | 史香平 | 河北三河 | 南局 2181 |
| | 新大同店 | 打磨廠 | 張星齋 | 河北玉田 | 分局 1991 |
| | 中和客棧 | 前外觀音寺 | 胡坤傑 | 北京 | 南局 3319 |
| | 興隆店 | 煤市街 | 李春官 | 河北良鄉 | 南局 2678 |
| | 復隆店 | 打磨廠 | 王蔭堂 | 山東昌邑 | |
| | 天春店 | 西河沿 | 吳月波 | 河北玉田 | |
| | 大北客棧 | 糧食店 | 陳潤川 | 河北定縣 | 南局 2780 |
| | 天泰店 | 打磨廠 | 聞蘊山 | 河北玉田 | 分局 2369 |
| | 萬隆店 | 煤市街 | 張賓元 | 河北武清 | 南局 865 |
| | 萬泰店 | 長巷二條 | 聞世卿 | 河北玉田 | 分局 983 |
| | 乾源店 | 雲居寺 | 張繼先 | 河北大興 | 南局 2696 |
| | 天增店 | 溝尾巴胡同 | 鞠林茂 | 山東掖縣 | 分局 767 |
| | 德隆店 | 打磨廠 | 謝波亭 | 河北高陽 | 分局 1453 |
| | 連陞店 | 觀音寺 | 李煥章 | 河北大興 | 南局 2271 |
| | 慶順店 | 溝尾巴胡同 | 趙清順 | 北京 | 分局 1437 |
| | 祥順店 | 溝尾巴胡同 | 鐘旭東 | 河北通縣 | 分局 1971 |
| | 蘊和店 | 楊梅竹斜街 | 劉仲泉 | 河北昌平 | 南局 2264 |
| | 景和店 | 溝尾巴胡同 | 陳光第 | 河北大城 | 分局 2041 |
| | 天有店 | 打磨廠 | 趙后安 | 河北宛平 | 分局 1557 |
| | 德裕棧 | 打磨廠 | 趙玉生 | 河北玉田 | 分局 2473 |
| | 義順店 | 打磨廠 | 劉傳氏 | 山東招遠 | 分局 2131 |
| | 萬福店 | 打磨廠 | 聞世卿 | 河北玉田 | 分局 331 |
| | 三盛店 | 櫻桃斜街 | 曹呈樹 | 河北天津 | 南局 2665 |
| | 興盛店 | 糧食店 | 王敬典 | 河北束鹿 | 南局 3461 |
| | 義成店 | 長巷三條 | 夏壽山 | 河北薊縣 | |

| 類別 | 商號名稱 | 所在地 | 經理人 | 籍貫 | 電話 |
|---|---|---|---|---|---|
| | 天達店 | 打磨廠 | 劉獻廷 | 河北通縣 | 分局 2540 |
| | 恆達店 | 糧食店 | 薛子祥 | 山西太谷 | 南局 1825 |
| | 鈺陞店 | 糧食店 | 張子幹 | 山西大同 | 南局 1157 |
| | 北京客棧 | 糧食店 | 杜文林 | 河北安次 | 南局 184 |
| | 天德店 | 草市大街 | 王鼎臣 | 河北香河 | |
| | 隆慶棧 | 崇外大街 | 于子範 | 山東蓬萊 | |
| | 萬和順店 | 崇外花市 | 李桂芳 | 北京 | |
| | 天和棧 | 楊梅竹斜街 | 劉玉棠 | 河北天津 | 南局 2637 |
| | 暢源店 | 煤市街 | 劉湘臣 | 河北宛平 | 南局 421 |
| | 三義店 | 施家胡同 | 任克廷 | 北京 | 南局 1387 |
| | 天豐店 | 打磨廠 | 李鑄廷 | 河北薊縣 | 分局 397 |
| | 天福店 | 打磨廠 | 馮品重 | 河北昌黎 | 分局 72 |
| | 天一店 | 西河沿 | 強文閣 | 河北樂亭 | 南局 1744 |
| | 萬順店 | 糧食店 | 鄧向震 | 河北天津 | 南局 2624 |
| | 恆通店 | 施家胡同 | 燕鳳桐 | 北京 | 南局 1584 |
| | 中尚古店 | 打磨廠 | 謝培之 | 河北宛平 | |
| | 慶隆店 | 斜竇廟 | 王幼丹 | 山東福山 | 南局 4067 |
| | 源盛店 | 糧食店 | 袁香圃 | 河北武清 | 南局 2441 |
| | 萬歲店 | 觀音寺 | 李振生 | 河北通縣 | |
| 客棧 | 大瀛客棧 | 北池子 27 號 | | | 東局 4464 |
| | 幕田客棧 | 八寶胡同 14 號 | | | 東局 1112 |
| | 同豐客棧 | 花市 112 號 | | | 分局 601 |
| | 德隆客店 | 巾帽胡同 43 號 | | | 分局 491 |
| | 復隆店 | 巾帽胡同 33 號 | | | 分局 2404 |
| | 玉隆客店 | 打磨廠 75 號 | | | 分局 809 |
| | 三義客店 | 打磨廠 93 號 | | | 分局 447 |
| | 淑陽客棧 | 打磨廠 125 號 | | | 分局 1627 |
| | 興順店 | 打磨廠 178 號 | | | 分局 1292 |
| | 東昇客棧 | 打磨廠 221 號 | | | 分局 2139 |
| | 萬蚨棧 | 長巷上頭條 4 號 | | | 分局 2110 |
| | 賓盛西棧 | 長巷上頭條 71 號 | | | 分局 945 |
| | 義聚店 | 長巷上二條 54 號 | | | 分局 625 |
| | 慶安棧 | 西柳樹井 46 號 | | | 南局 907 |
| | 天順客店 | 萬明路甲 7 號 | | | 南局 227 |
| | 久成客店 | 煤市街 131 號 | | | 南局 3755 |
| | 萬德店 | 糧食店 28 號 | | | 南局 2025 |
| | 四合順客店 | 甘井胡同 21 號 | | | 南局 2406 |
| | 湧泉客店 | 甘井胡同 24 號 | | | 南局 1676 |
| | 人和客棧 | 王皮胡同 25 號 | | | 南局 1571 |
| | 魁元店 | 西河沿 30 號 | | | 南局 611 |
| | 泰來店 | 西河沿 234 號 | | | 南局 1877 |

| 類別 | 商號名稱 | 所在地 | 經理人 | 籍貫 | 電話 |
|---|---|---|---|---|---|
| 客棧 | 元成店 | 西河沿 239 號 | | | 南局 2437 |
| | 泰安棧 | 北火扇 8 號 | | | 南局 2052 |
| | 福星店 | 楊梅竹斜街 24 號 | | | 南局 2774 |
| | 興隆店 | 煤市街 27 號 | | | 南局 2678 |
| | 長發棧 | 騾馬市 112 號 | | | 南局 836 |
| | 瑞成客店 | 德勝門外 7 號 | | | 西局 2912 |
| 公寓 | 萃文公寓 | 中京畿道 | 尹郁堂 | 山東福山 | |
| | 大興公寓 | 東四街大街 | 胡子麟 | 河北通縣 | 東局 3938 |
| | 迎賢公寓 | 王府井大街 | 張楚珍 | 河北通縣 | 東局 1124 |
| | 東安客寓 | 韶九胡同 | 潘少臣 | 河北大興 | 東局 104 |
| | 同泰客寓 | 打磨廠 | 王立三 | 河北武清 | 分局 433 |
| | 亞洲公寓 | 南溝沿 | 張明三 | 山東福山 | 西局 1757 |
| | 北京公寓 | 崇內大街 | 胡子麟 | 河北通縣 | 東局 988 |
| | 聚寶公寓 | 無量大人胡同 | 張明三 | 山東福山 | 東局 4784 |
| | 會賢公寓 | 西河沿 | 趙子玉 | 河北滄縣 | |
| | 華盛公寓 | 三元菴 | 李少泉 | 北京 | |
| | 義成公寓 | 西京畿道 | 岑節青 | 安徽懷遠 | 西局 2356 |
| | 久安公寓 | 皮庫胡同 | 馬樹山 | 河北大城 | |
| | 美利公寓 | 皇城根 52 號 | | | 東局 802 |
| | 大東公寓 | 隆福寺 64 號 | | | 東局 3531 |
| | 集賢公寓 | 承侯大院甲 13 號 | | | 東局 3447 |
| | 燕京公寓 | 內務部街 25 號 | | | 東局 1081 |
| | 元興公寓 | 無量大人胡同 42 號 | | | 東局 4598 |
| | 文友公寓 | 米市 253 號 | | | 東局 5387 |
| | 尚賢公寓 | 大紗帽胡同 4 號 | | | 東局 1934 |
| | 福生公寓 | 船板胡同 49 號 | | | 東局 1999 |
| | 金景波 | 三元庵 1 號 | | | 東局 757 |
| | 文宣公寓 | 小四眼井 28 號 | | | 南局 23 |
| | 升宣公寓 | 前府胡同 20 號 | | | 南局 1700 |
| | 匯豐公寓 | 蓓簾子胡同 12 號 | | | 南局 3956 |
| | 聚賢公寓 | 西單南 110 號 | | | 南局 239 |
| | 大順公寓 | 宣內大街 84 號 | | | 南局 2030 |
| | 彬錫公寓 | 宣內大街 258 號 | | | 西局 1472 |
| | 大中公寓 | 象坊橋 27 號 | | | 西局 2717 |
| | 首善公寓 | 參政胡同 6 號 | | | 西局 2566 |
| | 京華公寓 | 西單橫二條 15 號 | | | 西局 2004 |
| | 會友公寓 | 西皇城根 47 號 | | | 西局 1493 |
| | 交通宿舍 | 府右街 2 號 | | | 西局 257 |

　　此外，該書第十八章〈本市日本各機關及商店類〉，還列舉日本人所開旅館 75 家，公寓 41 家（參見表 2-10）。[152] 這些日本旅館，有些開設於抗戰之前，但不少是在日本占領後新開設。在八年抗戰期間，日本商號在「北京」獲得更大的發展「空間」，旅館也是其一。

表 2-10　《北京市工商業指南》所載日本旅館及公寓

| 類別 | 商號名稱 | 所在地 | 電話 |
|---|---|---|---|
| 旅館 | 大和ホテル | 東城蘇州胡同 | 東局 5085 |
| | 燕京ホテル | 東城棲鳳樓 | 東 3145、1624 |
| | 王府ホテル | 王府井大街 | 東 5241、5242 |
| | 福島館 | 東城南八賽胡同 | 東局 1110 |
| | 東安ホテル | 東安門大街 77 號 | 東局 1298 |
| | 櫻ホテル | 東四南大街 | 東局 108 |
| | 芙蓉ホテル | 前門外掌扇胡同 22 號 | 南局 1238 |
| | 鶴星旅館 | 東城蘇州胡同 38 號 | 東局 277 |
| | 宮城旅館 | 東城二條內官場胡同 21 號 | 東局 2231 |
| | そらや旅館 | 前門外西河沿 198 號 | 南局 1818 |
| | 二葉旅館 | 東城小土地廟 | 東局 3167 |
| | 豐前屋 | 東城草廠小門 9 號 | 東局 3836 |
| | 帝國ホテル | 前門外觀音寺 19 號 | 南局 2045、1801、2028 |
| | 正陽旅館 | 前門外西河沿 43 號 | 南局 108 |
| | 圓宿北京閣 | 東單三條 21 號 | 東 1309、1369 |
| | 榮德屋 | 西城絨線胡同西口內嘎嘎胡同 3 號 | 南 1330、1231 |
| | 扶桑館 | 東單大街 | 東 93、63 |
| | 一聲館 | 東城船板胡同 51 號 | 東 347、374 |
| | 日華ホテル | 東城洋溢胡同 | 東 2389、889 |
| | 石田旅館 | 東城八寶胡同 10 號 | 東 1850、1355 |
| | 東京旅館 | 東城新開路 | 東局 4987、1122、3745 |
| | 南洲館 | 東城蘇州胡同 | 東局 1684 |
| | 都ホテル | 崇文門大街 42 號 | 東 1401、3288 |
| | 增田旅館 | 東城蘇線胡同 | 東 3773、2355 |

---

152 正風經濟社主編，《北京市工商業指南》，XVIII，〈本市日本各機關及商店類〉，頁 215-218。

| 類別 | 商號名稱 | 所在地 | 電話 |
|---|---|---|---|
| 旅館 | 旭旅館 | 南池子 28 號 | 東局 1214 |
| | 三和旅館 | 前門外西河沿 74 號 | 南局 1412 |
| | 今井旅館 | 和平門內後細瓦廠 30 號 | 南局 1130 |
| | 國際ホテル | 東四十二條胡同 30 號 | 東局 1181 |
| | 新京旅館 | 西褲褙胡同 12 號 | 東局 501 |
| | 昭和ホテル | 東四南大街 85 號 | 東 1026、256 |
| | 下關飯店 | 太僕寺街 46 號 | 西局 949 |
| | 大陸旅社 | 陝西巷 54 號 | 南局 1821 |
| | 竹崖旅館 | 前門外廊房頭條 46 號 | 南局 3314 |
| | 橘旅館 | 西褲褙胡同 7 號 | 東局 4183 |
| | 千島飯店 | 西堂子胡同 2 號 | 東局 2998 |
| | 東旅館 | 大李紗帽胡同 3 號 | 南局 1404 |
| | 富士旅館 | 崇文門大街 185 號 | 東局 1126 |
| | 富土屋旅館 | 西總布胡同 39 號 | 東局 5081 |
| | 復興樓飯館 | 前門大街 119 號 | 南局 1212 |
| | 北京旅館 | 施家胡同 7 號 | 南局 1326 |
| | 平和旅館 | 前門外大廊營 28 號 | 南局 1173 |
| | 愛國旅館 | 米市大街 | 東局 3008 |
| | 常盤旅館 | 朝陽門北小街燒酒胡同 11 號 | 東局 5156 |
| | 東亞飯店 | 西堂子胡同中間路北 | 東局 3366 |
| | 潟屋ホテ | 東城錫拉胡同 19 號 | 東局 5316 |
| | 新新館 | 前門外王廣福斜街 64 號 | 南局 534 |
| | 花屋旅館 | 前門外西河沿 214 號 | 南局 671 |
| | 松屋旅館 | 東四北大街七條胡同 40 號 | 東 3242、3247 |
| | 北京花壇 | 南河沿 25 號 | 東 1897、4690 |
| | 松風旅館 | 東城蘇州胡同 | 東局 3665 |
| | 雙葉館 | 東華門大街 78 號 | 東局 168 |
| | 大野旅館 | 前門外打磨廠 56 號 | 南分局 694 |
| | 大川旅館 | 前門外大川路 14 號 | 南局 3181 |
| | 景山旅館 | 西河沿 198 號 | 南局 1818 |
| | 菊屋旅館 | 大蔣家胡同 13 號 | 分局 1683 |
| | 京進旅館 | 觀音寺 22 號 | 南局 1729 |
| | 迎賓旅館 | 前門外排子胡同甲 21 號 | 南局 1393 |
| | 黎明館 | 東單豆腐巷 10 號 | 東局 3577 |
| | 協和旅館 | 東城西褲褙胡同甲 57 號 | 東局 2664 |
| | 大國ホテル | 南池子 17 號 | 東局 1763 |
| | 妙法館 | 蘇州胡同 27 號 | 東局 2629 |
| | 京津旅館 | 王府井大街大阮府胡同 | 東 2009、5269 |
| | 黃城館 | 西城黃城根大街 | 西 618、2806 |
| | 九洲旅館 | 崇文門船板胡同 23 號 | 東局 1971 |
| | 日の本旅館 | 東褲褙胡同 19 號 | 東局 819 |

| 類別 | 商號名稱 | 所在地 | 電話 |
|---|---|---|---|
| 旅館 | 福井旅館 | 蘇州胡同 132 號 | 東局 4958 |
| | 景山ホテル | 北池子蒙福祿館 5 號 | 東局 4396 |
| | 文宣ホテル | 前內小四眼井 28 號 | 南局 23 |
| | 朝鮮旅館 | 東單二條西受祿 | 東局 3015 |
| | 北鮮旅館 | 東城南八賽胡同 21 號 | 東局 3279 |
| | 東洋旅館 | 前外糧食店 | 南局 457 |
| | 名古屋ホテル | 西長安街雙柵欄 | 南局 1459 |
| | 前門旅館 | 前外觀音寺 75 號 | 南局 2374 |
| | ミチトホテル | 前外陝西巷東璧營 7 號 | 南局 667 |
| | 常榮館 | 東單小三條 6 號 | 東局 3052 |
| 公寓 | 糸木屋 | 西城太僕寺街 29 號 | 西局 1537 |
| | 春明閣 | 西城府右街太僕寺街 | 西局 1778 |
| | 岩城屋 | 南池子甲 48 號 | 東局 4869 |
| | 白樂莊 | 安內大街亮家廠 1 號 | 東局 511 |
| | 白山莊 | 東城北帥府胡同 1 號 | 東局 4704 |
| | 白鹿莊 | 東城內務部街 46 號 | 東局 5038 |
| | 日華アバート | 宣武門大街 | 西局 1704 |
| | 日支アバート | 東城南小街 308 號 | 東局 5071 |
| | 錦莊 | 東城無量大人胡同四號 | 東局 3996 |
| | 中國莊 | 南長街 | |
| | 中國莊 | 司法部街大中府 20 號 | 南局 821 |
| | 北海莊 | 前內順城街 89 號 | 南局 1336 |
| | 北京寮 | 東城東總布胡同 | 東局 4666 |
| | 北京ハウス | 東華門南夾道 14 號 | 東局 3579 |
| | 北京下宿屋 | 前門陝西巷甲 61 號 | |
| | 康明寮 | 東城茨子苑胡同 6 號 | |
| | 五新ビル | 蘇州胡同 133 號 | 東局 3759 |
| | 義成寮 | 東城西裱褙胡同 49 號 | 東局 2030 |
| | 燕京寮 | 南池子 | 東局 384 |
| | 南長寮 | 南長街 | |
| | 榮樂莊 | 西單北大街 114 號 | 西局 776 |
| | 明朗莊 | 東四十條胡同 15 號 | 東局 549 |
| | 共和莊 | 西城絨線胡同宗學後身 | 南局 1632 |
| | 新民莊 | 第二區安福胡同 37 號 | 南局 3139 |
| | 聚星莊 | 東城船板胡同 5 號 | 東局 2339 |
| | 西城アバート | 宣武門大街 | 西局 857 |
| | 紫金莊 | 景山東街中老胡同 | 東局 1995 |
| | 新生莊 | 西直門內西黨家胡同 2 號 | 西局 488 |
| | 東山莊 | 東城乾面胡同 35 號 | 東局 3631 |
| | 宣武寮 | 宣武門內頭髮胡同 6 號 | 西局 2452 |
| | 清風莊 | 北新橋船板胡同甲 18 號 | 東局 4377 |

| 類別 | 商號名稱 | 所在地 | 電話 |
|---|---|---|---|
| 公寓 | 清榮莊 | 崇文門外上三條胡同 | 分局 359 |
| | 全勝館 | 東城象鼻子後坑甲 5 號 | 東局 2966 |
| | 隅谷公館 | 東四十一條胡同 68 號 | 東局 5259 |
| | 常盛園 | 內五區帽兒胡同 4 號 | 東局 4796 |
| | 紀州屋 | 前外打磨廠 88 の 7 號 | |
| | 三好屋 | 西城中沈篦子胡同 4 號 | |
| | 丸美アパート | 前外石頭胡同 104 號 | 南局 843 |
| | 中島莊 | 和平門外余家胡同 35 號 | |
| | 兼六アパート | 班大人胡同 7 號 | |
| | 扁擔莊 | 西城扁擔胡同 | 西局 2835 |

　　根據石橋丑雄編輯的《北京觀光案內》記載：日本占領北平後，在華公私機關陸續成立，城內日本人泛濫，特別是在西郊，更出現了日本人街。1940 年 10 月 1 日的日本國情調查，當時北京城內的日本人有 56,460 人，朝鮮人 16,980 人，臺灣人 418 人。至 1941 年 2 月 1 日，日本人增至 60,459 人，朝鮮人 19,165 人，臺灣人 441 人。[153]另據 1941 年《北京案內記》記載：七七事變後，日本人來北京者激增，日本式旅館如雨後春筍般開設，加入日本旅館公會者就有六十餘家。這些日式旅館，多半是由中式家屋改造而成。房間多者如翠明莊，有四十一間，其餘在十餘間至三十餘間不等。該書推薦的日本旅館，計有翠明莊、近水樓、日華ホテル、日華ホテル別館、扶桑館等 24 家；飯店則僅推薦北京飯店、六國飯店、德國飯

153 石橋丑雄，《北京觀光案內》（奉天：日本國際觀光局滿洲支部，1941），第 1 章，〈概觀・在留邦人の概況〉，頁 13-14。

店，中國旅館推薦的是中國旅行社招待所、北辰宮、花園飯店、西湖飯店、振聲飯店、華安飯店、長安大飯店等7家。另又提到北京的公寓，推薦大一公寓、大興公寓、北京公寓、朝陽公寓、新華公寓、大鳴公寓、亞洲公寓、華興公寓、會賢公寓、聚賢公寓、雙龍公寓等11處。該書又提到中國旅館房費一般不含飯食，必須自行在外吃飯；而且，房費不會因為久住而打折。[154]

1941年《北京觀光案內》又提到：北京的旅館，分為中式與洋式兩類。洋式大飯店與日本國內相差不多，浴缸等設備齊全，用餐有中菜與西餐兩種選擇，但無日本料理。這類的飯店如利通飯店、華安飯店、中華飯店、大來飯店、中國飯店、惠中飯店。至於純中式的旅館，上等的有洋式床鋪，中、下級者為中式床鋪，鋪蓋必須另租。店中無沐浴設施，須至附近澡堂洗浴。此外也不供餐，須交代中國飯館置辦。這類的旅館，分布在北京站附近的外城西河沿、打磨廠、西柳樹井、糧食店一帶，如打磨廠的新大同店、復隆店、天泰店、德隆店、天有店、德裕棧、義順店、萬福店、天達店、天豐店、天福店，西河沿的天春店、正陽旅館、天一店、中國旅館，糧食店的源盛店、萬順天、北京客棧、恒達店，西柳樹井的泰興旅社，楊梅竹斜街的蘊和店、天和棧等。[155]

---

154 安藤更生編輯，《北京案內記》（北京：新民印書館，1941），
　　第1章，〈觀光篇・旅館〉，頁160-163。
155 石橋丑雄，《北京觀光案內》，附錄六，〈支那宿の泊り方〉，

　　抗戰結束以後，北平市景蕭條，加上後來國共內戰，飯店等旅館的生意未見起色。民國 35 年 11 月，六國飯店的經理瑞士人韓斯費樂任期已滿，臨走前在 11 月 18 日，突然宣布遣散四十三名服務人員和廚師，理由是生意清淡。為此，引發勞資之間的糾紛。[156]

　　民國37 年，上海中國旅行社編印了一本二十多頁的《北平導遊》，內容極為簡單，第五目〈遊程〉中列有三日遊、五日遊及七日遊的套裝行程；第十目〈主要旅館〉說：「平市舊有旅館六國飯店、北京飯店，前日本旅館翠明莊現為勵志社招待所。」接續推薦該社第一招待所、第二招待所，和北辰宮、花園飯店、西湖飯店、長安大飯店、華安飯店這7 家。[157]

　　當時物價日漲，住宿旅客相形漸少，而以公寓受到的影響最大。民國 37 年，北平馬德增書店出版之《北平名勝遊覽指南》，部頭也不大，下分北平史蹟、內外文物、四郊風景、商業狀況、文化及體育、娛樂場所、食與住、交通八章。其中，第七章〈食與住〉記載旅館，反映出時局動盪下的旅店經營情況：

　　北平旅館因四方遊覽者眾多，營業較為發達。大致

頁 24-26。

156　王仁興，《中國旅館史話》，頁 133。

157　中國旅行社編，《北平導遊》（上海：中國旅行社，1948），〈主要旅館〉，頁 20-21。

可分為飯店、旅店、客棧、公寓四種。設備各不相同，因房屋設備而分為等級。飯店多為貴族所住，旅館為各界雜居，客棧以工商界住客為多，公寓則多隻身客人或學生職員等。唯公寓因物價高漲不敷開支，而學生有住宿能力者亦逐漸減少，故異形冷落。其餘飯店旅館等租金視等級不同，冬季並另附煤火費。158

而其列舉的著名旅館，有北京飯店、六國飯店、中國旅行社招待所、北辰宮、華安飯店、長安飯店、花園飯店、中興飯店、西湖飯店、國際飯店、中裕飯店、交通旅館、惠中飯店、留香飯店、永安飯店、天泰店、萬福店、大興公寓、會賢公寓、北京公寓等 20 家。159

根據近人回憶：舊京上等旅店大多冠以「飯店」的名稱，以北京飯店、六國飯店最為著名；其稍遜者為東方飯店、惠中飯店、利通飯店、長安飯店、華安飯店、中央飯店等十餘家。中等旅店情況較為複雜，大略分為三種，第一種雖不如飯店，但仍乾淨敞亮，房間內設有鐵床和像樣的桌椅。此種旅店集中在前門外西河沿、打磨廠一帶，一般不管伙食，如金台旅店、正陽旅店、燕台旅店等。第二

---

158 馬勇新編，《北平名勝遊覽指南》（北平：馬德增書店，1948），第 7 章，〈食與住〉，頁 63-64。

159 馬勇新編，《北平名勝遊覽指南》，第 7 章，〈食與住〉，頁 64-65。

種次於前者，多稱為客棧、客店。這種旅店多由老店改良而成，歷史久、設施舊，屋內設備不齊全，價格較為便宜。住者多係普通行旅，固然較為經濟，但談不上舒適，面盆輪流使用，寢具則須自備。一些被稱為野雞客店者，大多混雜在這類旅店中。第三種更等而下之，房間既小且潮，設備簡陋。開店者多與地痞流氓有所勾結，野雞客店也為數不少。[160] 這一記憶所指涉的時空，應該是在抗戰後或抗戰結束後。雖然野雞客店此前已經存在，但可能因為旅客量逐漸減少，從而在搶客的競爭中進一步惡化。

## 結語

明清時期，受限於旅行條件不佳，純粹為旅遊而旅遊者，或許在比例上並不多。正如商人編輯《士商類要》之類路程所訴求的，士人與商人是出行的兩大主體，對於旅行資訊的需求最為迫切。從類型上看，晚明出現的各種路程與旅行圖冊，已經具有明顯的商業指南性質，只是未盡符合西方旅行指南的「標準」。以北京而論，嘉靖年間出現的《京師五城坊巷衚衕集》，有著民國北京指南或備覽之中街巷索引的影子。另就名勝古蹟與各大景點而言，晚明《長安客話》、《帝京景物略》等書的刊刻，亦宣告北京風景導覽專著的出現，特別是編纂過程具有「現地調查」的實證精神，與民國的遊覽手冊具有異曲同工之妙。

---

160 沈靜，〈舊京旅店瑣記〉，《北京工人》，1998年第 10 期，頁 42。

　　依照現代旅遊指南的標準，地圖是不可或缺的要素。北京風土專著附有地圖，始見於《京師五城坊巷衚衕集》，但極為簡單；至乾隆末年的《宸垣識略》，十多張內外城地圖所呈現的北京街巷，其細緻度在清代可謂空前絕後，即使道光《都城紀略》、光緒《北上備覽》等書也比不上。民國以後，許多北京指南隨書附上巨幅新式摺疊地圖，雖然鉅細彌遺，卻也眼花撩亂，若就「小而美」的實用性，《宸垣識略》所附地圖仍具有簡單明瞭的效用。

　　道光末年的《都門紀略》，純以初刻本而論，其提供北京各行業的知名商號，雖具有消費指南的作用，但導覽手冊的位階仍嫌不足。至三卷本加入《都門會館》，其旅行資訊大大提升，除具備實用性之外，也是研究北京會館的重要史料。藉由其所提供的會館資訊，初入北京的士人可以獲得投宿的簡單資訊。另一重要的變化，出現在光緒《北上備覽》。前此的《都門紀略》僅記載會館，商人或其他旅客住宿則須自行摸索。《北上備覽》增補的客店與廟寓資訊，對於普通旅客而言相當受用，無疑更接近於現代旅行指南的範疇。從此以後，不論是《新增都門紀略》、鐵路旅行指南，抑或是北京城市指南，無不記載旅店的資訊，甚至是全面性大量臚列。

　　晚清以降，透過石印與鉛字印刷的蓬勃發展，大量蒐羅相關資訊，以印刷機細字排版降低成本印行，配合中國舊有的萬寶全書傳統，民國各種北京指南所提供的生活與旅行資訊無疑達到「爆炸」的地步。而從《新北京指

南》、《北京指南》到《實用北京指南》、《增訂實用北京指南》、《北京便覽》等書，旅行相關的內容之多，直可用扶搖直上來形容。如果要論推陳出新的話，《北京便覽》所提供的飯店價目表等，則是在舊瓶之上更裝上了新酒。與先前的《新增都門紀略》相比，各種北京指南所涉及的旅行資訊內容更廣，包含新式旅店、新式餐廳、新式浴堂、理髮廳、洗衣局等，可謂五花八門，應有盡有，所缺乏的大約就是公共廁所的位置。而在北伐前出現的《北京遊覽指南》，則開啟了北京遊覽類指南的新頁。

國民政府遷都南京以後，至北平的旅客相對減少，旅館業變相拉客及訛詐的現象日異嚴重，而有所謂「野雞店」之目，民社版《北平指南》曾特別提醒旅客注意。田蘊錦的《最新北平指南》則提到當時旅館業的新生現象，如女性公寓的出現，與區隔男女的出租方式。而在這一時期，馬芷庠所編的《北平旅行指南》不啻青出於藍，提供最多的旅遊相關資訊，如主要飯店與旅館的住宿價格等，這應該為旅行者提供不少方便。整體而言，遷都後的各種北平指南，其遊覽手冊之色彩，比遷都前要濃厚的多。抗戰初期出版的《北京市工商指南》，則記載了許多行業經理人的籍貫，有助於了解北京旅館業者的地域性；另外，也反映了當時日式旅館大量出現的現況。

從閱讀史的角度看，各種指南均有其不同的受眾，編輯者要編給誰看、看些什麼、那些該錄、那些不錄，心中自有篩選標準與對象設定。以上提到的《新北京指南》、

《北京指南》、《實用北京指南》、《增訂實用北京指南》、《北京便覽》、《北平指南》、《最新北平指南》等書，設定的閱讀群主要為來京公務或商務的全國各地旅客，不分階層與社群，以「應有盡有」為宗旨，但使用者必須從大量的旅館資訊中自行挑選與甄別。《北京遊覽指南》、《北平旅游便覽》、《北平旅行指南》、《北京旅行指南》等書，關於旅行和遊覽的表述漸多，而且策略上採取推薦「好的旅館」，但還是比不上《簡明北平遊覽指南》、《北平導遊》、《北平名勝遊覽指南》等小書來得鮮明簡潔，袖珍而實用。若將這三個層次的指南，與域外的指南相比，則日本的北京指南，內容類似《北京遊覽指南》等書；而西方的北京指南，則與《簡明北平遊覽指南》等書較為接近。[161]

就分群與對象性而言，民初的《北京入學指南》無疑最為特殊，係為來北京就讀大學或專門學校等的學子而編，故書中不認為應該長住旅館，而推薦公寓與會館。另外，自宣統以降的各種鐵路旅行指南，基於促進鐵路旅行之目的，首先介紹的往往是北京的古蹟與名勝。最為貼心的是，《京奉鐵路旅行指南》與《京漢鐵路旅行指南》等書推薦飯館、戲園、旅店等店家時，多事先為旅客區分內

城與外城，為北京指南與便覽等所未曾設想到的。北寧鐵路管理局刊行的《北平旅游便覽》，其導覽性質也較《北京遊覽指南》、《北平旅行指南》要強。另外，《中國旅行指南》、《全國都會商埠旅行指南》針對的閱讀客群也非常清楚，主要是為有閒階層或商務人士而編。由於這類旅行指南訴求的對象，多半是搭得起火車的上階層旅客，故所推薦的旅館均屬高級或設備較佳者。

　　經濟能力決定消費規模，使用者借助出版商出版的各種指南，對北京（北平）的旅館資訊提前掌握，最終還是必須取決於自身衡量。而在選擇的過程中，還可能受到其他因素的左右，如同鄉關係或社群網絡等等。即使如此，清代以降各種旅行指南所帶來的旅館資訊，連結著過往旅客的生命史，而在這熙熙攘攘之中，旅行指南本身也展開一段不斷變化的旅程。

# 略論近代華文上海指南書刊的編纂策略

林美莉
中央研究院近代史研究所副研究員

## 一、典故記聞的市廛導覽

明清時期因應商貿往來與信仰活動而出現許多「路程書」，為研究中國各地商品流通、市場體系與民間宗教等課題，提供豐富的史料基礎。學界認為，近代中國第一部以城市為主題的旅行指南是楊靜亭編寫的《都門紀略》，該書在道光 25 年（1845）11 月刊印問世，為暫居京城的宦遊客商，提供市井風物、人情世故、名勝古跡、市廛購物及梨園優伶的各種資訊，發刊之後，歷經多次翻刻增補，行銷甚廣。[1] 當楊靜亭以政經文教樞紐的北京作為撰述對象之時，上海從漁村開埠甫及兩年，二十餘年之後，書業中人葛元煦仿效《都門紀略》體例而輯錄的《滬游雜記》，於光緒 2 年（1876）11 月問世，成功打開上海旅遊指南書刊的出版道路。《都門紀略》的長銷經驗，配合上海開埠的洋場風情，讓葛元煦看到

---

1　趙雲霞，〈民國城市指南文獻初探〉（天津師範大學碩士論文，2017），頁 3-6。辛德勇，〈關於《都門紀略》早期版本的一些問題〉，《中國典籍與文化》，2004年第 4期，頁 107-111。

了市場商機。他可能沒有預料到，這部作品日後被人盛
讚為重返晚清上海現場的最佳通道，進而深化地域歷史
的城市指南代表。[2]

《都門紀略》和《滬游雜記》二書，一北一南，同為
中國城市指南書刊的先驅，二者書寫形式均呈現相當濃厚
的典故記聞色彩。此乃緣於《都門紀略》祖述朱彝尊的
《日下舊聞》，採取臚列典故的寫法，《滬游雜記》又師
法《都門紀略》，於是呈現出極為近似的文案體例。不
過，即便如此，這兩部書與傳統典故著作得以區隔的最大
不同之處，是它們把市廛貿易的商家資料獨立出來，予以
條列說明，深具強烈的商業性與及時性。

楊靜亭自述其編纂《都門紀略》的緣由，他的對象是
初入京師的仕商，讓閱者在短時間之內就能掌握游覽和購
物的資訊：

> 京畿為首善之區，幅員遼闊，間風俗之美備，王道
> 無偏，都閭閻之繁華，燕都第一。鑒於古者，圖書
> 翰墨之精；悅於耳者，絲竹管絃之盛。琳瑯來瀛海
> 之珍饈錯，極上方之貴。惟外省仕商，暫時來都，
> 往往寄寓旅邸，悶坐無聊，思欲瞻遊化日，抒羈客
> 之離懷，抑或購覓零是，備鄉間之餽贈，乃巷路崎

---

崛，人烟雜遝，所慮者，不惟道途多舛，亦目坊肆
牌區，真贗易淆，少不經心，遂成魚目之混。茲集
所登諸類分列，并繪圖說，統為客商所便，如市廛
勝迹及茶館酒肆店號，必註明地址，具得其詳，自
不至迷於所往。閱是書者，按圖以稽，凡仕商遠來，
不必煩相顧問也。[3]

楊靜亭運用地圖檢索，配合文字說明，系統整理北京城的
工商娛樂行業的分布，提升了本書的實用價值。但是，他
也坦承此書的適用範圍為北京前三門的商圈資料，無法滿
足以內城為目標的旅客需求：

> 是書之作，原為遠省客而設。暫時來京，耳目難以
> 周知，故上自風俗，下至飲食服用，以及遊眺之所，
> 必詳細註明，以資採訪，庶幾雅俗共賞。
> 京師舖戶林立，市廛貨物往往以偽亂真，價亦低昂
> 無定，茲集所開載者字號，皆係一二百年老舖，馳
> 名天下，貨真價實，言不二價。
> 京師地面遼濶，惟前三門為天下仕商聚匯之所，市
> 廛地址必詳細註明，以資採訪。內城禁地，外省之

---

3　早稻田大學圖書館藏，楊靜亭編輯，李靜山增補，《增補都門紀
　　略》（光緒 5 年版），原序，網頁資料：http://www.wul.waseda.
　　ac.jp/kotenseki/html/ru05/ru05_02681/index.html，檢索日期
　　2019 年 1 月 29 日。

人，足跡罕至，雖名園勝境以及風土人情，概不載入冊內，雖略登一二，以物關仕商要用，不敢遺忘，如欲觀縷細陳，反致掛一漏萬。

京師內外城街衢巷口，細若生毛繭絲，茲集首善全圖所註市㕓地壤地址，繪圖開列，以為遠省客商尋覓之便。[4]

後繼者葛元煦在《滬游雜記》自稱編纂方針力求詳備，只要手執此書，任何人均可得其指引：

余遊上海十五年矣，寓廬屬在洋場，耳目所及，見聞遂夥。因思此邦自互市以來，繁華景象日盛一日，停車者踵相接，入市者目幾眩，駸駸乎駕粵東、漢口諸名鎮而上之。來遊之人，中朝則十有八省，外洋則二十有四國，各懷入國問俗、入境問禁之心，而言語或有不通，嗜好或有各異，往往悶損，以目迷足裹為憾。旅居無事，爰仿《都門紀略》，輯成一書，不憚煩瑣，詳細備陳，俾四方文人學士、遠商巨賈，身歷是邦，手一編而翻閱之。欲有所之者，庶不至迷於所往，即偶然莫辨者，亦不必詢之途人，

<hr>

4　早稻田大學圖書館藏，楊靜亭編輯，李靜山增補，《增補都門紀略》（光緒 5年版），都門彙纂例言，網頁資料：http://www.wul.waseda.ac.jp/kotenseki/html/ru05/ru05_02681/index.html，檢索日期 2019年 1月 29日。

似亦方便之一端。若謂可作遊滬者之指南針也，則
吾豈敢。[5]

該書標舉暢銷多版的《都門紀略》作為範本，順勢結合匯
聚滬上的商旅需求，是一個相當聰明的行銷手段。

《滬游雜記》仿照《都門紀略》的體例，前兩卷的筆
記和第三卷的詞賦，占了全書篇幅的一半。葛元煦列出
英、法、美三國租界地圖及各國通商船旗式樣，然後透
過 157 條筆記，「專取近年目前事蹟，隨記隨錄，並不分
門別類」，勾劃上海風俗人物。第三卷是描繪滬上風物的
詩詞歌賦，包括〈洋涇浜序〉、〈洋場四詠〉、〈滬北十
景〉、〈申江雜詠〉（六十首）、〈海上十空曲〉等等。
該書第四卷提供旅遊貿易的資料，內容包括：書畫名家、
申江潮汐、中外貨物完稅章程、輪船沿海沿江路程、碼頭
船期票價、電報輪車價目、會館公所、洋行商號、錢莊匯
業、戲院名角等等。葛元煦在編輯體例中提出：「上海自
通商後，北市繁華，日盛一日，與南市不同，宦商往來，
咸喜寄跡於此，故卷內所載，惟租界獨備，非敢　彼而詳
此也。」「各洋行外國往來輪船甚夥，其不載客者一概不
列。惟英法兩國公司輪船可以搭客往來香港，故將船名
載一二，俾便查考。」「滬地洋行有二百餘家，未能全載，

---

5　葛元煦，《滬游雜記》，〈自序〉。

僅擇著名者數十家，附入四卷。」[6] 易言之，這是一部聚焦於租界場景的個人箚記。

《滬游雜記》是葛元煦記載居留租界見聞的箚記，他可以全權決定要寫那些主題，以及要花多大的篇幅來描繪某些特定事務。他在開卷簡單介紹完上海四界和租界之後，緊接著就是詳細描述租界道路，顯見對此建設之重視：

> 租界大街，由東至西者，統稱馬路。同治初，惟英界大馬路稍覺寬暢，亦不免泥水垢穢，經工部局陸續整理，兩旁砌以石磡，較馬路稍高，磡下砌石條微側，引水入溝，雨過即可行走。專司馬路工程者，為馬路管，又稱街道廳。其法先將舊泥鋤鬆，滿鋪碎石或瓦礫七八寸，使小工以鐵錘擊碎，再加細沙一層，用千觔鐵擂，令數十人牽挽，從沙面滾過，其平如砥。遇小缺陷，隨時修補。英界南之陳家木橋、蕩鈎橋北之珊記碼頭、老閘等處，為擔水要道，改用碎石大小疊砌，以石灰、膠泥拌摻縫內，水不存積，歷久不壞，且每日掃除兩次，尤為潔淨。[7]

在葛元煦的筆端之下，乾淨整潔的街道，是上海租界

---

6　葛元煦，《滬游雜記》，〈弁言〉。
7　葛元煦，《滬游雜記》，〈卷一・馬路〉。

異於中國城市的第一印象。相對地，葛元煦處理馳名世界
的上海妓女問題時，先在「弁言」表明不願多言：「北市
煙花遍地，淫靡成風，不載則嫌其缺，詳載又恐傷風化。
然桑間、濮上，孔子不刪，未始非示人以勸懲也。茲集揭
出青樓俗例二十六則，祈閱者勿以辭害意焉可耳。」[8] 卷
二的〈青樓二十六則〉記述極為簡單，例如：「長三，亦
名住家，加茶碗及侍酒、住夜皆洋三元，為長三。」「女
唱書稱先生，妓女稱小姐，做花鼓戲者亦稱先生。」「看
戲飲酒，書小紅紙傳妓曰叫局，妓應教曰出局。」「請客
叫局，全席謂之擺台面，房中半席謂之吃便飯。」「吸煙
每盒百文，住夜洋一元。人地不潔，最易染毒。」[9] 篇幅
之短，略示存實而已。

　　作為旅客進行商貿活動的城市指南，必須及時更新資
訊。葛元煦記其《滬游雜記》「四卷附載絲茶錢匯等業行
棧、字號、住址，以便遠方人來，入市交易，易於查閱。
原知常有遷移增減，未足久憑，擬於丁丑春起隨時增修。
倘有舛錯之處，仍望各商號知照更改，尤為幸甚。」[10] 他
雖表明「隨時增修」的意願，然而《滬游雜記》的重修增
訂，卻是在成書十年之後，才由當初為葛元煦撰序的袁祖
志接手完成。[11] 袁祖志是袁枚之孫，擅長詩文，他比葛元

---

8　葛元煦，《滬游雜記》，〈弁言〉。
9　葛元煦，《滬游雜記》，〈卷二‧青樓二十六則〉。
10　葛元煦，《滬游雜記》，〈弁言〉。
11　夏曉虹，〈返回歷史現場的通道──上海旅遊指南溯源〉，頁76。

煦更早來到上海，也比葛更早有意「仿《日下舊聞》、《都
門紀略》體例，編輯成書，俾士商之來遊者有所稽攷，不
致心迷目眩」，只不過「苦於塵勞鮮暇，未獲如願」。[12]
光緒 13 年（1887）秋，袁祖志修訂全書，增添條目，並
且在書後增加〈書申江陋習〉、〈時事論說新編八則〉、
〈滬游紀略〉、〈滬上竹枝詞〉、〈花間楹聯〉等詩文，
付梓出版。此後提到《滬游雜記》一書，必將葛元煦和袁
祖志二人並列。例如，光緒 14 年（1888）10 月 4 日的《申
報》上刊登一則報導：

> 《滬遊雜記》一書為泉唐袁翔甫仁和葛理齋兩先生
> 所輯刊，於丙子年至今，已逾十載，時移勢易，小
> 有滄桑。葛君久處滬上，頻年增輯，凡見聞所及，
> 一切大小事宜，但有關於洋場者，無不畢載，誠遊
> 滬者之指南也。昨承見惠，繙閱一過，愛不釋手，
> 拜領之下，書數語以誌謝。[13]

此則廣告文字極力推崇葛元煦和袁祖志編刊的《滬游雜
記》畢載洋場之事。然而，這個以洋場風情為號召的上
海，雖然吸引世人目光，但在民族自尊逐漸覺醒的國人看
來，這樣的上海，並不完整。

---

12　葛元煦，《滬游雜記》，〈袁序〉。
13　〈惠書鳴謝〉，《申報》，1888 年 10 月 4 日，3 版。

　　《滬游雜記》和《都門紀略》採取典故記聞的寫作模式，編者對於選題陳述享有高度自由，但也產生一個重大缺陷：編者不寫的項目就會沒有資料。真正搜羅全備的城市指南，在上海，要等到宣統元年（1909）商務印書館編譯所編印的《上海指南》，才是真正的第一本具有影響的上海指南專書；[14] 在北京，這個進程則更要等到民國成立之後方告完成。[15]

## 二、觀照全面的《上海指南》

　　《滬遊雜記》發行三十餘年之後，商務印書館以機構團體調查編研之力，突破個人經驗限制，於宣統元年（1909）5 月出版《上海指南》（*Guild to Shanghai*）。商務印書館的訴求是：世界各國大城市都有專屬的城市專書，作為中國最大商埠的上海，不應落人之後，故宣示其編刊一部足以媲美世界各大名城的指南專書的意願：「上海為中國第一大埠，居南北之中，交通最便，故凡官紳商學各界，下及傭工負販之流，道出上海者，日以數萬計，使無專書指示一切，何以便行而示繁富。東西各國，於名都大埠，均有紀述之書，為過客之指南，實為旅行必携之物。

---

14　鄭祖安，〈題記〉，熊月之主編，《稀見上海史志資料叢書》，第 4 冊，《宣統元年上海指南》（上海：上海書店出版社，2012），頁 1。

15　李劍青，〈旅遊指南中的民國北京〉，《北京觀察》，2014 年第 3 期，頁 72-75。李劍青認為，民國成立以後，許多出版社推出《北京指南》之類的書籍，但其性質可視為《都門紀略》的延續。1916 年中華書局的《北京指南》和 1920 年由徐珂主編商務印書館的《實用北京指南》，實用性大為加強。

本館特仿期意，輯成是編，聊備旅客檢查之需。」

　　商務印書館決意要編出一部世界級的城市指南，過往既有的典故記聞作法顯然不足應付，從《上海指南》的〈例言〉部分可以看到其工作細則：

一、本編都九卷。分為總綱、地勢戶口、地方行政、公益團體、工商各業、交通、金融機關、遊覽食宿、雜錄等類。如船車價目，碼頭船車開行時刻，潮水漲落時刻，及各家船名等，皆編成表。於上海一切情形，已瞭若指掌。

一、中外互市以來，市廛櫛比，凡一業多者數百多，少亦數十，豈勝枚舉，故是編每舉一項，僅列最為著名數家，其餘不及備載。

一、凡著名風景及大建築等，一一精鑄銅圖，列入卷首，刷印精美，雖未身歷滬上者，手此一編，亦可以當臥遊。

一、各鋪戶時有遷徙增減，本編僅據調查時所得列入，書成後或已有與本編不符處，隨時改正。

一、本編之調查，為時雖不少，但各種事情，有非一時即能查出者，本編中則暫留空白，統俟再版時填補。

一、上海妓館之多，甲於全國，本館以其有關風化，故但記其眩惑之端，以資警醒，其詳細事情，悉屏不錄。

　　一、是編實為旅行者所必需，惟其中常有變遷之處，
　　　　不能不隨時修改，現擬陸續調查，再版應增應
　　　　減，或詳或略，務期日臻完善，以饗閱者之目。

以上諸條，日後《上海指南》增編再版之時，文字略作增刪
修改而大體沿用，奠定了近代城市指南的編輯策略。

　　《上海指南》發行之後大為熱銷，目前所見，從宣統
元年 5 月到民國 19 年 1 月，增訂出版至第 23 版。其中，
宣統年間出版 6 次，分別刊印於元年 5 月、元年 7 月、
元年 9 月、2 年正月、2 年 6 月和 3 年 6 月。1912 年 10
月革命鼎革之後發行第 7 版，1914 年 11 月增訂第 8 版，
1916 年 10 月第 9 版，1919 年 5 月第 10 版，1920 年 8
月第 11 版，1922 年 9 月 12 版，其後出版情況不明，至
1923 年 9 月增訂第 20 版，1925 年 6 月第 21 版，1926 年
9 月第 22 版，1930 年 1 月第 23 版。熊月之主編《稀見上
海史志資料叢書》，將《上海指南》初版的全部內文重新
排印問世，很可惜並沒有把編者在卷首極為自豪特予提出
的「著名風景及大建築精鑄銅圖」也一併製版印刷。筆者
參照第 2 版和第 3 版卷首刊印的圖版內容，二版本完全一
致，推測初版內容應該與之相同：（1）江海北關、郵傳
部高等實業學堂；（2）英租界工部局總巡捕房、法租界
工部局；（3）徐家匯天文臺、英租界自來水塔；（4）龍
華塔、城隍廟湖心亭；（5）賽馬場、外擺渡橋；（6）黃
浦灘風景（船桅）、黃浦灘風景（電車）；（7）味蒓園、

愚園；（8）租界公園（其一）、租界公園（其二）。由此可見，商務印書館在晚清媒體以石印為主流之中，採取成本較高的照片翻攝，引為自豪。

商務印書館編印《上海指南》，初版內頁除了商務印書館的圖書之外，並無其他業者廣告。至第3版時已有

「華洋人壽保險公司」、「培腎補腰韋廉士」、「履新靴廠」、「上海寶隆洋行萬字皮酒」和「保腎奇藥兜安氏」等工商廣告，顯見工商界願與合作現象。商務印書館在編輯第5版時把《上海指南》和《實測上海城廂租界圖》拆成兩筆生意，見諸於出版廣告（參見圖3-1）：

圖3-1　商務印書館圖書廣告 [16]

增訂第五版上海指南。旅行必攜，定價五角。

上海為中國第一大埠，行旅往來，日以萬計，恆以不悉情形為苦。本館特派多人悉心調查，凡關于旅客應知之事，無不詳載，俾居滬及過滬者，苟手此

---

16　《圖書彙報》，1910年第1期，頁新38。

一編，實有莫大之便利，茲將本書內容分為八卷列
於左。總綱（城廂、租界），地方行政（章程禁令、
官廳局所住址），公共事業（學堂、藏書樓、博物院、
天文臺、會館、公所、醫院、善堂、公會、自來水、
電燈、煤氣燈、菜市），交通（輪船、火車、郵政、
電報、電話等），食宿遊覽（客棧、飲食店等），
實業（農工商業），雜錄（祠廟、古蹟、報章、醫生、
律師、書畫家等），城廂租界地名表（街路里巷方
向），附錄（各省旅行須知、上海地圖二幅）。

實測上海城廂租界圖。
定價七角，附上海地名表一冊。
上海為我國商務之總匯，幅員廣大，街路錯綜，行
者往往失道。本館特派精於測繪者多人，多途實
測，費時半年始成此圖，凡馬路街市及里巷之名，
皆調查其最新者，毫無遺漏，河流、橋梁、鐵路、
電車、園林、廠肆、衙署、公廳、學校、教堂等，
莫不詳悉，載圖右並附路名一覽表，以便核對，兼
列西文地名，以資參考，附上海地名表一冊，尤便
檢查。17

---

17　《圖書彙報》，1910年第 1 期，頁新 38。

　　比較《上海指南》第 1 版和第 5 版的內容編排次序，
第 5 版把第 1 版的「工商各業」和「金融機關」兩項整併
成為「實業」一項，「遊覽食宿」從原先全書末端一變為
緊繼「公共事業」和「交通」狀況之後的重要介紹項目，
城廂租界地名表更由附錄獨立出來而另立專項。根據廣
告，《實測上海城廂租界圖》搭配地名表一起販售，地圖
的售價比指南還要貴。《上海指南》中雖有城廂租界地名
表和兩張地圖，但是這個地名表和地圖的資訊量，對於講
求全面性的讀者而言想必是不夠的。商務印書館透過《上
海指南》的行銷，希望也能夠引起已經買了指南的讀者續
購地圖的意願。

　　商務印書館在編訂《上海指南》時，把國家重要時
政予以適時列入，讓這部指南具有特殊的時代意義。例
如1912 年版的《上海指南》，先不談它的內容有何更
訂，從它的開卷圖畫刊出了「上海補祝中華民國紀元新
年慶典」、「伍廷芳唐紹儀兩君在上海英租界市政廳議
和時之門景」、「中華民國民軍佔領上海後之製造局」
以及「中華民國民軍佔領上海後之江南船鄔」等時事新
聞照片（參見圖3-2、3-3），讀者就可以感受到一股從帝
國到共和的氣氛。

圖 3-2　　上海浦祝中華民國紀元新年慶典 [18]

圖 3-3　　中華民國民軍佔領上海後之製造局 [19]

---

18　《上海指南》（上海：商務印書館，1912，增訂七版）。

19　《上海指南》（上海：商務印書館，1912，增訂七版）。

到了1925年的增訂第21版，編者寫了一篇序言，強調海不只是貿易要鎮，更能在軍事和政治方面發揮重大作用：

上海在黃浦、吳淞兩江下流，元時置令。清道光二十三年，英南京條約開作通商港，始為世界各國人士所注意。迨滬甯滬杭甬鐵路成，地位益顯重要，松滬護軍使駐此，不獨為我國國際貿易之樞紐，亦軍事必爭之地也。城北為租界，警政修明，道路整潔，交通便利。近來內地人士受兵燹饑饉之災，頗有挈眷作海上之寓公，為避秦之桃源者矣。本館出版上海指南，記載一切情形，每隨時勢變遷，加以修正，冀適用也。此次又派人實地調查，重行編印，書成，爰為之序。

本版出刊日期為1925年6月，在其進行編輯作業時並未把廣州國民政府北伐與五卅運動對上海的衝擊納入其內。不過，一翻開本書，還沒進入正文，緊接著法國公園、蘇州河、宋教仁像及墓、商務印書館總廠的幾幅照片，就是一頁「國恥小史」的廣告。這張廣告上寫著：「我國自鴉片戰後，外交上著著失敗，什麼甲午之役，什麼庚子之役，什麼俄蒙交涉，什麼廿一條要求，侵我國權，割我國土；幾十年來，正不知蒙了多少恥辱！」簡單淺白的文字，相當體現出彼時漸起的民族情緒。

　　《上海指南》的編排，除了大量補充華界的材料之外，它最受人歡迎的是把晚清以來中國的工商實業現況將以分門別類，詳細列出。《滬游雜記》的商家介紹，洋行和洋貨店當然是最基本的項目，至於華商行當，則介紹絲棧、絲號、茶棧、山西匯業和匯劃錢莊，也就是說，葛元煦關注到的華商，除了票號錢莊的傳統金融產業之外，只有絲茶這兩項傳統的外貿產物，說它是專門做外國人生意者也不為過。《上海指南》的實業內容，擴大到與民生相關的各種行業，涵蓋農業（墾牧、漁業）、工業（絲廠、紗廠、布廠、製呢、製革、機器、麵粉、碾米、榨油、肥皂、紙煙、火柴、造紙、印刷、磚瓦等）和金融業（銀行、匯號、官銀錢局、銀號、錢莊、銀爐、公估局等），同時也詳細介紹上海因華洋交錯而形成三界四方（三界為華界、公共租界和法租界，四方則指兩租界加上分為南市與閘北的華界）的多元貨幣流通現象，交通資料除了有上海開往海外和內地大埠的輪船火車價目及開行時刻，更詳列上海各路電車路線票價。這樣的安排，不僅是專為對外貿易而設計，更對進行本土工商活動的在地業者，提供了規劃作業的便利。因此，這部指南的適用對象，從過去的遊人客商，推廣到居住斯土的一般居民，作為翻查日常生活的參考。

　　作為遊觀的指引，《上海指南》特別加強食宿遊覽的提供與更新。1909 年的初版，卷八的游覽食宿，收入園林、戲園、賽馬、賽船、花會、酒店、茶館、點心店、

客棧等資料，而將妓院的狀況放到卷九雜錄的「風俗」
項下。編者認為，「上海自與外國互市以來，市面雖日
見發達，風俗則日流於奢侈，嫖賭之風極盛，一若舍此
外無第三種娛樂之事可言者。叫局吃花酒，則視為合例
之應酬。」「過福州路，則見油壁香車，不絕於道。野
雞林立於里門市肆之間，各茶肆中，不見野雞踪迹者亦
絕尠。」[20] 接下來的記事，直如《滬遊雜記》的〈青樓
二十六則〉，而內容卻更少。到了1912年的版本，則宣
稱「娛樂之事，亦旅客所必需，故各種娛樂事情，莫不詳
爲紀載。」內容包括：客棧、飲食店、園林、戲園、書
場、書樓、妓館、總會及各種游戲（棋局、彈子房、賽
馬、賽船等）。其中，關於妓館部分，承認其為滬上交際
應酬之所，對之描述相當充實，不似初版只是簡單一筆帶
過。例如介紹高級妓女「長三」部分云：

> 吳俗妓之以賣曲爲名者，曰唱書，爲最高等妓女，
> 非素識之人，不能徑入其家。今上海妓女，雖有榜
> 其門曰書寓者，其實皆長三，非眞唱書也。（舊時
> 出局每次三元，故號長三。）其家多在三馬路、四
> 馬路、五馬路、六馬路、石路、大新街、浙江路一帶。
> 通稱先生。年長者曰大先生，亦曰渾倌人。處女則

---

20　熊月之主編，《稀見上海史志資料叢書》，第 4冊，《宣統元年
　　上海指南》，頁 303。

> 曰小先生，亦曰清倌人。然非處女而冒稱小先生者，
> 實居多數，時人稱之曰尖先生。[21]

編者在本節先清楚地對各級妓女先下定義之後，再說明妓館內的各種活動規矩行情，如：打茶圍（客入妓家）、開果盤（元宵打茶圍時妓女以果盤敬客）、叫局、喫酒、碰和（打麻將）、夜度資、犒賞、轎飯錢等等。雖然在文末載有「少年之人，在上海為其所迷，致傾家蕩產，不能自立，或因染梅毒而死者，已屢見不鮮。可不戒乎」的警語，但妓館繁華好玩的形象，早已深入人心。

　　1913年《上海指南》增訂新版，刊登廣告宣稱該書「內載官署、學校、公會、報館、善堂、醫院、旅館之住所，及章程、郵政、電報、輪船、鐵路、車輛之時刻表與價目，工商、錢業、保險之概要，遊覽娛樂之場所，分門別類，一目瞭然，卷首冠以風景圖十六幅，末有上海地名表，極便檢查，另附各省旅行須知三十餘則，凡居滬及過滬者，手此一編，便莫大焉。」同時，商務印書館又以《上海指南》一書「風行一時，已疊六版，其價值可知，惟篇幅過多，可供檢查，不便攜帶，今特摘其大要，編成袖珍上海指南一冊，提要鉤玄，可置袋中，後附火車、輪船、電報、郵政、電車各表，居家出外，均便取攜」為訴

---

21　商務印書館編印，《上海指南》（1912，增訂5版），卷5，〈食宿游覽，庚妓館，一、唱書及長三〉。

求，編輯出版《袖珍上海指南》。[22] 完整版和袖珍版同時出刊的舉動，顯示商務印書館意識到《上海指南》對於「居滬者」與「過滬者」有不同的需求，並且試圖同時滿足雙方而進行編輯印刷作業的調整。

商務印書館打開的城市指南商機，上海其他大型書業，例如世界書局和中華書局，先後也加入戰局，分食指南書刊的市場大餅。世界書局商請蘇州文人陶鳳子主持，於 1924 年 5 月出版《上海快覽》，全書連廣告在內不過 220 頁，比起《上海指南》動輒逼近 650 頁的篇幅，頓感輕便可親。這本書包括 12 編（疆域、法令、交通、郵電、服裝、飲食、住宿、事業、游戲，勝蹟、禮俗、道路），宣稱內容包羅萬象，應有盡有，可供旅行上海者與居留上海者之需要。最大特色是大量使用表格來歸納同類的事物，鐵路、輪船、電車的票價里程，國內外郵政郵費，旅社的地址電話收費資訊，劇場、電影院、遊戲場地址演出品項，查閱比較十分方便，因之敢號稱為「快覽」。本書行銷情況不詳，以定價 4 角而《袖珍上海指南》賣 2 角而言，它並不具備價格優勢，不過，從世界書局在 1926 年又請陶鳳子來主持《蘇州快覽》一事看來，可能還是擁有一定的銷售量。

繼世界書局發行《上海快覽》之後，中華書局也投入編印上海城市指南的競爭行列。目前中央研究院近代

---

22 《圖書彙報》，1913 年第 9 期，頁 30。

史研究所的近代史全文資料庫，收錄中華書局1933年3月發行的《上海市指南》，以及1936年8月發行的《大上海指南》。中華書局的《上海市指南》參考《上海指南》和《上海快覽》的體例，內容分為區域、交通、生活、機關團體及工商業概況等五大部分，並且也在發刊時極力標榜其可以同時提供遊客及住民的實際需要：對遊客而言，「於交通、遊覽兩方面，均極力求詳，以期新來上海之人士，手此一編即無異得一良好之嚮導」；對住民而言，「於上海之生活風俗以及工商事業，均有詳瞻之紀載，既以備采風問俗者之參考，亦以備居住上海或經營業務者繙檢之用」。為了挑戰長期占據上海城市指南市場的《上海指南》，中華書局祭出「附有區域總圖外，尚有上海市詳細大地圖一幅，用兩色套印，極為醒目，以供讀者參照」，透過隨書奉送大幅地圖的優惠策略，成功搶占灘頭。

　　《上海市指南》因出刊最晚，在編輯時取得掌握報導上海市民最新關注興趣事項的有利時機。舉例而言，本書在上海生活的相關章節當中加入了時髦的「無線電播音」專項：

　　　　無線電播音，為最進步之電氣事業，能使斗室中之播音，藉電浪之力，將其聲浪傳播於遠近各地。且無論所播送者為歌曲、音樂、演講、報告，均能使收音者如對面靜聽，絲毫不變原音。吾人祇須置高

不盈尺之收音機於室內，即能坐聽天下事矣。故無
線電播音，不獨在交通事業上增進極大之便利，即
在游藝娛樂上，亦為莫大之貢獻。吾人有聽歌顧曲
之癖者，竟可無須涉足歌場，更無須拘束於時間價
目之限制。在工作疲勞之際，或高朋滿座之時，電
機一開，新樂已悠揚盈耳；鄉曲先生見之，能不詫
為神仙境界乎。我國之有無線電播音，以上海為最
早，但亦不過五六年間事耳。近年以來，推行最速，
播音台之設立，多如雨後春筍，蓬勃一時，在本市
者已有五六十家。……[23]

　　本書以表格形式羅列正式開播的各大電台播音呼號
及名稱，並且附上合用收音機品牌價格，以供民眾選購。
又如，本書出版之時，適逢國民政府推動大上海建設計劃
的熱潮，特別收錄了由上海市市中心區域建設委員會擬具
的《建設上海市市中心區域計劃書》（1930 年 12 月）和
工學博士龔詩基撰稿的〈對於市中心計劃之意見〉。上海
市政府野心勃勃推動開闢道路、建築黃浦江橋樑、在江灣
建築新市政府等重大工程，但在財政困難而租界尚未收回
的情況之下，並不易堅持推動。上述兩份文件，可供時人
理解此一建設的梗概。

---

23　中華書局編印，《上海市指南》，1933年，第3編，〈上海生活〉，
　　第4章，〈遊覽娛樂，乙戲院，四無線電播音〉。

　　一如商務印書館在厚重的指南之外另發袖珍本，中華書局也在 1935 年 1 月出版了一本以游覽為訴求的輕薄專輯《上海游覽指南》。本書濃縮《上海市指南》的內容，再增添一些從上海出發的三日行程、七日行程和十日行程的景點綱要而成。不過，這些行程規劃過於簡單，只能聊備一格，無法將之定位為純粹以旅行作為目的。根據發刊說明，全書分為五編：「第一編，就市政府規定之區域，加以說明，附有市區總圖及全市詳細大地圖；第二編，列舉市內各項交通，對於電車、汽車、輪船、鐵路，尤為詳盡；第三編，為上海生活，除詳述日常生活情形外，對於遊覽娛樂，更詳載無遺；第四編，對於市內各級學校以及各種工商業，均有詳確之記載。他如大上海市中心區計劃，以及最早之租界章程，亦均擇尤附入，以資參證。凡各地人士，新來上海者，固宜人手一編；即久居本市之各事業家，倘能備置案頭，不啻全市收歸眼底，一切發縱指示，均能得所依據矣。」在此，這本簡要版指南用游覽來吸引過客，但也希望爭取居民的青睞，這樣的企圖就很清楚了。

　　中華書局在1936 年將增訂的城市指南命名為《大上海指南》，本書開卷明言編纂緣由：「上海不獨為我國最大都市，抑亦世界最大都市之一。自大上海計劃產生並積極進行以來，其所處之地位，益見重要。比年交通建設孟晉，內地居民之來往此間者，日見增加，往往有人地生疏之感，而不易得一內容充實、紀述簡括之書籍，以為之

導，爰有《大上海指南》之編撰。」[24] 改訂之後的章節為
12章，即：沿革、交通、娛樂、行政機關、教育、生活、
公益事業、工業、商業、農業、遊程及地名表、通用法規
摘要。本書保留贈送大上海地圖的先例，而在新繪地點之
內包括江灣市政府的簡圖。此外，書末附錄也特別收錄了
上海市政府及市中心各局處的電話表，藉以展現新政府的
親民勤政的活力。

從商務印書館開始，上海的大型書業如世界書局和中
華書局也都先後加入編輯出版上海城市指南的商業競爭之
中。就形制而論，商務印書館設計的《上海指南》修纂綱
目，主宰了近代中國以完整全備作為訴求的同類刊物。這
些以上海為描述目標的指南書籍，不論厚薄大小，都不再
滿足於只是單純地為過往旅客提供遊觀指南，同時也希冀
化成定居市民置於案頭的生活備要。

## 三、圖像與筆記的嵌合嘗試

當市面上充斥著由商務印書館、世界書局和中華書局
等3家大書業編刊的各式上海指南之時，1933年10月29
日的《申報》出現一則報導〈上海市大觀之編輯大綱，文
華公司請周世勳編著〉的宣傳文案：

文華美術圖書印刷公司《電影月刊》編輯周世勳君，

---

24　中華書局編印，《大上海指南》，1936年，〈卷頭語〉。

頃編著《上海市大觀》一書。全書二百餘頁，完全
照相，將上海之一切形形色色，由周君設計，分別
門類，介紹於國人。每照註明詳細解說，或名勝古
跡之歷史，同時爲便利外人游覽中國計，解說譯以
淺明之英文。全書約照片一千幅，分別用三色版、
二色版、單色版，銅版紙印。至於編輯大綱總目，
分衣、食、住、行四項，計子目一百餘種，每種約
照片十幀，如：大上海之壯觀、華界之市政、租界
之市政與警務、上海市之各大機關、大學校、女學
校、交通、古跡等，均足以使讀者感覺海之偉大。
又如：上海之奇事奇地、上海之矛盾上心理、上海
之墜落之道，又在在能使讀者得深刻之警戒。餘如
旅館、菜館、游戲場所之介紹，春夏秋冬不同時令
之娛樂，均有詳細之指示，而同時有使讀者不吃虧
之暗示。總之，上海指南性之出版物雖多，而從未
有圖文並重之導游上海之書本問世，《上海市大觀》
其創始也。今該書已編著完事，日內付印，連日各
地讀者之向該公司預定者異常踴躍，南洋各地之批
發尤見活動，由此可見遠道讀者之需要此類書本也。
昨聞該書編者周君云，全書編著工作早經全備，惟
欲搜羅多量之材料，不得不延期半月，此番當可負
責準期出版。文華發行所地址河南路泗涇路口，該

　　書定價每冊大洋三元，預約八折。[25]

　　該文重點，《上海市大觀》是上海指南書刊首見運用千幅照片，以圖文並重形態，舖陳上海食衣住行的具體實景。隨後，《上海市大觀》於 1933 年 11 月 17 日問世，《申報》立即進行後續報導及宣傳：「全書編制異常完美，舉凡一九三三年之上海一切形形色色，均攝成照片，分別門類百餘種，用銅版紙三色二色單色精印，並刊上海分區地圖車表及上海之沿革史等，在在均足以使住居上海及遊覽上海者得良好之指導。」[26]

　　從上述報導推知，文華美術圖書印刷公司發行《電影月刊》，是一家素以處理影像資料能力見長的出版業者。它利用本身的企業優勢，商請已在公司內負責編輯《電影月刊》的周世勳，規劃處理一本足以體現上海最新風貌的畫刊《上海市大觀》，冀以吸引求新求變的讀者目光。

　　本書編者周世勳，是上海四大小報之一《羅賓漢》的創辦人兼編輯。從報章雜誌的片斷文字可知，周世勳畢業於東吳二中，曾在 1921 年 3 月發起「上海青年敦品會」的民間組織，提倡禁止賭博、拒絕烟酒和不入游戲場。[27] 1922年間，周世勳在《禮拜六》發表〈歇浦隨感錄〉短文，

25　〈上海市大觀之編輯大綱，文華公司請周世勳編著〉，《申報》，
　　　1933 年 10 月 29 日，15 版。

26　〈上海市大觀出版〉，《申報》1933 年 11 月 18 日，14版。

27　〈敦品會開始徵求會員〉，《申報》，1921 年 3 月 15 日，11版。

批評上海浮誇虛飾的各種現象，例如：

> 滬人習俗，好外表而不求實際，雖所入之資無幾，
> 而衣必錦繡，居心〔必〕大廈，宵借債以度日，不
> 可無闊綽之架子，是以拆白翻戲，混跡懲間，雖明
> 眼如愛克司光，亦察知其究竟也。
> 學校林立，而創辦者大都以營業視之，一味敷衍，
> 以博學生之歡心，於報紙則時露校中新聞，大吹特
> 吹，以廣招徠，且時而開會籌款，表演游藝，幾使
> 學生無日不在新劇雙簧跳舞中也。[28]

到了 1926 年春，周世勳已以電影評論家之姿出現於滬上
媒體，同時本人也參與電影表演活動，當時《申報》對此
有詳細報導：

> 滬人之談電影者，莫不知有駢趾評論家周世勳也。
> 周平素對於銀幕藝術研究殊深，所見尤廣，月旦電
> 影，更多中肯語，然因之無形中招怨亦多，友之者
> 固知其性直口快而加以曲諒也。去歲冬間，張偉濤
> 創中華第一公司，從事攝製「好寡婦」一片，因小
> 生乏人，乃邀周任之。周曰，我平日所見惡人已多，
> 今任此角，或可以所見者描寫於銀幕，使前之以武

---

28　周世勳，〈歇浦隨感錄〉，《禮拜六》，第 162 期，頁 26-27。

　　力制我者，稍知慚愧而悔改，則幸矣。今片已出映，
成績果不弱。[29]

　　周世勳在1926年間參與了中國攝影學會的《攝影畫
報》編輯工作，把原先銷路不佳的小報《天雷報》改版
成為專刊影劇界消息《羅賓漢》。該年年底，周又接任
《電影畫報》三日刊的主編，在上海的影劇出版界十分
活躍。[30] 1928年8月，周世勳因為籌劃出版一本揭露上
海電影界醜聞的書刊，遭電影公會圍剿，最後以「維持
與電影界的感情」為由，將全書底稿毀去。此事影響所
及，甚至讓《羅賓漢》為此延後出刊。[31] 至1931年間，
周世勳參與文華美術圖畫印刷公司《電影月刊》的編輯
工作，成績不弱。1933年9月5日，文華公司舉辦一場慶
祝其門市部從五馬路棋盤街搬到河南路泗涇路口的盛大
開幕儀式，舉辦特惠活動，同時宣布即將出版《東北巨
變血淚大畫史》與《上海市大觀》兩大畫冊的消息，冀
以刺激市場買氣。[32]

---

29　愛笙，〈周世勳與王漢倫〉，《申報・自由談》，1926年3月17日，
　　17、18版。

30　〈出版界消息〉，《申報・自由談》，1926年12月4日，17版。

31　〈記所著電影萬惡史〉，《申報》，1928年8月8日，17版。〈電
　　影萬惡史預約之踴躍〉，《申報》，1928年8月9日，15版。〈電
　　影萬惡史中止印行〉，《申報》，1928年8月18日，14版。〈羅
　　賓漢小報展期出版〉，《申報》，1928年8月20日，16版

32　〈周世勳兩大名著出版，電影月刊及明星小史〉，《申報》，
　　1931年7月19日，16版。〈文華圖書公司新遷開幕〉，《申報》，
　　1933年9月10日，19版。

目前可以在古籍拍賣網站找到幾張《上海市大觀》的書貌，它看來是靛藍硬皮封面的精裝圖書，封面有吳鐵城題書名。筆者在上海市檔案館內看到這本書的數位掃描資料，雖然缺了書的封面封底和少數頁面，內容基本完整，可供研究。由於本書沒有頁碼，本文以上海市檔案館掃描件的順序作為徵引頁碼。

作為《上海市大觀》編者的周世勳，在滬上稱得上是小有名聲地位的媒體人。這樣一位編者，為上海指南出版界留下一份非常具有個性的「編者序」：

> 余旅滬凡三十年，以生活之舒適，深覺上海為「可愛」，以應付之不易，又感上海為「可惡」。惡之者，上海為雜色人種所薈集，非「鑑貌辨色」，不足以廁身社會，此上海人所謂「識相」也。愛之者，上海為物質享受之福地，凡衣食住行，無不稱心滿意，此上海人所謂「寫意」也。愛與惡之交戰，「寫意」與「識相」之決鬥，畢竟愛勝乎惡，寫意忘了識相，於是乎上海之為上海，人口愈過愈雜，生活愈過愈高，寫意與物質並進，識相則更覺匪易矣。
>
> 在編者之三十年紀錄中，曾以摸得上海人之心理，換得不少上海人之錢鈔，亦曾因揭發某種人之隱私，受著不少上海人之教訓，錢鈔到手頓化烏有，教訓於我永矢勿忘，不然未來之三十年，或將以「不識相」「不寫意」，受上海人無形脅迫而不容於福地也。

> 去冬陸步洲先生有刊著《上海市大觀》之議，就商
> 於余，並委余為編輯。我將以我之所見於上海者，
> 告「未來」，更將於我之所得於上海者，告「初來」，
> 是則後我而來者，當不致更受上海人之教訓，且可
> 寫寫意意享受物質上之供給，其可惡也無形幻滅，
> 其可愛乃愈覺可親矣。[33]

周世勳在寫序時把自己在上海討生活的直接感受也寫了進
來，對那些知道其過往活動歷史的讀者來說，看到這樣的
序文，應該也為之會心一笑吧。

　　周世勳的序雖然寫得很有風格，實際編輯卻頗合於城
市指南書的訴求正道。本書的凡例，鄭重說明其編輯內容
層面之廣，不論是旅滬或久居者均可由之覓得切合實際需
要的資訊：

一、舉凡市內之一切形形色色，均攝成照像加以中
　　英史略，故定名曰《上海市大觀》，注所以示
　　有別於普通指南性質之書籍也。
二、本書對外表示大上海之壯觀，對內便利遊客，
　　凡關於上海之交通、遊覽、商業，以及人情風
　　俗等，均力求詳細，俾客之初來上海者，一覽

---

33　上海市檔案館藏，檔號 Y15-1-44，周世勳編，《上海市大觀》（文
　　華美術圖書公司，1933），〈編者序〉，頁 3。

本書，可以熟門熟路，處處感覺便利。

三、本書對於著名商店介紹尤為注意，旅滬或久居
上海者，日用貨品或醫藥，消耗殊大，關係甚
巨，若不慎重，而所耗尤多，甚至不合實用，
故本書介紹著名「誠實無欺」之商店，給久居
上海者及旅滬之旅客以「經濟」與「實用」上
之便利。

四、本書除附有上海市區域總圖外，並附有分圖五
張，均為依據最近實測稿繪成，舉凡租界區域
及馬路里弄官署使館學校及重要機關等，均
一一列入，餘如旅社戲院菜場等，亦無遺漏。

五、本書材料之搜集，全由各業名人會同編輯，故
凡上海富麗堂皇之建築，以及風俗，均詳細編
入本書，其期限截至二十二年十月止，至於調
查方便，以範圍至廣，變動至速，疏漏之處，
在所不免，其形形色色，攝為照片者，無不
一一列入。[34]

同時，適值上海市政府新辦公處落成，本書邀請吳鐵城撰
述一文，題為〈上海市中心區建設之起點與意義〉，列於
書首，諄告市民，上海華界在政府領導之下，必能獲致發
展與繁榮，將來更可遠駕租界之上，因此全體市民應以自

---

34 周世勳編，《上海市大觀》，〈凡例〉，頁 2。

信勇往直前,投入上海市政建設。[35]

　　周世勳不只是找吳鐵城來寫那篇充滿官味的上海建設願景的文章,他更把大上海建設的重要規劃,刊登在最明顯的首面。甫完工的新市政府和尚在規劃中的新火車站與新商港,分別以「大上海行政區鳥瞰」(參見圖3-4)、「大上海計劃中之總車站」(參見圖3-5)和「大上海計劃中之商港」(參見圖3-6)為題,運用整頁的大照片和文案,就是三個重要而鮮明的範例。

　　首先是大上海計劃當中最為核心的新政府部分的文案:

　　　　行政區域之建設,非特便利辦事,且可於各大建築於一地,使全市精華集中而益增觀瞻,上海市行政計劃即本此旨。行政區居十字形,置在南北東西二大道之交點,占地約五百畝,市府辦公房屋居中,八局房屋分左右,其餘大會場、圖書館、博物館等公共建築散佈十字形內。市府之南開一廣場,占地約百二十畝,可容數萬人,為閱兵為市民大會之用。兩大道交叉處建塔一,代表市之中心點,登塔環顧全市在目。市府之北有中山紀念堂,與市府辦公房屋遙遙相對。[36]

---

35　吳鐵城,〈上海市中心區建設之起點與意義〉,周世勳編,《上海市大觀》,頁 14-17。

36　周世勳編,《上海市大觀》,〈大上海行政區鳥瞰〉,頁 26。

圖 3-4　大上海行政區鳥瞰 37

大 上 海 行 政 區 鳥 瞰

The Arthitect's Conception ef the Civic Center, the ambitious scheme
of Municipality of Greater Shanghai.

其次，對於新火車站，編者寫道：

> 將來市中心向北遷移，現有上海之鐵道線，勢非略
> 有改變不可。茲假定由真如附近築一支線，北經大
> 場、胡家莊之東折東，沿蘊藻浜南岸，至吳淞一帶，
> 與商港及虬江碼頭相啣接。更由真如築一支線，經
> 彭浦抵江灣，為未來之上海總站，則旅客及輕便貨
> 物，可直接輸入市中心。北站之地位，仍可保存，
> 滬杭甬之路線，亦如舊，惟自南站起，將路線延長，
> 築橋渡浦，沿浦岸向北，直達高橋沙，則浦東方面
> 之運輸，亦可因此更為便利。38

---

37　周世勳編，《上海市大觀》，〈大上海行政區鳥瞰〉，頁 26。
38　周世勳編，《上海市大觀》，〈大上海計劃中之總車站〉，頁 27。

圖 3-5　大上海計劃中之總車站 [39]

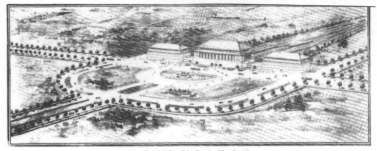

大上海計劃中之總車站
The Architect's Conception of the Central Railway Depot to be Built
in Connection with the Greater Shanghai Development Plan.

最後是讓上海在未來得以脫胎換骨的大上海新商港：

> 本市水道方面，黃浦江實為幹流，現時重要碼頭，
> 均在租界或其附近一帶，惟將來商務發達，海舶日
> 增，非建築大規模之港灣，不足以應需要。則未來
> 之碼頭區域，其他位將在吳淞方面，而浦東沿岸之
> 地點，則可為商港擴充之用。而市中心五權路之
> 東，虬江口沿浦一帶，更可儘先建築碼頭，最為適
> 當。目前內地運輸，大都取道吳淞江，將來市中心
> 北移，則蘊藻浜將來內地運輸之樞紐，若能於相當
> 地點，開鑿運河，使與吳淞江聯絡一氣，轉運當益
> 加便利。[40]

---

39　周世勳編，《上海市大觀》，〈大上海計劃中之總車站〉，頁 27。
40　周世勳編，《上海市大觀》，〈大上海計劃中之商港〉，頁 32。

圖 3-6　大上海計劃中之商港[41]

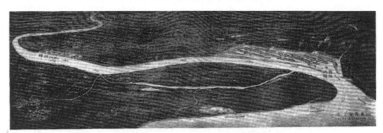

大 上 海 計 劃 中 之 商 港
An Aerial View of the Proposed Site for the Commercial Port of Greater Shanghai.

　　綜合這三篇圖文報導，一般市民立刻就可以快速掌握大上海計劃的精要內容。

　　《上海市大觀》立意伊始即是「對外表示大上海之壯觀」，而最足以呈現上海繁華者，莫若商貿鬧市。因此，本書在大上海計劃建設之後，依序即以整頁圖文來介紹上海四大鬧市：南京路、霞飛路、北四川路和城內西門。

　　首先是公共租界習稱大馬路的南京路部分：

南京路為上海第一鬧市，尤以日昇樓為最盛，其地為三公司之所在，故行人更見擁擠，加之北通滬閘北，西至靜安寺，東通外灘，南達華界，車輛往來，幾無間斷，每日午刻及下午四時以後車輛之連接而行者千百輛以上，行人之欲橫過馬路者，非等候至十數分鐘不得通過也。[42]

41　周世勳編，《上海市大觀》，〈大上海計劃中之商港〉，頁 32。
42　周世勳編，《上海市大觀》，〈上海之第一鬧市〉，頁 34。

其次為在一二八滬戰之後頓見繁華的法租界霞飛路部分：

> 霞飛路為上海四大鬧市之一，滬戰以前，以地段關
> 係比較上市面較北四川路稍遜，戰事爆發後，素居
> 於北四川路之粵人相率遷居於此，或則來此營業，
> 於是霞飛路更覺熱鬧矣。及戰事告終，遷回北四川
> 路者雖多，留居此間者仍復不少，因而公寓之建築，
> 戲院之開設，商店之創立，日見增多。在此極短促期
> 間，素居第三鬧市之霞飛，遂一躍而為第二鬧市矣。[43]

再次為北四川路：

> 北四川路，向為粵人居住之特區，舉凡各種商店及
> 居民均粵人佔最多數，加之戲院、舞場、菜館、酒
> 肆林立，市面之熱鬧，南京路而外允推第一。滬戰
> 既起，居民以該處連閘北，又以鄰近日人區域之虹
> 口，為免避不幸之遭遇計，紛紛遷居法租界，商店
> 在此期間停止營業者比比皆是。停戰以後，又大半
> 因受大戰之影響宣告清理，不在續開，即至今日市
> 面仍未能恢復戰前之原氣也。[44]

---

43　周世勳編，《上海市大觀》，〈上海之第二鬧市〉，頁 35。
44　周世勳編，《上海市大觀》，〈上海之第三鬧市〉，頁 36。

最後是華界當中市場機能最佳的南市西門地區：

> 生活高漲，居住不易，上海之經濟商人，或進益較
> 少之小家庭，為免避負担租界高貴之房價計，咸紛
> 遷居南市西門一帶，房價既廉，交通亦復稱便，由
> 租界而往五路電車可直達，連通法租界及城廂者有
> 三路圓路，其外公共汽車，往來不絕於途，亦極迅
> 速，至於各種商店之設立亦頗完備，蓬萊國貨市場
> 近在咫尺，故目前之西門，熱鬧情形殊不見弱於第
> 一鬧市也。[45]

圖 3-7　南京路[46]

---

45　周世勳編，《上海市大觀》，〈上海之第四鬧市〉，頁 37。

46　周世勳編，《上海市大觀》，〈上海之第一鬧市〉，頁 34。

圖 3-8　城內西門 [47]

上　海　之　第　四　鬧　市
Shanghai's Fourth Busiest Thoroughfare

　　如果不是印刷精美照片置於其上，單純閱讀這上海四大鬧市的文字敘述，令人直感宛如《滬遊雜記》的典故筆記文風。雖然，周世勳本人可能未必真有傳承《滬遊雜記》的企圖，然而，這部《上海市大觀》的確就是一方面羅列大量時事照片，一方面綴以編者感言。此種呈現模式，令《上海市大觀》在大量出版的城市指南書海之中，擁有獨樹一幟的地位。

## 四、鏡頭捕捉的市景大觀

　　周世勳在《上海市大觀》一書，特別在上海經歷滬戰的前後變化，灌注了自己的時事關懷。一幅「一二八之役

---

47　周世勳編，《上海市大觀》，〈上海之第四鬧市〉，頁 37。

閘北被蹂躪之鳥瞰全景」，簡單地留下「閘北最繁盛之寶
山路一帶完全被炮彈所摧殘之鳥瞰，吾人目睹此慘痛之戰
跡，能不痛心疾首以圖自強耶」的感嘆。[48] 配合其後「歐
戰紀念碑」的敘述，則略云其「在黃浦灘路愛多亞路口，
當英法兩租界之分址處，紀念大戰時滬上外僑之殉難者
也。碑面刊有死難者之姓名，兩旁範銅作冑盔盾甲等物，
碑顛立女神振翼撫一孺子，即和平之神，用以示爭戰之不
可稱也。」[49]

圖 3-9　一二八之役閘北被蹂躪之鳥瞰全景 [50]

---

48　周世勳編，《上海市大觀》，〈一二八之役閘北被蹂躪之鳥瞰全
　　景〉，頁 28。

49　周世勳編，《上海市大觀》，〈和平之神〉，頁 33。

50　周世勳編，《上海市大觀》，〈一二八之役閘北被蹂躪之鳥瞰全
　　景〉，頁 28。

　　1930 年代以後上海難以豁免戰端的無奈，散見於本書段落。例如，「歷年內戰頻起，因而引起租界當局之恐怖，為防衛波及之故，於華租兩界接連之處，建築防禦物，遇必要時，或阻斷交通，或則武裝守衛。總之租界一曰不收回，此畸形之建築物固無毀滅之望也。類乎上圖之防禦建築，在法租界有多處，圓形，共兩層，四面均有砲口，遇戒嚴時，即武裝以待。」又如，「北河南路轉角，直對寶山路，斜對上海北站，租界當局在此設絕大之鐵門一扇，遇必要時先將鐵門關斷，交通隔絕，然後更於鐵門旁之石屋中增加實力防衛，藉為不平等條約作堅實之保障。」[51] 尤其特別的是，當大家都認為租界可為保護上海安全的屏障，周世勳則以虹口公園靶場的照片，娓娓述說「僑滬西人及萬國商團常演習打靶於此，每年舉行槍賽，會場亦在此處。場地甚廣，有靶座多處，靶台居中，台上標以號碼，藉資練習，演習時以曠場之故，鎗彈出處應聲四響，震耳欲聾，附近居民初居此間者，莫不提心吊胆，及聞之既久，則亦不加其矣。說者謂，上海固無一處非西人之靶子場也，可謂概乎言之矣。」[52]

　　作為一部旅遊指南，上述的沉重體驗只占本書的極少分量，本書的絕大部分內容還是要回到以上海的形形色色風情景物作為號召。在編者筆下，「上海之龍華，為每年

---

51　周世勳編，《上海市大觀》，〈上海租界之戰事防禦建築〉，頁 54。

52　周世勳編，《上海市大觀》，〈上海之靶子場〉，頁 231。

點綴春景之唯一勝地。其地多桃，當春光明媚之候，桃花
盛開，浮屠七級矗立其間，風景幽絕，滬人之作春遊者，
咸集於此。龍華寺亦於斯時開放，一般善男信女相率前往
禮佛，龍華道上一時稱盛焉。」[53] 到了夏天，滬人「納涼
黃浦，蕩漾于浦東上海之間，江風習習，亦足以稍事舒暢
胸襟」，更有洋人小舟遊行浦面，稱之「白相船」。[54] 炎
夏之中，享受貴族生活的男女，每當夕陽西下，擇清淨涼
爽之所，享受種種娛樂或隨意冷食，甚至通宵達旦竟夜不
歸。而「寸金地脅迫下之平民，受蚊蟲熱氣之驅逐，就階
沿為安身所，與貴人之安居高樓大廈者比，仿彿天堂之與
地獄」。[55] 上海向為中國工業生產重地，編者選擇午休時
刻的街道，描寫供職於工廠或辦公中人的生活一景：

> 午刻十二時，工廠之汽笛作掙扎之呻哈，男女工人，
> 爭先作歸計。斯時也，勞苦工人始得有短時間之休
> 息，費些少代價謀得一飽，或則稍事享受母子之愛，
> 或則夫婦間作片刻之歡敘，一轉瞬間，汽笛之呻哈
> 又起，而勞苦之工人復將離其家庭而重作苦工矣。
> 上午三小時之寫字間工作，至此暫告停歇，上級者
> 乘汽車，中級者乘電車，下級者安步以代，於是電
> 車汽車夾道而行，步行者復絡繹於矣，南京路之日

---

53　周世勳編，《上海市大觀》，〈春之龍華〉，頁 38。
54　周世勳編，《上海市大觀》，〈黃浦之夏〉，頁 40。
55　周世勳編，《上海市大觀》，〈上海之夏季遊息〉，頁 42-43。

昇樓尤為行人與車馬之集中地。

一時以後，工作者復卷卷於工作，忽忽視其職責，
行者熙攘於途，乘車者復蜂擁車站候「大眾化」電
車之來。[56]

到了夜晚，夙號不夜城的上海綻放艷容：

火車將抵北站，或輪船駛近黃浦，上海即在目前矣。
若其時在夜間，則最先映入吾人之眼簾者，三公司
之年紅燈也，「新新」最高，「永安」最明，「先施」
最活，紅紅綠綠，忽暗忽明，其撩亂眼花之光彩，
已深足已代表繁華上海之夜景矣。[57]

不論是季節交替，抑或是日常行止，上海都為遊客和居民
提供了隨著時序轉換而至的不同體驗。

關於上海，休閒娛樂是它的聞名強項。首先是穩居全
國最盛的報業，透過望平街上「生活壓迫下之報販，爭先
恐後向報館批售報紙，沿途叫賣藉以糊口」一景，闡明
「望平街為報館會集之區，亦為報販『捷音公所』會員
集合之所」的地位。[58] 其次，收音機廣播的時尚流行新娛
樂，自然必須特別報導：

---

56　周世勳編，《上海市大觀》，〈上海之午〉，頁 44。
57　周世勳編，《上海市大觀》，〈上海之夜〉，頁 45。
58　周世勳編，《上海市大觀》，〈都會之早晨〉，頁 48。

年來上海無線電事業異常發達，收音機之散佈於里
巷間者，全滬達二十萬架以上，甚至商店門首亦以
此為號召，每日清晨大街小巷已可聞銅琵鐵琶錚錚
作聲，晚間為尤盛，試於夜深人靜之候，慢步「弄
堂」（上海人之稱里巷為弄堂），當可聞管弦流音
彌漫於空氣間，不信但看屋頂之天線，便知上海人
之善於享樂矣。[59]

最後，談到上海娛樂，自然不免要提風化場所。本書
對於傳統妓女著墨並不多，簡要地以「色不迷人人自迷，
墮落之道，惟自迷於色者始墮落此魔道中。」「新會樂里
妓院之門景，妓女芳名，均書於電燈之上，入夜齊明，令
人眼花撩亂。「汕頭路，民和里，新老會樂里，為長三妓
院之特別區，富春樓為其中之佼佼者。」「江西路西洋
妓院之門景，妓女多西洋籍，華籍狎客恕不招待。」寥
寥數則，配以數張小圖，一筆帶過。[60] 相反地，對於洋派
作樂尋歡，則稱之為「異國情調」，介紹於世，其文略
云：「所謂異國情調者，簡言之即駐滬各國軍人之作樂
尋歡之行動也，西語謂有三W主義，一Wine（酒）、二
Women（女人）、三War（戰鬥），本頁所刊布者，三居
其二焉。」「法租界朱葆三路上小酒吧間之一，其裝璜皆

---

59　周世勳編，《上海市大觀》，〈電網下之上海〉，頁49。
60　周世勳編，《上海市大觀》，〈上海之墮落之道〉，頁157。

含有濃厚之刺激，舖中以賣酒為主要營業，往來皆水陸軍人，有備法國舞女者，軍人視為下酒菜，且飲且舞醉而後已。」「北四川路日人所設之酒吧間，兼營西餐，備有舞女。」「聖喬治舞場，設於靜安寺路靜安寺側首，為英美軍人之唯一舞場，舞女多日俄籍，場內附設旅舍，便舞客之住宿也。」[61]

　　秩序井然的租界，當然也是形塑上海風情的必備要素。周世勳特別以兩租界的警務機關為重點，再加上救水團等組織，呈現儘管國人痛詆為「國中之國」，卻是市民安居的樂土。例如，本書描寫法租界的警備概況，「除捕房六處之外，並設有偵探事務所及政治事務處多處，用以輔助巡捕房一切事務，故法租界之治安問題無憂慮。居民遇需要捕房及偵探協助時，僅須撥電話八二一一○號轉即該管捕房即可前來助理。」又如，租界為維護市容，命令巡捕取締乞丐，因「乞丐沿途向行攔路求乞，實足以使都會失色，因此法捕房警務處特備專車，每日派捕沿途捕捉」。[62] 簡單兩則文字，就刻畫出租界警政具有效率的正面形象。

　　戰事對上海市民的衝擊，本書以跨頁處理的「上海之馬路營業」為題，描寫市區商業受戰事影響而蕭條，馬路商店卻層出不窮而益覺熱鬧，眾人競營小本生意的現象。

---

61　周世勳編，《上海市大觀》，〈上海之異國情調〉，頁 184。
62　周世勳編，《上海市大觀》，〈上海法租界之警務機關〉，頁 53。

文中挑選了描寫了 10 個路邊行當，其文如下：

馬路書局：專門銷售不文不武一類惡劣書本為營業，間有暗下出賣淫書春畫者，此種書畫暗藏於木箱中，得善價即沽，其營業大宗為畫書，兒童之愛閱圖書者，出少些代價，即可租讀，然不得攜歸。

馬路銀行：此種銀行大都開設在十六舖外灘路邊，專門招徠行人兌換銅元，發售煙紙，號稱錢莊，實則煙兌店耳，以地居行人道上，故生涯頗不惡，至於上門主顧，類皆十六舖一帶之工人，雖門庭若市，進出則頗微細也，讀者稱之謂馬路銀行。

馬路煙草公司：滬游民中有稱癟三者，專門在交通要道或十字街頭，以及車站，橋畔，拾取行人或電車乘客所拋棄之煙頭（俗稱香煙屁股），集攏一袋，轉售諸江北人所擺設之馬路煙公司，江北人得煙頭後，一一拆開，然後捲成紙煙，向十六舖一帶之黃包車夫及苦力兜售，生涯鼎盛。

馬路文具店：此種文具店，無一定地點，大都開設在大商店之階沿上，或新屋落成而尚未租出之店面門前，出售信箋信封，及歌譜等物，價較廉，貨亦較劣。

馬路閱報室：所謂閱報室者，報攤耳，經濟家輒翻閱久之購其價值最低廉者而去，報販無可如何也。

馬路理髮店：大為江北籍未成年之孩童，為一般小

工理髮，代價僅銅元十枚。

馬路洗衣作：業此者大都白俄，自製油膩肥皂，強拉行人代揩代刷，以示其肥皂去跡之靈驗與否。

馬路胡開文：胡開文為海上聞名之筆舖，故我人暫以胡開文稱賣筆者，此種人行走四馬路一帶，向行人兜售，價較廉，貨亦稍劣。

馬路碑帖店：無一定地點，大都在階沿之上，或弄堂口，銷售脫形走樣之劣種碑帖。

馬路湘繡莊：業此者以其特製之針，在階沿上之大繡枕頭鞋面或風景，張諸牆壁或鐵門上，以銷售其特製之針。[63]

圖 3-10　上海之馬路營業 [64]

---

63　周世勳編，《上海市大觀》，〈上海之馬路營業〉，頁 212-213。

64　周世勳編，《上海市大觀》，〈上海之馬路營業〉，頁 212-213。

　　這些馬路生意，早在晚清就已散佈上海街弄營生，並不是在 1930 年代因迭遭戰禍才突然出現。周世勳在此強調，正規行業有店租雇員的成本壓力，戰禍將對其營運產生立即而嚴重的影響。

　　最後，周世勳透過市場的折價招貼照片，諷刺上海人愛貪便宜的心理。文云，「上海人之愛貪小利，已為久居上海之小本商人猜透心理，故凡利用大廉價大贈品以招徠營業，無不利市百倍，若待以貨真價實，童叟無欺為號召者，反使所業得不可思議之失敗。不信但看近夫來上海之投機商人，固無一不窮思竭想，謀迎合心理之方法也。五馬路上之一廣式叉燒舖誘人上門計，於舖之門首大書燒肉二角送四角共三包，讀者試想若果其如此便宜，不使該舖主人傾家蕩產耶。」而且，上海人也經常表現出一種好與人作對的行為，「譬如中途便急，必擇大街小巷牆壁書有不許小便者而小便之，若招貼，則徧找牆壁上寫有不准招貼者而貼之，因而所謂不准小便竟仿佛酒舖之為隨意小酌，不准招貼反視若商店之歡迎來賓，其矛盾也如是。」[65]上述的貪小便宜心理和跟人作對行為，其他省份城市的居民又何嘗沒有？筆者以為，周世勳的諷刺文筆，不妨將之視為小報文人嬉笑怒罵習性一時興起的表現，而這也正體現出上海市民生活的普通型態。

---

65　周世勳編，《上海市大觀》，〈上海之矛盾心理〉，頁 242。

## 五、從個人見聞到市民手冊

　　自上海開埠以來，為它書寫見聞經驗者不勝枚舉。在眾多的個人見聞書刊之中，有臺灣第一位漫畫家之稱的陳炳煌（因生於基隆，筆名雞籠生），他的旅滬見聞《大上海》，也在 1942 年出版。這本有 97 篇短文的小書，是陳炳煌將其歷年來陸續發表客居滬上的各種感想見聞，集錄而成。本書由汪政權的上海市長傅宗耀題封面，後有若干日偽政府官員品評題詞，包括司法院長溫宗堯題「遊滬指南」、曾任大道市政府市長的蘇錫文題「滬瀆風光」、上海市社會局局長吳文中題「上海南鍼」、上海市教育局長林桐庵題「滬游寶鑑」、上海警察局副局長盧英題「東方之巴黎」。編者吳漫沙在推介時說，本書「本來老早就要出版，中間因各種關係，所以直到了如今纔實現，實在對不住熱心的讀者諸君，但是在今日帝國發動大東亞戰爭的時候來出版，倒也不算怎樣晚，多望讀者諸君詳細地把它研讀下去。」吳又說，「這部《大上海》介紹東方巴黎的上海的社會情形，上海又是新中國的大都會，我們進出大陸的青年，多數要到那里去，既然要到那里去，就應該先知道那里的社會情形。雞籠生君久居上海，可以說是老上海了，這是以他的目睹耳聞和實地體驗的，介紹給我們，所以本書的出版，是很有必要的。」[66] 從為本書題寫書名

---

66　雞籠生，〈編者的話〉，《大上海》（臺北：南方雜誌社出版部，1942）。

的傅宗耀死於 1940 年 10 月 10 日而本書出版於 1942 年 8 月看來，其間出版作業確實延宕，吳漫沙在此時以日本發動大東亞戰爭為契機而撰寫的推介詞句，遂將本書賦予以文學筆記轉化成為指引日本帝國子民進出上海的用意。

　　對於《大上海》的諸篇短文，有心人士如果真得要從中找出為日偽政權張目的記載，也不是完全找不出來。例如，〈上海史〉篇有「民國廿六年國民政府遷都重慶後，上海市改稱為上海大道市政府，任蘇錫文為督辦。廿七年取消大道市政府，照舊稱為上海市政府，任傅宗耀為市長。」可以把它解釋成是承認偽政權。〈西洋人〉篇有「住在上海的中國人們快醒吧！大眾趕快聯合起來，打倒西洋人在租界裏的惡勢力，收回租界，同時廢除他們的領事裁判權；驅出了他們，東方才有和平的機會！上海才有安寧的日子！中國人才能解放，才能生存！」可以把它指稱是宣傳掃除歐美強權的壓迫，為日本大東亞共榮圈而效力。但是，像〈溜冰場〉篇的描寫，就沒有什麼特別的政治意涵：

　　　游泳是夏天的運動，溜冰是冬季的消遣法。上海的氣候不大冷，冬天的時候，雖然有時也降雪，可是雪不厚，一回兒就溶解了。因此，上海沒有天然的溜冰場。不過，世界各大都市裏都有溜冰場，素號東方巴黎的上海，怎麼可以無溜冰場呢？這豈不大煞風景嗎！上海是不落人後的，凡是各大都會上有

> 什麼新奇的玩意兒，勿論好壞，上海灘上都有應有
> 盡有的。溜冰場是新興的娛樂機關，溜冰場在室內，
> 不管是冬日，或夏天，都可溜冰。……溜冰的時候
> 有音樂助興，異性朋友相抱照著音樂的快慢，一方
> 面跳舞，一方面溜冰，或是同性朋友大家攜手溜冰，
> 都很有興趣。當溜冰場最盛時，愛時髦的公子哥兒，
> 無不趨之若鶩，大有捨跳舞而就溜冰之概。[67]

全書絕大部分的文章，都是類似的筆記雜感寫法。

陳炳煌的作品當中，對類似主題有時會重作文章。就以他對上海的整體印象而言，陳在 1930 年代發表過〈上海〉一文：

> 上海是東方的巴黎，人口約有四百餘萬人，其中各
> 國各種的人都有。……到吳淞路一看，好比身在東
> 瀛，到霞飛路一走，宛如在莫斯科一般，上海已非
> 是中國的上海了，可嘆！自一二八上海戰事發生
> 後，這繁華的市鎮也變做可怕的戰區了，現在雖已
> 簽約停止戰爭，但是商業及各種事業還未恢復昔日
> 狀況。……上海的租界，有各國警察保護，所以富
> 商顯官多來隱居于上海。有錢是上海，無錢是上害。
> 上海實是一個罪惡的世界，有錢的人怕綁票，貧窮

---

67　雞籠生，〈溜冰場〉，《大上海》，頁 135-136。

的人怕沒有飯吃，流氓盜賊到處皆有，還有女拆白
黨、賭場、煙館、賽狗場、回力球等等，均是騙錢
的機關。……妓女方面，各國人種皆有，甚至有男
妓。……上海，上海，傷風敗俗的上海，墮落的上
海，罪惡的上海。[68]

在《大上海》一書，陳炳煌仍然沒有改變他對上海
的基本觀感，到了 1940 年代還在繼續強調：

今日的上海，已是中國第一大商埠了。市面繁華，
人口稠密（五百餘萬人），加之上海有兩個租界，
成為華洋雜處的中心，世界人種博覽會之一。……
上海在表面上看來，似乎是個現代文明的都市，你
看！高大的洋樓（二十餘層），廣闊的馬路，熱鬧
的店舖，來往如梭的車輛，以及豪華富貴的紳士淑
女，一切的一切，都十足表示上海是二十世紀物質
文明世界中的一個摩登大都會。但是，你如果一旦
深入其間，作一番細密的觀察，你便可以發見盜竊，
欺騙，綁票，搶劫，強姦，暗殺，一切罪惡的魔
影。上海是富人的天堂，……可是在另一面，上海
是窮人的地獄。……上海，素稱遍地黃金的東方巴

---

68　雞籠生，〈上海〉，《百貨店》（臺北：陳炳煌，1959），頁
　　69-70。

黎，然而究其實在，那是天堂與地獄並存的地方。
上海是個金錢的世界，上海更是一個萬惡的貯藏
所。……69

像上述描寫上海的光影依存，已經是到了老生常譚的基本
常識地步了。

陳炳煌在 1931 年因擔任臺灣《新民報》上海支局長，
前往上海工作，其後多次往返臺灣上海。他曾在 1936 年
3 月下旬和林獻堂、楊肇嘉等人以臺灣華僑歸國考察團的
名義，到上海、蘇州、杭州等地訪問。70 孤島時期，陳炳
煌留在上海，至 1945 年返臺，擔任交通處專門委員，接
收日本人留臺船舶，並籌組臺灣航業公司。71 從陳炳煌的
資歷看來，他和蔣介石國民政府之間的往來關係應該相當
不錯。不過，就《大上海》的出版經驗而言，很顯然地，
陳炳煌沒有辦法阻止編輯他的書稿的編者寫出什麼樣的文
字，也無法控制讀者在看到這些文字之後會有什麼樣的政
治聯想。這個案例告訴世人，即使是純文學，只要政治有
意加以操弄，就有可能會沾染上政治色彩。

---

69　雞籠生，〈上海灘〉，《大上海》，頁 11-12。

70　〈華僑聯合會今日歡迎台灣華僑歸國考察團〉，《申報》，1936
　　年 3 月 20 日，10 版。

71　陳炳煌生平節錄自國家圖書館之「臺灣記憶」網頁資料，http://
　　memory.ncl.edu.tw/tm_cgi/hypage.cgi?HYPAGE=toolbox_figure_
　　detail.hpg&project_id=&dtd_id=&subject_name=&subject_url=&xml_
　　id=0000295445&who=陳炳煌，檢索日期 2019 年 6 月 10 日。

　　漫長八年的抗日戰爭結束之後，復員人群重返滬上，要去適應一個在行政體系之下已經沒有租界，馬路名稱多所更易的上海。中央研究院近史所的近代史全文資料庫，收錄了兩種1946年版的上海城市指南類書刊，一本是由冷省吾編的《最新上海指南》，另一本是《申報上海市民手冊》。《最新上海指南》的編排與過去相似，依序是：風景照片、地圖、史地、市政、交通、文化、商業、衛生、衣食住行和娛樂，最後附上俗語和里弄坊邨一覽。《申報上海市民手冊》的編排，則不以上海風景作為開卷，而是國父遺像、蔣主席玉照、國父遺囑、黨歌、民國35年日曆，然後是上海風景圖、上海市地形圖，再加上各區保甲圖。本書內容分成十篇：文獻、勝利一年、區域人口、交通指南、民政要覽，市參議會、機關團體、工商概況、上海生活、遊覽娛樂。首篇的「文獻」收錄：國民政府建國大綱、第一期經濟建設原則、蔣主席對上海全市民眾訓詞、蔣主席所撰新生活須知。第二篇的「勝利一年」內容為：慶祝勝利、兌換法幣、接收物資、交通改右、主席蒞滬、改訂外匯、善後救濟、遣送日俘、審訊漢奸、市長更易、提倡節約、編查戶口、禁煙禁毒、社會要聞、獻校祝壽。簡言之，這是一本政令宣導集。過去在城市指南不甚明顯的黨政色彩，瞬時彰顯無遺。此時《申報》已是官商合辦企業，站在官方立場，編集以市民為對象的市政手冊。《申報上海市民手冊》的上市，顯示官方公開操作城市指南刊物的編輯與刊行活動，政治訊息滲入

市民生活，已是指日可待。

不過，《申報上海市民手冊》雖有強烈的市政宣傳政治訴求，但在形式上仍然採取定價販售的商業行為。根據版權資料，冷省吾的《最新上海指南》在1946年9月發行，定價法幣2千元；《申報上海市民手冊》在1946年11月再版，定價法幣3千元。當時的上海物價，1946年6月上海工人的平均每日工資為7千元，每月約20萬元左右，較低的行業有的月薪不到17萬，較高者的行業則在24萬以上。[72] 如果暫不考慮上海市政府全面配送在地市民的可能性，對於有購買意願的外地讀者來說，這兩部指南的價差並不算太大，加上《申報上海市民手冊》的資料確實較為豐富，讀者還是有可能願意購買。

將官方政治意識不斷高漲，走向全面指導市民生活的上海指南範例，那就是由《大公報》負責編輯，於1951年5月問世的《新上海便覽》。編者極為自豪地宣稱：「『新上海便覽』，各篇的論述，排列的材料，固在『綱舉目張，以便眾覽』；而更重要的是在具體表明：解放兩年來的時間已把上海社會的百年本質根本變革了。這是人民政府偉大領導的成就，也是上海五百萬人民英勇奮鬥的成就。」[73] 言下之意，《新上海便覽》是以五百萬上海市

---

72　上海市地方志辦公室，〈上海工運志〉，「第四篇工資生活與福利」，「第二章工資水平」，http://www.shtong.gov.cn/node2/node2245/node4471/node56081/node56086/node56088/userobject1ai42597.html，本網址現已不存。

73　《大公報》出版委員會，《新上海便覽》，（上海：大公報出版

民為對象，正如4年前《申報上海市民手冊》預期作用。

　　本書的編排，首先映入眼簾的是「上海各界人民共同愛國公約」，然後才是正文：人民政府、工業工運、金融商業、文化教育、社會事業、公共交通、園林名勝、消費場所、大事概述。所謂「上海各界人民共同愛國公約」是抗美援朝運動熱潮，在1952年2月28日由「上海市各界人民反對美國武裝日本會議」通過的一項市民公約，一如五四運動時期宣誓抵制日貨之先例。《大公報》對於在此時編寫1949年之後的變化，興奮地表示「解放後上海變革的成績，都是健康的，進步的，尤其是重獲生命的，主要的表現在工業與文化上。一向依賴帝國主義大部受帝國主義支配為帝國主義服務的上海工業，已完全擺脫這種關係而成為獨立的民族工業；一向陷於半殖民地的上海文化，已逐層深入的挖掉這一型的種種毒素，而蓬勃發展為新民主主義的文化了。」[74]

　　由於講究上海的健康進步，無法通過這個標準的舊上海風情，就無法選編納入。最明顯的例子，翻查「消費場所」時，迎面就會看到批判「舊上海是一個由帝國主義、封建主義與官僚資本主義揉合而成的畸形繁榮的都市。解放前，到處充滿著投機、壓榨、掠奪、享樂和荒淫無恥的現象。人們生活在這眼花繚亂的都市裏，心理往往是不健

委員會，1951），〈序言〉，頁14。
74　《大公報》出版委員會，《新上海便覽》，〈序言〉，頁14。

康的，對於一件事物的看法與想法，有時會發生一個很嚴
重的偏差。」[75] 此刻的進步新上海，容不下腐朽舊上海。
再往下翻到「娛樂場所」項目，介紹「上海娛樂場所數量
之多，在全國各地可首屈一指。大小劇場共近二百家，其
中以電影院為最多，其次就是越劇院、滬劇院了。京劇院
數量小而規模大，書場數量多而規模小。經常在上海演出
的劇種，可分為電影、話劇、京劇、越劇、滬劇、江淮
劇、維揚劇、常錫戲、甬劇、滑稽劇、通俗話劇、歌場、
書場、遊藝場等類。分布地區也很廣，但多數集中在中區
一帶。」[76] 果不其然，引領滬上娛樂風騷百年的妓業，從
這本上海指南書刊消失蹤影。在近代歷史上，談上海經驗
的筆記小說典故紀聞，以及眾多的城市遊記指南大觀，從
未有過如此「乾淨」的上海。這一個劃時代的重大變化，
坐實了強勢政治力量控管之下的媒體約制。在新民主主義
時代的中國，不再需要熱鬧紛呈的城市指南，一部政治正
確的市民手冊，即已足矣。

---

75　《大公報》出版委員會，《新上海便覽》，〈消費場所・衣著
　　業〉，頁 431。

76　《大公報》出版委員會，《新上海便覽》，〈消費場所・娛樂場
　　所〉，頁 454。

# 城市、避暑與海濱休旅：
# 晚清至 1930 年代的北戴河

潘淑華

香港中文大學歷史系副教授

## 前言

　　1924 年，時年27 歲的徐志摩在文壇漸露頭角，於
《文學旬刊》發表〈北戴河海濱的幻想〉。此篇短文中，
徐志摩並不著意於細述北戴河的風光，而是要向讀者剖白
在北戴河海濱上的思潮起伏。因為左眼發炎，沒有跟隨同
伴到海邊逐浪；徐志摩獨自坐在海濱屋前，一邊感受清晨
的海風，一邊遠眺「浴潊內點點的小舟與浴客，水禽似的
浮著」。北戴河似乎是讓他無所事事暫時逃離現實各種煩
惱的空間，海洋則成為他的人生隱喻。他寫道：「我的心
靈，比如海濱，生命初度的怒潮，已經漸次的清翳」。他
最後說，北戴河可以讓他暫時「忘卻我自身的種種」，以
及「忘卻我的過去與現在」。[1] 文人逃離市井的煩囂，以
淨化心靈，通過重投大自然以回歸自我，在中國有悠長的

---

1　〈北戴河海濱的幻想〉，《文學旬刊》，第 39期（1924年 6月
　　21日），頁 1-2。《文學旬刊》為《晨報》的附刊。〈北戴河
　　海濱的幻想〉一文收入徐志摩，《自剖》（上海：新月書店，
　　1928），頁 57-62。

歷史，這種文化傾向充分體現在中國傳統的山水畫中。而海濱從大自然空間，轉化為中國上流社會以至普羅大眾的消閒活動空間，是值得深入探討之20世紀中國歷史的嶄新文化現象。

　　海濱是客觀存在的地理實體，但人們對海濱的態度，卻是一種集體的文化建構，並且因時地而異。無論是在中國或西方文化中，海洋及海濱最初皆被視為令人惶恐不安及充滿不確定性的大自然領域。把海濱轉化為閒暇空間，源自西方數世紀以來的文化變遷。阿蘭・柯班（Alain Corbin）在《海的誘惑》（*The Lure of the Sea*）一書中，追溯西方文化從恐懼海洋到擁抱海洋的歷程。他指出，海洋令人聯想到聖經中上帝用以懲罰人類的大洪水，同時也被視為各類不知名的妖怪的居所，是滿布危機的異域。17世紀中葉開始，人們對海洋的恐懼出現變化：海洋學（Oceanography）的發展，增加了人們對海洋的了解和認知，海洋遂變得不如過往般危險和神秘。文藝復興時期人文主義的興起，亦改變了西方文化對大自然的態度。詩人開始到海邊尋找創作靈感，畫家筆下的海洋，也從波濤洶湧逐漸變得波平如鏡。[2] 第得耶・尤班（Jean-Didier Urbain）在《海灘上》（*At the Beach*）中，分析了海濱文化意涵在西方的轉變。他指出在19世紀開始出現的海濱

---

[2]　Alain Corbin, *The Lure of the Sea: The Discovery of the Seaside in the Western World, 1750-1840* (Berkeley: University of California Press, 1994), pp. 2-3, 7, 18, 39.

渡假風氣與傳統的旅遊文化有明顯差異。停駐在海濱上的
「渡假者」（vacationer），並不像不斷進行空間移動、
尋幽探秘的「旅客」（tourist）般，以探索大自然或了解
異文化為目的。這些來自城市的靜態渡假者（sedentary
vacationer）到海濱去，只是為了找尋難得的寧靜環境及
單純簡樸的氛圍，並通過旅程進行對自我身分的覓尋與重
構。[3] 愛麗絲・迦納（Alice Garner）的《多變的海濱》
（*A Shifting Shore*），細緻描繪了法國海濱渡假勝地阿卡雄
（Arcachon）從小漁村被改造成為海浴勝地的過程，以及
當地漁民如何在此海濱休旅文化中，被「物化」為旅客的
海濱想像的一部分。旅客的出現更改變了海濱的人文景
觀：當旅客與漁民在使用海濱的權益上出現矛盾時，漁民
的活動空間受到愈來愈多限制，最後甚至被趕走。[4]

　　西方的海浴及海濱休旅文化隨著殖民主義擴張被移
植到亞洲，慢慢改變了中國人對海濱的空間概念。傳統中
國社會視海濱為荒蕪無用之地，充其量只是作為鹽場或捕
魚的經濟場域。到了 20 世紀初，一些中國人慢慢接受了
海濱的休閒用途，視之為可用作避暑及療養的地方。西方
海浴在華人社會所帶動的海濱地理景觀及文化變遷，已逐

---

3　Jean-Didier Urbain, *At the Beach* (Minneapolis: University of
　　Minnesota Press, 2003).

4　Alice Garner, *A Shifting Shore: Locals, Outsiders, and the Transformation
　　of a French Fishing Town, 1823-2000* (Ithaca and London: Cornell
　　University Press, 2005).

漸受到學界關注。[5] 筆者有關殖民地時期香港著名海浴場淺水灣的研究，從殖民地的空間政治的角度，探討 1920 及 1930 年代香港海濱與海浴文化的發展。指出由於英國「公共衛生」及「閒暇」等概念以及商業利益的考慮，香港政府及資本家在 1910 年代推動海浴文化，共同把位於南岸的淺水灣，營造成上流社會海浴及閒暇勝地。然而社會及種族界線並非固定不變的，在輿論壓力下，淺水灣最終成為不同階級及種族人士共享的消閒空間。馬樹華有關民國時期青島海浴場的研究，分析政府對海浴場的管理及控制，以及海浴如何成為城市生活的一部分。其認為海浴場體現了政府的市政成就，並為城市贏取聲望，海浴場亦「構築起城市獨特的文化空間」。[6]

以上的研究，展示了推動海濱空間的文化意義變遷之不同力量。海濱空間雖然是遠離現代都市的「荒野」（wilderness），但它被塑造成休閒空間卻是現代化的產物；它是城市居民逃離被現代化發展，弄得污煙瘴氣的都市短暫安身之所。可以說，近現代的海濱有著含混的意義，它既是「現代」的，也是「反現代」的。另外，「渡

---

5　潘淑華，〈淺水灣：海濱、海浴與香港殖民地的空間政治〉，收入劉石吉、張錦忠、王儀君、楊雅惠、陳美淑編，《旅遊文學與地景書寫》（高雄：國立中山大學人文中心，2013），頁 115-141。另有關海浴文化在香港的歷史發展，以及所帶動的女性身體觀念及海濱空間的變化，可參看潘淑華、黃永豪，《閒暇、海濱與海浴：香江游泳史》（香港：三聯書店，2014）。

6　馬樹華，〈海水浴場與民國時期青島的城市生活〉，《史學月刊》，2011年第 5 期，頁 99。

假者」雖然被海濱樸實的大自然風貌所吸引，但由於他們
的終極關注是追尋自我身分及滿足對異域的空間想像，因
而不惜改造海濱的大自然以至人文景觀，以滿足自己的預
設與想像。西方海濱休閒文化在華人社會的移植，引申出
更為複雜的文化及民族差異與交融之問題。香港及青島海
浴場的迅速發展，反映了民國時期中國人欣然接受並積極
實踐來自西方的海濱與海浴文化，海浴場甚至成為體現
「現代性」及政府管治成就的指標。

　　本文集中探討位於河北省臨榆縣的著名海浴場北戴
河，以了解民國時期海濱及海浴在城市菁英及民眾新興的
休旅文化中之位置。北戴河在中國近現代史上的重要性
是毫無疑問的。在 1949 年後，北戴河成為中共政權領導
人的消暑勝地，也是非正式的政治決策中心。毛澤東在
1954 年寫成〈浪淘沙‧北戴河〉，當中他面對白浪滔天，
詠嘆「蕭瑟秋風今又是，換了人間」。毛似乎視北戴河為
中國急遽的政治變化的縮影。[7] 事實上，自 19 世紀末北
戴河被「發現」後，一直舖展著海濱、休閒與國家政治三
者相互糾纏的複雜關係。在民國時期，如徐志摩等城市菁
英分子到北戴河海濱渡假，這既是對自我身分的反思和尋
覓，也是階級身分的呈現，更是體驗及體現「摩登」文化

---

7　〈浪淘沙‧北戴河〉的全文為「大雨落幽燕，白浪滔天，秦皇
　　島外打魚船。一片汪洋都不見，知向誰邊？往事越千年，魏武揮
　　鞭，東臨碣石有遺篇。蕭瑟秋風今又是，換了人間」。毛澤東，
　　《毛澤東詩詞十八首》（北京：商務印書館，1960），頁 38。

的途徑。而北戴河作為由西方人開發及管理的閒暇空間，
同時又被視為帝國主義侵略中國的縮影，勾起中國人的無
力感與無能感。因而要了解北戴河多層的、既互相支持又
互相矛盾的含義，以及北戴河作為休旅空間所帶動的社會
及文化變遷，我們必須追溯其建構過程及在不同媒介中如
何被再呈現。就如列斐伏爾（Henri Lefebvre）在其影響
深遠的著作《空間的生產》（ *The Production of Space* ）中，
強調要理解空間如何塑造人們的文化與活動，必須先弄
清楚空間的建構過程及當中的權力關係。他認為空間並
非自然生成的理所當然的存在（absolute space），空間
既是由社會關係塑造而成的產物，同時也成為社會關係
再生產的一項重要元素。[8] 人文地理學者段義孚亦強調，
由於人們的參與及塑造，空間的意義不斷在轉化。他把
「空間」（space）與「地方」（place）區別開來，有別
於「空間」的開闊與廣袤無邊，「地方」擁有較具體的
地域及文化身分。人在「空間」移動，在「地方」停駐；
「空間」代表自由，「地方」則給予安全感。因而我們
必須關注「空間」如何轉化成具有特殊文化意義的「地
方」，並被賦予獨特的「地方感」（sense of place），
這與人們對地方的理解及體驗又如何相互影響。[9] 地方感

---

8　Henri Lefebvre, *The Production of Space*, trans. by Donald Nicholson-Smith (Oxford: Blackwell, 1991), p. 111.

9　Yi-Fu Tuan, *Space and Place: The Perspective of Experience* (Minneapolis: University of Minnesota Press, 2001), pp. 3-7.

對身分認同的形成因而有密切關係,人們在閒暇空間所塑造及體驗的地方感,幫助他們重新發現或加強自我身分認同。[10]

　　有關民國時期北戴河的研究成果不多,其關注點主要有二:一是從中國民族主義的立場論述管治北戴河的困難及成效;[11] 二是考察民國時期的畫報對北戴河海浴文化的再呈現。[12] 本文則強調北戴河的休旅空間的經營及其所承載的地方感的演變,這些變化又如何反映及重塑當地中國人及西方人之間的權力關係,以及中國城市菁英的民族及階級身分認同。文章首先分析清末鐵路發展如何令北戴河進入在華西方人的視野。在西方人的經營下,北戴河從無人知曉的地理「空間」,被經營成為擁有獨特性格、名聞中外的「地方」,中國城市菁英因而對海濱的用途和價值有全新的認知。文章的第二部分分析北戴河在進入華人城市菁英的視野後,其景觀及所代表的休旅文化的轉變。1910年代,以朱啟鈐為首的中

10　Sean Gammon & Sam Elkington, eds., *Landscapes of Leisure: Space, Place and Identities* (New York: Palgrave Macmillan, 2015), pp. 1-2; Tim Cresswell, *Place: A Short Introduction* (Malden, MA: Blackwell Pub., 2004), p. 39.

11　如趙欣,〈1934年——1948年北戴河外籍人員管理研究〉(保定:河北大學中國近現代史碩士論文,2010);呂曉玲,〈近代避暑地華人自治管理探析——以北戴河海濱公益會為例〉,《徐州師範大學學報(哲學社會科學版)》,第37卷第5期(2011年9月),頁70-75。

12　Yunxiang Gao, "Beidaihe Beach, Leisure Culture, and Modernity in Republican China," *Sport in Society: Cultures, Commerce, Media, Politics*, 15:10(Dec. 2012), pp. 1353-1380.

國城市菁英組成「北戴河海濱公益會」，憑藉與北洋政府的密切關係，確立中國人在北戴河海濱的控制權，並在其控制的聯峰山（又稱蓮蓬山、西山）建構富中國傳統特色的人文景觀及休閒文化，北戴河因而被賦予一層新的意義及地方感。

第三部分通過多本北戴河旅遊指南，再輔以多篇不同時期出版的北戴河遊記，分析北戴河休旅空間的再現，以及印刷媒體對北戴河休旅空間的再現與塑造。這些旅遊指南包括由京奉鐵路管理局於清末開始編製的《京奉鐵路旅行指南》、徐珂撰寫並於 1921 年由上海商務印書館出版的《北戴河指南》、北戴河海濱公益會幹事管洛聲於 1925 年寫成的《北戴河海濱志略》，以及北寧鐵路管理局與中國旅行社於 1935 年出版的《北戴河海濱導遊》，[13] 結論部分以北戴河個案引申出「城鄉對立」論述的局限性，以及遠離城市現代文明的海濱對城市人想

---

13 北戴河海濱公益會幹事管洛聲於 1925 年寫成《北戴河海濱志略》，介紹北戴河的歷史及公益會管理區域的各處名勝古蹟。此著作並非由書局出版及售賣，其撰寫目的旨在陳述公益會對開發北戴河聯峰山的貢獻，但由於當中包括旅遊資訊，如火車時間表及收費等，因而亦發揮了旅遊指南的功能。管洛聲，《北戴河海濱志略》（河北：北戴河海濱公益會，1925）。管洛聲為江蘇武進人，清末曾任奉天新民府知府及奉天勸業道。見中國人民政治協商會議天津市委員會文史資料研究委員會編，《天津近代人物錄》（天津：天津市地方史志編修委員會總編輯室，1987），頁 368。北寧鐵路管理局、中國旅行社編印，《北戴河海濱導遊》（上海：中國旅行社，1935），收入南開大學中國社會史研究中心編，王強、張元明主編，《民國旅遊指南彙刊》（南京：鳳凰出版社，2013），第 39 冊。

像與體驗「摩登」的重要性。

## 一、交通網絡與北戴河海濱的「發現」及開闢

圖 4-1　戴家河、聯峰山及各村莊位置 [14]

　　究竟是誰首先「發現」北戴河？「發現」似乎是一個很容易引起爭議的詞彙。在還未成為海濱渡假勝地

---

14　趙允祜重修，高錫疇纂，《（光緒）臨榆縣志》，卷首，圖，頁8。
　　臺北：中央研究院傅斯年圖書館藏清光緒4年刊本古籍線裝書。

之前，現被稱為北戴河的海濱區域已存在於清朝的管治
版圖中，隸屬河北省臨榆縣，位於戴家河的出海口，
鄰近山海關及秦皇島。根據光緒4年（1878）的《臨榆
縣志》，北戴河海濱附近有不少村落，如劉家莊、草廠
莊、丁家莊、單家莊等。雖然瀕海地區人煙稀少，但村
民對鄰近的海濱絕不會陌生；因而從中國的角度，並不
存在誰「發現」北戴河的問題。但不能否認，北戴河作
為休旅空間的潛質在西方人「發現」後，才得以轉化成
為海內外知名的海濱渡假勝地。

1899年7月，《北華捷報》（*North China Herald*）
刊登一篇名為〈中國的療養地：北戴河〉（"A China
Sanatorium: Peitaiho"）的文章，來自英國當時居於天津的
作者馬萊緒（William Mcleish）對北戴河推崇備至，認為
其美麗如畫的景色絕不遜色於歐洲的著名海濱。文章中提
出誰發現北戴河的問題，但認為由於不少人爭著追認自己
是北戴河的發現者，所以最好還是避免提出這個容易引起
紛爭的問題。不過他指出，鐵路的興建及參與其中的西方
工程師，是令北戴河被「發現」的主要原因。[15]

海濱度假勝地一般位於遠離城市的邊陲地帶，由於
地理上的邊緣性，才使其得以成為城市人逃離繁囂的短

---

15 William Mcleish, *A China Sanatorium: Peitaiho* (Shanghai: Publisher Unknown, 1899). 原來文章分成3部分，1899年7月17日、24日及31日刊載於《北華捷報》，同年於上海出版成13頁的小冊子，出版機構不詳。

暫避難所。但另一方面，海濱度假勝地的發展和經營，
有賴現代交通網絡將海濱與城市連繫起來，使大規模之
人的流動成為可能。在 19 世紀的英國及歐洲，鐵路網絡
是海濱度假勝地發展的關鍵，在中國亦有類似的發展。[16]
北戴河能夠被營造成為華北最重要的海濱閒暇勝地，契
機是清末京奉鐵路（1928 年後稱為北寧鐵路，又稱寧瀋
鐵路）的興建，使偏遠的北戴河進入西方人及中國人的
視野。興建京奉鐵路的最初目的是發展經濟而非休旅文
化。為了開發煤礦，清朝於 1881 年開始於河北唐山興建
以運煤為主的唐胥鐵路（連結唐山與胥各莊）。其後由
於軍事需要，清朝於 1890 年在山海關駐兵，因而決定延
伸鐵路（即津榆鐵路，於 1894 年落成。津為天津，榆為
榆關，即山海關）。其後鐵路陸續向東北延伸至奉天（瀋
陽），向西延伸至北京；1907 年此鐵路被命名為京奉鐵
路，全長 844 公里。京奉鐵路上有北戴河站，北戴河因
而得以與北京及天津等大城市連繫起來。從天津到北戴
河車站只需 6 小時。[17] 不過由於京奉鐵路的北戴河站與

---

16  John K. Walton, *The English Seaside Resort: A Social History, 1750-1914* (New York: St. Martin's Press, 1983). 在 19世紀末及 20世紀初的日本，鐵路公司亦積極開闢鐵路沿線的海濱成為海水浴場。見畔柳昭雄，《海水浴と日本人》（東京：中央公論新社，2010），頁 27-30。

17  淩鴻勳編著，《中華鐵路史》（臺北：臺灣商務印書館，1981），頁 84-88。根據此研究，京奉鐵路在客運及貨運方面皆有良好發展，貨運以煤及糧食為主。1928年，北京改稱為北平，奉天亦改稱為遼寧，京奉鐵路因而易名為北寧鐵路。北京市公路交通史編委會，《北京交通史》（北京：北京出版社，1989），頁 125。

海濱相距頗遠，民國初年，在經常到北戴河渡假的上流
人士（當中包括外國使節）要求下，鐵路局決定建北戴
河支線，以連接北戴河站及北戴河海濱（新建的車站名
為北戴河海濱站）。並於 1914 年動工興建，1917 年築
成通車，全長約 10 公里。[18]

　　在此必須說明，在清末民國時期，「北戴河」並沒
有明確的地理界線，而是泛指戴家河以東的海濱區域。
根據《中國的療養地：北戴河》，北戴河之名源自當地
的「北戴河村」，此村落並非瀕臨海濱，但由於京奉鐵
路在此區域興建的車站鄰近北戴河村，因而名為「北戴
河站」。[19] 結果，北戴河從一個村落的名稱，演變為泛
指當地的海濱區域。鐵路不單把北戴河與天津和北京連

---

18　京奉鐵路管理局總務處編查課編，《京奉鐵路旅行指南》（天
　　津：京奉鐵路管理局，1917），頁 57；張雨才編，《中國鐵道建
　　設史略（1876-1949）》（北京：中國鐵道出版社，1997），頁
　　20；*Peitaiho Directory 1924* (Tientsin: La Librairie Française, 1924).

19　見 William Mcleish, *A China Sanatorium: Peitaiho*, p. 2. 馬萊緒因而認
　　為把當地的海濱區域稱為北戴河其實是「誤稱」（misnomer）。
　　然而《（光緒）臨榆縣志》只提到「戴家河」，並沒有「北戴
　　河」。根據其記載，戴家河、楊各莊、牛蹄窠、周家營、北楊各
　　莊、撥道窪、長不老口、高家嶺、小營、鄭家店、倉上莊，「以
　　上十一村，戴家河地方經管」。見趙允祜重修，高錫疇纂，《（光
　　緒）臨榆縣志》，卷 7，〈輿地編・里市〉，頁 22。可見戴家
　　河既是河流的名字，也是村落的名字。但在 1929 年重修的《（民
　　國）臨榆縣志》，戴家河變為「北戴河堡」，共有 9 條村（包括
　　北戴河莊、撥道窪、南楊各莊、周家營、長不老口、高家嶺、小
　　營、北楊各莊及鄭家店）。見高凌霨、仵墉修，程敏侯等纂，
　　《（民國）臨榆縣志》（臺北：成文出版社，據清高錫疇等纂高
　　凌霨等重修民國 18 年鉛印本影印，1968），卷 6，〈輿地編・
　　里市〉，頁 16。

結起來，也令北戴河的海濱通過命名，從沒有名稱的地理「空間」，變為有獨立名字及被賦予獨特「地方感」的「地方」。

但為何清政府在京奉鐵路上建立北戴河站呢？這很可能是參與鐵路工程的西方工程師的影響。在此鐵路計畫中被委任為總工程師的英國人金達（Claude W. Kinder），因勘察鐵路地點而發現了偏遠的北戴河，一些英美教會人士亦相繼到該地遊覽，北戴河因而進入在華西方人的視野。在夏天，北戴河的平均氣溫約攝氏25-28度，比北京及天津動輒33度或以上的氣溫涼快得多。西方人發現北戴河的美景及怡人的天氣後，把該處開闢成為他們的避暑及海浴勝地。1893年由於興建山海關的一段鐵路，西方工程師吐納耳（F. B. Turner）遂居於北戴河。鐵路於1894年完成後，往來北戴河較以前方便，到北戴河建屋作為避暑居所的西方人愈來愈多。《北華捷報》指出北戴河為住在悶熱的天津之西方人提供了避暑海濱勝地，他們為同一目的湧至北戴河，就是在海邊找尋合適的位置建房子。[20] 中國人亦開始了解北戴河發生的變化，1898年上海《申報》報導：「津榆鐵路自通山海關後，西人絡繹趨北帶河〔北戴河〕購地建屋，以為逭暑之區，蓋其地抱水環山，夏時涼颸颯然，

---

20　"Outports, & C. - Tientsin: A Seaside Resort," *North China Herald*, LII: 1399 (25 May, 1894), p. 800.

不似津城之熱惱」。[21] 當地村民對於西方人願意以可觀
的價錢，向他們購買並不肥沃的土地，最初心存疑慮。
外國人不但購地建屋，並且在岸邊各自搭建鉛皮小屋，
作為海浴時用的更衣室。[22]

　　1898 年是北戴河發展的轉捩點。由於根據清廷規
定，只有教會得到允許在通商口岸以外的地方購買土
地，因而其他外國人也只能通過教會在北戴河購買土地
建屋。[23] 1898 年 3 月，總理衙門奏請開闢位於北戴河以
北的秦皇島為通商口岸，奏摺指「北戴河至海濱之秦王
島隆冬不封，每年津河凍後開平局船由此運煤，郵政包
封亦附此出入，與津楡鐵路甚近……殊於商務有益」。[24]
同年 4 月，美國公使田貝（Charles Denby）呈請「由
秦王島至戴赭河〔即北戴河〕洋人建屋處沿海岸往內三
里地方及往東北至秦王島對面地方均劃歸通商界」。
被清廷委託對此探究可行性的總稅務司赫德（Robert
Hart）對此表示支持，認為清政府「自開商埠」可保自

---

21　〈擬開口岸〉，《申報》，1898 年 12 月 3 日，2 版。

22　William Mcleish, *A China Sanatorium: Peitaiho*, p. 2.

23　根據狄德滿（R. G. Tiedemann）的研究，清廷在第二次鴉片戰
　　爭後簽訂的條約，容許天主教傳教士在通商口岸以外的地方購買
　　土地。基督新教傳教士認為他們有相同的權利，地方官員為息
　　事寧人，容許所有外國傳教士購買土地。R. G. Tiedemann, ed.,
　　*Handbook of Christianity in China*, Vol. 2: 1800 to the Present (Leiden:
　　Brill, 2010), pp. 310-311.

24　〈奏開岳州三都澳秦王島三處口岸摺〉，蔡及煌編，《約章分類
　　輯要》（臺北：華文書局，1968），第 4 冊，卷 18 下，〈口岸商
　　務門關・章類〉，頁 17-18。

主權，此有異於「約開之通商口岸」。[25] 清廷遂把秦王
島至北戴河沿海劃為自開口岸，並訂立土地政策，「凡
自開口岸，其地欲願賣與否，均聽民間自便，外人不得
強勉」。[26] 土地得以自由買賣後，到北戴河避暑及建屋
的西方人更多。

　　1896 年西方人興建的房屋有二十多間，1899 年已增
加至近百間，人數約有 400 人，房屋的價值亦暴漲。[27]
這些西方居民意識到需要成立自身的組織，以有效管
理此海濱避暑地。1906 年，《字林西報》（*North China
Daily News*）的主編撰文認為在北戴河置有產業的西方人，
應聯合制定管理規條及衛生章程，並向中國政府申請在
當地建立民政廳；[28] 此提議並沒有落實。但亦有西方人
心存懷疑，認為作為「自開商埠」的秦王島及北戴河，
並不能成立如上海租界的工部局般的行政管理機構。但
這無礙在北戴河不同區域居住的西方人分別成立團體，

---

25　〈總稅司赫議開三口申呈〉，蔡及煌編，《約章分類輯要》，第
　　4 冊，卷 18 下，〈口岸商務門關 · 章類〉，頁 19。

26　〈照會美國領事官文——光緒二十四年（1898）十二月十四日〉，
　　中國近代經濟史資料叢刊編輯委員會主編，魏子初編，《帝國主
　　義與開灤煤礦》（上海：神州國光社，1954），頁 210。

27　William Mcleish, *A China Sanatorium: Peitaiho*; D. Warres Smith,
　　*European Settlements in the Far East* (London: Sampson Low, Marston
　　& Company, 1900), p. 81.《北華捷報》在 1898年報導，一幢 4個
　　房間的別墅，1896到 1897年的價錢是 1,500到 2,500兩，1898年
　　已增加至 4,000兩。"Outports, ETC: Tientsin," *North China Herald*,
　　LX: 1600 (4 April, 1898), p. 572.

28　〈西報紀西人擬在北戴河設立民政廳〉，《申報》，1906年 8 月
　　29日，3版。

管理北戴河各個海灣（見圖4-2）。除了早於1894年由
英國衛理公會（Methodist Episcopal Mission）成立的「石
嶺會」（Rocky Point Association）外，1910年代在北戴
河相繼出現了「東山會」（East Cliff Association）、廟灣
會（Temple Bay Association）及「燈塔會」（Lighthouse
Point Association）等西方人團體。[29]

圖 4-2　北戴河區域圖 [30]

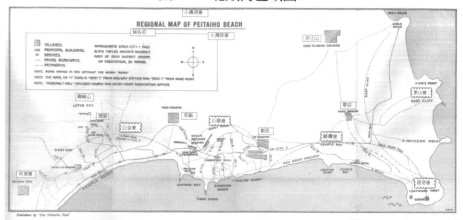

由於鐵路交通逐步改善，不單僑居於北戴河的西方人
日多，以致「海濱之土，幾無隙地」，不少中國人亦慕名

---

29　*Peitaiho Directory 1918* (Tientsin: Rocky Point Association, 1918), p.
　　20; *Peitaiho Directory 1924*, p. 3. 林伯鑄，《北戴河海濱風景區志略》
　　（北戴河：北戴河海濱風景區管理局，1938），收入鄭曉霞、張
　　智主編，《中國園林名勝志叢刊》（揚州：廣陵書社，2006），
　　第4冊，頁20-21。

30　*Peitaiho Directory 1924.*

而至。[31] 政府高層官員及熟識西方文化的知識分子，享有
社交網路及經濟資源條件，得以較早知悉及實踐這種新的
海濱避暑文化概念。其後，報章、旅遊指南及遊記等出版
物成為重要的推廣媒介。例如在 1900 年代先後出任天津
海關道及順天巡撫的唐紹儀，因患肺病，於 1909 年到北
戴河養病，報章指他「自易地養病後，甚有功效，近日回
津，其病已大愈矣」。[32] 過往官員回鄉養病的傳統已出現
變化，把海濱視為療養地的西方觀念慢慢為中國政客接
受及模仿。女作家呂碧城是另一位早年到北戴河的少數
中國旅客之一。[33] 1910 年，她到北戴河養病，並探望在
當地聯峰山頂建有別墅的英國友人甘德璘（Candlin，亦
譯作甘林）女士，之後在《婦女時報》發表〈北戴河遊
記〉一文。[34] 她在文章中描述了西方人在當地的海浴盛

31　徐珂，《北戴河指南》（上海：商務印書館，1921），頁 7。

32　《申報》，1909 年 10 月 18 日，6 版。

33　呂碧城是山西學政呂鳳岐的女兒，在清末時期發表文章積極提倡
　　女學。她後來到美國哥倫比亞大學修讀文學，熟悉西方文化，亦
　　有不少西方友人。有關呂碧城的研究，可參考范純武，〈清末民
　　初女詞人呂碧城與國際蔬食運動〉，《清史研究》，2010 年第 2
　　期，頁 105-113；賴淑卿，〈呂碧城對西方保護動物運動的傳介
　　──以《歐美之光》為中心的探討〉，《國史館館刊》，第 23 期
　　（2010 年 3 月），頁 79-118；黃嫣梨，〈呂碧城與清末民初婦女
　　教育〉，收入鮑家麟編著，《中國婦女史論集》（臺北：稻鄉出
　　版社，2001），第 5 集，頁 238-256。

34　甘德璘女士，其父佐治・甘林（George Thomas Candlin）為英國
　　聖道會（Methodist New Connexion）傳教士，1870 年代到中國傳
　　教，於 1896 年在聯峰山頂築成別墅。他於 1924 年 7 月 11 日在北
　　戴河去世，葬於北戴河西方人墓地。"Deaths," *North China Herald*,
　　CLII: 2971 (19 July, 1924), p. 120.

況，把海浴中的女性形容為「簇擁芙蓉，彷彿浴神化身千百，作水國之嬉遊也」，她對此為之「目眩神移」。文章末段總結此行的感受：「吾國人當炎夏之際，裋褐汗喘於市井之間，國有勝境，不知關而游之，乃為他人捷足先登，反賓為主」。[35] 呂碧城在此把民族情感注入海濱的休閒空間，表達了洋人在中國土地上「反賓為主」的慨嘆，文章同時反映出兩種觀念的變化：（一）認為中國人應如西方人一樣，在炎夏時需要離開城市／「市井」避暑；（二）海濱是避暑的「勝境」。炎炎夏日不單是對季節的客觀描述，也是一種特定的文化感知方式，炎夏是一直存在的，中國過去亦存在不同的「消暑」或「消夏」方式，但城市的炎夏變得難以忍受，而要到海濱避暑的心理需求，則是西方文化影響的結果。西方的海濱避暑文化，逐漸模塑了中國人對暑熱的身體經驗的敏感度及反應，可見身體或感官的覺知既是生物性的，也是文化性的。[36]

## 二、休旅文化與空間政治：北戴河海濱公益會

呂碧城於1910年慨嘆北戴河這勝境被外國人捷足先

---

35　碧城，〈北戴河遊記〉，《婦女時報》，第 1期（1911年 4月），頁 36。

36　例如白居易、陸游及袁枚等詩人皆有有關「消夏」的詩作。有關具文化特色的身體經驗，可參看余舜德，〈從田野經驗到身體感的研究〉，余舜德主編，《體物入微：物與身體感的研究》（新竹：國立清華大學出版社，2008），頁 9-10。

登占有。1918年由朱啟鈐為首的一群中國商人、政客，組成北戴河海濱公益會。在其1925年出版的《北戴河海濱志略》中，把公益會的成立，解釋為中國人奪回北戴河主權之義舉，指摘「石嶺會駸駸行政之權，乃行政官放棄不問耳」，以至「石嶺會組織，最早幾有喧賓奪主之勢」，「今以公益會團體之力，斤斤爭主權」。書中進而指由於「公益會成立急起直追，以經畫市政保存主權，雖財力限之，未能多所興舉，而地方頓改舊觀」。[37] 今天，北戴河的一個海灘上豎立著一座朱啟鈐的銅像，基石上的解說延續著公益會重奪北戴河主權的民族主義論述。[38] 海濱是休旅的空間，但海濱空間的控制與管理，卻被賦予了民族意義，休旅空間因而也成為了塑造民族認同的場域。令人費解的是，石嶺會早於1894年成立，為何朱啟鈐在1918年才採取行動抗衡石嶺會？究竟朱啟鈐憑藉甚麼政治及文化資源，通過成立「北戴河海濱公益會」（下稱「公益會」）以「斤斤爭主權」？朱啟鈐所代表的是一個什麼性質的群體？此群體以甚麼理念經營北戴河？他們所管治的海濱，與西方團體所管治的地域有何差異？這種差異是什麼因素造成？又蘊含了什麼文化意義？

---

37　管洛聲，《北戴河海濱志略》，頁16、23。

38　銅像的基石上刻朱啟鈐的生平及嘉許他重奪中國人在北戴河「行政主權」的文字，指他在「在海濱購地置屋。1918年，面對外國教會組織石嶺會『駸駸侵行政主權』，乃以『拒外人，爭主權』為宗旨，成立地方自治團體北戴河海濱公益會，任會長」。銅像豎立的確實年分不詳，估計應在1980年代以後。

圖 4-3　筆者 2013 年 8 月 4 日拍攝之北戴河海濱朱啟鈐銅像

朱啟鈐是公益會的關鍵人物，自 1918 年至 1927 年間任會長一職。他在民國初年為北洋政府要員，曾任交通總長，是「交通系」重要人物之一。[39]「交通系」與袁世凱關係密切，朱啟鈐亦是袁世凱的支持者，更出任袁世凱稱帝大典籌備處的處長。袁氏稱帝失敗並於 1916 年病死後，朱啟鈐被通緝，仕途似乎已走到盡頭，因而視北戴河為歸隱之所。這解釋了為何朱啟鈐在翌年於北戴河海濱購地置屋，根據他自己的說法，其在 1917 年「經營山東嶧縣中興煤礦公司，自食其力，又與室人偕游北戴河海濱，買山築室作終焉之計」。[40] 結果他在聯峰山建成「蠖天小築」，其後甚

39　「交通系」是自晚清以來因政府興辦鐵路而發展出來的利益集團及政治派系，領袖為梁士詒及葉恭綽，成員有朱啟鈐、周自齊、鄭洪年、施肇曾等。他們為主管鐵路、航運及交通銀行等範疇的政府官員。朱啟鈐曾任東三省蒙務局督辦及津浦路北段總辦。交通系在國民政府成立後失去了政治影響力。見張瑞德，《中國近代鐵路事業管理的研究——政治層面的分析，1876-1937》（臺北：中央研究院近代史研究所，1991），頁 152-154、226-235。

40　朱啟鈐，〈朱啟鈐自撰年譜〉，收入北京市政協文史資料研究委員會、中共河北省秦皇島市委統戰部編，《蠖公紀事——朱啟鈐先生生平紀實》（北京：中國文史出版社，1991），頁 5。

至把逝世的家庭成員也安葬在北戴河住所旁，墳地名為
「朱家墳」。[41]

　　事實上，退隱北戴河的朱啟鈐與北洋政府的關係仍
然非常緊密，他自清末開始與徐世昌關係密切，1918年
成為中華民國第二任總統的徐世昌，於1919年委任朱啟
鈐出任北方總代表，出席在上海舉行的南北議和會議。[42]
朱啟鈐與北洋政府的政治聯繫，亦使北戴河成為重要的
非正式政治空間。早於1918年，北洋政府不同派系間的
議和活動已在北戴河舉行。1918年8月，上海《申報》
的一篇雜評，指出了北戴河由歸隱場所轉變為政治中心
的微妙政治角色：

　　北戴河為向來避暑之佳地，亦即為欲避政潮者之歸
　　隱所也。然而今日之北戴河則已一變而當政潮之衝，
　　官僚政客麇集河上，所謂京津方面和議之活動，以
　　北戴河為中心者。[43]

41　葬於朱家墳的包括朱啟鈐的妻子于寶山（1927年去世）、七女兒
　　朱浦筠（1930年去世）、長子朱沛（1963年去世）及妻子孟廣慧
　　（1939年去世）夫婦。朱啟鈐生前曾表示希望死後下葬北戴河，
　　1964年去世後，被政府安排葬於八寶山革命公墓。楊炳田，〈朱
　　家墳始末〉，收入《蠖公紀事——朱啟鈐先生生平紀實》，頁
　　138-139。

42　崔勇，〈朱啟鈐小傳〉，收入朱啟鈐著，崔勇、楊永生編選，
　　《營造論——暨朱啟鈐紀念文選》（天津：天津大學出版社，
　　2009），頁258-259。

43　默，〈雜評一：北戴河〉，《申報》，1918年8月19日，2張7版。

可見，北戴河雖然在地理上遠離作為政治中心的北京，卻是重要的政治場域，是當時非正式的政治談判場所。

在 1918 年《申報》指出北戴河的政治重要性之時，朱啟鈐正著手成立公益會，積極發展改造北戴河的大計。暫時沒有足夠資料讓我們更進一步分析兩者的關係，以及朱啟鈐成立公益會以發展北戴河，是否其政治計畫的一部分。不過可以肯定的是，朱啟鈐成立公益會後，到北戴河建屋避暑的名流政客愈來愈多。朱啟鈐剛到北戴河時，在聯峰山南麓一帶建有別墅的，只有「交通系」領袖梁士詒。朱啟鈐積極吸引其他名人到北戴河建屋，聯峰山一帶出現的別墅愈來愈多。其女兒士朱洛筠回憶說，「先父這種做法無非是設法引起他們對海濱的興趣，並來此建築別墅，然後好捐資開發」。[44] 1919 年，公益會擬定章程並正式成立時，上呈內務部的文件共有 15 人簽署，當中除「交通系」的朱啟鈐、梁士詒、施肇曾及周自齊外，也有其他軍政商界重要人物，如段芝貴、周學熙及曹汝霖等。[45] 朱啟鈐的推動及公益會的成立，促使北戴河成為中國政商名流的重要休閒避暑空間，並繼續作為非正式的政治談判場所。

公益會著手發展北戴河的休旅空間，首先要解決土

---

44  朱洛筠，〈朱啟鈐與北戴河〉，收入《蠖公紀事——朱啟鈐先生生平紀實》，頁 89-90。

45  劉宗漢，〈朱啟鈐與公益會開發北戴河海濱拾補〉，收入《蠖公紀事——朱啟鈐先生生平紀實》，頁 125。

地問題。公益會擁有北戴河聯峰山南麓的一大片土地，
聯峰山前是理想的海濱（後被開闢成 3 個海浴場）。前
文提到，過去中國社會對海濱抱持漠視的態度，令呂碧
城慨嘆中國人「國有勝境，不知闢而遊之」。西方人既
已紛紛在北戴河買地建屋，朱啟鈐如何獲取土地以構築
其理想的休旅空間？首先，他所發展的聯峰山南麓本是
德國軍營，第一次世界大戰爆發，間接讓朱啟鈐得到發
展北戴河的機遇。德國在 1900 年的義和團事件中，通過
參與八國聯軍介入中國事務，並在北戴河一帶建立軍營。
1906 年清廷接收德軍的北戴河軍營，但根據協定，德國
仍可向中國借用軍營作避暑用途。德國政府隨即在 1907
年為其駐北京使領在北戴河建立避暑別墅，可見並不願
意放棄北戴河的使用權。[46] 直至 1914 年 8 月，德國發動
第一次世界大戰，可能鑑於因戰事無暇兼顧軍營，駐華
德國使領把軍營交還中國。後中國於 1917 年向德國宣
戰，德國最終戰敗未能取回北戴河軍營。朱啟鈐憑藉他
與北洋政府的關係，加以利用此難得的時機，以發展地
方公益的名義，向河北省政府借用面積共約 147 畝的德

<hr />

[46]　〈紀事：借用舊德兵營原始〉，見北戴河海濱公益會編，《北戴
河海濱公益會報告書》（河北：北戴河海濱公益會，1921），頁
17-18；〈德國籌款建造駐華領事署〉，《申報》，1907 年 3 月 10 日，
3 版。義和團事件後，清政府要求出兵的國家撤兵。德國獲清朝允
許在山東膠濟鐵路興建支線等權益後，陸續交還占領地域。1906
年德國減少在直隸省的駐兵，並撤出廊坊、楊村、北戴河、秦王
島、山海關等地。見趙爾巽等撰，《清史稿》（北京：中華書局，
1976），第 24 卷，本紀 24，〈德宗本紀 2〉，第 4 冊，頁 955；
卷 157，志 132，〈邦交 5・德意志〉，第 16 冊，頁 4605-4607。

國軍營。[47]

　　此外，在 1919 年朱啟鈐上書內務部成立公益會的同時，成功要求內務部禁止西方人在其打算發展的範圍內進行土地買賣。他期望政府「遇有外人欲租聯峰山及鴿子窩範圍以內之地，其契一律不准投稅，以杜紛爭而保存地方名勝古蹟」。[48] 由於他與北洋政府關係密切，呈請很快得到批准。公益會此舉可說是以「公益」及「保存地方名勝」的話語，把原來屬於當地人擁有的土地，不費分毫納入公益會的控制及發展範圍。

　　其後，公益會又從在北戴河擁有大片土地的張叔誠手上得到聯峰山的部分土地。張叔誠並非北戴河村民，他的父親張翼（即張燕謀）在清末曾出任工部右侍郎及總辦路礦大臣。張翼以張積善堂的名義，於1897 年購買北戴河聯峰山上聯峰寺（即觀音寺）的公產。[49] 根據公益會幹

---

47　在一次大戰後，公益會與德國使館在北戴河土地擁有權上曾發生糾紛。德國方面指公益會借用的德國軍營，有部分土地是德國使館在戰前向一張姓中國人（應為清官員張翼）購買的產業。雙方最終在 1922 年 8 月 31 日達成協議，公益會得以保留土地。見〈北戴河德使館地糾葛案現經德使前往商同公益會議定和解辦法據情轉陳由〉，《外交部檔案》，中央研究院近代史研究所檔案館藏，檔號 03-16-019-03-010。

48　〈國內要聞：朱啟鈐經營北戴河計劃〉，《申報》，1919年 10月 16日，2張 6版。

49　有一說法是張翼買了聯峰山一帶共四座山的土地，原因是清廷要「防止外國人在海濱繼續侵山佔地」。見楊炳田，〈朱啟鈐與公益會開發北戴河海濱〉，收入《蠖公紀事——朱啟鈐先生生平紀實》，頁 104。然而根據張翼在 1899年的奏摺，買地應該是他的個人決定而非執行清廷的命令。奏摺指出：「臣一面密派幹員將該處〔秦皇島〕一帶地畝並接連沿海之金山咀、北戴河，無論平

事管洛聲的《北戴河海濱志略》中解釋，聯峰寺及其寺產
原為當地名為「十三牌」（「牌」又寫作「排」）的村落
聯盟共同擁有。[50] 並非所有「十三牌」村落成員皆同意這
次土地交易，引致其後「十三牌爭訟不已」。張翼在1913
年因病去世後，張積善堂在北戴河的土地，由其子張叔誠
繼承。張叔誠願意把聯峰山的土地捐給朱啟鈐的公益會，
相信與兩人在中興煤礦的關係有關。1899 年張翼在山東
嶧縣（今棗莊市嶧城區）籌辦中興煤礦公司，其去世後，
發展一直不順利的中興煤礦公司改組，北洋政府重要人物

---

地荒基，籌資購買，十得七八。適奉諭旨，作為通商口岸，各國
購地者紛紛而來，幸臣已占先」。中華人民共和國財政部、中國
人民銀行總行編印，《清代外債史資料（1853-1911）》（北京：
中國金融出版社，1988），上冊，頁 640。《北華捷報》在 1898
年的報導，則指張積善堂即使不是與外國人合作，也是在外國
人的建議下大舉買地。原文是："The only big question broached
was the illegal appropriation of foreshore by native land-grabbers...
the greatest offender is a wealthy Chinese Syndicate, supposed to
be acting under foreign advice if not with foreign partnership. This
Syndicate, the Chi Shang Tang, hopes to see the NEW TREATY
PORT OF CHINGWANG established at Peitaiho and is acting
accordingly."in "Outports, ETC: Tientsin" *North China Herald*, LX:
1607 (23 May, 1898), p. 884. 至於張翼是否藉此囤積土地以牟利，
並非本文探討的範圍。

50　「十三牌」的村落成員包括：劉莊、赤土山、大小薄荷寨、崔各
莊（以上各為二牌），草廠、小辛莊、王胡莊、六合（以上各為
一牌），費莊、喬各莊（合為一牌）。《北戴河海濱志略》指「舊
有碑記載清乾隆六十年十三牌重修」聯峰山上的觀音寺，但「碑
文簡略而又殘缺不能詳其原始」。見管洛聲，《北戴河海濱志
略》，頁 69。由於觀音寺石碑已不存，「十三牌」之組織亦不
見於《臨榆縣志》，因而難以進一步了解「十三牌」的歷史及功
能。北戴河另有名為「八牌」、共同擁有如來寺的村落聯盟。見
管洛聲，《北戴河海濱志略》，頁 75。「牌」看來有「股」的
意味，不同村落占有公產中不同數目的股份。

徐世昌成為董事會長。上文提到，徐與朱啟鈐關係友好，
因而推薦朱啟鈐出任董事，更讓朱代其履行董事會長的職
務；當時仍然年幼的張叔誠則出任監察人一職。[51] 朱啟鈐
因而可說是張叔誠的長輩及中興煤礦的合作伙伴，兩人關
係密切。公益會成立後，張叔誠不單捐獻1,000元給公益
會作經費，更在朱啟鈐的倡議下，把張積善堂名下在聯峰
山的土地捐出，建成蓮花石公園。把「爭訟不已」的土地
捐作「公益」用途，轉化成為向公眾開放的閒暇空間，或
許是中止爭議的有效解決方法。連同原來的德國軍營，公
益會得以不用花費分毫而把聯峰山的土地納入管理範圍。
可見，公益會獲取土地資源的過程並不涉及向北戴河的外
國力量「爭主權」，當中成功的關鍵是與北洋政府的密切
政治聯繫。[52] 公益會在北戴河的影響力日益擴大，導致當
地西方人不滿。1924年，《北華捷報》報導公益會自視
為北戴河的合法行政機關，隨意制訂規則，例如禁止任何
人取用沙灘上的沙石；當地人蓋房子，需要向公益會繳納
每個房間10元的費用。廟灣會因而向天津的外國領事投
訴，希望當地政府保護北戴河公眾的權利。[53]

---

51  張叔誠、談在唐，〈中興公司經營始末〉；朱啟鈐，〈中興公司
創辦紀實〉，見中國人民政治協商會議棗莊市委員會文史資料委
員會編，《中興風雨》，收入《棗庄文史資料》（棗莊：中國人
民政治協商會議棗莊市委員會文史資料委員會，1993），第 19
輯，頁 10、25。

52  管洛聲，《北戴河海濱志略》，頁 80-82。

53  "The Blackmail at Peitaiho," *North China Herald*, CLII: 2971 (19 July,
1924), p.87.

　　公益會的影響力，亦反映在北戴河景觀及地方感的
變化。公益會進行一系列的空間改造工程，包括修橋築
路、建醫院和學校、植樹造林、在海濱開闢海浴場，重
修聯峰山上的觀音廟及興建蓮花石公園等。[54] 公益會的
工程對北戴河原有的景觀及空間帶來意義深遠的變化。
首先，公益會接受了西方的海浴文化，在海濱開闢海浴
場，指海浴有益於健康（見下文），但同時亦銳意為北
戴河西式別墅建築為主所構成的海濱景觀加入了中國元
素。觀音廟及蓮花石公園帶有強烈的中國傳統文化色彩，
蓮花石公園內有形似蓮花的大石，公益會在公園內廣植
松樹，並建一草堂，名「松濤草堂」；遊人可在公園內
欣賞奇石及靜聽松濤，這些都是過去中國文人雅士喜好
的活動。其次，公益會亦為其工作賦予濃厚的民族自強
及與帝國主義抗爭之意味。例如在 1933 年公益會的一次
會議中，一位會員說：「本會於民國 7 年中國加入歐戰
後成立，並非為個人娛樂起見，完全是為爭國際地位，
不忍坐視地方事業經營之權落諸外人之手」。[55] 但事實
上，「爭國際地位」的民族主義論述，並不見於公益會
早期的文件，例如上文提到於 1919 年公益會成立時給內
務部的呈文，並沒有提到任何對北戴河「主權」的關注，

---

54　北寧鐵路管理局、中國旅行社編印，《北戴河海濱導遊》，頁
　　19。

55　〈公益會董事會會議紀錄〉，引自楊炳田，〈朱啟鈐與公益會開
　　發北戴河海濱〉，收入《蠖公紀事——朱啟鈐先生生平紀實》，
　　頁 113。

其所憑藉的理據，是保存山川名勝及興辦公共事業的政
治意義，指「山川草木之菁英，實為國民高尚之精神所
寄」，至於「公共事業之興舉與否，尤為居民自治能力
的表示」。[56] 可見空間的意義，是隨著不同時代興起的
政治論述而不斷被建構的。這亦反映了對公益會來說，
純粹作為「個人娛樂」的閒暇休旅並不足以令北戴河的
空間及他們對北戴河的經營變得有意義，而必須輔以更
高尚宏大的理據。公益會在早期利用培養「國民高尚之
精神」及展示「居民自治能力」等論述，以支持開闢海
濱為休旅空間的發展計畫。但當民族主義在中國日益高
漲時，發展及管理北戴河亦被賦予了「爭國際地位」的
意義。休旅的空間，同時也成為體現及加強民族認同的
空間。

## 三、想像北戴河：旅遊指南中的海濱與海浴

1910 年代，北戴河海濱站落成及公益會成立，縮
短了北戴河與中國社會在地理及文化上的距離。1920 年
代，北戴河在中國逐漸成為家喻戶曉的海濱旅遊勝地。
雖然能夠到北戴河旅遊避暑的主要是上流人士，但隨著
有關北戴河的出版物（包括旅遊指南及報章雜誌上的遊
記）愈來愈多，即使民眾未能親身到北戴河遊覽，也能

---

56  引自劉宗漢，〈朱啟鈐與公益會開發北戴河海濱拾補〉，收入
《蠖公紀事——朱啟鈐先生生平紀實》，頁 124。

通過這些旅遊出版物想像北戴河的景觀和意義。中國人
的旅遊地圖及空間概念地圖已被重繪，地圖上的「北戴
河」變得愈來愈耀目。不能忽略的是，為旅客提供遊覽
資訊的出版物並非在民國時期才出現。過去以商旅為對
象的「商人書」，為出門經商的旅者提供各種路程的資
訊，當中亦包括各地旅遊名勝的介紹，例如明朝的《新
刻士商要覽》及《天下水陸路程》。同時期也有名為
「便覽」的旅遊手冊出現，如《西湖志摘粹補遺奚囊便
覽》。[57] 我們需要思考的問題是，民國時期的旅遊指南
所代表的旅遊文化，其內容及目的與帝國時期的路程書
及便覽之類的出版物，主要差別在那裡？

　　推廣北戴河的英文及中文旅遊刊物自清末已出現。
上文提到於 1899 年刊行的《中國的療養地：北戴河》，
是有關北戴河的英文旅遊資料的好例子。而最早有關北
戴河的中文旅遊資料，相信是京奉鐵路管理局於 1910
年開始編製的《京奉鐵路旅行指南》（下稱《京奉路指
南》）。此指南每半年出版一期，為旅客介紹京奉鐵路
的基本資料及各鐵路站的名勝古蹟、物產、貨幣、交通、

---

57　巫仁恕，〈晚明的旅遊活動與消費文化──以江南為討論中心〉，
　　《中央研究院近代史研究所集刊》，第 41 期（2003 年 9 月），頁
　　91-92；巫仁恕、狄雅斯（Imma Di Biase），《游道：明清旅遊
　　文化》（臺北：三民書局，2010）；陳學文，《明清時期商業書
　　及商人書之研究》（臺北：洪葉文化、中華發展基金管理委員會，
　　1997），頁 183-190。另可參考寺田隆信，《山西商人の研究：
　　明代における商人および商業資本》（京都：京都大學文學部東
　　洋史研究會，1972），第六章，〈商業書にみる商人と商業〉，
　　頁 287-324。

學校、旅館、銀行等資料。《京奉路指南》與過往的旅
遊手冊有何不同？是否反映了新式旅行文化的出現？鐵
路無疑是新穎便捷的交通工具，它大大縮短了空間的距
離感，並且引入了現代時間概念，旅客必須依從鐵路所
定下的時間節奏，根據時刻表乘車及規劃行程。這是伴
隨現代性而來的對日常生活的規範。其次，《京奉路指
南》的出版，不單是為了方便旅客利用鐵路進行活動，
而且是為了推廣鐵路的應用，鼓勵旅行。京奉路局總辦
陸緒聲在序中如此解釋出版目的：「各國鐵路皆有發明
交通情事之紀載，所以謀路政之繁盛，便行旅之取攜，
用意良善」，他因而派人搜集資料，編成指南，「非敢
謂振興路政之一端，亦聊以報商旅之出於其塗者，俾日
趨於便利而已」。[58] 序中特別指出「非敢謂振興路政」，
恰恰反映此點非常重要，希望藉此彰顯京奉鐵路管理局
在發展現代化交通網路的貢獻。為推廣鐵路運輸以增加
盈利，京奉鐵路管理局當然希望更多旅客乘搭此鐵路。
指南的序言亦反映了其針對的讀者為「商旅」，當中固
然包括以旅遊閒暇為目的的旅客，但相信乘客中占多數
仍是以商務為目的。不過由於北戴河並非商業重鎮，因
而可以肯定乘火車到北戴河的旅客，絕大部分是為了休
閒娛樂。上文提到，1914 年開闢北戴河海濱站，也是由

---

58　京奉鐵路管理局總務處編查課編，《京奉鐵路旅行指南》（天
　　津：京奉鐵路管理局，1910），〈序言〉，頁 2。

於到當地避暑的旅客人數不斷增加。

　　京奉鐵路局為了商業利益，銳意推廣北戴河鐵路旅遊的意圖是很明顯的。在出版旅行指南之前，鐵路局曾製作一幅旅遊招貼廣告畫，畫中是一名身穿無袖上衣及短褲的女士，她打著太陽傘，悠閒地騎在驢上（見圖4-4）。據說此圖是1896年英國傳教士甘林在別墅（即前文提到呂碧城於1910年到訪的房子）的落成典禮上，由甘林的一名友人即興創作。京奉鐵路總工程師金達把此畫作製作宣傳畫，在夏天張貼於各火車站及外國人居住的地域。女士騎驢的意象其後在不同媒體得到強化，例如一首題為「西女騎驢」的北戴河竹枝詞：「得得行來不用扶，倒騎側坐弄嬌軀，看她一樣纖纖質，華女如何魄力輸」。此作品載於管洛聲的《北戴河海濱志略》，為

北戴河海濱竹枝詞15首之一，作者不詳，創作時間為「辛酉」，估計即1921年。同書亦刊載了京奉鐵路局女士騎驢的廣告畫，並名之為「仕女騎驢圖」。[59]

圖4-4　《北戴河海濱志略》所錄
　　　　之仕女騎驢圖

---

59　管洛聲，《北戴河海濱志略》，頁130、192。

　　1917 年北戴河海濱站落成，成為京奉鐵路 88 個車站之一。是年出版的《京奉路指南》，除了原有的北戴河站外，亦加入了北戴河海濱站的旅遊資料，不過只有聊聊數句：「北戴河海濱為中西人避暑之地，本支綫係民國六年築成，自北戴河站至海濱站計長四十三里〔華里〕，由北京天津奉天等站往海濱之游覽票只售頭等二等」。[60]《京奉路指南》同時提醒讀者，北戴河並沒有旅館，不過每逢夏季，天津裕中洋飯館設在聯峰山的支店會兼營為旅館，接待旅客，「每日房飯洋六元，過時即閉」。可以想見，1910 年代在北戴河若沒有房舍別墅或親戚朋友接待，到當地旅遊並不方便。大概一般讀者不會因為《京奉路指南》中如此簡單的解說，而決定到北戴河旅遊，至於已有計畫到北戴河旅遊的人士，這些簡短的資料所能提供的幫助亦頗有限。

　　鑑於北戴河在 1910 年代的重大發展，包括北戴河海濱車站落成及中國人組成的公益會的成立，上海商務印書館在 1921 年出版《北戴河指南》便變得容易理解。當然，《北戴河指南》只是同時期出版的眾多旅遊指南之一。民國時期湧現大量旅遊指南，反映了旅遊文化的蓬勃，而當中不少由商務印書館及中國旅行社出版。[61] 上

---

60　京奉鐵路管理局總務處編查課編，《京奉鐵路旅行指南》，頁 58。

61　南開大學中國社會史研究中心 2013 年出版了《民國旅遊指南彙刊》，共 56 冊，收錄了 1915 年至 1948 年間的旅遊指南共 87 種，雖然此收錄清單未必完備，但可以讓我們大致了解旅遊指南的出版情況。當中商務印書館是出版最多旅遊指南的出版社，占 12 種，

海商務印書館出版的《北戴河指南》是第一部專門為介紹北戴河而撰寫的中文旅遊指南，作者是徐珂。序言寫於 1921 年 6 月，可以假設指南亦是在 1921 年完成。徐珂為浙江杭縣（即杭州）人，1889 年成為舉人，曾出任商務印書館編輯，最為人熟識的著作是匯集了清朝各類掌故的《清稗類鈔》。除了《北戴河指南》外，他亦撰寫了多個地區的指南，包括《西湖遊覽指南》（1913）及《實用北京指南》（1920）等，均由商務印書館出版。《北戴河指南》全書 76 頁，書後另附有 11 頁的《秦皇島指南》，徐珂解釋由於兩地相距甚近，「汽車頃刻可至，客之在河避暑者，輒以暇日往游」，因而同時收入《秦皇島指南》，以方便讀者。然而他亦承認，秦皇島並沒有什麼特別之處，只是「以北戴河而牽連及之，得聞於世」。那又為何多此一舉，為乏善可陳的秦皇島撰寫旅遊指南呢？原因是他期望秦皇島日後有所發展，「足以獨立於世，不必依附北戴河之末光，亦若吾之所望於吾政府吾人民也」。[62] 這句說話，顯然是徐珂針對北戴河得力於西方人開發，進而抒發內心的無奈及對中國未來的寄望。

　　《北戴河指南》提供的資料比《京奉路指南》詳細

---

其次是中國旅行社，有 11 種，中華書局則占 5 種。參見南開大學中國社會史研究中心編，王強、張元明主編，《民國旅遊指南彙刊》（江蘇：鳳凰出版社，2013）。

62　徐珂，《秦皇島指南》，序頁 1、頁 1，收入徐珂，《北戴河指南》。

得多，當中包括北戴河的歷史、當地各類交通工具（包括汽車、驢車、馬車、人力車、轎子）的收費、旅館、酒館、浴堂的名稱、所在地及收費，以及北戴河的名勝及物產等。除了文字外，《北戴河指南》亦附有 22 幅北戴河各處的攝影圖片。這些資料是如何搜集得來的？現今的旅遊指南，作者往往標榜他們在當地旅遊的親身體驗和經歷。徐珂在《北戴河指南》中間接表明了他並沒有到過北戴河，他在凡例中說，指南中的資料「搜羅宏富，有採自古籍者，有譯自西文者」。我們可以推論，《北戴河指南》是由來自中國地方志及有關北戴河的英文資料匯集而成。因此，不單讀者通過《北戴河指南》想像北戴河，作者徐珂事實上也是通過第三者的資料來想像北戴河。然而，就如其他旅遊文本，《北戴河指南》的文化意義超越了個人的層面，它既參與塑造中國人對北戴河的集體想像，同時亦反映了 1910 及 1920 年代中國人對西方海濱旅遊文化的選擇性接受。

首先，《北戴河指南》所呈現的北戴河是一個什麼樣的地方？有何獨特之處？或更準確地說，它被賦予了什麼獨特的形象及地方感，使其有遊覽的價值？《北戴河指南》序言的第一句，便指出了北戴河的優越之處在於其臨海的地理位置：「海濱之地多爽塏，空氣恆潔，於夏尤宜」，因而是很理想的「海濱避暑之地」。而「我國海岸線之長，雖遜於英日，而欲求海濱避暑之地，易易耳，今乃惟以北戴河聞」。上文提到，傳統中

國有「消夏」及「消暑」的概念。至於暫時離開居住地，
到涼快的地方「避暑」，清皇室於夏天前往承德避暑山
庄避暑是一個好例子。然而視海濱為避暑勝地的概念，
在傳統中國並不存在。因而《北戴河指南》所推廣的是
非常新穎的旅遊觀念（儘管呂碧城在 1910 年的一篇文
章中已提倡到海濱避暑），並且把北戴河視為當時中國
唯一的海濱避暑勝地。《北戴河指南》所提供的住宿資
料，反映 1920 年代初的北戴河已出現較多的旅遊設施。
旅客可在當地找到兩所常設的旅館，分別是位於東聯峰
山海濱的同福祥旅館，及西聯峰山海濱的金山旅館。選
擇租屋的旅客亦可委託西方人組成的石嶺會代覓屋宇，
因為一些在當地建了房屋的西籍住客會通過石嶺會把房
屋出租。徐珂亦不諱言，到北戴河旅遊的都是「富貴中
人」，此可見於往北戴河的火車票，只分頭等及二等，
「以非避暑之人不往也，非富貴中人，亦安有閒暇以避
暑耶」。[63]

　　《北戴河指南》雖然是一部旅遊指南，但徐珂並未
視北戴河為純粹的休旅空間，在序中可見他為北戴河賦
予的民族意義。他一方面慶幸西方人發現了北戴河：「為
北戴河幸，幸其遇西人而得聞名於世也」，但另一方面，
他亦如呂碧城一樣，認為中國人的地域要依賴西方人開
闢經營，反映了中國民族性的缺憾：「何吾國人之乏自

---

63　徐珂，《北戴河指南》，頁 1、14、20-21。

覺性，不為主動，而皆為被動耶」。他不單責備其他中
國人缺乏自覺，也責怪自己後知後覺，到現在才為北戴
河撰寫指南：「予至今日而始為北戴河指南，以諗游者，
亦被動也可恥也」。[64] 徐珂認為北戴河標誌著中國人的
被動與可恥，但亦強調華人在北戴河發展的角色愈來愈
重要，指出「數年以來，華人之富者，亦爭往卜居，平
治道途，氣象一新」。[65] 徐珂讚揚公益會在北戴河建築
馬路、醫院，但並沒有視之為中國「爭主權」之舉。他
指「華人西人經營之事業頗多」，視西方人及華人在經
營北戴河上皆付出了努力。

徐珂形容北戴河為中國唯一「海濱避暑之地」，其
引人入勝之處在於「風景之清曠，海岸之蜿蜒」。然而
在《北戴河指南》中，有關海濱活動的篇幅不多。這與
西方有關北戴河的旅遊介紹有極大差異，此反映了徐珂
對西方文化的選擇性接受及推介。在西方海濱休旅文化
中，其中一項極為重要的活動是海浴。自 18 世紀開始，
海浴被視為具有療病功效的活動，能夠令人精神振奮，
因而在西方日漸流行。到海濱海浴及避暑成為深受資產
階級歡迎的閒暇活動，後來亦在勞工階層中普及起來。
上文提到刊登於 1899 年《北華捷報》的〈中國的療養地：
北戴河〉中，海浴是西方人在北戴河的重要活動之一（其

---

64  徐珂，《北戴河指南》，序頁 2。
65  徐珂，《北戴河指南》，頁 7、8。

他活動包括野餐、釣魚、騎驢、踏單車等）。作者強調
海浴的醫療及娛樂功能，指海浴可以去除皮膚的皺紋，
保持皮膚幼嫩。而在北戴河海浴有一可取之處，就是可
以男女同浴（mixed bathing）。當時英國的一些海浴場，
仍實行男女分泳。[66] 作者指出在北戴河，婦女在她們男
性朋友的指導下學習游泳，他們在海水中無傷大雅地一
起嬉戲，使在北戴河海浴成為一大樂事。

　　作者亦提醒泳者在北戴河要提防不速之客，就是那
些在 7 月及 8 月聯群出現、會螫人的水母。不過作者認
為不應過於誇大水母的殺傷力，並認為它們只在北戴河
西面的海灘出現（當時西方人主要在北戴河東面的海灘
活動），要找一處不受水母滋擾的海灘進行海浴並非難
事。美國記者卡爾 · 克羅（Carl Crow）在 1913 年出
版的中國旅遊指南中，唯一提到的海浴地點是北戴河。
克羅對北戴河推崇備至，指其海沙幼細，風景怡人，是
深受旅居北京的外國人喜愛的消暑勝地。[67] 北戴河海浴
的重要性亦見於不少西方人的遊記，例如英國畫家利德
爾（Thomas Hodgson Liddell）於 1908 年到中國各地旅
遊及尋找繪畫靈感，其後把經歷寫成題為《帝國麗影》

---

66　在第一次大戰前的英國，男女分泳十分普遍，不過一些泳池及
　　海灘在 19世紀末及 20世紀初開始容許男女一同游泳及海浴。見
　　Christopher Love, "Swimming and Gender in the Victorian World,"
　　*International Journal of the History of Sport*, 24:5 (May 2007), pp. 598-599.

67　Carl Crow, *The Travelers' Handbook for China* (San Francisco: San
　　Francisco News Co., 1913), p. 160.

（*China: Its Marvel and Mystery*）的遊記，當中有關北戴河的章節，指出「海浴是極重要的事情，差不多所有在那裡的人都參與其中，海水頗為溫暖，因而人們留在海裡的時間比在英國海浴時略長」。[68]

　　《北戴河指南》對於西方人所熱衷的海浴活動，卻只有聊聊數句的描述，指「海濱之可就浴者又甚多」，但並沒有提醒讀者在北戴河進行海浴時要注意的地方。[69]徐珂指他參考了西文資料，因而他對西方人在北戴河的海浴活動一定不會陌生，只是很可能他認為中國人對海浴興趣不大。可見在 1920 年代初，中國人雖然緊緊跟隨著西方人的步伐，把北戴河視為旅遊及避暑勝景，但對西方海浴文化的接受算不上熱切。《北戴河指南》另有兩處提到「浴」，一是位於北戴河車站之西、提供沐浴設施的「浴堂」（名為輔海泉），二是北戴河附近的湯泉山中的溫泉，二者均不是海浴活動，亦非在海濱上進行。徐珂介紹湯泉山有湯泉寺，「寺外有泉，冬夏常溫，旁築小屋數楹，引泉為二池，就浴者多」，並且對此地的風景極為讚賞，指這裡「煙雲林壑，境絕幽邃，春季梨花盛開，一望如雪」。《北戴河指南》中的這些資料，與《（光緒）臨榆縣志》有關湯泉的描述以至遣詞造句

---

68　Thomas Hodgson Liddell, *China: Its Marvel and Mystery* (London: George Allen & Sons, 1909), p. 96.

69　徐珂，《北戴河指南》，頁 8。

也大同小異，顯然是抄錄。[70] 溫泉浴對中國人來說並不陌生，不過《北戴河指南》對溫泉的形成為讀者提供科學的解釋：「泉水較其他溫度高且能保其溫度，或因地熱，或因含有礦物質而熱者，曰溫泉，一曰鑛泉，可治疾」。[71] 此是《北戴河指南》結合新舊知識的一個明顯例子。

在傳統中國，海洋既代表危險與不可預測，但海洋的雄偉浩瀚，又成為文人觀賞及歌詠的對象。簡單來說，「泛海」是令人畏懼的生死考驗，而「觀海」及「望海」，則可以開拓胸臆。[72]《北戴河指南》反映了在 1920 年代初，西方的海濱休閒文化並未被中國人全盤接受，海灘仍然是宜於遠觀的大自然景觀，多於是遊樂的空間。徐珂亦從《臨榆縣志》轉引了不少詠嘆北戴河的詩詞，如清初詩人趙景倈的〈蓮蓬山觀海歌〉，當中有「海光山勢相爭雄、怒濤隱隱凌太空」之句。[73] 北戴河的海洋勝

---

70 《（光緒）臨榆縣志》有關湯泉山的記載如下：「湯泉山，在城西北六十里，有泉，冬夏常溫，建寺其旁，引泉為二池，浴之愈疾。烟雲林壑，境絕幽邃，春時梨花盛開，約十數畝，一望如雪，尤為大觀」。見《（光緒）臨榆縣志》，卷 6，輿地編 1，〈星野‧疆界‧形勝‧山水（上）〉，頁 27。

71 徐珂，《北戴河指南》，頁 21、36。這數句有關溫泉形成的解釋並不見於《（光緒）臨榆縣志》。

72 廖肇亨，〈長島怪沫、忠義淵藪、碧水長流：明清海洋詩學中的世界秩序〉，《中央研究院中國文哲研究集刊》，第 32 期（2008年 3 月），頁 48-49；顏智英，〈論陸游的泛海書寫〉，收入劉石吉、張錦忠、王儀君、楊雅惠、陳美淑編，《旅遊文學與地景書寫》，頁 71-94。

73 徐珂，《北戴河指南》，頁 26。

景，還包括被乾隆《臨榆縣志》譽為「榆關十四景」之
一的〈聯峰海市〉（即海市蜃樓）。《北戴河指南》從《臨
榆縣志》中抄錄了明朝謝鵬南在聯峰山看到海市蜃樓後
撰寫的〈海市記〉，並加上詳盡的資料解釋海市蜃樓的
形成原因。[74] 可見過去的地方志是《北戴河指南》的重
要資料來源，過去的「勝景」觀念，仍然影響著民國時
期的休旅文化。中國旅客到北戴河，他們所「消費」的，
不單是自然景觀，還有這些自然景觀所承載的、由過去
文人所賦予的歷史文化意義。通過過去一連串的人與景
觀之間的互動，「自然地景」成為歷史文化記憶載體的
「文化地景」，這同時亦增添了北戴河景觀的賞玩價值。

　　上文提到的尤班以法國為例子，認為到海濱的「渡
假者」為的是停駐在海濱，而非到處尋幽探秘。但《北
戴河指南》所展示的，並非靜態的海濱避暑文化，其所
提供的遊覽資訊，以到北戴河附近的山嶺或河川遊山玩
水為主，可見北戴河的玩賞性主要在於山巒，而不在於
海濱。《北戴河指南》中有〈北戴河之名勝〉一章，
當中介紹的名勝有被形容為「北戴河之最勝處」、依
山而建的公園、聯峰山、臨渝山、尖山、南天門山、金
山嘴、鴿子窩、湯泉山、背牛頂、勞嶺、西聯峰山上的

---

74　《（乾隆）臨榆縣志》，刊行於乾隆21年（1756）。當中有關「聯
　　峰海市」的描述為「聯峰即蓬萊山，蜃樓海市，土人往往見之」。
　　收入山海關區舊志校注工作委員會編、時曉峰主編，《山海關歷
　　代舊志校注》（天津：天津人民出版社，1999），頁247。

仙人洞及蓮花石及聯峰山東的說話石。雖然《北戴河指
南》有關勝景的描述多來自《臨榆縣志》，但地方志的
目的只在於讓人知悉境內各地的名勝，而並非提供遊覽
這些名勝的方法及資訊。而《北戴河指南》在這方面有
異於過去的地方志，對旅遊路線及逗留時間作出詳細的
建議，當中有4至6天的行程，旅客於晚上可在附近的寺
院留宿。這些行程中在不少地方名字下以小字注明「譯
音」，例如「高家甸譯音，大米集頭譯音」，反映這些
資料是翻譯自外文的，筆者暫時未能確定其來源。旅客
的行程及行程的節奏當然不一定由旅遊指南所主宰，然
而毫無疑問，民國時期的旅遊指南的書寫目的及方法有
異於過往的地方志及商人書，對旅客的旅遊經驗構成的
影響較大。

　　到北戴河海浴，在華人社會逐漸成為重要的休旅活
動，不同時期出版的北戴河指南，反映及參與造就了這個
變化。上文指出，1921年出版的《北戴河指南》並沒有
向讀者介紹海浴活動，由公益會出版的《北戴河海濱志
略》，在「勝事彙記」篇則介紹了海浴的好處，指「能增
皮膚之蒸發，利血液之循環，爽健精神，增進食慾，故病
在滋養不足者，如神經弱病、皮膚病……皆可用之」。[75]
《北戴河海濱導遊》，不單介紹聯峰山的名勝及附近的
山景，還特別推介讀者到海濱進行海浴，指「海水浴至

---

75　管洛聲，《北戴河海濱志略》，頁83。

有益於人，遊客若自問堪於一試，幸勿失此良機」。因為海水含有鹽分，「能清潔皮膚，殺滅菌類，故浴後精神爽適，食量大增」。若「海浴日浴風浴得同時行之，為益更大」。[76] 可見西方有關海浴療效的醫學論述逐漸為中國人接受，並通過旅遊指南向各界推廣。《北戴河海濱志略》及《北戴河海濱導遊》更附有地圖和圖片，清楚標示了聯峰山附近3個浴場的地理位置及浴場的面貌。這些圖像資料超越了文字的限制，讓讀者更具體地想像北戴河的空間及所能得到的旅遊體驗。[77]

由於資料缺乏，我們難以考究讀者如何接收及利用旅遊指南中的內容，以及旅遊指南如何影響他們對旅遊北戴河的想像。我們惟有借助當時的報章資料，了解北戴河對一般民眾所負載的意義。從一些報章上的文章，可見在 1920 年代初開始，「北戴河」一詞已進入了普羅大眾的知識範疇，甚至成為階級差別的象徵。1923 年，上海《申報》題為〈熱談〉的一篇文章，認為消暑文化暴露了社會的不平等。作者說：「熱天最可以表現社會的不平等……那富商巨賈、政客官僚，北戴河啊、牯嶺啊，避暑的避暑去了」。[78] 1925 年《申報》的另一篇文

---

76 北寧鐵路管理局、中國旅行社編印，《北戴河海濱導遊》，頁 4。

77 香港是最早接受海浴及游泳文化的華人社會，早於 1910 年代已設有公眾泳場，由於收費廉宜，不少華人民眾亦前往這些泳場游泳。見潘淑華、黃永豪，《閒暇、海濱與海浴：香江游泳史》，第 1 章，〈海浴的開始：海浴、殖民管治與海濱的開闢〉，頁 1-37。

78 無涯，〈熱談〉，《申報》，1923 年 7 月 22 日，8 版。

章，向上海城市人介紹消暑的方法；指上海人口密集，工廠林立，空氣污濁，疾病容易傳播，因而向富人推介四個消暑地方，包括莫干山、北戴河、廬山及雞公山，[79] 當中只有北戴河位於海濱。至於沒有經濟條件離開城市避暑的「中產階級」，作者提議他們可以在居所附近搭建涼棚「邀月迎涼」，亦可與鄰里在涼棚下一起看看報、唱唱歌。這樣看來，難怪〈熱談〉的作者認為炎夏中消暑方式的差異，充分暴露了社會的不平等。西方的避暑文化形塑了中國人最理想的避暑方式的想像——到北戴河去！

　　然而，公益會在空間建置及景觀上，為北戴河的地方感帶來深刻的變化，其營造的休旅空間，除公園及寺院外，還包括將北戴河海濱的其中一段轉化為華人的海浴場所。這進一步改變了過往北戴河由西方人主宰的印象，使北戴河成為有多層意義的空間。北京大學歷史系女教授陳衡哲在 1910 年代留學美國時學會了游泳，於 1926 年遊北戴河寫成了〈北戴河一周遊記〉；1932 年重遊舊地發表了〈再遊北戴河〉一文。後文中，起首便指出北戴河的特質：「提到北戴河，我們一定要聯想到兩件事，其一是洋化，其二是時髦」。然而她細緻地點出了北戴河不同地域蘊含的情感認同（affective

---

79　胡健行，〈上海人暑中消遣法〉，《申報》，1925 年 5 月 30 日，本埠增刊，5版。

identification）的差異。對喜愛游泳的她來說，在北戴河西面的公益會海浴場游泳的感覺特別愉快，這並非由於公益會海浴場的海沙或海水與別不同，而是在於她在這裡游泳獲得的民族自尊心。她寫道：

> 西部以聯峰山為中心點。住在那裏的，除了外交界中人之外，有的是中國的富翁，與休養林泉的貴人。公益會即是他們辦的。我們雖然自度不配做那區域的居民，但一想到那些紅唇肥臂，或是禿頭油嘴，自命為天之驕子的白種人，我們便不由得要感謝這些年高望重，有勢有錢的公益先生們，感謝他們為我民族保存了一點自尊心。我們在公益會的浴場游泳時，心裏覺得自由，覺得比在中部浴場游泳時快樂得多了。[80]

可見公益會所經營的空間，既象徵階級的排他性（因而陳衡哲說她「自度不配做那區域的居民」），卻同時發揮了民族認同的融和性，海浴空間成為了體驗民族情感的空間。陳衡哲的北戴河旅遊文章，進一步豐富了讀者對北戴河的想像。

---

80 陳衡哲，《陳衡哲散文集》（石家莊：河北教育出版社，1994），頁 406、411-412。有關陳衡哲的生平，可參看陳怡伶，〈新知識女性的生命抉擇：陳衡哲的前半生（1890-1936）〉（臺中：東海大學歷史學系碩士論文，2010）。

## 四、結語

　　19 世紀末，在華西方人的休閒活動及現代交通建設促成海濱避暑文化在中國興起，並帶動海濱自然景觀及文化景觀的變化。自 1920 年代開始，北戴河被朱啟鈐的公益會經營成為城市上流人士消暑（及消費）的勝地。在短短三十多年間，西方人及中國人各自在北戴河海濱進行的各種規劃及建設，以及形形色色的旅遊指南和遊記，賦予北戴河多層「地方感」，令北戴河從不為人知的臨海「空間」，成為同時負載階級及民族意義的休旅「地方」。北戴河個案所反映的空間及地方感的見解，可歸納為以下數點。首先，空間及地方的意義並非永恆不變的，當中的建構過程展現了複雜的權力關係，包括西方人所憑藉的帝國主義力量，並及公益會所借助的北洋政府力量及民族主義論述。其次，不同群體根據自身的利益與文化需要規劃空間，並為北戴河的海濱空間賦予意義及地方感。北戴河在中國地圖上出現，絕非是冷冰冰的地理名詞，而是負載著西化、摩登、高尚、自由，甚至是中國人爭取民族尊嚴的載體。其三，「地方感」與個人體驗及感受息息相關，這種體驗及感受成為建立身分認同的基礎，徐志摩及陳衡哲的遊記便是佳例，而他們的遊記同時又參與北戴河「地方感」的再生產。其四，作為一種新興文體，旅遊指南也參與了地方感的塑造，為旅遊空間賦予了具體的性格和價值。從沒有到過北戴河避暑的城市民眾，可以通過旅遊指南想像北戴河

海濱景觀及休旅文化。

　　北戴河的演變亦引申出中國近現代「城鄉關係」的重要課題。有關民國時期的城市研究，強調「城鄉斷裂」或「城鄉對立」。如上海等大城市象徵「摩登」與「文明」，標示著國家的將來，城市以外的地方則代表「貧窮」和「落後」。[81] 20世紀都市文化的興起是不容置疑的，各種新式娛樂及消費文化在城市湧現。[82] 及至1930年代「農村破產」出現，城市與鄉村往往被理解為文明——落後的二元對立關係。此觀點忽略了與這種二元對立同時存在的，是城市文化向周邊地區的延伸及兩者之間的互動。城市沒有固定的邊界，亦非孤立及自足的空間，而是不斷向四周延伸，海濱是展現這種關係的其中一個空間。海濱的發展與城市是息息相關的，海濱的變遷不單反映了城市的變化，而且由城市的變化所帶動。遠離城市但又通過現代鐵路交通網絡與城市接連起來的北戴河，成為西方人及中國城市菁英逃離悶熱的北京及天津的休旅場所，這反映了城市人的閒暇空間向城市周邊擴展。在城市編寫及印製的北戴河旅遊指南，製造並強化了旅遊的論述，為北戴河賦予了讓城市菁英逃避暑

---

81　例如 Joseph Esherick, "Modernity and Nation in the Chinese City," in Joseph Esherick ed. *Remaking the Chinese City: Modernity and National Identity, 1900-1950* (Honolulu: University of Hawaii Press, 2000), p. 11。

82　巫仁恕，〈導論：從城市看中國的現代性〉，收入巫仁恕、康豹（Paul R. Katz）、林美莉主編，《從城市看中國的現代性》（臺北：中央研究院近代史研究所，2010），頁 i-xv。

熱的存在意義,以及建構現代城市生活的空間與文化。因此,民國時期海濱及海浴所承載的「現代性」,可以讓我們反思「現代性」並非局限於城市。作為現代產物的海濱「原始感」,令城市人的現代生活變得完滿,而海浴也被中國人視為現代文明的一種表現形態,到海濱海浴成為體驗「摩登」生活及營造「摩登」身分的途徑之一。由此說明要超越「城鄉」二元對立之城市概念,才能充分理解中國現代性的形成及城鄉關係的演變。

(本文原載於《中央研究院近代史研究所集刊》,第 95 期)

# 城市指南與近代青島的空間變遷（1898-1949）

馬樹華

中國海洋大學文學與新聞傳播學院教授

趙成國

中國海洋大學文學與新聞傳播學院教授

## 前言

　　城市指南既不同於傳統地方史志，也有別於掌故與遊記，它是近代出現的一種新式資訊類書籍，常以指南、導覽、大觀、一覽、要覽、便覽等形式出現，以普通大眾為讀者，在為外來者提供豐富的遊覽資訊與異地生存經驗的同時，也為本地市民提供便利的生活指導。城市指南的出現不僅與現代旅遊業的興起密切相關，也是中國城市資訊現代化的一個縮影。各個城市不同版本的指南，表達了編撰者的不同目的，條理地記載了市政革新與城市變遷的軌跡，是研究近代中國城市史、區域社會史和文化史的重要資料。大陸學界近幾年就已注意到了城市指南的史料價值，[1]但將其作為獨立文本載體進行研

---

1　代表性的主要有：馮賢亮、林涓，〈江南城市的導遊指南與生活變化（1912-1949）〉，《江蘇社會科學》，2011年第 1期，頁212-219；羅桂林、王敏，〈旅遊指南與城市形象 —— 福州近代

究的成果還比較少見。

　　青島雖建置短暫，[2] 但它的指南書種類頗多，出版時段也差異鮮明，是觀察城市指南與空間變遷的良好案例，這與此座新興城市的飛速發展和主權頻繁更迭密切相關。1898 年 3 月，通過中德《膠澳租借條約》，德國劃定了膠澳租借區域。[3] 翌年 10 月，德國殖民當局將膠澳租界內的新建市區命名為「青島」。1914 年 11 月，日本取德而代之。1922 年 12 月，中國從日本手中收回青島主權。根據北京政府《膠澳商埠章程》，規定該地區為膠澳商埠行政區。[4] 1929 年 4 月，南京國民政府接

---

的旅遊指南研究〉，《河北工程大學學報（社會科學版）》，第 30 卷第 1 期（2013 年 3 月），頁 43-48；畢文靜，〈民國北京旅行指南研究（1912-1936）〉（北京：首都師範大學歷史學碩士論文，2013）；季劍青，〈旅遊指南中的民國北京〉，《北京觀察》，2014 年第 3 期，頁 72-75。

2　1891 年，清政府調登州鎮總兵章高元率兵 4 營移駐膠澳，「建衙門於青島村天后宮側」，青島始有建置。見袁榮叟編纂，青島市檔案館重刊，《（民國）膠澳志》（青島：青島出版社，據民國 17 年鉛印本影印，2011），卷 1，〈沿革志 1・歷代設治沿革〉，頁 4。

3　據《（民國）膠澳志》所載，1898 年 8 月和 10 月，中德又分別簽訂《膠澳租界地合同》、《膠澳潮平合同》和《膠澳邊界合同》，劃定德國租借地界域；南北自北緯 35°53'30" 起，至 36°16'30" 止，東西自東經 120°8'30" 起，至 120°37'40" 止；境域所轄陸海總面積 1,128.253 平方公里，其中陸地面積 551.753 平方公里，領海面積 576.500 平方公里。袁榮叟編纂，青島市檔案館重刊，《（民國）膠澳志》，卷 1，〈沿革志 2・德人租借始末〉，頁 6-11；卷 2，〈方輿志 1・境界、面積〉，頁 1-5。

4　根據《膠澳商埠章程》第 4 條和《青島市施行市自治令》第 2 條規定，市定名為青島市，以青島市街、臺東鎮及臺西鎮之界址為市區，其他各地均稱為鄉區，各鄉之區域由商埠督辦規定之。詳見督辦魯案善後事宜公署秘書處編，《青島》（青島：督辦魯案善後事宜公署，1922），頁 326-331。

管青島，改膠澳商埠為青島特別市政府，直隸中央行政院管轄。1930 年 9 月，在全國統一規範城市名稱的背景下，青島特別市政府改稱青島市政府，特別市性質不變。1938 年 1 月，青島再次被日本占領，1945 年復得回歸。短短數十年間，青島便完成了從傳統濱海聚落到現代都市的蛻變，人們常用「荒島漁村」來形容開埠前的青島，而用「東方第一良港」、「東方第一避暑勝地」、「現代都市」等稱號來讚歎開埠後的青島，並賦予它「碧海青山，綠林紅瓦，不寒不暑，可舟可車」的美譽。[5]

　　從無到有的城市建設，不斷變換的主權更迭，青島因跌宕起伏的際遇，受到越來越多的關注，人們迫切渴望瞭解這座嶄新的現代化都市。編撰城市指南遂成為快速推介青島的便捷有效手段。自 1904 年第一本德文指南出版，在近半個世紀的時間裡，青島出版了德文、英文、日文和中文的導覽、導遊、概觀、要覽、概要、案內等各類城市指南書籍達二十多種。由於出版者、出版目的以及目標讀者不同，這些城市指南各具特色，包羅萬象，描述繁複，涉及中外關係、政治局勢、經濟狀況、城市功能與定位、景點名勝以及遊覽路線等各種內容，既可為旅行者提供所需資訊，也可透過物價、市場等的描述窺得市民的生活境況，是瞭解青島城市發展脈絡與

---

5　康南海語，見袁榮叟編纂，青島市檔案館重刊，《（民國）膠澳志》，卷 3，〈民社志 12・游覽〉，頁 120。此語廣為流傳，後來演變為「紅瓦綠樹，碧海藍天」以形容青島的基調與城市底色。

社會文化變遷的重要歷史文本。本文選取不同時期幾種具有代表性的城市指南，要探討的是，在不同的歷史時段，青島的城市指南類書籍發生了怎樣的變化？這種變化反映了怎樣的空間變遷？德文、英文指南要展示炫耀什麼？日文指南要強調宣揚什麼？中文指南刻意要傳達什麼？其背後又凝結了怎樣的權力更迭與理念表述？對於青島這座屢被殖民的城市來說，空間變遷隱含著城市歷史脈絡中的殖民與去殖民、建設傳統與城市特色、地景塑造與城市功能等幾個至關重要的問題。

## 一、早期指南與城市布局

貝麥（Friedrich Behme）和克里格（Maximilian Krieger）合著的《青島及其近郊導遊》（*Führer durch Tsingtau und Umgebung*）是迄今見到的最早的青島城市指南。貝麥，德國人，德租膠澳後來到青島，擔任帝國法院法官。其愛好旅遊和攝影，留下了大量關於青島早期的照片。卸任回國後，貝麥根據在青島期間的遊歷，和克里格博士合著了《青島及其近郊導遊》一書，於 1904 年出版。這本指南出版後很受歡迎，在德國幾乎每年都要重印一次，並隨著青島的發展增添新的內容。1905 年該指南被翻譯成英文，以服務英語世界的遊客。[6]

---

6　Friedrich Behme and Maximilian Krieger, *Führer durch Tsingtau und Umgebung* (Wolfenbüttel: Heckner, 1904); 本文採用英譯 1910年版本：*Guide to Tsingtau and its Surrounding* (Wolfenbüttel:

　　《青島及其近郊導遊》內容豐富，涉及早期青島的方方面面，不僅交代了「青島」之名的由來、地理位置、天然優勢、氣候、植物、狩獵與捕魚、地質、歷史狀況、抵達路線、旅館、生活狀況等等，還詳細的介紹了市內的旅遊景點以及嶗山的重要景觀，對沙子口、女姑口、陰島、竹岔島、潮連島等周邊海口與海島也都有涉獵。此外，還描述了城陽、即墨、膠州、高密、坊子煤礦、濰縣、青州、博山等膠濟鐵路沿線市鎮到青島的路途及沿途風光。這本指南最突出的特徵，是它以丈量相對空間距離的形式立體地展現了青島的城市格局及其與腹地的關係，並自豪地介紹了德國殖民當局的建設成就與城市功能。

### （一）指南中的空間呈現與城市格局

　　根據 1898 年 3 月、8 月和 10 月中德簽訂的《膠澳租借條約》、《膠澳租界地合同》、《膠澳潮平合同》和《膠澳邊界合同》，德國將山東省即墨縣仁化鄉白沙河以南地區和里仁鄉的陰島（即今紅島）及膠州的 45 個村莊劃為租借地。在這片新劃出的、散落著數十個傳統村莊的土地上，德國殖民當局對這座未來城市進行了周密的規劃與積極建設，並憑藉港口溝通海洋，藉由鐵路

---

Heckner's Press, 1910). 另 1905年之版本有二，出版資訊分別為 Wolfenbüttel: Heckner與 Wolfenbüttel: H. Wessel。

連接腹地。《青島及其近郊導遊》的內容安排正是這種
建設布局的體現，對中心市區的介紹，以棧橋為中心再
現了城市空間格局；對周邊的描述，以青島為中心，概
述了周邊海域海島，並循膠濟鐵路逐次展列出沿線腹地
的資源與風貌。

　　《青島及其近郊導遊》開篇簡要介紹完青島的大體
狀況後，首先便是以棧橋為起點對市區各場所與景物的
介紹，其目錄內容如下：

　　　由青島棧橋經亨利希王子旅館到大衙門（距離
　　　1,000米）；
　　　由棧橋到火車站；
　　　由棧橋至商場；
　　　棧橋經總督府到天主教堂；
　　　棧橋——總督府小學——總督官邸——野戰醫院——
　　　信號山（距離1,200米）；
　　　由棧橋至奧古斯特·維克托利亞海灣（克拉克海
　　　灣，海水浴場）（距離2,700米）；
　　　由棧橋到海水浴場，途徑炮隊營盤（距離2,200
　　　米）……[7]

---

7　Friedrich Behme and Maximilian Krieger, *Guide to Tsingtau and its Surrounding*, pp. 28-89.

　　《青島及其近郊導遊》從棧橋開始丈量城市的空間
距離，是青島早期空間規劃的直觀反映。德國殖民當局
在規劃青島之初，原計劃在膠州灣東岸緊挨新修的現代
化碼頭一帶建設市區，但是，「這裡將只能興建必不可
少的設施，因為這個地方冬季缺乏阻擋來自東北和西北
寒風的屏障，夏季又缺少來自南方和東南方的清涼海風，
所以對於歐洲人來說，這不是一個舒適的居住地方」。[8]
只有面對青島海灣的南山坡才適於建設城市的居住和貿
易區，這裡南面對海敞開，可以迎接夏季涼爽的海風，
減輕酷暑，北部有若干山丘保護，可以擋住冬季凜冽的
北風，抵禦嚴寒，而且這裡擁有黃色的沙灘，可以眺望
蔚藍的大海，對歐洲居民的衛生健康很有好處。據此，
德國人決心在靠近前海外錨地的土地上興建未來城市，
規劃「居民建築群座落於現在的青島村周圍，村西是商
業和官員居住區，山坡高地以東，位於東部兵營和炮兵
兵營附近的是別墅區和浴場區」。[9]

　　按照這一整體布局，德國人區分了「各城區性
質」，即各街道和城區的功能，大體可將青島劃分為4
個區，即青島區（歐洲人居住區）、大鮑島區（華人居
住區）、碼頭區（實業區）和別墅區。[10] 青島區是城市

8　青島市檔案館編，于新華主編，《青島開埠十七年 ──〈膠澳發
　　展備忘錄〉全譯》（北京：中國檔案出版社，2007），頁 13。
9　青島市檔案館編，于新華主編，《青島開埠十七年 ──〈膠澳
　　發展備忘錄〉全譯》，頁 13。
10　田原天南著，由少平譯，〈青島市政〉，收入劉善章、周荃主編，

的主體核心，風景絕佳，空氣清新，沿著海岸大街，建設了「歐人商廈和賓館」、「歐人商店」和一些「別墅式住宅」，其街道網路順地勢展開，與前海岸平行的是一些橫向街道，貫穿這些橫街的是與鐵路平行的縱街，街道命名充分體現德國色彩。[11] 這裡是歐美人的雜居區和商業區，富商大賈的大廈店鋪鱗次櫛比，各種商品卻一應俱全。大鮑島區，即所謂「華人區」，位於城市的北部區域，在原有中國村莊大鮑島範圍內，面向小港即中國平底帆船港，和青島區的市街連接在一起，幾乎分不清界限。街名均用中國地名。大鮑島區再向北，便是碼頭區，該區與大港相接，作為發展城市實業之區，分布著一些洋行、公司和商店，連接大鮑島的部分取名吳淞街、上海街、寧波街、廣東街等中國海港的地名。[12] 碼頭區的東面是臺東鎮，工廠及其他工業企業便被安排在碼頭和臺東鎮之間。在大鮑島和大港之間的鐵路沿線，還分布著船廠和倉庫。整體來看，青島火車站以西及沿鐵路線的大面積區域均屬於工商業區域，這就為各

《中德關係史譯文集》（青島：青島出版社，1992），頁 219。別墅區，又稱頤養區，位於青島區的東南方，面臨匯泉灣，海水浴場、中山公園、賽馬場等都集中在這一帶。

11　青島市檔案館編，于新華主編，《青島開埠十七年 ——〈膠澳發展備忘錄〉全譯》，附錄「德租時期青島街名、地名中德文對照表」，頁 746-749。

12　田原天南著，由少平譯，〈青島市政〉，收入劉善章、周荃主編，《中德關係史譯文集》，頁 220-221。

種工商業的落戶預留了足夠的空間。[13] 青島後來的城市空間拓展便是以此為基礎的。

　　從上述空間格局可以看出，棧橋的位置格外突出，它猶如一扇通往駐防地的大門，成為早期城市建設規劃的中心部分。[14] 這正是《青島及其近郊導遊》選擇以棧橋為軸心介紹市區景物的原因。圍繞棧橋，青島的城市空間布局依次展開。棧橋西側是火車站，這個位置使鐵路和航運之間形成了很好的功能連接。鐵路線從火車站開始，充分利用地形的低處，穿過確定為工業區和倉庫區的市區，然後沿膠州灣東海岸北行，在那裡新興港口的鐵路支線可以很方便地與之銜接。[15] 從棧橋順著海岸向東，分布著歐洲人的住宅和一些賓館，而與棧橋連為一體成一直線的，則是青島的商業中心中山路。以棧橋為中心，《青島及其近郊導遊》給讀者帶來了鮮明的空間感和層次感，它塑造了棧橋成為遊覽勝地乃至青島地標的文本依據。[16] 圍繞棧橋描述完市區風貌後，此書同

13　托爾斯藤・華納（Torsten Warner）著，青島市檔案館編譯，《近代青島的城市規劃與建設》（南京：東南大學出版社，2011），頁102。

14　托爾斯藤・華納著，青島市檔案館編譯，《近代青島的城市規劃與建設》，頁97、106。

15　青島市檔案館編，于新華主編，《青島開埠十七年——〈膠澳發展備忘錄〉全譯》，頁13。

16　棧橋是後來所有版本的青島指南中的必遊景點。關於棧橋對於青島的意義，見馬樹華，〈近代城市紀念性建築：以青島棧橋為例〉，《華中師範大學學報（人文社會科學版）》，第53卷第4期（2014年7月），頁130-138。

樣以相對空間位置漸次展開對青島周邊以及膠濟鐵路沿線風物的介紹,如由青島到李村(距離 15 公里)、由李村到嶗山麥克倫堡療養院(騎馬或乘車大約 3 至 4 小時)、到沙子口(距離 22 公里)、到女姑口(距離 23.5 公里)、竹岔島(距離 1.5 公里)、由青島到膠州(乘火車 74 公里,約需 2 小時)等等。[17]

由此,讀者可以清晰地看到青島的地域空間格局、周邊海域及其與腹地的關係。通過這種內容邏輯,《青島及其近郊導遊》強調了德國殖民當局的城市建設成就,凸顯出即墨與膠州這兩個傳統的區域中心正逐漸被拔地而起的青島所取代並依附於它,同時憑藉膠濟線,這座新興城市成為擁有更廣大腹地的區域中心。這本指南手冊既是青島城市規劃與區域空間格局的直觀反映,同時也強化了這種城市印象。此後,人們觀察青島,亦大抵遵此思路,市區強調有序的空間格局,周邊強調膠濟線串起的廣大腹地。

## (二)遊憩避暑空間的推介與城市功能定位的初步形成

透過《青島及其近郊導遊》,不僅能夠瞭解早期青島的城市規劃與區域空間格局,還可以知曉德國殖民青

---

17 Friedrich Behme and Maximilian Krieger, *Guide to Tsingtau and its Surrounding*, pp. 28-89. 書中對滄口、李村、沙子口、女姑口、各海島等周邊地帶,以及膠濟鐵路沿線的膠州、高密、濰縣、青州、博山等地的介紹,也都注明了與青島的距離和所需時間。

島與經營山東的策略，而正是這樣的經營策略，為青島後來的城市定位與空間功能奠定了基礎——與作為華北重要貿易港口（工商業）並重的，是它作為中國濱海重要旅遊城市的地位。

　　青島作為避暑療養地的條件極佳，正如指南中所說：

青島所擁有的，首先是山崗、樹林和大海。在家鄉，如果想要療養的話，我們只能作出這樣的選擇：到山地去還是到海邊去？而青島則是二者兼備的。德國人種植的樹木已經成林，現在已有了美麗的林蔭道和綠草覆蓋的街角花園。由青島伸出的鐵路橫穿一個以往不被人們注意的省份，這個省份有著數千年的歷史和文化；有著許多引人注目的古蹟和豐富的礦藏。青島又是中國最衛生最清潔的地方，這裡有優美的海水浴場，夏季裡也總是涼風習習，所以人們都喜歡來此游泳避暑，這裡已迅速發展成為一個令人喜愛的避暑勝地……18

　　為突出青島的避暑優勢，這本指南對青島的氣候作了詳細的介紹，強調這裡冬無嚴寒，夏無酷暑，春秋兩季較長，大部分時間陽光明媚，最好的時節是 4 月初至

18　Friedrich Behme and Maximilian Krieger, *Guide to Tsingtau and its Surrounding*, pp. 6-7.

11 月末，對全年氣溫變化、降水量與海潮狀況也作了交
代，以供人們做出行的參考。[19]

　　《青島及其近郊導遊》除了介紹青島的天然優勢外，
特別推重市政設施與遊憩景觀，並強調這是德國人努力
經營的結果。在占領青島伊始，德國殖民當局就努力使
青島發展成為令人嚮往的海濱避暑勝地，認為這樣不僅
能夠帶來商業的繁榮，而且可以向其他外國人展示德國
人的市政成績：「如果青島能夠作為中國沿海最衛生的
地方而美名遠播，則這不僅對於殖民地的衛生聲譽來說
是一件值得歡迎的好事，而且外來商人可根據自己的親
身經歷來認識和評價這塊殖民地及其各項設施」。[20] 為
給青島的遊覽事業贏得口碑，殖民當局採取了很多吸引
遊客的措施，如改善衛生條件、開闢海水浴場、舉行海
灘音樂會、建造海濱賓館等等，力圖把青島建成東亞最

---

[19] Friedrich Behme and Maximilian Krieger, *Guide to Tsingtau and its Surrounding*, pp. 8. 青島地處溫帶季風氣候區，因瀕臨黃海，海洋性氣候特徵明顯，升熱緩，退冷亦緩，冬有暖流影響，夏有涼風鼓蕩，四時寒暖適宜。《（民國）膠澳志》稱：「青島氣候溫和，風光明媚，冬無嚴寒，夏無酷暑」；袁榮叜編纂，青島市檔案館重刊，《（民國）膠澳志》，卷 2，〈方輿志 6・氣候〉，頁 18-30。《青島全書》亦稱：「此地背山面海，氣候溫和，海臨其南，雖夏日之炎炎，不敵海風之拂拂，涼生軒戶，清送花香，浴海水而披襟，步山陰而卻扇，西人避暑咸集於斯。況北枕群山，藉層巒為屏障，不畏朔風之凜冽，只知冬日之和融，夏可避暑而冬又可避寒」。謀樂輯，《青島全書》（青島：青島印書局，1912），頁 191。氣候因素對青島的城市功能影響深遠，在後來出版的其他城市指南中也多有體現。

[20] 青島市檔案館編，于新華主編，《青島開埠十七年 ——〈膠澳發展備忘錄〉全譯》，頁 249。

好的避暑療養地。[21] 這些成就反映在此書中，便是對燈塔、鐵路、商場、醫院、碼頭等優良設施的介紹，對棧橋、老衙門、天主教堂、總督府、海濱旅館、海水浴場等景觀的描寫，以及對嶗山的太清宮、北九水、大嶗觀、華嚴寺、明霞洞、嶗頂、麥克倫堡療養院等的推介。

　　舒適的自然條件和良好的市政設施，為造訪青島的遊客留下了深刻的印象。正如指南所提到的，「這裡已迅速發展成為一個令人喜愛的避暑勝地」。到1906年時，來青島避暑更趨活躍。這年夏天，特別是英國人從遠東各地紛紛前來青島避暑。一大批德國、奧地利、美國、英國和日本的醫生對青島的衛生條件和游泳條件進行了考察。美國教會還在匯泉海灣為他們的教士設立了一所療養院。到1907年，東亞的許多外國家庭已把青島列為自己定期的休養地。不僅從附近的上海、芝罘（煙臺）、天津，而且從很遠的地方，如北京、漢口、香港、神戶、寧波、馬尼拉，來了許多觀光休養的遊客，由於旅館和客棧爆滿，許多客人甚至住進了私人寓所。在這些避暑遊客中，德國人最多，其次是英國人、美國人、俄國人、法國人。來自附近口岸的外國人最多，特別是上海、芝罘和天津，也有些遊客來自東亞遙遠的口岸，如東京、海參崴等。[22]

---

21　青島市檔案館編，于新華主編，《青島開埠十七年 ——〈膠澳發展備忘錄〉全譯》，頁 195、218、249、305。

22　青島市檔案館編，于新華主編，《青島開埠十七年 ——〈膠澳

　　紛至遝來的旅客提升了青島的知名度，僅一本《青島及其近郊導遊》已不能滿足旅客所需，為妥善招徠旅客，1912 年春，德國人成立了青島招徠旅客會（Verein zur Hebung des Fremdenverkehrs），出版了用德文和英文兩種語言編纂的青島導遊手冊，向人們廣泛地介紹青島。1913 年又出版了英文的青島指南，還舉辦了夏季音樂會、舞會、游泳會、騎馬會、射擊會等等，為前來避暑遊覽的外地遊客提供了種種方便。[23]

　　早期青島指南的編纂目的是把青島作為德國在遠東的「模範殖民地」[24] 和避暑勝地來進行宣傳推介，它的讀者主要是對這座新興殖民城市抱有好奇心的歐洲人，是歐洲人瞭解青島與山東的便利工具。從內容安排來看，早期指南所提供的景觀雖不夠豐富，但卻為歐洲人提供了關於青島的豐富想像，在介紹景物的過程中，青島的資源、形勢、空間布局、市政設施、生活條件以及膠濟鐵路沿線的風土人情等等，不僅得到了翔實的記載，還被刻意地進行了美化與渲染，為青島發展成遊覽勝地以及編撰其他版本的青島指南提供了藍本。[25]

---

　　發展備忘錄〉全譯》，頁 440、529、602。

23　田原天南（田原禎次郎），《膠州灣》（大連：滿洲日日新聞社，1914），頁 518-519。

24　關於「模範殖民地」的相關研究，可參見余凱思（Klaus Mühlhahn）著，孫立新譯，《在「模範殖民地」膠州灣的統治與抵抗──1897-1914年中國與德國的相互作用》（濟南：山東大學出版社，2005）。

25　不僅下文所述第一本日文指南以貝麥《青島及其近郊導遊》為

## 二、日文指南的變化與新增街區及景點

　　1914 年11 月，日本取代德國強占青島，青島和山東省成了日本人優先移居之地。據《（民國）膠澳志》載，日本人最早來青島從事經營活動，大概在1901 年前後，人數約有五、六十人，到1907 年，增至196 名，1911 年增至312 名。[26] 1914 年後，隨著一系列殖民政策的推行，「日本各色之人民，率皆絡繹而至」，[27] 人數迅速增長。1917 年末，居住在青島市區的日本人已經達到4,862 戶，18,576 人，同期市區中國人77,076 人，其他外國人496 人。[28] 1921 年，青島市區日本人有5,133 戶，人數18,317 人，同期市區中國人35,750 人，其他外國人371 人。[29] 據1922 年末調查，在青日本人已增至6,491

---

　　底本，1927年出版的一本英文指南也有該書的痕跡。1927的英文指南是為了方便說英語的遊客，由艾道夫 · 霍普特（Adolf Haupt）所作德文指南翻譯過來的，內容包括兩大部分，第一部分交代青島的地理概況、歷史、商業等，第二部分按照空間順序介紹商業和居住區、港口區、日本人集聚區、臺東鎮、遊內山燈塔以及一些名勝等等。有意思的是，時間過去 20年，書中仍清晰可見貝參指南的影子，如「從太平路青島山到別墅區和歐人墓地」、「從海濱到匯泉角」、「到伊爾梯斯山和伊爾梯斯角」等等。見 Adolf Haupt, *Guide Book on Tsingtao and Vicinity* (Tsingtao: Catholic Mission Press, 1927).

26　袁榮叟編纂，青島市檔案館重刊，《（民國）膠澳志》，卷 1，〈沿革志 3 · 日本占據始末〉，頁 29。

27　立花正樹，〈一九一五年貿易論略〉（1916年 3月 29日），收入青島市檔案館編，《帝國主義與膠海關》（北京：檔案出版社，1986），頁 259。

28　青島民政署編，《新刊青島要覽》（東京：嚴松堂書店，1918），頁 16。

29　高橋源太郎著，《青島案內：附 · 山東沿線小記》（東京：久松

戶，23,566 人。[30] 即使中國政府收回青島以後，每年旅居青島和來青島作短暫旅遊的日本人仍達一萬多人。[31]

最初，日本人在青島大多以娼妓、照相、理髮、旅館、酒樓、洗浴以及與此類行業相關的雜貨鋪等行業為生，從事實業者甚少。1907 年以後，從事貿易、手工業、漁業等經營者日漸增多，在青島的經營地位以及影響力也逐漸增強。1914 年至 1922 年間，「在青日人所經營之工場、商店、學校、教堂、航運、漁撈、園圃、職工苦力，以及供人娛樂之妓館、遺毒社會之私販，無一事一業不為長足之進步」。[32] 1922 年以後日本人在工商業經濟活動中仍然具有很大勢力。以 1935 年為例，當年住留青島的日本僑民共 11,014 人，從事工商業者的人數計有 7,175 人，占當年住青日本人總數的 65%。[33] 正如當

---

閣，1919），頁 20。

30 袁榮叟編纂，青島市檔案館重刊，《（民國）膠澳志》，卷 1，〈沿革志 3・日本占據始末〉，頁 30。

31 1925 年旅居青島的日本僑民為 8,164 人，1928 年為 12,969 人，1933 年為 10,351 人，1935 年為 11,014 人，1936 年為 15,023 人，始終位於旅居青島的外僑首位。每年來青島旅行的日本遊客也達數千人，日本至青島海上客運航線客流量自 1924 年以後基本保持在每年 15,000 人次。見青島市史志辦公室編，《青島市志》（北京：新華出版社，1999），旅遊志，頁 188-189。

32 袁榮叟編纂，青島市檔案館重刊，《（民國）膠澳志》，卷 1，〈沿革志 3・日本占據始末〉，頁 29-30。

33 其他職業人數構成：農業 58、交通運輸業 28、公務 157、自由職業 545、人事服務 810、無業 2,284。見〈青島市住留外僑調查統計表（青島市公安局第 360 號）〉（1935 年 2 月 27 日），《膠澳商埠警察廳、青島公安局檔案》，青島市檔案館藏，檔號 A0017-002-1116，「青島市公安局」。

時一本遊記所載：「途經中山路，商肆櫛比，為全市最繁盛之所在。但商肆中，十分之八九，係日商，雖皆規模不大，要亦應有盡有」。由市區向鄉村進發，「所經皆寬闊之馬路，清潔整齊，到處一律。所見店鋪，幾盡屬日商；而以遼寧路一帶，為尤甚」。[34]

為滿足日本人經營各項工商業以及旅行的需求，出版城市指南提供青島與山東的各種資訊變得非常必要。從1914年至1933年間，日本人在青島及其本土出版了各種版本的日文指南，目前筆者所見較為系統的計有9種，即《山東半島：附‧青島案內記》（1914）、《山東榮觀》（1915）、《新刊青島要覽》（1918）、《青島寫真案內‧附官民便覽》（1918）、《山東鉄道旅行案內》（1921）、《青島指南》（1921）、《青島及山東見物》（1922）、《青島案內》（1932）、《青島案內》（1933）。[35] 這些指南與德占時期所撰指南相比，在以下幾個方面出現了顯著變化。

---

34　彭望芬，《青島漫遊》（上海：生活書店，1936），頁11。

35　此外，當時與青島通航的日本航運公司也自行印刷了一些「航路指南」，如日本郵船株式會社於1928、1933年，大阪商船株式會社於1930、1932、1933、1936、1937年，原田汽船株式會社於1930年，各公司均印行了可折疊的單張〈青島航路指南〉，這些航路指南內容單薄，僅提供旅客所需的簡單資訊。見松浦章，《近代日本の中國‧台湾汽船「航路案內」：船舶データベースの一端》（大阪：関西大學アジア文化研究センター，2015）。

## （一）編撰目的與內容的變化

日占青島後的第一本日文指南是 1914 年富山房編輯局在東京出版的《山東半島：附・青島案內記》。此書編撰目的非常明確，表達了日占青島後想要瞭解當地社會經濟與資源狀況的迫切用心：「皇軍經過兩個月的努力，青島及山東半島終於落入我等之手，其風物與人情究竟如何呢？時至今日，恐怕所有人都想知道這些了」。[36] 不過，因為剛剛侵占青島，來不及收集調查資料、編撰內容翔實的新指南，這本指南其實是在德國人所撰指南的基礎上改編的：

> 一位德國遊客──其人之名字不必提及，但其一如德國人極端精緻的觀察，以及準確探究周邊事物的研究，在當今是無人能超越的。儘管是一本小冊子，但據此所見山東之天地，猶如啟明星一樣展現在我們面前。對此，我們必須要心存感謝。讓我等與讀者一起去仔細賞讀這本小冊子裡有趣的章節吧。[37]

「小冊子裡有趣的章節」，包括膠濟鐵路沿線的詳細狀況，關於「青島及膠州灣」的部分，主要涉及青島的歷史、地理、風土、植物和礦產、市街與要塞、青島

---

36　富山房編輯局編，《山東半島：附・青島案內記》（東京：富山房出版，1914），前言，頁 1。

37　富山房編輯局編，《山東半島：附・青島案內記》，前言，頁 1-2。

附近 6 部分。兩相對照，不難發現，這本「猶如啟明星一樣」的青島指南，參考的其實就是貝麥的那本《青島及其近郊導遊》，不過在內容安排上根據日本人的需要進行了調整。

待局勢穩定，日本青島守備軍司令部的通信局長田中次郎根據當時日軍野戰郵政局的職員在日德青島之戰期間所記資料，於 1915 年在東京出版了一本《山東槩觀》（《山東概觀》），同樣附有「青島指南」。此書記載了日軍攻陷青島後的山東狀況，包括風土、物價工資及生活狀態、物產及商路、交通與貿易、金融狀態及機關、對日情感、教育、衛生、山東與其他地方的通訊關係等。[38] 該書雖名為「山東概觀」，但關於青島的篇幅卻占了一半，內容主要有：名稱的由來、占領的由來、租借地的面積、德國經營的概況及資本、戰爭前各國人口數量、青島的平均氣候、青島的近況、青島出口貨物表、日本人經營業種及人員一覽表、膠州灣租借地年收支一覽表、膠州灣租借地官制及薪酬等。[39] 同上一本指南相比，此書內容有了明顯變化，突出了青島的經濟狀態、制度情形以及住青島日本人的生活等。

更大的變化體現在 1918 年青島守備軍司令部民政署在東京出版的《新刊青島要覽》中。此書認為：

---

38　田中次郎編，內藤勝造著，《山東槩觀》（東京：田中次郎，1915），目次，頁 1-2。

39　田中次郎編，內藤勝造著，《山東槩觀》，頁 105-200。

占領青島實施民政以來，已過四載。其間國運昌隆，國勢進步。為配合這一大勢，諸般公私事業便要面貌一新，未來經營更是責任重大。本書顧念帝國之使命，謀求帝國之興盛，意與同胞一起構想前途之對策，遂先旨在通曉青島的實情，以期利於今後事業計畫之準備。[40]

圖 5-1　1918 年《新刊青島要覽》封面

　　可見，《新刊青島要覽》是為方便通曉實際情形，鞏固殖民統治而編撰的。緒言強調此書「雖不過一本薄冊，然對有志於經略中國者來說，為實現其抱負多少會有佐益」。[41] 這樣的「經略抱負」，在書冊扉頁上的「青島之歌」中體現得尤為明顯。「青島之歌」是由日本軍司令官作詞的青島第一高等學校的宿舍浪漫曲，歌詞如下：

---

40　《新刊青島要覽》緒言提到，隨著時間推移和市政發展，此前出版的《青島要覽》中所記載的事情已然發生變化，此書是在前書的基礎上，又補充了新的調查內容修訂而成的。青島民政署編，《新刊青島要覽》，〈緒言〉，頁 1。筆者未能收集到此前舊本，便以此新版本為例證。

41　青島民政署編，《新刊青島要覽》，〈序論〉，頁 2。

為重於泰山之大義／大正三年仲夏／皇軍威武之師／
掃除了東洋之禍／在深秋的膠州灣／天空飄起日之旗／
萬國之中／仰望皇威彌高／霞光照耀下的日本／綻
放著大和心之色彩／風兒吹過櫻大路／早晨的花園
散發著春天的爛漫／
啊悠久的建國基業／光照青史的神州／充滿忠孝仁
義之道／維護東洋之和平／我們共同奮起／攜手中
華之人民[42]

因此，為服務於「經略」需求，此書除簡要介紹沿
革、地志、土地及住宅外，多偏重於工商業、財政經濟、
教育、神社及碑、宗教、員警、衛生、司法、交通運輸、
農林及水產等內容的詳細推介。

與其他城市同期的指南書相比，日文指南的內容安
排體現了此時編撰城市指南的基本體例與格式，但對於
青島而言，不同於德占時期的指南書，內容上的變化恰
是日本人在青從事經營活動與工商擴張的結果。此情形
在指南對日本人街區的描述中體現得尤為突出。

### （二）指南中的日本人街區

日軍占領青島後，隨著移民增加，市區內住房迅速
緊張起來。起初，新移民大部分暫住於原二千多德國人

---

42　青島民政署編，《新刊青島要覽》，〈青島之歌〉，扉頁。

和一萬多因戰爭逃離青島的中國人之住房，後來隨著戰
事平息，中國人陸續返回原住所，住房不足的狀況變得
愈加突出，相當一部分新來移民租住中國人的房屋，每
月交付的房租總額在 4 萬元以上。為維護日僑利益，青
島守備軍司令部軍政署曾制定限制房租價格的規定，但
是這一規定並未能緩解城市住房緊缺的狀況。到 1917 年
底，驟增的移民人口竟導致市區出現「無宅可住」的局
面。[43] 同時，不斷增加的日本工商企業也急需拓展城市
空間。

為謀求解決移民安置、工商資本擴張帶來的空間問
題，日本當局一方面通過各種手段獲取土地資源；[44] 一
方面制定城市擴展計畫，開拓新市區。德占時期，青島
市街總面積約為 60 萬坪，日本在 1918 年完成第一期擴
張工程後，市街面積擴大到 86 萬坪，完成第二期和第三
期工程後，預計青島市街總面積將擴大至 230 萬坪，[45]
中國政府接收青島時，第二期已經完成，第三期計畫已

---

43 青島民政署編，《新刊青島要覽》，〈家屋〉，頁 27-28。

44 一是開放土地買賣，採取壓低土地價格的辦法，強行收買土地；
二是在大港附近海岸一帶及低窪之地填海造地。對通過各種方
式獲得和占有的青島市內外土地，日本當局以極低的價格一部
分優先售讓給日本工商企業；一部分出租於日本移民和日本工
商業者。見袁榮叟編纂，青島市檔案館重刊，《（民國）膠澳
志》，卷 9，〈財賦志 1‧稅制〉，頁 16-17；督辦魯案善後事
宜公署秘書處編，《魯案善後月報特刊‧公產》（北京：督辦魯
案善後事宜公署，1923），頁 104-105。

45 青島守備軍民政部，《山東鉄道沿線重要都市経済事情》（青
島：青島守備軍民政部，1919），頁 14。

部分開工，面積已相當於德占時期的 3 倍多。同時，日本當局廢止了德占時期的市街名稱，仿照日本國內市町村制，將市內區劃各街、新建道路及重要地點均用日本地名命名，並將原德國命名的街名改為町，海灣、山、街道等的德國名稱也都改為日本名稱。日軍共將 91 條新建街和舊街更改為日本名稱，給人強烈的日本都會感覺。

　　經過幾年擴張，青島市街迅速日本化。1918 年在青島出版的《青島寫真案內・附官民便覽》便是日本對青島實施城市擴建的直觀反映，體現了日本侵占青島數年後的城市空間風貌。這本指南書是關於青島的圖片集，其中有很多日本人街道與商鋪的照片。[46] 最典型的日本人街區是「新町」，即青島人俗稱的「日本街」，位於大鮑島和港口區之間。該地原有的磚瓦廠被關閉，在一些不規則的小型地塊上密集地建起二層和三層的住房和商店。「新町」的大致範圍，以聊城路（中野町）為中心，包括遼寧路（若鶴町）、館陶路（葉櫻町）、冠縣路（早霧町）、市場三路（市場町三丁目）等周邊街道。沿著這個新區的主要街道，山東路北邊的延長部分（館陶路），出現了指南中所涉及到的比較新的店鋪、銀行、貿易公司、商業交易所、電話公司和郵局。從 1914 年到 1945 年，聊城路及其周邊街道都屬於「日本街」，這

---

46　青島寫真案內發行所編，《青島寫真案內・附官民便覽》（青島：青島寫真案內發行所，1918）。

裡的建築是日式的，居民、遊客、行人也多是日本人，

商店廣告也是日文的，店鋪林立，霓虹閃爍，是當時青島市區僅次於中山路的繁華街道，是日本工商勢力集聚之地。

圖 5-2　1918 年《青島寫真案內・附官民便覽》封面

圖 5-3　青島市街、中野町、若葉町 [47]

---

47　左上為陵縣路（若葉町），右下為聊城路（中野町）。青島寫真
案內發行所編，《青島寫真案內・附官民便覽》，〈青島市街
・中野町・若葉町〉，頁 97

圖 5-4 「新町」——日本街（橢圓形標出的區域）[48]

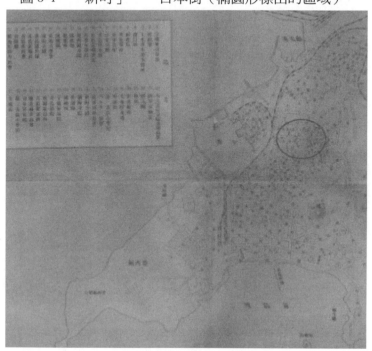

　　「新町」改變了青島的商業和居住空間布局，而大批日資工廠的興建則影響了青島的工業布局。據華納（Torsten Warner）研究，日本人把大港和勞工居住區臺東鎮之間的地區建成工業區，並向西、北延長了臺東鎮的街道網。[49]

---

48　青島寫真案內發行所編，《青島寫真案內‧附官民便覽》，〈青島市街圖〉，頁 1。

49　托爾斯藤‧華納著，青島市檔案館編譯，《近代青島的城市規劃與建設》，頁 255-257。

隨著日資企業的發展與工業區的形成，1920 年代以
後出版的日文指南對青島的經濟布局均非常重視，對各
種經濟機構以及若干火柴廠、製鹽廠、大型棉紡廠、製
冰廠、花生油油坊等都做了詳細介紹。1919 年高橋源太
郎在東京出版的《青島案內：附・山東沿線小記》，即
以空間為載體，通過具體事項和相關場所，詳細記載了

青島的鐵路、航海線路、市政、貿易、
工業、商店、碼頭事務、土產物、山東
勞工等社會經濟各方面情形。[50]

圖 5-5　1919 年《青島案內：附・山東
沿線小記》封面

1928 年由前田七郎、小島平八在青島出版的《青島
案內》，對青島的人口結構、日僑社會、產業狀況、市
政設施、各類組織、醫療、教育、宗教、景觀、日常生
活等均作了介紹，對工商業的描述尤耗費筆墨，詳細羅
列了青島歷年貿易狀況、山東主要物產、青島紡織業情
況、青島交易所、主要工廠、金融機關、工商業輔助機
關以及交通條件等等。此書因在青島刊行，很受旅居日
僑的歡迎，又分別於 1929 年、1932 年和 1933 年重刊了

---

50　高橋源太郎，《青島案內：附・山東沿線小記》。

3次。[51] 同期，1932年有另一版本的《青島指南》面世，出版資訊不詳，內容與前田七郎的書略有出入，但相差不大，亦偏重於工商業導覽。[52]

這些指南對日本人街區及其所附載的工農商業、財政金融、交通運輸、市政管理等狀況的呈現與重視，正呼應了日本人對青島的「經略抱負」。

### （三）新景觀與殖民文化空間的呈現

塑造殖民文化空間是日本占領當局擴建新街區的一部分，主要體現在兩方面：一是增加凸顯日本軍功的景觀塑造與新景點；二是建造彰顯祭祀力量的神社與忠魂碑；其目的，一方面是向青島當地民眾宣揚殖民文化，一方面是為了統一日本僑民思想，宣揚皇權意識與軍國主義，同時也是為了滿足僑民的文化需求與思鄉之情。這一時期出版的日文指南都強調了這種殖民文化空間的塑造。

1921年日本青島守備軍民政部鐵道部在東京出版的《山東鉄道旅行案內》是一本按照旅行路線設計的指南手冊，從「旅客須知」可以看出，這本指南是為從海上乘坐輪船到達青島再往內地旅行的旅客準備的。書中提到從日本九州到青島需兩晝夜，從大連到青島需一晝夜。

---

51　前田七郎、小島平八編，《青島案內》（青島：日華社，1933）。
52　《青島案內》（1932），編者、出版者不詳。

「須知」的第一項是告知大家如何「登陸」，然後詳細的排列了登陸後的諸多事項。[53] 全書包括「山東鐵路概要」和「沿線各車站指南」兩部分，重點是幹線各車站的指南，第一站便是青島，這也是整本指南重點介紹的部分，且偏重於景觀推介，主要包括以下內容：

> 植被、市街、港口、貿易、航線、青島守備軍司令部、青島醫院、屠宰場、發電站、工業、人口、官衙、學校、銀行、公司商店、劇場活動、寫真、旅館、餐館、車馬租賃、八幡山、神尾山、司令官官邸、萬年山、旭山、旭公園、忠魂碑、跑馬場、海水浴場、會姓岬炮臺、舊支那衙門、天后宮、青島棧橋、加藤島、若鶴山、青島神社、臺東鎮、臺東鎮工廠區、臺西鎮、團島燈塔、海泊河、浮山、沙子口、李村、李村大集、梨林、九水、柳樹臺、北九水、河東村、嶗山等等。[54]

---

53　主要包括：旅客列車與混合列車、打折乘車、指定旅館與站內商店、有公共電報的車站、日本郵電局、手提行李及小包裹的保管、換乘、乘客及行李的連接轉運、通過滿鐵航線與山東鐵路及上海的連接、與大連汽船的連接、通過滿鐵航線及大連汽船航線的山東鐵路與滿鐵線的連接、日本各航運公司與青島至大阪航線的連接、車票代售點、本鐵路接受之貨幣、標準時間等等。見青島守備軍民政部鐵道部編，《山東鉄道旅行案內》（東京：博文館印刷所，1921），頁 162-172。

54　青島守備軍民政部鐵道部編，《山東鉄道旅行案內》，目次。

　　上述這些景觀中既有傳統名勝，如天后宮和嶗山諸景點，也有德占青島時期形成的，如清軍總兵衙門、觀海山、信號山、跑馬場、海水浴場等，還有一些是日本侵占青島以後新開闢的，如忠魂碑、會姓岬炮臺、青島神社等，同為街區更名一樣，日本人把很多景觀也命名為日本名字。

　　1922 年岸元吉編著的《青島及山東見物》，也是一種旅行指南，以在大阪朝日新聞連載過的內容為基礎改訂而成，「加上了九篇較長的青島攬勝」。這 9 篇「攬勝」不像其他指南那樣細列各種資料，而是以見聞和遊記的方式描繪了青島的整體概貌，對青島神社、忠魂碑、櫻花會、公園、海水浴場、跑馬場、影戲院、嶗山勝跡等均作了介紹。[55]

　　青島建市短暫，景觀並不豐富，向讀者呈現什麼景觀、怎樣呈現，如何在既有基礎上塑造日本文化景觀，這些都是旅行指南編撰者需要考慮的重要問題。因此，那些能夠彰顯日本符號的景觀，如炮臺戰跡、青島神社、忠魂碑、櫻花會等，便成為推介重點。

　　炮臺戰跡是日軍為了宣揚軍威，而將日德戰爭之後

---

55　岸元吉（書名頁作者為風來坊），《青島及山東見物》（青島：山東經濟時報社，1922），頁 1-60。這 9 篇「青島攬勝」包括：〈如畫般的青島〉、〈上下排水道及電燈〉、〈大青島及土地租借〉、〈青島的大港與小港〉、〈青島進出口貿易〉、〈住青島的日本人及其事業、〉〈日本商人的生意振興〉、〈日本人的公共建設及設施〉、〈單調的生活〉。

的軍事要塞開闢而成的遊覽景觀。為讓民眾觀瞻軍功，
日本青島特產館發行了《青島戰跡遊覽圖》。[56] 這些戰
跡曾是德國為保護其遠東艦隊和青島港口的安全而修築
的系統軍事防衛工程，包括眾多炮臺、堡壘、軍營及附
屬設施，是遠東著名的海防要塞。日軍為炫耀戰績，將
34 處要塞作為景點向民眾開放，著名的如臺西鎮炮臺、
團島炮臺、會姓岬炮臺（匯泉角炮臺，德占時期又稱會
前岬炮臺）、萬年山南、北炮臺（德占時期的俾斯麥山
南、北炮臺）、旭山東、西、北炮臺（德占時期的伊爾
梯斯山東、西、北炮臺）等等。這些炮臺直到今天仍是
青島的重要名勝，昭示著青島屢被殖民的歷史，成為青
島的愛國主義教育基地。

圖 5-6　1915
年《青島戰跡
遊覽圖》封面

圖 5-7　《青島戰跡遊覽圖》內頁炮
臺圖片

---

56　《青島戰跡遊覽圖》（青島：青島みやげ館，1915），本文引
用圖片攝至青島交運集團劉增平總經理個人收藏。

　　當然，最能凸顯日軍皇權思想與軍國主義的則是位於遼寧路（若鶴町）的青島神社與中山公園（旭公園）內的忠魂碑和櫻花會。青島神社建於貯水山公園內，祭奉天照大神、明治天皇和國魂大神，其布局、功能同日本國內的神社一樣。《新刊青島要覽》記載了青島神社的選址、建設與基本功能：

　　　神社是國家的宗祀，是國民精神的源泉中心。大正
　　　四年一月，當時青島守備軍及軍政當局決議創立
　　　之。在清靜的若鶴山的西側山腰確定了社址。大正
　　　五年末，平整土地六千九百餘坪，次年五月二十九
　　　日，得到守備軍司令官創立認可，大正七年五月五
　　　日舉行地鎮祭祀，隨即開始了神社大殿及其他房屋
　　　的建設，並著手神山的景觀打造。整一年間，肅穆
　　　莊重的設施完成了，在住邦人得以遙拜、祭奠，奉
　　　上誠敬，安定滿足。[57]

57　青島民政署編，《新刊青島要覽》，頁 137。

圖 5-8　1933 年《青島案內》
中的青島神社 [58]

圖 5-9　1933 年《青島案內》
中的中山公園櫻花大道 [59]

圖 5-10　1933 年《青島案內》中
的忠魂碑 [60]

　　可見，關於建造青島神社的準
備工作在日軍占領青島伊始便開始
實施了。1919 年 11 月，青島神社
竣工。作為日本人街區重要的公共
設施和「國家中心的象徵」，這裡
舉行過春秋例行祭祀、歲旦祭、元
始祭、成婚奉告祭、紀元節祭、明治天皇祭等活動，是日
本僑民結婚、生子、病癒祈福之地。[61]

---

58　前田七郎、小島平八編，《青島案內》，頁 130。

59　前田七郎、小島平八編，《青島案內》，頁 152。

60　前田七郎、小島平八編，《青島案內》，頁 142。

61　抗戰勝利後，神社內的物品被中國百姓哄搶一空，國民政府曾將
「青島神社」改為「忠烈祠」，以便每年 7 月 7 日在此公祭「七七
事變」和抗日戰爭期間為國陣亡的中國將士。此舉不被青島人民

　　忠魂碑和櫻花會位於青島最大的公園中山公園內，日本人通過櫻花的象徵意義和「忠魂碑」的設置，對中山公園進行殖民主義空間塑造。櫻花是青島中山公園的主要植物，為了培育賞櫻文化，日本人在德國人櫻花栽植的基礎上，經營出一條櫻花路。在櫻花路的盡頭，位於太平山的山腰處，日本人為紀念1914年日德青島爭奪戰的戰亡者，建了一座「忠魂碑」。該紀念碑通體用花崗岩築成，巍然高聳，遠處即能望見，它和櫻花路連為一體，從空間上構成醒目的日本符號。櫻花路和「忠魂碑」的設置對於中山公園乃至整個青島，都具有深遠的影響。櫻花路是中山公園的園內主幹道，承載著每年春季的「櫻花會」及其相關的諸多活動。「櫻花會」不僅可以緩解日本僑民的思鄉情結，還被日本軍方用作「東亞新秩序」的象徵而大肆渲染，後來演變為青島普通市民的春季遊園會，影響至今。[62] 而炫耀日本人戰功的「忠魂碑」，引起中國人的國族情感，[63] 並刺激了中山公園

---

所接受而止；後改為煙臺國華中學的流亡校舍。1949年前，山上樹木多遭破壞，綠地荒蕪。1949年之後，神社內的建築物陸續被拆除，1950年代曾為市北中學校舍。神社道路兩側的櫻花樹在1970年代末被伐除，改種雪松。目前這裡是青島兒童樂園和老年大學的所在地，面積是當年神社駐地的四分之一。

62　馬樹華，〈從中山公園櫻花會看近代青島公共文化空間與市民生活樣式的衍變〉，《東方論壇》，2012年第6期，頁12。

63　日本勢力在青島根深蒂固，即使1922年以後，忠魂碑也仍然聳立在中山公園內供駐青日僑憑弔。直到1945年抗戰勝利，日本勢力被徹底逐出青島，1947年7月，青島市政府作出了「拆除中山公園北端日寇建立之忠魂碑，改建抗戰死難軍民紀念碑，以表英烈」的決定，「忠魂碑」終於被拆除。見〈關於准拆除中山公園

內建造「中山紀念塔碑」的設計。[64]

　　青島神社、櫻花路和「忠魂碑」均體現了空間政治化所產生的後果，是各種版本的日文指南大力推薦的必遊景觀。就空間本身而言，其所傳輸的象徵意義與文化、政治內涵對於人們具有極為重要的社會涵化作用，而紀念性空間更具教育功能。因此，殖民勢力進入中國後，以空間作為權力意志表徵，完全按照他們的審美情趣、欣賞習慣對各地進行市政規劃，不僅將一整套殖民主義空間複製移入中國，滲透於中國人的日常生活之中，而且在精神上戕害中國人。對於日本人來說，青島神社、櫻花路和忠魂碑「這樣的空間布局與植物種植顯然是要將其母國的公園移植過來，並複製其母國文化以達到空間的殖民主義化」。[65]

　　上述各種版本的日文指南，與早期德國人的青島指

---

　　北端日寇建立的忠魂碑改建抗戰死難軍民紀念碑的呈、公函、批文（青島市工務局第670號）〉（1947年7月16日），《青島市建設局檔案》，青島市檔案館藏，檔號B0031-001-00688-001，「青島市工務局」。

64　1929年7月，在中山公園西側建築了紀念孫中山先生的塔碑。此紀念塔碑並非簡單的建築物，而是一處結合公園休閒遊樂活動的多功能紀念空間，既設置了供奉孫中山遺像及其生平著作遺墨的陳列室，還設有供遊人休憩與遊戲的茶室、遊藝室、噴水池和一處動物園。見〈中山公園建築紀念塔碑設計書〉（1929年6月），《青島農林事務局檔案》，青島市檔案館藏，檔號B0032-001-00560-0027，「青島接收專員公署秘書處」。

65　陳蘊茜，〈日常生活中殖民主義與民族主義的衝突 —— 以中國近代公園為中心的考察〉，《南京大學學報（哲學 · 人文科學 · 社會科學版）》，2005年第5期，頁85。

南相比，編撰目的和內容均有不同，凸顯了日占青島以後的社會經濟狀況、空間格局以及城市功能方面的變遷。日本人街區的出現，不僅改變了青島的工商業布局，而且進一步強化了青島的城市功能分區，而具有鮮明日本象徵符號的諸多景觀，則使這座因德國殖民而起的新興城市，更增添了日本殖民文化色彩。

## 三、中文指南中的空間變化與民族文化認同

　　青島的中文版城市指南出現得較晚，目前筆者所見最早的是 1922 年葉春墀所撰的《青島概要》，從內容和形式上看，此書與同期出版的日文指南區別不大，記載的是德占、日據時代青島的整體狀況。[66] 此後數年都沒有新的中文指南出版，直到 1929 年青島成為南京國民政府的直轄市，尤其是 1931 年沈鴻烈被任命為青島市長後，才出現各種類型的城市指南，如《青島畫報》、《青島指南》、《青島名勝遊覽指南》、《青島風光》、《青島導遊》、《青島》、《青島要覽》等等。這些指南的出版，既是城市迅速成長、大眾旅遊逐步發展的必然結果，也是市政當局向外界推介自己、吸引旅客、提升城市聲望、重塑國族文化認同的施政手段，同時也是日資工商勢力影響下城市空間變化與功能定位重新調整的反映，並鞏固了德國人營造的青島避暑度假聲譽，進一步塑造了青

---

66　葉春墀，《青島概要》（青島：成文堂，1922）。

島作為海濱療養勝地的城市意象。

## （一）遊覽指南的出版與海濱度假勝地的定位

如前所述，緣於優越的山海形勝、適宜的氣候條件、良好的市政設施以及吸引遊客的種種政策，青島開埠不久便享有了「東方第一避暑勝地」的美稱。伴隨著城市的成長，1922 年中國政府收回青島後，膠澳商埠局對於通過遊覽業發展市政的益處有了更深刻的認識。意識到公共娛樂與遊覽業實為市政措施之一端，不僅能夠「使人知工作之可樂，則不強而自勸，使人知娛樂之有方，則去私而就公」，而且可以「於休憩游戲之中而寓之以涵養性靈、鍛煉身體、合同工作、整齊步伐之教」，[67]並對經濟發展有推助作用。當時青島的娛樂休閒場所已有公園、海水浴場、競馬場，還有市內市外諸名勝、嶗山諸峰可供遊覽。市政當局承接了德占日據時代的城市傳統，繼續關注海濱遊覽業的發展。

到 1930 年代，青島已成為大眾旅遊的熱點城市，贏得了「東亞第一公園」、「東方瑞士」、「世外桃源」等種種讚譽；每年夏天，來自各地的遊客絡繹不絕。發展旅遊業逐漸成為這座年輕城市的明確目標，並通過青島繁榮促進會開展了一系列遊覽推介工作。1933 年，青島市長沈鴻烈召集聯合青島各界名流 25 人成立了青島繁

---

67　《（民國）膠澳志》，卷 3，〈民社志 12・游覽〉，頁 120。

榮促進會，該會的工作目標在於「對內喚起本市各界，
改進內部一切事業，與建設，對外極力宣傳，俾國內外
人士明瞭青市一切優點，以吸引外部遊客」。促進會工
作計畫的第一項便是發展旅遊業，認為吸引遊客、發展
遊覽業看似捨本逐末，實為發展青島的長遠之計：「此
事驟觀之似為末節，未必即為繁榮計畫中之要圖，然同
人殊認此事關係最深，且為促進繁榮力策必由之途徑，
未容忽視」。[68]

　　為吸引遊客，根據上述計畫書，青島繁榮促進會設
計了各種辦法，做了大量推介青島的工作。首先，促進
會出版了中英文雜誌各一種，中文雜誌即《青島畫報》，
每兩周出刊一次，此外還出版了中英文導遊手冊，每5
本為一組，免費送閱。除了出版
畫報和導遊手冊，繁榮促進會還
致力於改善公共交通、維持治安
和完善娛樂設施等事項，力謀為
青島的遊覽事業創造條件。

　　圖 5-11　《青島畫報》第 3 期
　　　　　　（1934 年 6 月 10 日）封面

---

68　繁榮促進會，〈繁榮促進會繁榮本市之初步計畫〉，《青島時
　　報》，1933年 11 月 26 日，6版。

為配合遊覽推介工作，《青島畫報》還對重要景觀
進行凝鍊，評選出了「青島十景」，即飛閣回瀾、穹臺
窺象、匯濱垂釣、琴嶼飄燈、丹邱春賞、湛山清梵、東
園花海、燕島秋潮、會崎松月、登窰梨雪；「陰島八景」，
即青雲晨鐘、虎首古洞、東山朝曦、千佛觀雪、萬丈遠
眺、西嶺歸帆、草場銀海、鷹嘴聽潮；「嶗山十二景」，
即明霞散綺、蔚竹鳴泉、雲洞蟠松、華樓疊石、巨峰旭
照、九水明漪、巖瀑潮音、太清水月、那羅佛窟、海嶠
仙墩、獅嶺橫雲、龍潭噴雨。在這樣的背景下，出現了
幾種以宣傳青島作為遊覽勝地為目的的城市指南，代表
性的主要有《青島名勝遊覽指南》與《青島導遊》。

《青島名勝遊覽指南》由青島市工務局編撰印行，
1934 年出版，1935 年修訂再版，並同時刊印了英文版以
便利外國遊客。編撰目的是因為青島的名勝指南「前此
印行者已有數種，可資流覽；但事實變遷月異而歲不同，
欲求現在情勢與記載相脗合，固應重新編訂以增游覽者
之興趣」。[69] 為方便遊客選擇遊覽路線，這本指南還特
意把青島的名勝按照市區與鄉區區分開來，市區名勝包
括市內各小山、公園、運動場、浴場、寺宇等，鄉區則
按中、西、東山各方位介紹了鄉村、寺宇、陰島、水靈
山島、嶗山等名勝，這種方式成為後來各種青島指南的

---

69　青島市工務局編印，《青島名勝遊覽指南》（青島：青島市工
　　務局，1935），序，頁 1。

通行做法。[70] 指南中新增加的景點，如海濱公園、棧橋
公園、體育場、湛山寺、第二、三、四、六海水浴場等
等，都是沈鴻烈時代新建或新開闢的。《青島導遊》是
中國旅行社於 1934 年出版的旅行叢書之一。中國旅行社
1930 年在青島設立分社，此後通過該社到青島旅行的遊
客逐漸增多。1934 年夏，中國旅行社社長陳湘濤到青島
考察，對於青島良好的市政條件以及市政府在發展旅遊
業方面的努力深感欽佩，認為青島必將成為旅行遊覽的
中心。[71] 同年即由主持該社《旅行雜誌》的趙君豪負責
編纂了這本《青島導遊》。該書資料來源多取自《膠澳
志》與此前刊行的其他版本的「青島導遊」。書中用了
大量篇幅介紹名勝、游程、食宿娛樂、交通等旅行必備
內容，書末藝文類還附有沈鴻烈的〈嶗山環遊記〉、葉
恭綽的〈青邱遊屑〉以及傅增湘的〈遊嶗山記〉三篇遊
記。初版便告罄，次年增訂再版。[72]

---

70 青島市工務局編印，《青島名勝遊覽指南》，頁 1-92。

71 根據中國旅行社的觀察紀錄，由於氣候與戰爭的影響，當時享
譽全國的各避暑消夏區存在此消彼長的狀況：山區避暑以牯嶺
為最，因為蔣介石在廬山舉行會議和軍官訓練班，以致這裡冠
蓋來往，仕女雲集；而莫干山則因 1934年的苦旱，勝景大為減
色。就海濱消夏而言，北戴河因受東北局勢影響，遊展零落，
遠不如昔；反之，青島盛夏時期，旅客陡增，一屋難求。見〈國
內要聞：青島游覽事業猛晉〉，《銀行週報》，第 18卷第 44期
（1934），頁 9-10。

72 趙君豪編，《青島導遊》（上海：中國旅行社，1935）。

### （二）指南中的市政推介與空間變化

　　對青島的推介除了彰顯這座城市的遊覽功能，還突出了沈鴻烈主政青島時期的市政成績及其帶來的城市空間變化，這在 1933 年魏鏡所編的《青島指南》與 1937年青島市政府招待處所編印的《青島概覽》中均有充分體現。《青島指南》內容綜合各方面，主要包括行政、實業、交通、遊覽、生活、社會六項紀要，很多出自1929年出版的《膠澳志》，並對1929年以後的行政變化、華資工商企業、國貨事業、新設景觀、新增社會組織等進行了補充。[73] 不過，最能體現 1930 年代市政成績的則是《青島概覽》。

　　《青島概覽》的編撰是為了「記述近頃市政之設施與時事之情況，以作行旅餐宿之嚮導」。其最主要目的則在於突出沈鴻烈主政青島時期的銳意經營：「最近五年，市政成績暨各業進展之速，允稱鼎盛時期，四方明達之士參觀遊覽者紛至遝來，每有東方瑞士之雅譽」。[74]該書包括「市行政綱要」、「社會行政概況」、「教育行政概況」、「公安行政概況」、「工務行政概況」、「港務行政概況」、「鄉區建設概況」、「農工商業概況」等 14 章，在正文之前除配有「青島市鄉全圖」、「青島市區道路圖」外，還配有各種照片，其中包括諸多新增

---

73　魏境，《青島指南》（青島：平原書店，1933）。

74　青島市政府招待處編印，《青島概覽》（青島：青島市政府招待處，1937），序。

場所與景觀，如為了凸顯教育成就的小學，為了彰顯民
族文化精神的棧橋回瀾閣、水族館、海濱公園，為了突
出鄉村建設成績的李村鄉區建設辦事處、鄉區公路，為
了顯示建築成就的大型工程體育場、第三碼頭等。

圖5-12　《青島概覽》插圖：
水族館及其所在的海濱公園、體育場

圖5-13　《青島概覽》插圖：
李村鄉區建設辦事處及通往嶗山的鄉區公路

圖 5-14　《青島概覽》插圖：新建第三碼頭

　　在眾多市政成績中，第三碼頭的興建尤為突出。三
號碼頭在德占時期曾列入1915年預算，擬在該處新建碼
頭，結果因日德戰爭成為泡影。自1931年起，青島市政
府開始增加碼頭費率，以收入的三分之一充作碼頭建築
基金，籌建三號碼頭。碼頭建築工程採取招商投標承包
的辦法，由日商大連福昌公司得標，於1932年7月1日
開建，1936年2月竣工投入使用。[75] 第三碼頭的建成，
是青島港口與城市發展史上的大事，它是「我國接收青
島後第一大建築物」，[76] 在提升港航能力、凸顯城市地
位的同時，也彰顯了1922年主權回歸以後青島發展民族
事業、實踐建設決心的去殖民化努力。各類報刊多有報
導，本地報刊如《青島時報》、《青島畫報》、《平民

---

75　新建的第三碼頭由德國工程師設計，為重力式突堤碼頭。市政
　　府對此項建設非常重視，專門組成包括 18名中外工程技術人員
　　的監工委員會，監督碼頭築造等工作，市長率眾參加了開工和
　　奠基儀式。
76　〈青島市第三碼頭落成〉，《航業月刊》，第 3 卷第 11 期
　　（1936），頁 7。

報》，均不吝讚譽，稱其為「青島維一大建築」；[77] 外埠報紙如上海的《申報》、《工商新報》等也刊發了文字和照片；日本報紙以〈華北值得自豪的不凍港〉為題報導，聲稱青島港在日本華北戰略中起著重要作用，復因第三碼頭而名副其實地成為華北唯一良港。第三碼頭的地位可謂是「我國接收以來最大之工程，亦全國有數之事業」。[78]

### （三）嶗山劃界對指南內容的影響

嶗山本屬即墨，德國人租借膠澳後，因界址關係而分屬青島和即墨。隸屬於青島市的嶗山西部，自青島開埠伊始，隨著德國人對嶗山休閒度假空間的開闢以及社會經濟的變遷，逐漸併入城市發展軌道。而隸屬於即墨的嶗山東部，則一直未獲發展，民生日艱。直到1928年，時任東北海軍總司令的沈鴻烈率統海圻等艦駐泊嶗山灣，為保護地方，遂對嶗山東部銳意建設：一是改善交通；二是發展教育；三是保障漁業；四是肅清盜穴；此外還蠲免苛政，清理廟規，整飭民俗，排難解紛，抑強扶弱等等。[79]

77 竹，〈青島維一大建築：第三碼頭落成觀禮記〉，《青島畫報》，第21期（1936），頁1-3。

78 壽揚賓，《青島海港史（近代部份）》（北京：人民交通出版社，1986），頁169。

79 〈民國十九年華嚴寺沈鴻烈功德碑〉，周至元編著，《嶗山志》（濟南：齊魯書社，1993），頁232-233。

　　有了上述基礎，1931年沈鴻烈主政青島以後，無論
是青島市方面，還是山東省方面，均認為政治關係既與
往昔不同，嶗山的行政區劃也有重行釐定之必要，刊登
於《青島時報》上的〈即青劃界經過〉，詳細記述了嶗
山劃歸青島的理由與益處。[80] 概言之，對於山東省來說，
嶗東偏處海濱，距濟南遙遠，鞭長莫及；對於青島市來
講，一山兩分，既不利於治理政策的推行，也妨礙涵養
水源。因此，經山東省、青島市雙方共同協商，於1934
年9月議定將嶗山全部主要山脈劃歸青島市轄境，後經
雙方派員會同履勘，沿勘定新界主要地點，樹立界標26
處。其劃分界線大都以接近山麓之天然河流北岸或其連
接之道路北邊為標準。1935年6月4日，南京國民政府
內政部經行政院院議通過劃界議案，遂於1935年7月1
日正式移交接管。[81]
　　嶗山管理權的「化零為整」，擴大了青島的市區面
積，促成了嶗山風景區的形成，並為青島療養度假勝地
的發展贏得了更廣闊的空間：

　　　　勞山全部，劃歸本市，多了兩萬五千的戶口，多了
　　　　七百多兩〔按：此數字存疑〕的丁糧，這都不足道
　　　　的，可喜的是整個風景區的完成，是和青市本身，

---

80　〈即青劃界經過〉，《青島時報》，1935年2月7日，6版。
81　餘生，〈嶗山一帶劃歸本市之價值及將來建設之方針〉，《青
　　島時報》，1935年4月22日，3版。

有密切關係的。以青島身份而論，它是一個商業港，全靠內陸區的工農來養護，初不繫於風景之優劣為盛衰，但既據有可為之地，正不妨以風景為副業，所以傾全力以開拓勞山，使整個勞山，盡一年內，與世人相見，那末，明年遊客，定可激增。[82]

　　因此，這一時期出版的中文青島指南，如《青島指南》、《青島風光》、《青島》等，與德文、日文、英文指南只是簡單介紹嶗山風物不同，均將嶗山風景名勝作為獨立單元進行重點推介。1935年駱金銘編的《青島風光》，在介紹嶗山風景時，已將「勞山古蹟」與「市區名勝」、「鄉區名勝」並列，並配有遊覽路線圖、具體的遊程和部分景點的照片。[83]

　　1936年倪錫英所著《青島》，對嶗山風物也頗費筆墨。此書雖為都市地理小叢書，但也「兼可為一般人導遊之指南」。[84] 全書內容共10部分，關於風景的內容有4章，占40%，即「青島風景志」、「海濱風景線」、「嶗山勝跡（上）」和「嶗山勝跡（下）」，其中嶗山風景為兩章，占全書的20%。[85]

---

82　本立，〈本市行政計畫與新青島計畫觀〉，《青島畫報》，第18期（1935），頁1。

83　駱金銘編，《青島風光》（青島：興華印書局，1935），頁103-129。

84　倪錫英，《青島》（上海：中華書局，1936），編輯例言。

85　倪錫英，《青島》，頁75-107。

　　從各出版物推薦的遊覽內容看，嶗山遊覽的重點，是借助尋古探幽以覽山海之勝，因此，名勝古蹟既是重要的旅遊文化載體，也是人們進行意義重塑的載體。為了能在欣賞自然美景的同時獲得民族傳統文化的意象，人們將文化古蹟與自然風光相糅合，重塑了「嶗山十二景」。經過廣泛推介，嶗山成為青島市郊乃至整個北中國海岸最著名的風景區之一。嶗山豐厚的歷史文化遺產，不僅吸引了遊客與遊資，還提升了青島的城市聲望。同時，那些慕名遊山的文化名人，如康有為、傅增湘、葉恭綽、柳亞子、黃公渚、郁達夫等，他們描述嶗山的遊記、詩詞與畫作，成為宣傳嶗山的廣告，其遊蹤則成為嶗山的新名勝。今天，這些名人遊蹤已和嶗山的歷史古蹟融為一體，共同構成了青島的遺產景觀。

## （四）景觀推介與民族文化認同

　　風景提供了一個切入文化問題的途徑：文化價值、文化延續、文化的價值範疇和無價值範疇，以及文化身分形成神話的建構。風景還可以引起諸多思考：在個體被文化包容的同時，個體行動如何幫助形成文化；個人如何將自我視為某種特定文化的一部分，尤其在由農業革命或工業革命、帝國擴張、戰爭或戰爭後果這類社會或民族創傷引起的動盪時期。[86]

---

86　溫蒂　•Ｊ•達比（Wendy Joy Darby）著，張箭飛、趙紅英譯，

梅爾清（Tobie Meyer-Fong）在分析清初揚州歷史遊覽景
點的文化功能時指出，一些企圖增加當地或個人聲望的
文人學士和官員，常常有意識地操縱風景名勝等文化遺
產，在策略上利用這些景點增加自己的聲譽或提高城市
的地位。這種操縱能夠形成有創造力的文化支持，對於
這些景點起源及其文化意義的一致認同，不僅有助於形
成地方的聲譽，擴大個人的影響，而且的確有助於這些
景點成為支撐當地和全國多樣性景觀的標誌。[87] 對於年
輕的、屢被殖民的青島來說，也同樣存在如何利用風景
建構文化身分認同、如何通過「操縱」名勝古蹟以謀求
提高城市聲望的問題。尤其是1930年代，隨著城市地位
的提高以及民族文化復興呼聲的高漲，青島地方政府對
文化遺產在城市生活中的作用有了更深刻的認識，「古
蹟名勝對於緩和人心之功效，比之高深之學理與親切之
勸誘所收之功尤大」。遂力謀通過名勝古蹟的保護，以
涵化都市精神生活，並將這種精神納入到了都市發展規
劃中。[88]

　　然而，青島建市短暫，市區名勝古蹟屈指可數，因
此，青島市政當局一面努力打造市區景點名勝，一面挖

---

《風景與認同：英國民族與階級地理》（南京：譯林出版社，
2011），頁9。

87　梅爾清（Tobie Meyer-Fong）著，朱修春譯，《清初揚州文化》
（上海：復旦大學出版社，2005），頁84。

88　青島市工務局編，《青島市施行都市計畫方案初稿（1935）》，
青島市檔案館藏，資料號A3021，頁11。

掘嶗山的文化古蹟。為了能在欣賞美景的同時獲得民族
文化的意象，市政府做了兩項重要的、影響深遠的工
作：一是利用充滿詩情畫意的美名賦予名勝以傳統文化
意象，凝鍊了「青島十景」、「陰島八景」與「嶗山
十二景」，希望通過古雅的名稱，將民族文化精神融合
於景物中，增加城市的歷史文化厚重感；二是通過仿古
建築，為景點賦予民族文化內涵，如棧橋回瀾閣、海濱
公園門樓、水族館以及湛山佛塔等，以期通過景物的傳
統建築形式，尋求民族文化身分的認同。

圖 5-15　棧橋回瀾閣 [89]

---

89　駱金銘編，《青島風光》，頁 80。

圖 5-16　1947 年《青島指南》　　圖 5-17　1947 年
扉頁：海濱公園正門　　　　　《青島指南》扉頁：
（今魯迅公園）　　　　　　　湛山佛塔

　　名勝古蹟作為物化的文明晶體，它不僅承載著歷史的印證，而且還可以用來啟迪民智，化導世風，增進文明。民國時期，在民族危機的刺激和新文化運動的影響下，強烈的民族意識促使人們對保護先代遺物予以深切關注，保護前代文化遺產具有對內凝聚民族精神、對外反抗侵略的雙重價值與意義。因此，欲以民族固有文化成果砥勵民族文化精神，開啟民智，重鑄國魂，增進社會文明，既為仁人志士所力倡，亦為政府所體認。尤其是南京國民政府時期，國民黨政府為塑造現代民族國家，力倡復興傳統文化，對保存古蹟尤為重視。在這種背景下，各地方政府往往將名勝古蹟賦予國族認同與文化重建的象徵意義。

　　巫仁恕在分析蘇州的旅遊活動時認為，明清士大夫的傳統觀念認為，古蹟對他們有見賢思齊的作用；到了清季民初，知識分子對古蹟的觀念愈來愈趨向國族主義，認為古蹟不只是地方文化優越性的表徵，而且還是國家認同與歷史文化傳承的重要遺產。保護名勝古蹟是為了維護歷史傳承，以建構國家認同；而積極提倡旅遊業，將古蹟塑造成現代旅遊景點，乃是以消費傳統文化來招徠遊客。在追求國家認同的背景下，保護古蹟與消費古蹟兩者看似矛盾的心態，是可以相通的。[90] 對於曾先後被德日兩國殖民的青島來說，利用名勝古蹟建構國家民族身分更加重要，「人們在重要而富有象徵意義的風景區休閒，以此建構自己的身份」。[91] 這座以現代休閒遊覽勝地著稱的城市，也和蘇州一樣，同樣存在著將名勝古蹟包裝成現代旅遊業賣點的情況。

## 結語

　　城市指南的作用，或為外來者提供行旅指導，或為經營者提供投資資訊，或充當施政者的推介廣告，或充當本地市民的日常生活嚮導，它與城市結為密切的互文

---

90　巫仁恕，〈從遊觀到旅遊：16至 20世紀初蘇州旅遊活動與空間的變遷〉，收入巫仁恕、康豹（Paul R. Katz）、林美莉主編，《從城市看中國的現代性》（臺北：中央研究院近代史研究所，2010），頁 145。

91　溫蒂 •J•達比著，張箭飛、趙紅英譯，《風景與認同：英國民族與階級地理》，頁 1。

關係。讓我們再回到本文引言所提出的幾個問題，審視指南與青島是如何互文的。在主權反復更迭的半個世紀裡，青島出現了德文、英文、日文、中文各類城市指南書籍二十多種。由於出版者與目標讀者不同，呈現出的編撰旨趣也各異，德文指南志在宣揚、炫耀與推介殖民成果，英文指南旨在向歐洲人提供瞭解青島與山東的便利工具，日文指南所強調的是日本人的「經略抱負」、皇權思想與軍國主義，中文指南所傳達的則是強烈的城市自我意識、市政管理能力與民族文化認同。這些指南不僅客觀呈現城市風貌，也主動參與城市形象塑造與空間變遷，透過它們不同的旨趣與內容，我們可以瞭解在「空間變遷」、「殖民文化」和「民族主義」之下，中國人調和殖民文化與民族主義的方式，以及延續到今天市民們對德國文化的推崇、對日本文化的輕慢和情感上的厚此薄彼，也可以清晰地看到青島是如何從一座德日殖民城市成長為一座中國人自己的城市。

因此，無論何種版本的青島指南，其中所隱含的空間變遷及其理念表述都顯而易見，城市歷史脈絡中的殖民化與去殖民化、建設傳統與城市特色、地景塑造與城市功能等問題均可從中找到答案。開埠之初，德國殖民當局最主要的目的是要把青島建成軍、商混合港，基於此種考慮，城市建設居於港口、鐵路建設次要地位。與德占時期不同，日文指南表明，日本當局既肯定與仰慕德國人的建設成績，同時「所特別注意者厥為市面之擴

充與工廠之提倡」。[92] 這一方面是因為德占時期青島港
的建設已具有一定規模。另一方面，日本當局認為，欲
鞏固在青地位，獲取工業經濟方面的發展最為穩妥可
靠。因此，發展工商業被置於城市拓展建設的首位，短
短幾年間，日本殖民當局擴建出了日本人街區，包括以
大港為起點，在其周圍建立的倉儲、金融、商貿服務及
居住的新商業區，及以加工工業和紡織工業為主的臺
東、四方、滄口新工業區，修建擴建了能容納大規模投
資的水電、道路、通訊等市政設施，以及宣揚皇權思想
與軍國主義、舒緩僑民思鄉之情的殖民文化景觀。由
此，青島的城市功能由德占時期的商貿運輸口岸、避暑
勝地逐漸轉向工商兼之、輕紡為主的近代工業城市。[93]

　　主權回歸後的青島，既繼承了德占日據時代的空間
格局與功能分區，又表現出明顯的去殖民化努力，中文
指南既表達了對德國市政建設的猶豫與含糊，也迴避了
日本在青勢力。1935 年編制的《青島市施行都市計畫
方案初稿》，提出「青島市之特性，工商與居住遊覽並
重」。[94] 這種「工商」、「居住」、「遊覽」並重的城
市發展定位，既是青島數十年城市建設的結果，也是市

92　譚書奎，〈港口發達之經濟原理與青島市之前途〉，《交通雜
　　誌》，第 2 卷第 6 期（1934年 4 月），頁 87。
93　任銀睦，《青島早期城市現代化研究》（北京：三聯書店，
　　2007），頁 152-153。
94　青島市工務局編，《青島市施行都市計畫方案初稿（1935）》，
　　資料號 A3021，頁 9。

政努力的目標。事實上，在1930年代最初幾年，市政當局也正是朝著這個目標努力的：一方面支持民族工商業，一方面努力改善平民住所，一方面積極發展遊覽業，並通過名勝古蹟與新景觀的塑造，尋求文化認同，培育民族自信心。雖然1938年至1945年間日軍的再次入侵使市政建設幾近於停滯，但城市的基本空間格局未被打破。抗戰勝利後，由中國市政協會新編的《青島指南》對青島風物進行了重新梳理，展示了新的城市空間布局計畫：「勝利以來，政府積極辦理復員工作，對於市街區劃，正由都市計畫委員會進行設計，全部計畫尚未完成，聞擬將以東鎮一帶，劃為商業區，四方滄口一帶，劃為工業區……仲家窪亢家莊浮山所湛山魚山等地帶，劃為風景住宅區；大港小港及將來填築之四方海灣等地，劃為港埠區……此項建設大青島之計畫，如能全部建設完成，則青島將成為東方之紐約矣」。[95] 很明顯，這新的市街區劃，是對德、日殖民時代城市早期建設的選擇性繼承，而「東方之紐約」的美好願景，則表達了對民族強大的期待與自信。

（原載於《中央研究院近代史研究所集刊》，第95期）

---

95　中國市政協會青島分會編印，《青島指南》（青島：中國市政協會青島分會，1947），「史地概況·市街區劃」，頁17。

# 何為上海、如何指南：
# 《上海指南》的空間表述
# （1909-1930）

孫慧敏

中央研究院近代史研究所副研究員

## 一、前言

　　1909 年，上海商務印書館編印了第一版的《上海指南》——一部為當代人製作的城市旅遊、生活參考書，揭開了中國各大城市指南編製活動的序幕。自晚明以降，旅遊參考書便漸趨風行，但這類書籍大都著重在提供長途旅行的路程資訊，對沿途名勝古蹟的介紹通常十分簡略；[1] 至於一些側重介紹景點的參考書，則往往以山水景致為重點，較少像《上海指南》這樣以城市生活資訊為重心。[2]

---

1　楊正泰，《天下水陸路程、天下路程圖引、客商一覽醒述》（太原：山西人民出版社，1992）。陳學文，《明清時期商業書及商人書之研究》（臺北：洪葉文化，1997），頁 14，33-37，87-88，257-264。

2　巫仁恕、狄雅斯（Imma Di Biase），《游道：明清旅遊文化》（臺北：三民書局，2010），頁 20-22，101-107。費絲言指出，在文人文化的影響下，有些導遊書雖以城市風光為主題，如成書於明熹宗天啟年間的《金陵圖詠》，卻隻字未提交通、住宿、購物等

　　《上海指南》問世以前，中文的上海導遊手冊幾乎都以「雜記」體裁編寫，其主要特色就是缺乏明確的資訊收錄範疇與呈現系統。目前已知最早的一部雜記體上海導遊手冊，是 1876 年出版的《滬游雜記》。此書編者葛元煦自稱其體例係倣效1845 年出版的《都門紀略》。[3]《都門紀略》中所提供的資訊，原本就像書名所宣示的十分簡略。編者雖在序言中宣稱本書是為便利「外省仕商」而作，實則更重視士人階層讀者的需求與品味。後來的重刊者陸續為它添加了各種服務客商的資訊，更在1864 年刊刻的版本中，將原來的正文改稱「都門雜記」，成為《都門紀略》的「一部份」，[4] 這可能就是《滬游雜記》所用「雜記」一名的由來。《滬游雜記》承襲增訂後的《都門紀略》體例，除以散文形式描述當時上海的風俗與景物之外，也收錄了許多反映社會現象、生活百態的韻文，並羅列了各行各業的重要商號，乃至交通資訊與貿易法規。《滬游雜記》問世後30 年，自稱客居上海30 多年的管斯駿（藜牀臥讀生），又編纂了一部內容更加包羅萬象

---

　　實用資訊。Siyen Fei, "Ways of Looking: The Creation and Social Use of Urban Guidebooks in Sixteenth- and Seventeenth-Century China," *Urban History*, 37:2 (August 2010), pp. 226-248.

3　葛元煦著，鄭祖安標點，《滬游雜記》（上海：上海古籍出版社，1989），頁 7，http://www.virtualshanghai.net/Asset/Source/bnBook_ID-183_No-1.pdf，2016年 8月 29日檢索，以下同。

4　楊靜亭編、張琴等增埔，《都門紀略》（揚州：廣陵書社，影印同治 3年刊本，2003）；辛德勇，〈關於《都門紀略》早期版本的一些問題〉，《中國典籍與文化》，2004年第 4期，頁 107-111。

的《繪圖冶遊上海雜記》。[5] 有些研究者認為，《滬游雜
記》中看似蕪雜的條目還是存在門類次序的規則，[6] 但葛
元煦自承他並未刻意為書中條目分門別類，只是以「隨
記隨錄」方式，向讀者呈現他對上海最新實況的觀察。[7]
《繪圖冶遊上海雜記》的條目雖比《滬游雜記》更加以
類相聚，管斯駿卻還是沒有標明類目，也未以類別作為
分卷的標準，依舊保留「雜記」的編輯形態。

　　此前有些研究者曾將「指南」視為一種比「雜記」
更為進步的體裁，[8] 但他們從未明確指出「雜記」與「指

---

5　藜牀臥讀生，《繪圖冶遊上海雜記》（上海：文寶書局，
　　1905），卷 7，頁 10。筆者所見為哈佛燕京圖書館藏本，此書封
　　面題為《繪圖冶游上海雜記》，扉頁則標明為「繪圖上海雜誌」，
　　目錄頁出現的書名則是「上海雜誌」，可見這三個書名指的都是
　　同一部書。2012年上海書店刊印此書增補本之重排本時，曾由學
　　者吳健熙撰寫題記，吳健熙在題記中引述趙景深語，誤以為《冶
　　遊上海雜記》與《繪圖上海雜誌》為二書，從而推測藜牀臥讀生
　　應該編了不少同類書籍。《繪圖冶遊上海雜記》的內容，絕大多
　　數都一字未改地出現在上海書店重排本中，只有極少數的篇章作
　　出一些次序上的調整。從《繪圖冶遊上海雜記》並未收錄上海城
　　廂內外總工程局的相關文件，而上海書店重排本則不但收錄了這
　　些文件，還羅列了職員名錄，可見上海書店所據底本應該是在
　　1905年 11月上海城廂內外總工程局成立以後出版。吳健熙，〈題
　　記〉，臥讀生，《上海雜志》（上海：上海書店，2012），頁 4。
　　北京學苑出版社在 2010年影印出版《繪圖上海雜記》，內容似
　　與上海書店所據底本比較接近。

6　如葉凱蒂便認為《滬游雜記》卷 1或許可以總括為對上海各項
　　設施、制度環境的介紹，卷 2-4則著重呈現上海的娛樂生活。
　　Catherine Yeh, *Shanghai Love: Courtesans, Intellectuals, and Entertainment
　　Culture, 1850-1910* (Seattle and London: University of Washington
　　Press, 2006), p. 307.

7　葛元煦著，鄭祖安標點，《滬游雜記》，頁 7。

8　如夏曉虹稱許《滬游雜記》：「即便以現在的標準衡量，《滬游
　　雜記》改稱『滬游指南』，也完全當之無愧」。吳健熙推崇《上

南」之間究竟有什麼差別。筆者以為，《上海指南》和此前的雜記之間最顯而易見的一項差別，就是它採用了綱舉目張的編輯形式。此書初版共設9卷，卷1「總綱」，下設4目，說明上海的地理位置與區域歷史。卷2「地勢・戶口」，下設10目，介紹上海內部各區塊的特色，以及境內人口的變化情形。卷3「官廨職掌及章程」列示上海各種官署及重要法規。卷4至卷9則羅列各種公益團體、工商行號、交通事業、金融機構、游覽景點、餐飲住宿乃至報館、律師、書畫家與照相館的相關資訊。這樣的編輯形式，大幅提升了讀者翻檢時的便利性。在此後多次改版的過程中，《上海指南》中的類別與細目雖略有調整，但其綱目分明的編輯形式則從未改變。

　　「指南」一詞本有「指引方向」之意，《上海指南》編輯團隊選用此一書名，顯然有意強調此書的空間嚮導功能。相較於此前其他的中文導遊書，《上海指南》用了更大的篇幅、更多樣的方式來描述空間。除了以精練的文字，具象地說明這座城市的概況及不同區塊的特色，以精美的照片呈現重要景點的樣貌之外，此書還設計了一套空間檢索方法，使讀者能在查得景點或機關行號的地址後，比較便捷地找到它們實際的位置。早在將近30年前，學

---

海雜志》（即《繪圖冶遊上海雜記》）：「雖未冠以『指南』之名，卻有『指南』之實，可視作『指南』之濫觴者也。」夏曉虹，〈返回歷史現場的通道——上海旅游指南溯源〉，《讀書》，2003年第3期，頁76-84。吳健熙，〈題記〉，臥讀生，《上海雜志》，頁4。

者鄭祖安就已指出，這是使《上海指南》在旅行參考書市場中歷久不衰的重要因素。[9] 不過，長久以來，研究者除了利用與稱許《上海指南》中豐富的空間表述內容之外，鮮少細究這些表述究竟是如何作成的。

《上海指南》中的空間表述包括三個層次：一是關於上海位置、範疇的說明，二是對上海地區內部不同區塊發展特色的認識與描述，三是對道路、地點資訊的呈現。本文將分別審視這三個層次的空間表述，觀察編者如何取得進行表述所需的空間資訊，如何統整、別擇紛歧的說法，進而發掘編者預設的價值觀。

葉凱蒂曾指出，相較於此前的中文上海旅行參考書，《上海指南》受到中國方志傳統更多的影響。它除了引用《上海縣志》的內容、參考其編輯架構外，更取法縣志，使用行政區劃意義鮮明的「上海」一詞，來指稱它所要導覽的地域，而揚棄了前人偏好的「滬上」、「海上」、「申江」等名詞。[10] 此說確有見的，但亦不無商榷餘地。首先，當《上海指南》初版在1909年發行時，最新版的《上海縣志》已是1871年時的作品，這部30多年前出版的縣志，究竟能為《上海指南》提供那些參考資源？令人生疑。而當新一波的修志活動在1910年代展開後，《上

---

9　鄭祖安，〈最早的《上海指南》〉，《檔案與歷史》，1989年第4期，頁 77。此文後來在上海書店出版的《稀見上海史志資料叢書》中重刊，成為《宣統元年上海指南》一書的題記。

10　Catherine Yeh, *Shanghai Love: Courtesans, Intellectuals, and Entertainment Culture, 1850-1910*, p. 332.

海指南》又吸收了那些嶄新的成果？也須仔細考察。其
次，《上海指南》真的沿用了縣志對「上海」一詞的定
義，將整個上海縣都納入導覽範疇嗎？《上海指南》如何
看待上海縣境內一直存在的廣大鄉村地帶？如何因應1910
年代上海租界以北地區的都市化向寶山縣擴張的現象？[11]
如何回應中國政府在1920年代頻繁提出的行政區劃調整
方案？都是需要再加考慮的問題。

　　《上海指南》初版問世時，也是西方地理學知識與地
圖測繪技術在中國知識界逐漸擴散的時代，這股潮流究竟
對《上海指南》這類大眾化、實用性的讀物有何影響？
是此前的研究成果鮮少觸及的課題。[12]《上海指南》的編
輯、出版者商務印書館，此前已出版過許多西方地理學書
籍；[13] 在出版此書時，更正在進行《實測上海城廂租界地
圖》的刊印工作，[14] 但這並不表示《上海指南》必然會收
錄、運用這些新知識與新技術。本文因此嘗試觀察《上海

---

11　1918年出版的《上海縣續志》指出，當時上海縣內的馬路、電車
　　軌道都已可直達寶山縣境內，寶山縣南部地區因此逐漸與上海都
　　會區連成一氣。吳馨修、姚文枬等纂，《上海縣續志》（上海：
　　南園志局，1918），卷1，頁7。

12　鄒振環，《晚清西方地理學在中國：以 1815至 1911年西方地
　　理學譯著的傳播與影響為中心》（上海：上海古籍出版社，
　　2000），頁 159-226；郭雙林，《西潮激盪下的晚清地理學》（北
　　京：北京大學出版社，2000），頁 115-150。

13　鄒振環，《晚清西方地理學在中國：以 1815至 1911年西方地理
　　學譯著的傳播與影響為中心》，頁 175-182。

14　商務印書館編譯所編，《宣統元年上海指南》（上海：上海書店，
　　2012），〈例言〉，頁 2。

指南》對這些新知識、新技術的採擇、運用情形，來了解
那些知識與技術在普及化過程中比較容易被接受或傳播，
以及它們如何改變既有的空間知識系統。

《上海指南》並非有聞必錄，但編者鮮少明言他
們的資訊收錄原則，以及他們試圖傳達的政治與文化
理念。[15] 研究者因此必須透過分析《上海指南》如何取
捨、組織與呈現空間資訊，才能一窺究竟。《上海指
南》自1909年發行初版後，便不斷增訂與改版，至1930
年初為止，已發行至第23版，其中又以1909年至1912
年間及1922年至1925年間，改版頻率最高。可惜筆者
目前所得寓目者，僅1909年初版重排本、1911年第6
版、1912年第7版、1914年第8版、1920年第11版、
1922年第12版、1925年第21版、1926年第22版與
1930年第23版。[16] 所幸筆者所得見的這幾個版本剛好可
以反映數次大幅改版的狀況。在歷次改版的過程中，編
者除了增補、訂正資料外，是否也調整了他們的資訊收
錄原則與編輯理念？這些改變如何反映時局和思潮的變

15　1909年初版《上海指南》例言中宣稱，關於上海妓館的詳細事
　　情，因有關風化，「悉屏不錄」，是一罕見的例外。商務印書館
　　編譯所編，《宣統元年上海指南》，〈例言〉，頁2。

16　筆者所得寓目的版本，除 1909年版與 1926年版外，均已收入
　　中研院近史所製作之「近代中國城市」全文資料庫。中研院近
　　史所，「近代史全文資料庫 ・近代中國城市」，http://mhdb.
　　mh.sinica.edu.tw/mhtext/title.php。該資料庫建置過程中，承安
　　克強教授（Christian Henriot）及馮藝女士慷慨提供多項資料，
　　謹此致謝。

化？都是本文所要加以探討的問題。

## 二、「上海」在那裡？那裡是「上海」？

　　1909 年初版《上海指南》開篇第一條，就是以「疆域」為題，說明「上海」的位置與範疇。[17] 表 6-1 顯示，《上海指南》編者據以寫作的空間資訊，幾乎都出自 1871 年出版的《重修上海縣志》。[18] 編者雖然襲用了不少《重修上海縣志》中的文句，但並未全篇照抄，而是從書中不同的篇章揀選資訊、重新組織，再撰寫成新的文章。

---

17　商務印書館編譯所，《宣統元年上海指南》，頁 1。

18　應寶時修，俞樾、方宗誠纂，《重修上海縣志》（上海：南園志局，1872），卷 1，頁 1a-2a，5a-6a。早稻田大學圖書館，「古典籍総合データベース」，http://archive.wul.waseda.ac.jp/kosho/ru05/ru05_01692/ru05_01692_0001/ru05_01692_0001_p0025.jpg、http://archive.wul.waseda.ac.jp/kosho/ru05/ru05_01692/ru05_01692_0001/ru05_01692_0001_p0062.jpg、http://archive.wul.waseda.ac.jp/kosho/ru05/ru05_01692/ru05_01692_0001/ru05_01692_0001_p0066.jpg、http://archive.wul.waseda.ac.jp/kosho/ru05/ru05_01692/ru05_01692_0001/ru05_01692_0001_p0067.jpg，2014 年 7 月 25 日檢索。《重修上海縣志》最早的刻本為 1871 年吳門皇署刻本，早稻田大學圖書館所典藏的 1872 年南園志局本，則是重校印本。上海師範大學圖書館，《上海方志資料考錄》（上海：上海書店，1987），頁 81。

表 6-1　1909 年初版《上海指南》卷 1「疆域」條所徵引
的《重修上海縣志》資訊

| 《上海指南》 | 《重修上海縣志》 | |
| --- | --- | --- |
| | 內文 | 出處 |
| 上海本華亭縣東北五鄉之地。 | 鄭《志》曰：「元至元二十九年割華亭長人、高昌、北亭、新江、海隅五鄉為縣。」 | 卷首，頁 2b，〈古上海縣全境圖〉「圖說」。 |
| 自元時置令，始別為上海一邑。 | 上海立縣始於元。 | 卷 1，頁 1a，「疆域」。 |
| 今屬松江府。 | 上海今松江府屬縣也。 | 卷 1，頁 1a，「沿革」。 |
| 元時疆域遼闊，自明以來，一分於青浦，再分於南匯，三分於川沙廳。今所存者， | 一分於青浦，再分於南匯，三分於川沙，今所存者， | 卷 1，頁 1a，「疆域」。 |
| 僅東西六十餘里，南北八十餘里而已。 | 東西廣六十六里，南北袤八十四里。 | 卷 1，頁 5a，「界至」。 |
| 自縣治至松江府治九十里，至蘇州府巡撫治二百四十四里，至江寧府總督治八百八十里，至京師二千八百九十八里。 | 自縣治至松江府治九十里，至蘇州府巡撫治所二百四十四里，至江寧府總督治所八百八十里，至京師二千八百九十九里。 | 卷 1，頁 5a，「界至」。 |
| 其位置在黃浦江及吳淞江（又名蘇州河）交會之所， | 上海縣治當黃浦、吳松合流處。 | 卷 1，頁 5b，「形勝」。 |
| 當北緯三十一度十五分，東經五度一分。 | | |
| 由揚子江口之吳淞鎮南行三十六里，即達於上海。 | 邑城……距吳松口不過三十六里，一潮可達。 | 卷 1，頁 6a，「形勝」。 |

　　初版《上海指南》採用了 4 組數據來描述上海縣的疆
域，其中 3 組來自《重修上海縣志》，即轄境的寬度與長
度、縣城與上級治所的距離，以及縣城與長江口的距離，
編者對這 3 組數據的採擇標準，與前人頗為不同。《重修
上海縣志》對上海縣寬度與長度的記載其實詳細到個位數
字，夾註中還提供了上海八個方位的界至資料（即所謂的

「四至八到」）。這些資訊往往被導遊書大幅引述，《滬游雜記》首條記事甚至以「上海交界里數」為題，向讀者介紹上海縣的幅員與四鄰。[19] 初版《上海指南》編者則略人所詳，而側重在引述常為前人忽略的後兩組數據。

初版《上海指南》中收錄的上海縣城與上級治所間距離資訊，在辛亥革命爆發後，立刻顯得不合時宜。由於松江府、江蘇巡撫與兩江總督等機關均已遭撤廢，北京更一度喪失國都地位，1912 年版《上海指南》因此將此前版本中的「松江府治」、「蘇州府巡撫治」、「江寧府總督治」、「京師」等地名，改為「松江」、「蘇州」、「南京」與「北京」，但如此一來，為什麼需要特別記錄上海縣城與這些城市之間的距離，便不像過去那樣不言可喻了。[20] 1912 年版《上海指南》問世時，袁世凱所主持的中央政府其實已經開始重整地方行政體系，而在辛亥革命中成為革命派重要據點的上海，則成為袁世凱與革命派之間的重要角力場。或許是為了在袁世凱與革命派之間保持中立，1914 年版《上海指南》刪去了上海與南京、北京之間的距離資訊。[21] 到了 1920 年代初期，舊日府城松江與省城蘇州的政治、經濟影響力，已幾乎完全被上海超越，

---

19  王韜著，沈恒春、楊其民標點，《瀛壖雜誌》（上海：上海古籍出版社，1989），頁 2。葛元煦著，鄭祖安標點，《滬游雜記》，頁 1。藜牀臥讀生，《繪圖上海雜記》，卷 1，頁 1a。

20  商務印書館編譯所，《增訂上海指南》，第 7 版（上海：商務印書館，1912），卷 1，頁 1。

21  商務印書館編譯所，《增訂上海指南》，1914 年版，卷 1，頁 1。

1922 年版於是進一步刪去上海與這兩座城市之間的里距資料。[22]

《上海指南》一方面逐步刪除上海縣城與上級治所之間的里距資料，另一方面則對它與鄰縣的關係作越來越多的描述，顯示編者的關注焦點已從垂直的中央、地方行政體系，轉移到平行的區域夥伴關係。1914 年版已開始列示相鄰各縣：「東界川沙，北接寶山，南界南匯，西界青浦，西南界松江」，[23] 1922 年版更首度列示完整的四至八到資訊：

> 東至都臺浦川沙廳界二十七里，西至諸翟青浦縣嘉定縣界三十四里，南至陳家行南南匯縣界二十八里，北至寶山縣界十四里，東南至南匯縣界二十里，西南至語兒涇華亭縣界五十六里，東北至界浜永寧橋寶山縣界三十里，西北至界浜寶山縣界十七里。[24]

1922 年版編者表示，這些資料的來源是 1885 年（光緒 10 年）出版的《松江府續志》。倘若如此，何以他們

---

22　商務印書館編譯所，《增訂上海指南》，1922 年版，卷 1，頁 1。

23　商務印書館編譯所，《增訂上海指南》，1914 年版，卷 1，頁 1。這一敘述並非直接出自《重修上海縣志》，因為《重修上海縣志》中所列鄰縣，包括川沙、寶山、南匯、青浦、華亭（民國以後併入松江）、嘉定 6 縣。應寶時修，俞樾、方宗誠纂，《重修上海縣志》，卷 1，頁 5a。

24　商務印書館編譯所，《增訂上海指南》，1922 年版，卷 1，頁 1。

直到 1922 年才引述這段文字呢？筆者推測，前段引文並非直接引用 1885 年版《松江府續志》，而是轉引自 1918 年刊行的《上海縣續志》。《上海縣續志》在卷一「界至」條中其實引述了多組里距數字，但在引述《松江府續志》的資料時，編者特別以夾註說明，此說與舊說出入頗大，因為它是根據 1865 年新測輿圖計算出來的「鳥道里數」，其他志書所記則是「人行里數」。[25] 《上海指南》編者在紛紜眾說中獨採《松江府續志》的說法，展現了他們對「新測」數據的偏好。不過，他們直到 1930 年時都還繼續用這套數字來描述上海縣的轄境，[26] 完全忽略這套數字其實是根據清代的行政區劃測得，而上海縣的行政區劃已發生

---

25 吳馨修，姚文枬纂，《上海縣續志》，卷 1，頁 1-2。

26 至遲在 1928 年，上海特別市政府已公布了他們根據實測戶地圖、《上海縣境全圖》及寶山縣清丈圖等資料，計算出的上海特別市先行接收地區面積，為 745,601畝，合 1,380方里，但《上海指南》編者顯然對此並無所知。不過，吾人不應高估這組數字的可靠性。1933 年，上海市地方協會公布了他們根據上海市政府土地局印行的《上海市區域圖》計算出的結果，其中先行接收地區的面積為 647,130畝，合 1,490.99方里，494.69平方公里。上海地方協會不只使用不同的計算基礎，就連單位換算的標準也與上海特別市政府不同。（上海特別市政府以 1方里等於 540.3畝計算，上海地方協會則以 1方里等於 434.027畝計算）到了 1936 年，上海市政府在市政報告中採用上海市地方協會所公布的平方公里數值，卻使用每 1平方公里等於 1,482.63畝的標準來換算畝數，結果使先行接收地區的畝數膨脹至 733,442畝。轄境面積計算方法的可操弄性，由此可見一斑。上海特別市政府秘書處，《上海特別市市政統計概要，中華民國十六年度》（上海：上海特別市政府秘書處，1928），頁 39。上海市地方協會，《上海市統計》（上海：上海市地方協會，1933），〈土地〉，頁 2。上海市政府秘書處，《上海市市政報告》（上海：上海市政府秘書處，1936），第 8章，頁 2-6。

重大變革。

　　1909 年初版《上海指南》非常努力地說明上海縣城的位置。除了襲用《重修上海縣志》的方法，以縣城與重要自然地標間的相對關係來說明縣城的位置，更進一步標明了它的經緯度。上海的經緯度究竟是多少？在 19 世紀末、20 世紀初一直人言言殊，[27]《上海指南》所記載的經緯度，則與 1907 年出版的《上海鄉土志》以及《東方雜誌》在 1908 年刊登的〈譯《東方指南‧上海篇》〉中的記載系出同源。《上海鄉土志》是上海第一部鄉土課程教科書，且由上海勸學所、兵工學堂等單位負責發行，[28] 可能因此受到《上海指南》編者注意。《東方雜誌》則和《上海指南》一樣，都是由商務印書館出版，譯者孫毓修更是館內地理類書籍編譯工作的主要負責人，[29] 對《上海指南》編輯團隊的影響尤其直接。《上海鄉土志》第三

---

27　舉例來說，1895 年刊行的《江蘇全省輿圖》載為東經 4 度 55 分、北緯 31 度 11 分；C. E. Darwent 在 1904 年刊行的上海旅行手冊中則載為東經 121 度 29 分 12 秒，北緯 31 度 14 分 42 秒；上海縣在 1908、1909 年間兩度向中央政府呈報的民政統計表中記載，縣城所在地的位置是東經 5 度 1 分 58 秒、北緯 31 度 13 分 40 秒。諸可寶，《江蘇全省輿圖》（臺北：成文出版社，影印 1895 年刊本，1974），頁 348。C. E. Darwent, *Shanghai: A Handbook for Travellers and Residents* (Shanghai, Hongkong, Singapore, and Yokohama: Kelly and Walsh, Limited, 1904), p. 195. 吳馨修，姚文枏纂，《上海縣續志》，卷 1，頁 1。

28　吳健熙，〈題記〉，李維清著，吳健熙標點，《上海鄉土志》（上海：上海古籍出版社，1989），頁 55。

29　柳和城，《孫毓修評傳》（上海：上海人民出版社，2011），頁 49-66。

課「位置」中說上海「地當北緯三十一度十五分，東經百二十一度二十九分」，[30]《東方指南·上海篇》的譯文則說上海的位置是在「北緯三十一度十五分，格林志東一百二十一度二十九分」。[31] 從孫毓修特別使用「格林志東」一詞，可以看出他相當注意本初子午線所代表的主權問題。當我們將二書所記述的經度，減去《花圖新報》在 1880 年時刊布的北京經度──東經 116 度 28 分，[32] 便得出以北京為本初子午線的經度數值──東經 5 度 1 分，而這正是《上海指南》中所記載的經度數值。《上海指南》的編者對此一經度數值深信不疑，自 1909 年發行初版，至 1930 年發行第 23 版，即使中國的國都已從北京遷至南京，以格林威治子午線為世界經線起始的觀念也逐漸普及，編者都不曾更動這個說法。

《上海指南》編者對經緯度資訊的意義顯然所知無多。他們很可能不知道經緯度所標示的是一個點的座標，因此並未清楚地指出他們所公布的點座標究竟是那一個點。他們也沒有能力發現一些明顯的錯誤──自 1922 年版《上海指南》將上海的緯度誤植為 35 度 15 分後，至 1930 年為止，此一資訊始終未獲更正。[33] 那麼，1909 年

30　李維清著，吳健熙標點，《上海鄉土志》，頁 65。

31　孫毓修譯，〈譯東方指南上海篇（一千九百零八年本）〉，《東方雜誌》，第 5 卷第 9 期（1908 年 9 月），頁 96。

32　〈各國京城經緯度時刻表〉，《花圖新報》，第 1 卷第 1 期（1880 年 4 月），頁 29。

33　商務印書館編譯所，《增訂上海指南》（上海：商務印書館，

初版《上海指南》所引述的經緯度數字——北緯 31 度 15 分，東經 121 度 29 分，究竟在不在上海縣城的範圍內呢？答案應該是否定的。日本人遠山景直在 1907 年出版的《上海》一書中指出，英國人在駐上海領事館前立了一個石標，聲明它的位置是北緯 31 度 14 分 42 秒，東經 121 度 29 分 12 秒。[34] 英國駐上海領事館的位置，就在吳淞江與黃浦江交會處的西南岸，由此可知，《上海指南》所標記的位置根本不在上海縣城內，而是在吳淞江北岸的舊美租界中。

在縣志書寫傳統的影響下，1909 年初版《上海指南》理所當然地將「上海」定義為「上海縣」，但隨著上海縣北部與寶山縣南部的城市地帶逐漸連成一氣，《上海指南》編者不得不開始思考是否應該收錄寶山縣境內的相關資訊，尤其是關乎市區民眾權益的官署資訊。1909 年初版卷 3 中所列示的行政官署，僅以駐在上海縣境內者為限。[35] 然而在 1911 年版中，《上海指南》編者已將寶山縣縣令列入「本國官廨局所」表中。[36] 自 1914 年版起，

　　　1922），卷 1，頁 1。此一地點實已位於黃海中。世界書局在1924年出版的《旅滬必備上海快覽》也引錄了這項錯誤資訊。見陶鳳子，《旅滬必備上海快覽》（上海：世界書局，1924），第1編，頁 1。

34　遠山景直，《上海》，收入孫安石監修，《近代中國都市案內集成・上海》（東京：株氏会社ゆまに書房，2011），第 6 卷，頁 23。

35　商務印書館編譯所，《宣統元年上海指南》，頁 15-23。

36　商務印書館編譯所，《增訂上海指南》，1911年版，卷 2，頁 1。

編者又改弦異轍，刪去寶山縣的縣行政官署。[37] 可見編者確實受到方志傳統中以行政區域界定的「上海縣」觀念制約，認為在《上海指南》中列示「寶山縣署」不太恰當。

　　1920 年代，隨著籌設「淞滬特別市」的呼聲逐漸盛行，《上海指南》編者又悄悄地將行政官署資訊的收錄範圍，擴大到上海縣境之外，但他們自圓其說的根據，並不是研議中的、疆域廣大的「淞滬特別市」，[38] 而是早在1913 年即已存在、僅包括上海、寶山兩縣城市化程度較高地區的「淞滬警察廳」轄區。[39] 1920 年版《上海指南》首先將駐在寶山縣吳淞鎮的淞滬警察廳第六區警察署列入「本國官吏等」條。[40] 1922 年版進一步列入更多吳淞地區的政府機關，如吳淞商埠督辦、江海關駐淞醫官與陸軍第十師中的多個單位。[41] 1925 年版再增列了淞滬警察廳在寶山縣境內的江灣、引翔、真茹等鄉鎮所設的分支單位，以及主力駐在上海縣境內的陸軍第四師，駐紮在寶山縣縣城外的部分單位。[42] 1927 年國民政府入主上海以後，

---

37　商務印書館編譯所，《增訂上海指南》，1914年版，卷2，頁1。
38　根據淞滬特別市籌備會的規劃，淞滬特別市除包括上海縣全境之外，還將從寶山、南匯、川沙、太倉等縣併入多個鄉鎮。〈淞滬特別市草擬章程〉，《申報》，1925年2月10日，14版。
39　〈改組淞滬警察廳〉，《申報》，1913年4月3日，7版。
40　商務印書館編譯所，《增訂上海指南》，第 11版（上海：商務印書館，1920），卷2，頁1。
41　商務印書館編譯所，《增訂上海指南》，1922年版，卷 1，頁1-3。本版將「吳淞商埠督辦」誤植為「吳淞衛埠督辦」。
42　商務印書館編譯所，《增訂上海指南》，1922年版，卷2，頁1-3。

原屬寶山縣的吳淞、江灣、引翔、真如等鄉鎮，正式劃歸「上海特別市」，在《上海指南》中列示這些地區中的政府機關，終於得到名正言順的理由。

　　《上海指南》編者除了需要考慮如何處理原上海縣以北、城市化程度較高地區的資訊之外，也漸漸地意識到是否需要收錄原上海縣內南部農村地區資訊的問題。《上海指南》發行之初，根本不曾提及南部農村地區，直到1922年版中，才開始列示「上海縣警察所」設在南部各鄉的分支單位。不過，在1930年版中，由於當時「上海市」與「上海縣」在行政上已一分為二，編者因此順理成章地刪去已由「上海縣警察所」改組為「上海縣公安局」的相關資料，[43] 原上海縣南部農村地區的相關資訊於是再度從《上海指南》中消失。

　　對《上海指南》編者而言，「『上海』在那裡？」中的「上海」，意謂著「上海縣城」；「那裡是『上海』？」中的「上海」，則有時指的是根據地方行政制度區分出來的「上海縣」、「上海特別市」或「上海市」，有時則指根據人口密度及工商業發展程度界定出來，跨越上海、寶山兩縣邊境的都會區。為了說明「『上海』在那裡？」，《上海指南》編者不僅參考新舊方志的記載，還引述地理測量的結果。不料由於編者對不同來源的資訊究竟如何形

---

43　商務印書館編譯所，《增訂上海指南》，1922年版，卷 2，頁 3；林震，《增訂上海指南》，第 23版（上海：商務印書館，1930），卷 2，頁 1-2。

成並無深入認識，以致弄巧成拙。在界定「那裡是『上海』？」時，編者對「行政上海」與「城市上海」之間的差別雖了然於心，卻不無游移。和此前的導遊書一樣，《上海指南》編者的關注焦點也是「城市上海」，因此最初幾乎完全不收錄上海縣內非城市地區的資訊。而當城市化已大幅逸出「上海縣」範圍後，編者卻一度受到行政區劃觀念制約，謹守「行政上海」的範疇，直到引入「淞滬警察廳」轄區觀念後才順利解套，但在此同時卻又開始增列上海縣內非城市地區的資訊。編者努力在「行政上海」與「城市上海」之間取得平衡的態度，成為它異於《滬游雜記》、《申江勝景圖》、《繪圖上海雜記》等城市導遊書的一項特色。

## 三、區劃上海

　　《上海指南》在說明上海的位置與範疇時，主要沿用方志中的表述方式與內容，但它對上海內各區塊的介紹，則完全跳脫了方志的窠臼。1871 年《重修上海縣志》所介紹的區塊——2 鄉、12 保、28 區、214 圖，是清朝政府為了徵收賦稅、維護治安、實施教化所作的空間區劃。《重修上海縣志》除了以文字敘述各鄉、保、區、圖的統屬關係及所在位置以外，更繪製地圖以便讀者理解各區塊的相對位置。[44] 1918 年《上海縣續志》介紹的區塊，則

---

44　應寶時修，俞樾、方宗誠纂，《重修上海縣志》，卷首，頁

是 1860 年代以降重新區畫的結果。1860 年（咸豐 10 年），
上海官紳為抵禦來勢洶洶的太平軍，將全區 214 圖重新區
劃為 1 總局、6 路、20 局、16 段。「段」設置在人口稠
密的縣城及週邊地區，直隸於總局；其他地區則設「局」，
分屬於 6 路，由總局統轄。戰亂平息後，「段」與「局」
成為上海新的基層組織，「局」則成為新的區塊概念。[45]
1906 年（光緒 32 年）劃分出的 24 學區，1910 年劃分出
的 1 城、2 鎮、12 鄉自治區域，以及 1912 年劃分 4 市、
15 鄉自治區域，都是以「局」為基礎進行微調而成。[46]《上
海指南》編輯團隊自始至終都沒有採用這些區塊概念，一
方面因為它所涵蓋的範圍遍及全縣，絕大多數的區塊都不
在《上海指南》的導覽範圍內；另一方面則因為它所畫出
的個別區塊太大，無法凸顯《上海指南》所要導覽的重點
地區的內部差異。《上海指南》編者因此只能別闢蹊徑。

　　《上海指南》中的區塊觀念很可能是受到「城廂租界
全圖」一類地圖的啟發。根據葉凱蒂的研究，此類地圖

9a-12b；卷 1，頁 6b-9a。關於清朝政府對基層社會的動員與控制，
參見巫仁恕，〈官與民之間──清代的基層社會與國家控制〉，
黃寬重主編，《中國史新論‧基層社會分冊》（臺北：聯經出版
公司，2009），頁 423-473。

45　吳馨修、姚文枬等纂，《上海縣續志》，卷 1，頁 3a-b。從新聞
報導中所刊布的上海市測繪院「鎮院之寶」的相片──1905 年繪
製的《上海局界圖》，可以大致看出各局的空間區劃方式。楊天，
〈地圖「話」上海〉，《聯合新聞網》，http://udn.com/news/
story/7332/2110523，2016 年 12 月 7 日檢索，本網址現已不存。

46　吳馨修、姚文枬等纂，《上海縣續志》，卷 1，頁 3b-7a。吳馨
等修、桃文枬等纂，《上海縣志》（臺北：成文出版社，影印
1935 年刊本，1975），卷 1，頁 2a-3a。

以 1875 年問世的《上海縣城廂租界全圖》為嚆矢，而它
最重要的特色就是同時呈現了上海縣城及租界中的空間資
訊。這幅地圖採用西文地圖常用的南下北上視角，且和西
文地圖一樣，強調黃浦江的重要性，但和西文地圖明顯不
同的是──它將縣城置於全圖中心，展現出鮮明的中國本
位意識。這幅地圖本身可能流傳不廣，不過由於它後來成
為 1884 年點石齋版《上海縣城廂租界全圖》的底圖，其
空間意識因而得以廣為流傳。[47] 葉凱蒂沒有注意到的是：
1875 年版的《上海縣城廂租界全圖》其實是一幅官修地
圖，[48] 該圖雖然標示了外國領事館、租界巡捕房的位置，
也清楚繪出美租界與英租界、英租界與法租界及華界、法
租界與華界間的自然邊界，但製圖者並未指明這些河道的
邊界意義，更未凸顯租界與華界之間的差異。直到英國

---

47　Catherine V. Yeh, "Representing the City: Shanghai and Its Maps,"
　　in David Faure and Tao Tao Liu eds., *Town and Country in China:
　　Identity and Perception* (Hampshire and New York: Palgrave, 2002), pp.
　　184-192. 1875 年版地圖，見中央研究院數位文化中心、臺灣史研
　　究所，「數位方輿」，http://digitalatlas.asdc.sinica.edu.tw/map_
　　detail.jsp?id=A104000025，2017 年 12 月 13 日檢索。1884 年版地
　　圖，見 Virtual Shanghai, http://www.virtualshanghai.net/Asset/
　　Preview/vcMap_ID-261_No-1.jpeg，2017 年 12 月 13 日檢索。

48　根據地圖右下角李鳳苞所作的題識，這幅地圖是由「觀察馮卓
　　儒先生」，「飭令」邱玉符、許雨蒼二人測繪而成。馮卓儒即
　　1875 年至 1877 年間擔任上海道台的馮焌光，他自 1865 年起，便
　　在江南製造局擔任要職，邱玉符（名瑞麟）、許雨蒼（名承霈）
　　也都是江南製造局的職員。《近代上海大事記》（上海：上海辭
　　書出版社，1989），頁 903。魏允恭編，《江南製造局記》（臺北：
　　文海出版社，影印 1905 年刊本，1969），卷 2，頁 20；卷 6，頁
　　41。黃清憲著，郭焰整理，《半弓居文集》（上海：上海社會科
　　學院出版社，2015），頁 181-182。

人美查（Ernest Major）經營的點石齋在 1884 年改繪、縮印此圖時，才以不同的色塊來標示美租界、英租界、法租界與華界，藉此呈現各界分治的現實。1909 年初版《上海指南》編者的區塊意識，以1875 年版地圖為基底，他們將上海縣的行政中心——縣城視為各區塊之首，然後將黃浦江西岸、縣城城牆以外的空間，分成「南市」與「北市」兩部份。儘管如此，《上海指南》編者並未像1875年版地圖那樣淡化華界與租界的差別，而是取法1884 年版地圖，清楚地介紹「北市」中各國租界的位置與特色。不過，1909 年初版《上海指南》編者心中的「北市」圖像，已非1875 年版、1884 年版地圖所描繪的模樣，而更接近《字林西報》館在1900 年出版的《上海租界地圖》。[49] 此圖除了明確地呈現租界擴張的成果之外，也描繪出時人在黃浦江東岸經營工商業的成果，在該圖的影響下，1900年代上海地圖中的浦東地區不再只是一片空白。筆者懷疑，1909 年初版《上海指南》編者將黃浦江東岸納入本書的導覽範疇，很可能也是這股潮流下的產物。

　　城牆是 1875 年版《上海縣城廂租界全圖》中最明確

---

49　這幅地圖的 1904年版甫問世，便被 Charles E. Darwent 著名的旅遊手冊收錄。Stanford's Geographical Establishment, *A Map of the Foreign Settlements at Shanghai* (London, Shanghai: North China Daily News & Herald, 1900), Virtual Shanghai, http://www.virtualshanghai.net/Asset/Preview/vcMap_ID-342_No-1.jpeg；1904年版見 http://www.virtualshanghai.net/Asset/Preview/vcMap_ID-135_No-1.jpeg；旅遊手冊版見 http://www.virtualshanghai.net/Asset/Preview/vcMap_ID-1824_No-1.jpeg，2018年 1月 19日檢索。

的區塊界線，1909 年版《上海指南》因此在簡述上海的
疆域沿革與範疇後，設置「城垣」一條來加以介紹。「城
垣」條的內容，可以想見的，取自1871 年縣志「城池」
條。1871 年縣志對城牆的描述可以歸納為3 個重點：一是
藉由說明城牆的周長與高度，具體展現城的範圍與規模；
二是透過介紹城牆上的工事，凸顯城的防禦能力；三是羅
列城門與水關的數量與位置，讓讀者了解城內與城外的交
通孔道所在。[50]《上海指南》初版對城垣的描述，則特別
強調第3 項。這主要是因為自1900 年起，批評城牆阻礙城
市發展、妨害交通的聲浪，便開始在上海出現；[51] 至1908
年時，支持者與反對者之間暫時得出緩拆城牆、添設城
門的協議，[52] 並在《上海指南》初版問世前3 個月，正式
稟請兩江總督核示。[53] 此一城門修建計畫雖然尚未成為定
局，《上海指南》初版卻花了不少筆墨加以介紹，可見編
者對此一議題的重視。

　　上海縣城城牆的拆除作業直到 1912 年 7 月間才正式
動工，[54] 但至遲自 1911 年版起，《上海指南》編者已刪

---

50　應寶時修，俞樾、方宗誠纂，《重修上海縣志》，卷 2，頁 1。

51　李平書，《且頑老人七十歲自敘》（臺北：文海出版社，
　　1974），頁 476-477。

52　〈滬道詳覆添闢城門問題〉，《申報》，1908 年 8 月 20 日，18 版。

53　〈稟請實行添闢城門〉，《申報》，1909 年 3 月 15 日，19 版。

54　辛亥革命後出任上海民政長的拆城派大將李平書曾在自訂年譜中
　　宣稱，上海紳商在 1911 年 11 月 24 日集會決議拆除城牆後，不到
　　十日，城牆便全部拆除。李平書，《且頑老人七十歲自敘》，頁
　　477。事實上，城牆拆除過程並沒有這麼順利。關於晚清民初上

去獨立的「城垣」條，將城牆相關敘述置於「城內大概」
條內。在這段敘述中，編者隻字未提城牆的防禦功能，城
牆的意義已等同一道區隔「城內」、「城外」的界線。對
強調「交通」而非「阻隔」的編者而言，連通「城內」、「城
外」的城門位置，已是唯一的敘述重點。[55] 在 1914 年版
中，編者仍照錄 1911 年版關於城牆、城門的各項敘述，
但最後加了一句：「城已拆毀，改築民國路，與迤北之法
國租界相接矣。」[56] 1920 年版則更仔細地說明拆城以後
將舊城垣改築馬路的情況：「自小東門迤南，繞至方浜橋
路，曰中華路；自方浜橋迤北，至小東門，曰法華民國路，
皆與法租界相接矣。」[57]《上海指南》對城牆的敘述方式
就此底定。

　　上海的實體城牆拆除以後，由城牆界定出來的「城
內」觀念卻仍根深蒂固，即使在 1930 年版《上海指南》
中，都仍將「城內」視為一個區塊。1909 年版《上海指南》
對「城內」的說明，主要分成三個部份：首先描述主要街
道的分布狀況，然後介紹風景名勝（尤其是著名園林），
最後也是最值得注意的部份則是當時的新政建設：

海的拆城爭議及施工過程，詳見徐茂明、陳媛媛，〈清末民初上
海地方精英內部的權勢轉移──以上海拆城案為中心〉，《史學
月刊》，2010年第 5 期（2010），頁 11-21、57。

55　商務印書館編譯所，《增訂上海指南》，1911年版，卷 1，頁 1。
56　商務印書館編譯所，《增訂上海指南》，1914年版，卷 1，頁 2。
57　商務印書館編譯所，《增訂上海指南》，1920年版，卷 1，頁 1。

城南有也是園，城西有半涇園，具有林泉樂趣，今
皆開設學堂。以勝地而興教育，尤足稱焉。惟城內
市街狹隘，行人擁擠，掃除不力，穢氣塞途，不免
為外人所譏。然近設工程局以謀地方自治，設自來
水及電燈以便居民，並設警察保衛閭閻、潔治街巷。
循是而進，安見城內規模之不足與租界競勝也哉！[58]

　　身處新政運動的高峰階段，編者對上海華界的未來抱
持高度期望。只是這樣樂觀的心情，在短短兩年之後，便
已消失殆盡。即使也是園和半涇園裡的學堂弦歌不輟，
「自來水、電氣燈及電話俱已設立，又有警察以保治安」，
但或許因為新政建設的步調趨於停滯，1911年版《上海
指南》對未來已不敢抱太大的期待。[59] 這種心如止水的感
覺，一直延續到辛亥革命以後。

　　辛亥革命後《上海指南》對「城內」的描述，主要強
調其商業功能。自1914年版起，編者增加了許多購物資
訊，如小東門大街「多銀樓、綢緞、皮貨、樂器等店」，
新北門大街「多磁器、紅木眼鏡、木梳、珠寶、竹器、象
牙器各店」；城隍廟中的四美軒茶館裡有許多賣翡翠、珠
寶的商人，四美軒兩旁則有許多紙扇、字畫店；桂花廳外
有許多賣鮮花的小販，廳西則多是賣禽鳥的攤商。[60] 1922

---

58　商務印書館編譯所，《宣統元年上海指南》，頁6。
59　商務印書館編譯所，《增訂上海指南》，1911年版，卷1，頁1。
60　商務印書館編譯所，《增訂上海指南》，1914年版，卷2，頁2。

年版又添入新的商圈訊息：「九畝地有新舞臺劇場，兩旁飲食店林立，夜市亦繁盛。」[61] 至於曾是 1909 年版介紹重點之一的園林勝景，在 1911 年版中則只保留關於城隍廟東、西園的描述，且內容已大為簡化。[62]

　　城內的交通設施是 1910 年代編者關注的另一焦點。1909 年初版已對城內道路作了相當嚴厲的批評，1911 年版繼續針對此一問題提出針砭：「道路不廣，除尚文門內各馬路外，多未能行車，交通上尚不甚便耳」。在 1914 年版中，編者總算能夠得意地宣稱：「馬車已於大境路通行，人力車則所在皆有」。到了 1920 年代初期，或許因為馬車、人力車在城內已是司空見慣的交通工具，1922 年版便刪去了這句敘述。[63]

　　繼「城內」之後，緊接著便介紹城外的「南市」。1909 年版《上海指南》所謂的「南市」，指的是縣城小東門外、黃浦江沿岸人口稠密的繁盛商業區。編者指出，

---

61　商務印書館編譯所，《增訂上海指南》，1922年版，卷1，頁2。

62　1909年版《上海指南》描述城隍廟東、西園：「東園在廟後東偏，回廊曲折，山石崚嶒，每屆令節，有蘭花、菊花等會，縱人游覽。西園在廟西，有湖心亭、九曲橋、香雪堂、點春堂諸名勝。市肆林立，游人如織，茶寮酒肆，座客常滿。」而在 1911 年版中則已簡化為「東園以假山著，遇佳節，則開門縱人游覽；西園有點春堂、香雪堂、湖心亭、九曲橋諸勝。」商務印書館編譯所，《宣統元年上海指南》，頁 6；商務印書館編譯所，《增訂上海指南》，1911年版，卷1，頁1。

63　商務印書館編譯所，《宣統元年上海指南》，頁 6；商務印書館編譯所，《增訂上海指南》，1911年版，卷1，頁1；商務印書館編譯所，《增訂上海指南》，1914年版，卷 1，頁 2。商務印書館編譯所，《增訂上海指南》，1922年版，卷1，頁2。

此一區塊北部與法租界相接，往南至薛家浜橋、陸家浜橋附近，便逐漸呈現鄉間風貌了。[64] 不過，在 1911 年版中，編者對「南市」的定義已不再侷限於薛家浜橋、陸家浜橋以北地區，而是將高昌廟鎮以北的沿江地區，都認定為「南市」的範圍，顯示城市化腳步正迅速地往南擴展中。[65] 1909 年版《上海指南》「南市大概」條中，其實已附帶提到了更南邊的高昌廟、龍華，西邊的徐家匯等 3 個重要市鎮，而高昌廟鎮以江南製造局為中心發展起來的新式工業，及徐家匯鎮古老的天主教堂和天文台，開風氣之先的新式學堂——南洋公學，尤其備受編者青睞。[66] 1911 年版再增添了一個新興的工業區——日暉港。[67] 1911 年版雖已將「南市大概」條改稱「南市及西鄉大概」條，但編者其實並未對「西鄉」一詞作出定義。直到 1914 年版才明確的將高昌廟鎮、龍華鎮、日暉港和徐家匯鎮定義為「西鄉」。[68] 即使自 1920 年版起，編者將此一條目的標題改為「南市及西區」，內文中的「西鄉」字樣卻並未有所更動。從圖 6-1 可以清楚地看到，1900 年代的「西鄉」諸鎮，仍是與城內與租界不相連屬的聚落。隨著法租界的西擴、南市沿河岸向西南方延伸，1910 年代中葉以後，

---

64　商務印書館編譯所，《宣統元年上海指南》，頁 6-7。

65　商務印書館編譯所，《增訂上海指南》，1911年版，卷 1，頁 1。

66　商務印書館編譯所，《宣統元年上海指南》，頁 7。

67　商務印書館編譯所，《增訂上海指南》，1911年版，卷 1，頁 1。

68　商務印書館編譯所，《增訂上海指南》，1914年版，卷 1，頁 2。

「西鄉」諸鎮才逐漸與市區連成一氣，從而成為華界市區的「西區」。

圖 6-1　南市、西鄉與法租界的擴張 [69]

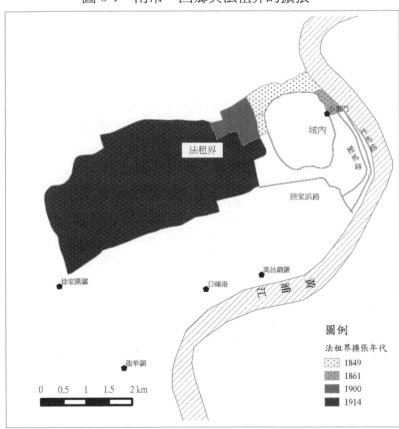

69　底圖來源：Openstreetmap, http://www.openstreetmap.org (accessed July 15, 2016); "Settlement Extension", Virtual Shanghai Historical Maps, http://www.virtualshanghai.net/GIS/Shanghai/ (accessed July 15, 2016); 〈上海市區域南市圖〉，楊逸等纂，《上海市自治志》（台北：成文出版社，1974）。

　　相對於「南市」，1909 年版《上海指南》以「北市」這樣一個詞彙來指稱縣城以北的繁盛市區，包括各國租界及租界以北的華界。編者首先說明各國租界的相對位置，然後根據各租界的繁盛程度，分別簡介其特色。最後總結指出：

> 租界之內，路廣而潔，屋敞而明。列樹道旁，濃蔭蔽日。巡警植立，各司其事。故雖車馬塞途，踵趾交錯，而按部就班，無有紛擾。與周官司市、司虣之制，頗多暗合，可以為我地方行政法矣。[70]

　　欽慕之情，溢於言表。除了在「北市大概」中粗略介紹各國租界的特色之外，1909 年版《上海指南》並在「浦東大概」條之後，另立新的條目，由南往北地對「法租界」、「英租界」、「美租界」與「公共新租界」等區塊作更詳細的說明。租界內繁盛的工商業活動、四通八達的道路建設、整齊美觀的建築風貌及各種便利的現代生活設施如電氣、煤氣、自來水、消防隊等，則是編者最關注的事物。[71]

　　1909 年版《上海指南》中將租界區分為英租界、美租界、法租界，並將美租界以東、英租界以西這兩

---

70　商務印書館編譯所，《宣統元年上海指南》，頁 7-8。
71　商務印書館編譯所，《宣統元年上海指南》，頁 9-11。

個不相連的區塊合稱為公共新租界的作法，其實是相
當特別的區塊觀念。早在1863年，英、美兩租界即
已合併為「外國人居留地」（Foreign Settlement）；
1899年租界擴張後，又進一步將既有的外國人居留地
和新關租界合稱「國際居留地」（International Settle-
ment）。[72] 也就是說，上海的英美人社群其實已經不
再區分「英租界」和「美租界」了。[73] 然而上海最著
名的華文報紙──《申報》卻直到1912年9月6日，都
還繼續將發生在租界內的「本埠新聞」，區分為「英
租界」、「美租界」與「法租界」三類。[74] 1908年由
上海松翠堂書店發行的一紙由日本人繪製的《最新上
海地圖》，也還是將租界地區繪成「米租界」、「英

---

72　上海市檔案館編，《上海租界志》（上海：上海社會科學院出
　　版社，2001），頁96。

73　1904年出版的《上海：旅客與居民手冊》（*Shanghai: A Handbook for
　　Travellers and Residents*），將法租界以外的租界地區，分為外灘、中
　　區、靜安寺路沿線、北區（分為北四川路以東及以西兩部份）、
　　百老匯路至周家嘴之間、新閘及越界築路地區等區塊。Darwent,
　　*Shanghai: A Handbook for Travellers and Residents*, pp. 1-76.《字林西報》
　　館在1900年刊行的地圖則將法租界以外的租界地區，分為「東
　　區」、「北區」、「中區」和「西區」四個部份。Stanford's
　　Geographical Establishment, *A Map of the Foreign Settlements at Shanghai*
　　(London & Shanghai: North China Daily News & Herald, 1900),
　　Virtual Shanghai, http://www.virtualshanghai.net/Asset/Preview/
　　vcMap_ID-342_No-1.jpeg，2018年1月19日檢索。此一分區方
　　式也是當時工部局用以進行各項調查、統計的標準。見 *Shanghai
　　Municipal Council Report for the Year 1907 and Budget for the Year 1908*
　　(Shanghai: Kelly and Walsh, Limited, n. d.), pp. 114, 136, 142, 144.

74　《申報》，1912年9月6日，7版。翌日，《申報》即將這類新聞
　　改分為「公共租界」與「法租界」兩類，但並未說明原因。

租界」、「法租界」三個部份。[75] 或許是受到這類日
本地圖的影響，商務印書館在1910 年出版的《實測上
海城廂租界圖》中，已將美租界和美租界以東的租界
地區畫成同一色塊；但和《最新上海地圖》相異的是，
《實測上海城廂租界圖》將「英租界」與「英租界」
以西的部份畫成兩個色塊。[76] 1911 年版《上海指南》
顯然附和了這樣的區塊觀念，將1909 年版所謂「美租
界」及「美租界」以東的租界地區都稱為「美租界」，
而以「公共租界」一詞來指稱「英租界」以西的部份。
除了調整區塊劃分方式之外，編者也改變了描述次
序。編者不再根據地理位置由南到北的介紹各租界，
而是採取比較接近英租界工部局的立場，先介紹核心
區的「英租界」，再介紹北方的「美租界」、西區的
「公共租界」，最後才是工部局管轄權之外的「法租
界」。[77] 繼《申報》本埠新聞版以「公共租界」取代
先前的「英租界」、「美租界」兩類之後，1914 年版
《上海指南》也將「英租界」、「美租界」及「英租
界」以西的租界地區合稱為「公共租界」，上海英美

---

75 谷岡繁，《最新上海地圖》（長崎：富松繁治，1908），http://
    www.virtualshanghai.net/Asset/Preview/vcMap_ID-269_No-1.
    jpeg，2016年 8月 1日檢索。

76 商務印書館，《實測上海城廂租界圖》（上海：商務印書館，
    1910），http://www.virtualshanghai.net/Asset/Preview/vcMap_
    ID-260_No-1.jpeg，2016年 7月 19日檢索。

77 商務印書館編譯所，《增訂上海指南》，1911年版，卷 1，頁 2。

人社群的區塊觀念，才逐漸向華人社群中擴散。[78] 不過，直到1930年版中，編者還是不忘提醒讀者：「滬人沿襲舊名，仍呼之曰：『英租界』、『美租界』、『公共租界』」。[79]

在1909年版《上海指南》編者看來，租界以北的華界，只有新閘橋以北地區（即靠近美租界西部的地區）「尚有繁盛之觀」，其餘地區則仍「人煙稀少，街路崎嶇」，[80] 無需多費筆墨，但1911年版則已刪去涵蓋租界與華界的「北市大概」項，改設「閘北大概」項，置於「南市」與「浦東」二項之間。自此之後，《上海指南》對華界和租界的概述，便成為兩個獨立的單元。華界的經濟發展與市政建設如何向租界看齊，則是編者最主要的敘述重心。

所謂「閘北」，1911年版《上海指南》將之定義為「新閘以北」，事實上，本項所涵括的區塊，卻不只是1909年版中所說新閘橋以北、美租界以西的繁榮地區，還包括美租界以北、寶山縣以南之間的華界，也就等同於1909年版中所說的「租界以北之市面」。1911年版的編者指出，那些在1909年時仍然人煙稀少、街路崎嶇的「荒涼之區」，已因交通改善，逐漸繁榮起來。編者並不諱言，閘北地區的勃興，與公共租界越界築路的行動有關，甚至

78　商務印書館編譯所，《增訂上海指南》，1914年版，卷1，頁2-3。

79　林震，《增訂上海指南》，卷1，頁3-4。

80　商務印書館編譯所，《宣統元年上海指南》，頁8。

當時閘北民眾所使用的自來水、電燈與電話,都須仰賴公共租界供應。但編者強調,外國人在閘北地區「擅行建築」的道路只有一、二處,華界市政當局則已修築了十多條馬路,且正在努力強化各項公共設施當中,未來當可自給自足。[81] 果然,在1922年版《上海指南》中,編者宣稱閘北地區的各項公共設施如自來水、電燈、電話、消防與慈善機構等,均已一應俱全,不再需要仰人鼻息。[82] 儘管公共租界工部局事實上仍控制越界築路地區的警察權,但《上海指南》卻從此絕口不提此事,而將閘北呈現為一個中國政府戮力建設有成的新市區。

在介紹了黃浦江西岸的「城內」、「南市」與「北市」之後,《上海指南》編者將視角移到黃浦江東岸的「浦東」地區。所謂「浦東」,並不像「浦西」那樣廣大,而只是指周家嘴對岸至白蓮涇港之間的沿岸地區,基本上可以視為浦西市區的延伸地帶。儘管浦東櫛比鱗次的工廠棧房,大都是外資企業所有,但編者對此顯然抱持樂觀其成的態度。在編者看來,這些由外資引進的新式工商業,無疑為近代上海的繁華奠定了重要的基石。[83]

《上海指南》對各區塊的介紹,顯示編者真正關注的「上海」,其實只是「上海縣」中城市化程度最高的部份,這意謂著,《上海指南》就和《滬游雜記》以來的許

---

81 商務印書館編譯所,《增訂上海指南》,1911年版,卷1,頁1。
82 商務印書館編譯所,《增訂上海指南》,1922年版,卷1,頁2-3。
83 商務印書館編譯所,《宣統元年上海指南》,頁8。

多上海導遊書一樣，主要著眼於「城市上海」的繁華。相對於其他導遊書大都以商業與服務業集中的地區為導覽重點，《上海指南》則將視野擴大到工業區中。另一方面，即使《上海指南》編者一直是以租界地區所彰顯的西方價值，作為衡量城市化程度的標準，但編者在進行區塊介紹時，卻並未像此前許多導遊書那樣，以租界地區作為敘述重點，而是根據中國本位的意識，將租界置於華界之內，或將華界置於租界之先。不過，編者的中國本位意識並未升高為國家主權意識，因此當中、法之間因法租界擴張問題發生爭議時，《上海指南》也只是輕描淡寫的一筆帶過。編者的中國本位意識與立基於西方標準的現代化理想，就這樣巧妙地並存在《上海指南》之中。

## 四、道路與地點的表述與查詢

　　《上海指南》最重要的功能之一，就是協助讀者找到想去的地方、可行的路線；要達成這個目標，編者必須為讀者提供當地的相關資訊，並設法讓讀者了解各種地標的相對位置。中國的方志、旅行參考書編者早已意識到以文字表述空間的困難與侷限，因此常藉助圖像的力量。以1871年《重修上海縣志》為例，書中一共收錄了19幅圖，其中8幅呈現上海縣境內重要市鎮、水道、鄉保、道路的相對位置，其餘11幅則描繪社稷壇、縣學、書院、

廟宇、官署等地標的外觀。[84] 有些旅行參考書因為技術與
成本的限制，無法提供這麼多空間圖像，如1876年出版
的《滬游雜記》，就只刊布了三幅簡單的地圖，分別呈現
法租界、英租界、美租界內重要道路及里弄、設施的相對
位置。[85] 有些旅行參考書則全力描繪景點的樣貌，而忽略
相對位置的呈現。如1884年問世的《申江勝景圖》，就
結合點石齋印書局先進的石印技術、申報館的財力及畫家
吳友如的精湛技藝，將當時上海重要景點的樣貌呈現在讀
者眼前。[86] 10年後，隨著石印技術逐漸普及，一些上海
書坊結合《重修滬游雜記》與《申江勝景圖》的內容與編
輯形式，出版了《申江時下勝景圖說》與《新增時下勝景
圖說》等書，旅行參考書對景點的描述能力因此進一步強
化。[87] 在此一潮流影響下，《上海指南》自初版刊行時便

---

84 應寶時修，俞樾、方宗誠纂，《重修上海縣志》，「卷首」，頁
1-39。

85 葛元煦，《滬游雜記》（不詳：嘯園，1876），早稻田大
學圖書館，「古典籍総合データベース」，http://archive.
wul.waseda.ac.jp/kosho/ru05/ru05_03601/ru05_03601_0001/
ru05_03601_0001_p0011.jpg、http://archive.wul.waseda.ac.jp/
kosho/ru05/ru05_03601/ru05_03601_0001/ru05_03601_0001_
p0012.jpg、http://archive.wul.waseda.ac.jp/kosho/ru05/
ru05_03601/ru05_03601_0001/ru05_03601_0001_p0014.jpg，
2014年7月19日檢索。

86 吳友如，《申江勝景圖》（揚州：廣陵書社，2003）。

87 夏曉虹，〈返回歷史現場的通道——上海旅遊指南溯源〉，
頁82。梅花盦主，《申江勝景圖說》（臺北：東方文化書局，
1972）。筆者目前尚未得見《重修滬游雜記》一書，因此未能驗
證《申江勝景圖說》是否真如夏曉虹所言，直接援用《重修滬游
雜記》一書的內文。但在圖像部份，筆者比對東方文化書局影印
的《申江勝景圖說》刊本與廣陵書局影印的《申江勝景圖》後發

特別運用新興的銅版印刷技術，在卷首刊印各重要地標的
照片，並在「凡例」中得意地宣稱：這些精美的照片，可
讓無法親赴上海者，享受更多的臥遊樂趣。[88] 相形之下，
各版《上海指南》內所附的地圖本身，在繪製品質與出版
技術上反倒沒有明顯突破。

地圖雖然可以幫助讀者了解地標的相對位置，但編者
若未為圖像中的資訊製作索引，甚至考慮圖像與內文之間
相互參照的便利性，則地圖的功能將大打折扣。以《重修
上海縣志》來說，編者其實已經考慮到，讀者除了需要知
道縣城內外街巷的相對位置之外，可能也會對這些街巷的
其他資訊感興趣，因此除了繪製兩幅〈上海縣城內外街巷
圖〉之外，還在卷二「街巷」條中，以文字說明各街巷的
名稱、位置與沿革。然而編者在羅列街巷時，卻根本沒有
明顯的排列規則；有些街巷，如名列「街巷」條之首的新
衙巷、康衢巷，甚至根本就沒有在圖中出現，這使讀者很
難由街巷圖回查街巷條的內容，更難在閱讀街巷條的內容
時一邊查考街巷圖。[89] 至於可能與「最新上海地圖」一同

---

現，《申江勝景圖說》並未直接襲用《申江勝景圖》，而是根據
《申江勝景圖》臨摹改繪，二者儘管在視角、構圖上極為相似，
在一些細部的裝飾上卻常有明顯的差異。

88　商務印書館編譯所，《宣統元年上海指南》，頁1。

89　應寶時修，俞樾、方宗誠纂，《重修上海縣志》，卷1，
　　頁 15-16。卷 2，頁 8-10。早稻田大學圖書館，「古典籍総
　　合データベース」，http://archive.wul.waseda.ac.jp/kosho/
　　ru05/ru05_01692/ru05_01692_0001/ru05_01692_0001_p0038.
　　jpg、http://archive.wul.waseda.ac.jp/kosho/ru05/ru05_01692/
　　ru05_01692_0001/ru05_01692_0001_p0088.jpg、http://archive.

發售的《繪圖上海雜記》一書，在說明「各國租界馬路里名」的時候，則考慮了讀者參考地圖時的便利性。此書將當時上海租界中的各里弄按照所在租界、鄰近馬路分類，然後按照橫向馬路由東往西、縱向馬路由南往北的方式，列示馬路兩旁的里弄。[90] 這樣的表述方式或許能夠使手邊沒有地圖或只有簡單地圖的讀者，在閱讀時更便利地想像各里弄的相對位置。不過，由於編者並未有系統地編排各馬路的次序，對個別里弄也沒有提供名稱、位置以外的進一步訊息，對讀者而言，幫助還是有限。

反觀《上海指南》，雖只附有簡略的地圖，其文字表述與地圖之間卻具有高度的相互參照性。以 1909 年初版中對法租界內各馬路與景點的介紹為例，編者首先介紹鬧市的所在：「市街之盛，以公館馬路（即法大馬路）為最，餘如興聖街、吉祥街、紫來街等處，皆為商賈薈萃之所。」然後如同導遊一般，引領讀者從法國領事館開始，沿著法大馬路由東向西而行，在法租界進行一次簡單的巡禮：

> 法領事署、法會審署（即在法領事署內），俱在法

---

wul.waseda.ac.jp/kosho/ru05/ru05_01692/ru05_01692_0001/ru05_01692_0001_p0089.jpg、http://archive.wul.waseda.ac.jp/kosho/ru05/ru05_01692/ru05_01692_0001/ru05_01692_0001_p0090.jpg，2014年 7月 30日檢索。

90  蘋洣臥讀生，《繪圖上海雜記》，卷 1，頁 1b-11a。據該影印本中附見之文寶書局〈新出各種書目〉，《繪圖上海雜記》是與「最新上海地圖」一同發賣。但該地圖並未收錄在影印本中。筆者在哈佛燕京圖書館所閱讀的《繪圖冶遊上海雜記》也未附地圖。

大馬路之東口。天主堂及法國書信館，則在天主堂
街。其老巡捕房，則在法大馬路之中段。捕房基地
寬闊，環以鐵闌，中有時鐘巍然矗立，即俗稱大自
鳴鐘者也。時鐘之前，有一銅像，是乃法水師提督
巴勞德。……巡捕房南首，為法國工部局。西行轉
北，是謂新街。有電氣燈公司在焉。復循法大馬路
向西，過火輪磨坊街、陳家木橋街、新橋街等十字
路口，復西轉南，則為四明公所。不轉南，向西直
行，至南八仙橋旁，亦有法國巡捕房一所。復西越
泥城浜，又橫越新墳山路，復向西行，為寶昌路。
又西至關帝廟浜。倘由寶昌路向西南行，則可直達
徐家匯。[91]

　　這段文字對方位、地標的陳述十分清晰，使讀者可以
便利地在當時的地圖上查詢到相對應的位置；文中對重要
道路、地標形貌、歷史的陳述，則使地圖上平凡的線與點
變得更加地鮮活。可惜這樣細膩、清晰的街景表述，至遲
自1911年版起，已不復見。[92]
　　《上海指南》中最主要也最重要的空間表述，就是

---

91　商務印書館編譯所，《宣統元年上海指南》，頁9。
92　1911年版《上海指南》僅以如下文字介紹法租界內道路與地標：
　　「法租界市面以公館馬路為最繁盛。住宅多在八仙橋以西。黃浦
　　灘之南首，則有輪船招商局碼頭及廣大之屯棧在焉。法國領事館
　　在公館馬路東首，法租界會審公堂即設於其中。」商務印書館編
　　譯所，《增訂上海指南》，1911年版，卷1，頁2。

分門別類地羅列各機關、行號及公共設施的地址，然而
由於晚清民初上海，即使在租界內，也沒有一致的地址
書寫規則，如何方便讀者查詢、理解各地標的位置，成
為編者的一大難題。以1909年版收錄的報關行名錄為
例，絕大多數的報關行都列示了自家所在的區域、馬路
名稱與門牌號，如榮記新位於「英租界東棋盤街六百零
七號」、順成永位於「英租界江西路三十一號」，但裕
源公的地址卻是「英租界江西路雙慶里十九號」。[93] 而
在同書收錄的租界地區小學堂名錄中，所列示的地址更
是形形色色。如飛虹義務小學堂在「美租界穿虹浜文昌
閣」、文明小學堂在「美租界北浙江路善祥里」、華童
公學在「美租界克能海路、愛而近路轉角」、養蒙義務
學堂則在「英租界六馬路西新橋北」。[94] 這樣複雜多樣
的地址表述方式，不只讓外地人感到迷惑，就連本地人
都不免覺得困擾。

　　《上海指南》是首先想出辦法來減輕讀者困擾的旅行
參考書。《上海指南》書末所附的〈上海城廂租界地名表〉
（以下簡稱〈地名表〉），使讀者可以輕鬆地透過筆畫檢
字的方式，了解書中地名的具體位置。〈地名表〉本身可
說是一份「文字地圖」。它藉由描述起迄位置來描述一條
線，然後透過說明某個點與鄰近兩線的相對關係，來描述

---

93　商務印書館編譯所，《宣統元年上海指南》，頁 139。

94　商務印書館編譯所，《宣統元年上海指南》，頁 98。

點的位置。以「江西路」為例，1909 年版〈地名表〉中
說它：「北自自來水橋，南至三洋涇橋」。至於江西路雙
慶里的位置則是「江西路東（廣東路南）」，[95] 從圖 6-2
中可以看出雙慶里確實就位於江西路東側、廣東路南側的
街區內，〈地名表〉的空間表述能力由此可見一斑。

圖 6-2　江西路、廣東路附近圖 [96]

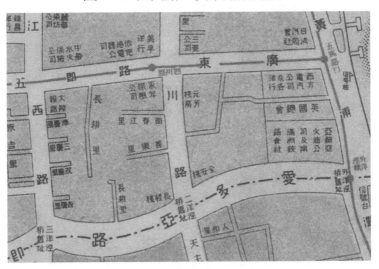

　　〈地名表〉的編輯方式，使編者可以不受圖幅限制，
收錄、呈現多樣的地名資訊。以最基本的道路資訊為例，
1912 年版《上海指南》所附的〈上海城廂租界北市略圖〉

95　商務印書館編譯所，《宣統元年上海指南》，頁 458。

96　王榮華主編，《上海英租界分區圖，1918年》（上海：上海辭書
　　出版社，2007）。

（以下簡稱〈北市略圖〉），在「英租界」部份，一共繪出30條道路（圖6-3、表6-2，A類道路）繪圖者除一一標示路名之外，並以「○○路即○○路」的方式，列示了天津路等7條道路的別名（表6-2，A類別名）。相形之下，1912年版〈地名表〉所列示的英租界內道路資訊則多達78項，其中包括37項已在地圖中出現的道路名稱與別名，以及32項地圖中未繪出的道路名稱（表6-2，B、C類道路）、9項地圖中未列示的道路別名（表6-2，B、C類別名）。此後各版〈地名表〉又陸續修訂、新增了許多道路資訊。表6-2比較1912年、1922年與1930年版〈地名表〉所收錄的「英租界」道路條目，並繪成圖6-4。圖6-4顯示，1912年至1930年間，〈地名表〉對「英租界」內道路資訊的更新重點，是提供更細緻的巷弄資訊，而山西路以西與廣東路以南、河南路兩側的華人商業區，尤其備受編者關注。

〈地名表〉中不斷擴增的里弄資訊，進一步彰顯了編者追求資訊細緻化的用心。1912年版一共列示了1,240個「胡同」、「坊」和「里」，1922年版已倍增為2,839個，1930年版更擴增至4,539個。在此過程中，租界與華界中的里弄數量都持續大幅攀升，但編者顯然越來越注意收集華界中的里弄資訊。1912年版列示的里弄中，77%位於租界內，1922年版已降至62%，1930年版則只有54%，此一比率正逐漸趨近租界人口在上海總人口

中所佔的比率。[97] 另一方面，閘北地區的里弄數量，在
1912 年版中敬陪末座，在1930 年版中卻已躍居各區之
冠，此一現象應該不只是反映閘北城市發展的成果，它
或許更展現了編者對這片由中國政府治理的新城區的重
視與期待（表6-3）。

圖6-3　1912年英租界道路圖 [98]

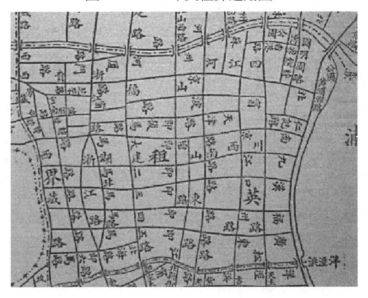

97　根據鄒依仁整理的上海人口統計資料，1910-1930年間，租界人
　　口在上海總人口中所占的比率，最高時為 1910年的 47.89%，最
　　低時則為 1915年的 41.51%，1927年與 1930年則分別為 43.06%
　　與 45.87%。鄒依仁，《舊上海人口變遷的研究》（上海：上海
　　人民出版社，1980），頁 90-91。

98　商務印書館編譯所，《上海指南》，1912版，〈上海城廂租界北
　　市略圖〉。

表 6-2

各版〈地名表〉中所收錄之「英租界」道路名稱一覽表 [99]

| | | 〈北市略圖〉 1912 | 〈地名表〉 | | |
| --- | --- | --- | --- | --- | --- |
| | | | 1922 | 1930 | |
| A 類道路 | 黃浦灘路、圓明園路、博物院路、香港路、蘇州路、北京路、寧波路、芝罘路、北勞合路、西藏路、仁記路、天津路、南京路、九江路、漢口路、福州路、廣東路、四川路、江西路、河南路、山東路、山西路、松江路、福建路、浙江路、湖北路、雲南路、廈門路、北海路、貴州路 | ○ | ○ | ○ | ○ |
| B 類道路 | 五福衖、牛莊路、王大吉衖、北無錫路、平望街、冰廠街、老閘老街、宋家衖、東棋盤街、松江衖、泗涇路、直隸路、金隆街、盆湯衖、英華街、香粉衖、海口路、財神衖、乾記衖、梅家衖、無錫路、臺灣路、廣西路、蕪湖路、顧家衖、汕頭路 | × | ○ | ○ | ○ |
| C 類道路 | 大興街、天津衖、冰廠老街、曲江路、後興街、雞鴨衖 | × | ○ | × | × |
| D 類道路 | 典當衖、民和里左衖、民和里右衖、吉陞棧衖、老其昌衖、松風閣衖、泰恆里後衖、泰記衖、恭成昌衖、通裕棧東衖、煤炭衖、福康里東衖、福康里西衖、福寧里東衖、德和衖、又新街、西棋盤街、佛陀街、交通街、新康路 | × | × | ○ | ○ |
| E 類道路 | 南陽路、東興街 | × | × | ○ | × |
| F 類道路 | 靖遠街、報關衖、會樂里總衖、福致里東衖、倍爾福路 | × | × | × | ○ |

99　商務印書館編譯所,《上海指南》,1912年版,卷 8,頁 1-34;
　　1922年版,卷 8,頁 1-126;1930年版,卷 8,頁 1-144。

| | | 〈北市略圖〉1912 | 〈地名表〉 | | |
|---|---|---|---|---|---|
| | | | 1922 | 1930 | |
| A類別名 | 二馬路、三馬路、大馬路、五馬路、六馬路、四馬路、後馬路 | ○ | ○ | ○ | ○ |
| B類別名 | 望平街、致遠街、棋盤街、大新街、石路、正豐街、寶善街 | × | ○ | ○ | ○ |
| C類別名 | 虹廟衖、中旺街 | × | ○ | × | × |
| D類別名 | 又興街、北香粉衖、鄧仁泰衖、紅廟衖、北石路、南石路、南無錫路、 | × | × | ○ | ○ |
| E類別名 | 雨石路 | × | × | ○ | × |

圖6-4 各版〈地名表〉所收錄之「英租界」道路位置[100]

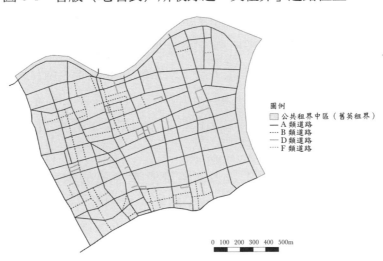

圖例
☐ 公共租界中區（舊英租界）
— A 類道路
···· B 類道路
— D 類道路
···· F 類道路

0 100 200 300 400 500m

---

100 王榮華主編，〈上海英租界分區圖，1918年〉； 1939年版《上海行號路圖錄》道路向量圖檔及上海租界向量圖檔，承安克強教授及 Isabella Durand 女士提供，謹此致謝。

表 6-3　各版〈地名表〉所收錄之里弄數量 [101]

| | 1912 年版 | | 1922 年版 | | 1930 年版 | |
|---|---|---|---|---|---|---|
| | 數量 | 百分比 | 數量 | 百分比 | 數量 | 百分比 |
| 租界 | | | | | | |
| 英租界 | 297 | 23.95% | 405 | 14.27% | 432 | 9.52% |
| 美租界 | 353 | 28.47% | 597 | 21.03% | 846 | 18.64% |
| 法租界 | 161 | 12.98% | 319 | 11.24% | 455 | 10.02% |
| 新租界 | 149 | 12.02% | 394 | 13.88% | 549 | 12.10% |
| 法新租界 | 0 | 0.00% | 68 | 2.40% | 181 | 3.99% |
| 租界合計 | | 77.42% | | 62.82% | | 54.27% |
| 華界 | | | | | | |
| 城內 | 91 | 7.34% | 328 | 11.55% | 575 | 12.67% |
| 閘北 | 43 | 3.47% | 434 | 15.29% | 917 | 20.20% |
| 其他 | 146 | 11.77% | 294 | 10.36% | 584 | 12.87% |
| 華界合計 | | 22.58% | | 37.20% | | 45.74% |

　　《上海指南》中所列示的地址，通常至少會包括所在道路或里弄名稱，但在 1909 年至 1912 年廟產興學運動高峰期間，許多學校所標示的地址，卻只是廟宇的名稱，如 1909 年初版中記載，崇正東官塾在地藏庵，南官塾在榮珠宮，西官塾在孔廟，北官塾在青蓮庵等。[102] 至於這些廟宇的具體位置，編者則根本沒有提及。這並非出於疏漏，而是有意為之。

　　上海的廟宇本是方志與旅遊參考書的敘寫重點之一。1871 年出版的《重修上海縣志》記載，單是在縣城所在的第25 保境內，就有50 餘座大小寺廟。[103] 1884 年

---

101　商務印書館編譯所，《上海指南》，1912年版，卷 8，頁 1-34；
　　　1922年版，卷 8，頁 1-126；1930年版，卷 8，頁 1-144。

102　商務印書館編譯所，《宣統元年上海指南》，頁 99-102。

103　應寶時修，俞樾、方宗誠纂，《重修上海縣志》，卷 31，頁
　　　1-10。早稻田大學圖書館，「古典籍総合データベース」，

出版的《申江勝景圖》，首幅便是上海孔廟，而在上卷
所收錄的31幅勝景中，更有將近10幅描繪的是具有宗教
功能的景點或活動。[104] 1904 年，美國教士Darwent所撰
寫的上海旅遊手冊中，也推薦了許多宗教性的景點，除
了大大小小的基督教堂，以及眾所周知的城隍廟、靜安
寺、龍華寺、天后宮、關帝廟外，還包括像虹廟這樣隱
身鬧市中的小佛寺。[105]

　　1909 年初版《上海指南》卻對如此活潑的宗教活動
視若無睹。即使在不得不介紹廟宇空間時，也刻意忽略其
宗教意義，而強調廟宇作為古蹟、觀光景點和市集的作
用。如書中對城隍廟的介紹：

> 商賈市廛，鱗次櫛比，而尤以城隍廟為薈萃之所。廟
> 有東西二園，東園在廟後東偏，回郎曲折，山石崚
> 嶒。每屆令節，有蘭花、菊花等會，縱人游覽。西園
> 在廟西，有湖心亭、九曲橋、香雪堂、點春堂諸名
> 勝。市肆林立，游人如織。茶寮酒肆，座客常滿。[106]

　　編者在這段文字中描述了廟外的商家，廟內的園林，

---

http://archive.wul.waseda.ac.jp/kosho/ru05/ru05_01692/
ru05_01692_0015/ru05_01692_0015.pdf，2014年 7 月 31日檢索。

104 吳友如，《申江勝景圖》，頁 7-131。

105 Darwent, *Shanghai: A Handbook for Travellers and Residents*, pp. 14, 35-38.

106 商務印書館編譯所，《宣統元年上海指南》，頁 6。

以及大量的遊客，就是沒有提到廟內的神祇和祭拜的信
徒。書中對靜安寺的介紹，甚至以寺中的名泉為重心：「愚
園之西，即靜安寺，為數百年古剎。有一名泉（俗稱天下
第六泉），水中含炭酸瓦斯，起細泡（俗呼沸泉），為勝
迹。」[107] 1909 年版《上海指南》編者一方面刻意忽略廟
宇的存在，另一方面又將廟宇作為標示位置的地址，顯示
這些著名廟宇早已成為當地人熟知的重要地標，外地遊客
可便利地在當地人的指點下造訪。

《上海指南》編者很快就放棄這種反宗教的立場。[108]
1911 年版中已倣效 1871 年縣志的體例，在全書之末的
「雜錄」卷，設立條目，介紹境內各種宗教設施。編者並
未採用 1871 年縣志所使用的「寺觀」、「教堂」分類，
而是以新傳入的「宗教」觀念，將上海的宗教設施分成
「釋教」、「道教」、「耶穌教」、「回回教」四類，然
後羅列各類宗教組織、設施的名稱與地址。儘管如此，

---

107 商務印書館編譯所，《宣統元年上海指南》，頁 11。

108 康豹教授曾提醒筆者注意清末民初時人對「迷信」與「宗教」兩
個觀念的區辨，以及反「迷信」而提倡「宗教」的現象。1909年
初版《上海指南》雖為基督教組織設立「教會」條目，但該條目
是和各種公會、學堂、藏書樓、博物院、天文台、善堂、醫院、
義園和會館公所等，一起名列「公益團體」的類目之下，其宗教
性質已完全被社會教育與社會救助功能所掩蓋。由此看來，1909
年初版《上海指南》編者顯然採取比較極端的想法，將一切宗教
均視為迷信。商務印書館編譯所，《宣統元年上海指南》，頁
122-124。關於清末民初知識界對「宗教」這一觀念的迎拒，參見
陳熙遠，〈孔 ‧ 教 ‧ 會——近代中國儒家傳統的宗教化與社團
化〉，收入林富士主編，《中國史新論 ‧ 宗教史分冊》（臺北：
聯經出版公司，2010），頁 511-540。

1911 年版中一些學校所在的廟宇，如養正兩等小學堂所在的「小天竺僧寺」、崇正西南官塾所在的「送子菴」，[109]即使都是名列 1871 年縣志的廟宇，[110] 卻始終沒有被《上海指南》收錄。另一方面，有些廟宇，如前述位於「美租界穿虹浜」的「文昌閣」，則不僅自 1912 年版起被列入「祠廟及古蹟」項，[111] 自 1914 年版起，更成為〈地名表〉中的一項。[112] 這類廟宇何以能夠備受《上海指南》編者青睞？有待繼續探索。

《上海指南》在歷次改版的過程中，不僅沒有對內文中形式各異的地址資料進行標準化作業，將缺漏的訊息補足，甚至反其道而行，將原本很詳細的地址資料粗略化。以書坊類為例，1909 年版所列示的 20 家書坊，幾乎家家都清楚地記載了路名或里名以及門牌號，《上海指南》的出版者商務印書館更自為表率地登記為「河南路四百五十四至五十六號」，清楚地標明它是一家擁有兩個店面的大書坊。[113] 然而 1912 年版中列示的 27 家書坊中，卻已有 4 家只說明店舖所在的路名或里名，其中之一竟然就是商務印書館，而它所列示的地址則簡單到只有「棋

109 商務印書館編譯所，《增訂上海指南》，1911 年版，卷 3，頁 2。
110 應寶時修，俞樾、方宗誠纂，《重修上海縣志》，卷 31，頁 7、9。早稻田大學圖書館，「古典籍総合データベース」，http://archive.wul.waseda.ac.jp/kosho/ru05/ru05_01692/ru05_01692_0015/ru05_01692_0015.pdf，2014 年 7 月 31 日檢索。
111 商務印書館編譯所，《增訂上海指南》，1912 年版，卷 7，頁 1。
112 商務印書館編譯所，《增訂上海指南》，1914 年版，卷 8，頁 35。
113 商務印書館編譯所，《宣統元年上海指南》，頁 147-148。

盤街」三字。[114] 在1914年版中，提供完整地址資訊的書
坊，比例又比之前更低。[115] 家書坊中只有22家還提供
門牌號訊息，其中多數是新設的書坊。在16家曾經名列
1909年版的書坊中，則只有5家還繼續提供門牌號，其中
3家都是販賣西書的洋行。[115] 這意謂著，絕大多數由華人
經營的書坊，都已放棄提供門牌號訊息。無論書坊經營者
們是主動或被動地放棄在《上海指南》中標示門牌號，對
1914年至1920年間的《上海指南》編者而言，單單標示
書坊所在道路或里弄名稱，最多再加上最近的十字路口的
資訊，就已相當足夠。如商務印書館便從1914年起，在
「棋盤街」三字之外，加上「福州路口」四字來說明自身
的位置。這樣的地址標示方式，顯然與〈地名表〉如出一
轍。事實上，在標有門牌號的大比例尺上海地圖尚未問世
的年代，這種簡易的地址標示方法，可能反而更為實用。

　　自1922年版起，《上海指南》又開始詳細刊登書
坊地址。商務印書館雖也在1922年版中發表各營業所
的詳細地址：「總公司、印刷所、編譯所：閘北寶山
路A字二六號，發行所：河南路（即棋盤街）C四五三
號、四五四號。」[116] 但1925年版中對發行所及虹口
支店這兩個門市部門的地址，卻又回復之前的簡明模
式：「發行所：河南路，即棋盤街。虹口支店：崑山

---

114 商務印書館編譯所，《增訂上海指南》，1912年版，卷6，頁3。
115 商務印書館編譯所，《增訂上海指南》，1914年版，卷6，頁7-8。
116 商務印書館編譯所，《增訂上海指南》，1922年版，卷6，頁34。

花園口。」[117] 1930 年版甚至將閘北總公司的地址也簡化了：「總公司：閘北寶山路；印刷所：寶山路及天通菴路；編譯所：寶山路；發行所：河南路即棋盤街；支店：北四川路崑山花園口。」[118] 由此可見，商務印書館對在《上海指南》上刊登詳細地址的實用性，其實抱持懷疑的態度。

　　《上海指南》所收錄的這些機關行號地址，可靠性究竟如何？或許可以從1926 年刊出的一則新聞報導中一窺端倪。該報導明白指出1925 年版《上海指南》中的幾項明顯的錯誤，包括外交部特派交涉員公署已移至豐林橋，但書中仍載為「靜安寺路舊洋務局」；南洋商業專門學校早已關閉，書中卻未將這個條目刪除；少年宣講團總部已在兩年前移到中華路，書中則仍載為葛羅路五十六號、霞飛路北；生生美術公司在兩年前遷到南京路，但書中所記仍是九江路舊址。甚至有位名叫何詩孫的書畫家，已經去世了三、四年，卻仍名列指南中。[119] 作者因此對《上海指南》的編者做了語氣相當尖刻的批評。不過，從1930 年版已完全修正了這篇報導所指出的各項錯誤看來，《上海指南》確實不愧為當時最具公信力的一部上海指南。

---

117　商務印書館編譯所，《增訂上海指南》，第 21 版（上海：商務印書館，1925），卷 6，頁 34。

118　林震，《增訂上海指南》，卷 6，頁 38。

119　胡逸天，〈自誤誤人之《上海指南》〉，《滬報》，1926年 4月 3日，2版。

　　《上海指南》對道路、地點的表述方法，在1920、1930年代也被其他旅行參考書編者傚效。1924年由陶鳳子編輯、世界書局出版的《上海快覽》，1936年由柳培潛編輯、中華書局出版的《大上海指南》，就都以類似的方式來建立點、線的表述與查詢系統。不過，《上海指南》所發展出來的這套文字地圖製作方法，終究還是無法讓讀者一目暸然。隨著提供詳細地址的名錄資料越來越豐富，民眾希望根據門牌號來判斷地標位置的需求也越來越高，於是像《上海市行號路圖錄》這樣直接在大比例尺地圖上提供名錄資訊的參考書應運而生。[120] 地圖式名錄的問世，為旅行參考書的空間表述技術帶來一大突破，同時也使此後的文字性旅行參考書，不得不開始在體裁、內容上再求創新。

## 五、結論

　　《上海指南》一改此前旅行參考書習用的「雜記」體裁，有系統地整理各種從書本、報章及實地調查中取得的實用資訊，進而製作出便於讀者閱讀、翻檢的文字地圖，將各種旅行、生活資訊巧妙地與空間資訊結合起來，這樣新穎的空間表述形式，可說是一項劃時代的創造。

　　這部講求實用的旅行參考書，從一開始就在空間表述

---

120 《上海市行號路圖錄》（上海：福利營業公司，1939）；《上海市行號路圖錄》（上海：福利營業公司，1947-1949）。

中蘊藏著編者的政治、社會與文化改革理念，諸如中國本
位的政治意識，對新式工商業、城市公共建設與西式公共
行政的企望，對風月場所的避忌，乃至激烈的反宗教立
場等等。在之後的改版過程中，這些理念大都為後人遵
循，只有兩項例外：一是反宗教的立場，二是避談有礙
風化之事。康豹指出，《上海指南》編者在1920至1930
年代寺廟破壞運動的高峰階段，仍持續蒐羅各種宗教組
織的資訊，且不僅止於正規宗教，也旁及扶乩與救世團
體，[121] 展現出與初版編者截然不同的態度。但在另一方
面，即使《上海指南》在1911年至1922年間發行的版本
中介紹了上海發達的青樓文化，編者卻始終堅持不提供
個別妓院的資訊，他們顯然還是和初版編者一樣，不願
讓此書成為讀者尋花問柳的指南。

　　《上海指南》中的空間資訊主要來自上海縣志和已出
版的上海城廂租界地圖，而與晚清民初地理學知識與技術
的發展沒有太多直接的連繫。郭雙林、鄒振環和潘光哲的
研究都指出，晚清地理學知識傳習者特別關注「萬國」與
「邊疆」的地理知識。儘管當時也有一些人基於「愛國必
自愛鄉始」的理念，提倡「鄉土地理」，並將目光轉向中
國本部，但他們的關懷重點實與《上海指南》編輯團隊大

---

121 康豹著，陳亭佑譯，〈近代中國寺廟破壞運動的空間特徵——以
　　江南都市為重心〉，《中央研究院近代史研究所集刊》，第 95
　　期（2017年3月），頁 9-10。

異其趣，[122] 他們所譯介或研究的成果因此對《上海指南》
編者沒有明顯幫助。

　　《上海指南》自刊行之初，至 1930 年第 23 版為止，
始終沒有確立一個統攝全書的「上海」定義。葉凱蒂分
析 19 世紀下半葉問世的多幅上海地圖後指出，當時的地
圖繪製者基於不同的族裔背景、政治立場與文化價值觀，
對「上海」的形狀、位置、地標做了不同的呈現。[123]《上
海指南》的個案則顯示，這樣多元的「上海」定義，可以
在同一作品中同時存在。編者在說明疆域沿革時，始終沿
用 1871 年版《上海縣志》中所界定的「上海縣」。在羅
列「行政官署」時，最初仍用「上海縣」，後來改用「淞
滬警察廳」乃至國民政府時期的「上海市已完成接收地
區」來定義「上海」的範疇。在作區塊介紹時，則以「城
廂租界全圖」所描繪的範疇為準，僅限於舊縣城和租界及
其週邊城市化程度較高的地區；而〈地名表〉最初甚至連
舊「美租界」以東的租界地區也付之闕如。此一現象似乎
不見得是編者失察或失職所致，它可能更反映了時人對
「上海」空間範疇的混雜認知。

---

122 鄒振環，《晚清西方地理學在中國：以 1815 至 1911 年西方地理
　　學譯著的傳播與影響為中心》；郭雙林，《西潮激盪下的晚清
　　地理學》；潘光哲，〈中國近代「轉型時代」的「地理想像」
　　（1895-1925）〉，收入王汎森編，《中國近代思想史的轉型時代》
　　（臺北：聯經出版公司，2007），頁 463-504。

123 Catherine V. Yeh, "Representing the City: Shanghai and Its Maps,"
　　in David Faure and Tao Tao Liu eds., *Town and Country in China:
　　Identity and Perception*, pp. 166-202.

　　《上海指南》編者在從既有文獻中摘錄空間資訊時，往往只知其然而不知其所以然，以致無法判斷其正確性。尤其是一些數值性的空間資訊，如上海的幅員、經緯度等等，編者不但缺乏測量、驗算的能力，甚至連這些數值資訊所使用的計算單位、所代表的意義都可能不是很清楚，因此只能人云亦云，乃至以訛傳訛。相形之下，《上海指南》中透過調查方式取得的空間資訊，諸如道路、里弄、機關行號的位置，就經常必須接受讀者的驗證。從此書編輯團隊對讀者意見的處理態度，以及此書自1909年初版刊行後，至1932年商務印書館遭受重創前，持續改版，歷久不衰，可見書中所提供的資訊品質，確實受到讀者肯定。

　　商務印書館在出版《上海指南》時，就已擁有編繪、刊印上海地圖的技術，也已能運用銅版印刷技術刊行照片，可是本書向來僅凸顯其優越的景點呈現技術，而未對其地圖編繪能力多所著墨。Susan Schulten 指出，在美國，地圖繪製與複製本是一種精英的技藝，直到19世紀最後20年間，由於地圖製作、印刷技術的革新，使大量複製成為可能，地圖才得以逐漸成為一種面向大眾的商品。[124] 由此可知，《上海指南》的編輯團隊之所以選擇透過文字而非圖像來表述地標的相對位置，或許是為了

---

124 Susan Schulten, *The Geographical Imagination in America, 1880-1950* (Chicago: The University of Chicago Press, 2002), pp. 17-44.

控制《上海指南》的出版成本，使它能夠維持面向大眾的商品地位。除了成本考量之外，可攜性或許也是《上海指南》選擇以文字而非圖像表述地標的原因。1930年版《上海指南》的篇幅雖多達579頁，但只是一冊22.2公分長、14.6公分寬的厚書，似仍便於隨身攜帶。相形之下，以圖像方式表現地標的《上海市行號路圖錄》，則是27公分長、21公分寬的兩巨冊，可能比較適合典藏及居家查考、觀賞。

《上海指南》的體例與空間表述方式不只對後來的上海旅遊參考書發生影響，在中國其他的大城市裡，也陸續出現效尤之作。就筆者目前所見，1916年出版的《北京指南》、1920年出版的《漢口指南》、1932年出版的《九江指南》、1934年出版的《杭州市指南》，1938年出版的《香港指南》，都是體例與《上海指南》比較類似的作品，且都附有地名檢索表。《上海指南》的空間表述方式，究竟能夠在多大的程度上，適用於其他的城市？或者反過來問，想要進行這樣的空間表述，究竟需要具備什麼樣的條件？這些無疑都是學界必須進一步加以探討的議題。

# 近代日本的中國城市指南及其印象：以北京、天津為例

吉澤誠一郎
東京大學文學部教授

> 改變固有刻板印象之難，無以能出其右。就算透過
> 教育或批判，也無法撼動它的存在。當人們認為自
> 己掌握到事實證據的瞬間，刻板印象也同時在該證
> 據上留下了印記。因此，旅客返鄉後所作的描述，
> 大多只是自己出發前就已聽說，特地帶去繞了一圈
> 再帶回來的趣聞軼事。[1]

## 前言

在明治時代到二戰結束這段時間裡，有許多日本人
曾經訪問中國。他們的中國體驗各不相同，或為出差，或
為經商，或為從軍與中國軍隊交戰。由於每個人必須面對
的現實情況各不相同，因而他們對於中國人的感受也不能
輕易地一概而論。[2] 然而，若想瞭解戰前日本人的中國體

---

1 Walter Lippmann, *Public Opinion* (New York: Harcourt, Brace and Company, 1922), pp. 98-99.

2 運用近代日本人遊記探討此一課題的重要著作為 Joshua A. Fogel, *The Literature of Travel in the Japanese Rediscovery of China, 1862-1945* (Stanford: Stanford University Press, 1996).

驗，目前能夠依靠的資料仍十分不足。拙文將藉由日本人
所撰寫的中國城市指南書，試圖探討此一課題。

　　戰前，日本人出版了各式各樣的大陸旅行指南書。這
些指南書介紹交通工具、生活習慣、名勝古蹟等等，其編
輯之意圖基本上在於實用。雖然大部分的旅行者是短期訪
問，但也有一些人是長期定居在中國經商，抑或從事其他
工作。而無論他們前往中國的目的為何，這類介紹中國概
況的書籍肯定有用。這點或許正是旅行指南書誕生的基本
背景。然而，即便近年圍繞旅遊、觀光、度假的研究進展
迅速，[3] 但關於旅遊指南書的研究仍嫌不足。

　　經過廣泛收集並仔細閱讀當時的旅行指南書，可發
現每一本指南書都有其特性。當然，所有的指南書都會
重視其本來的任務，亦即將中國各個城市的基本情況介
紹給讀者；但也有一部分的指南書希望發揮個性，站在

---

3　關於近代中國的旅遊，參見 Liping Wang, "Tourism and Spacial
　　Change in Hangzhou, 1911-1927," in Joseph W. Esherick ed.,
　　*Remaking the Chinese City: Modernity and National Identity, 1900-1950*
　　(Honolulu: University of Hawai'i Press, 2000), pp. 107-120.
　　Madeleine Yue Dong, "Shanghai's *China Traveler*," in Madeleine Yue
　　Dong and Joshua Goldstein eds., *Everyday Modernity in China* (Seattle:
　　University of Washington Press, 2006), pp. 195-226. 沈松僑，〈江
　　山如此多嬌：1930年代的西北旅行書寫與國族想像〉，《臺大歷
　　史學報》，第 37期（2006年 6月），頁 145-214。呂曉玲，《近代
　　中國避暑渡假旅遊研究 (1895-1937)》（合肥：合肥工業大學出版
　　社，2013）。易星星，〈中國國內における中國旅行社のネット
　　ワーク展開（1923-1949年）〉，《現代中國研究》，第 38號（2016
　　年 12月），頁 103-126。關於日本人的大陸旅遊，參見有山輝雄，
　　《海外觀光旅行の誕生》（東京：吉川弘文館，2002）；瀧下彩子，
　　〈旅先としての華北〉，收入本庄比佐子、內山雅生、久保亨編，
　　《華北の發見》（東京：東洋文庫，2013），頁 149-174。

與眾不同的觀點來傳達城市的魅力。因此，若要嚴格地
定義如此多樣的城市指南書，恐怕有所困難。而透過各
種指南書之間編纂趣旨的差異，也可窺見各書的特色。

　　儘管如此，在為數眾多的指南書中，大致上仍可找
到共通的內容。商務出差訪問中國者，可能因為對中國
歷史感興趣，而在工作之餘參觀各地的名勝古跡；短期
旅行者也一定想知道如何購物以及中國的禮儀，有時甚
至也想了解更深的文化背景。既然旅行者會有多種目的
與動機，指南書往往也就必須提供兼顧實際知識和歷史
文化的解說。即使各種指南書對各方面的著墨輕重不一，
但彼此之間也自然包含若干相似的內容。

　　從今日的角度所見，指南書的記載展現出各個時段
的中日關係與當時日本人的中國觀。本文以北京、天津
的指南書為例，分析下列幾個問題：（1）各個時段的中
日關係與指南書編輯之間的關連；（2）從旅行指南書了
解日本人在中國的體驗；（3）指南書所表現的中國文化
觀特徵，和相較於南方的地域性認識。

　　本文關注北京、天津的指南書，其中一項原因在於
填補研究上的空缺。學界已對滿洲、上海、南京等地的
旅遊及指南書的出版有所討論，[4] 但關於京津旅行的研究

---

4　川村湊，《滿洲鉄道まぼろし旅行》（東京：文藝春秋，
　　2002）。孫安石，〈解説　日本人がみた上海イメージ：《上海
　　案内》の世界〉，收入孫安石監修，《近代中國都市案內集成：
　　上海編》（東京：ゆまに書房，2011），第 1 卷，頁 11-46。
　　Kenneth Ruoff, "Japanese Tourism to Mukden, Nanjing, and Qufu,

不多。事實上，北京是歷史悠久的古都，對日本遊客來
說，不乏想要參觀的景點；而天津是中國北方的重要港
口，和日本之間的經濟關係非常密切。因此，日本人透
過旅遊或出差造訪北京、天津，不僅次數頻繁，目的也
相當多樣，而這或許也正是各種北京、天津指南書的出
現背景。

　　為了研究旅行的歷史，本文特別關注刻版印象
（stereotype）的作用。美國記者暨傳播學者沃爾特・
李普曼（Walter Lippmann）曾經闡明刻版印象所具備的
強烈影響力。根據他的觀察，旅行者回國後所描述的內
容，其實不過只是他出發前早已抱持的觀念而已。例如
某位旅行者曾赴歐洲造訪歷史古蹟，但參觀時卻只是走
馬看花，反而一字一句地詳細閱讀貝德克爾（Baedeker）
出版社的旅行指南書，接著才前往下一站。[5] 李普曼的刻
版印象概念雖然未必是為了分析旅行文化所提出，但對
於本文的論述依然頗有助益。

　　　1938-1943," *Japan Review*, Vol. 27 (November, 2014), pp. 171-200.
　　　瀧下彩子〈旅先としての華北〉，本庄比佐子、內山雅生、久保
　　　亨編，《華北の発見》（東京：東洋文庫，2013）一文主要的討
　　　論對象，也是滿洲而非北京和天津的旅遊。

5　　Walter Lippmann, *Public Opinion*, p. 99. 日文版參見掛川卜ミ子譯，
　　　《世論》（東京：岩波書店，1987），上冊，頁 135-136。

## 一、城市指南的誕生

### （一）從探察到定居

　　日本政府的高官之中，最早訪問北京的是副島種臣。1873 年，為了交換中日修好條規的批准書，日本政府派遣外務卿副島種臣前往清廷。他經由天津抵達北京，並謁見同治皇帝。回國後，於報告書中描述了京津地區的情況。[6]

　　隨行副島種臣的曾根俊虎，後來進入海軍，以通曉中國事物而為人所知。曾根俊虎以直隸、遼寧等幅員廣闊的地區為對象進行實地踏查（或諜報活動），並於1879 年出版《北支那紀行》。[7] 此書雖然題為紀行，卻不是單純的遊記。該書描寫各地的地勢特徵，含有軍事方面的關心。此外值得注意的是「北支那」這個地區概念。《北支那紀行》隨著曾根俊虎足跡所至，介紹天津、盛京、山東及江蘇北部等地，但似乎沒有明確的區域意識，地理範圍也有些籠統。雖然如此，這仍是較早使用「北支那」一說的案例。

　　1888 年，仁禮敬之撰寫《北清見聞錄》，由亞細亞協會出版。亞細亞協會起源於興亞會，1883 年改組為亞細亞協會，仁禮敬之擔任事務委員兼編輯。[8] 出版《北

---

6　外務省調查部編，《大日本外交文書》，第 6 卷（東京：日本國際協會，1938），頁 120-225。

7　曾根俊虎，《北支那紀行》（東京：海軍省，1879）。

8　狹間直樹，〈初期アジア主義についての史的考察（5）〉，《東亞》，第 414 號（2001 年 12 月），頁 56。

清見聞錄》基本上是為了將京津地區的經濟情況、商業習慣等介紹給日本人，避免日人在中國可能會面臨的困擾。[9] 同時也必須注意此書使用的「北清」概念，因為這可能是日後「華北」區域概念的濫觴。久保亨也指出，這本書是日本人首次使用「北清」概念的著名案例。[10]

就日本人對於京津地區的認識而言，義和團事件的戰爭是一個重要的轉捩點。1900 年日軍遠征到天津和北京，而翌年締結的辛丑條約則使日軍得以駐留於此，即所謂的「清國駐屯軍」。日本陸軍的軍醫前田政四郎調查京津地區的社會習慣，尤其是衛生問題，並利用其成果出版了《北清事情大全》。[11] 同時，清國駐屯軍所編纂的《北京誌》與《天津誌》二書，則試圖窺探這兩座城市的全貌。[12] 雖然《北京誌》與《天津誌》是軍方所編的地方志，但其內容卻基本上不存在軍事意涵。事實上，編寫這兩本書的不是軍人，而是熟悉中國文化的學者，例如服部宇之吉負責撰寫北京的制度史等等。

天津的日租界起源於 1897 年的中日條約，在經歷義

---

9  仁禮敬之，《北清見聞錄》（東京：亞細亞協會，1888）。

10  久保亨，〈華北地域概念形成と日本〉，收入本庄比佐子、內山雅生、久保亨編，《華北の發見》，頁 9-11。久保亨，〈仁禮敬之の《北清見聞錄》と黎明期のアジア主義〉，收入東洋文庫編，《アジア學の寶庫，東洋文庫：東洋學の史料と研究》（東京：東洋文庫，2015），頁 269-273。

11  前田政四郎，《北清事情大全》（東京：小林又七，1903）。

12  清國駐屯軍司令部編，《北京誌》（東京：博文館，1908）。清國駐屯軍司令部編，《天津誌》（東京：博文館，1909）。

和團事件之後迅速發展。長駐天津經商的日本人形成了一個小社會，出差到天津或北京的人也日益增加。[13] 有鑒於此，以實用為主旨的城市指南書的確有其需求。

1906 年，天津的日系企業大清通運公司出版《北清之栞》一書，介紹北京、天津、秦皇島、山海關、營口、芝罘、膠州灣、漢口等地。根據大清通運公司支配人（董事長）川畑竹馬所說，發行這本書的目的有二：一是將北清的概況介紹給訪問北清的日人，二是希望介紹大清通運公司的業務。在日俄戰爭期間，這家公司曾經承擔日本陸軍的運輸工作，從而獲得一筆相當可觀的收入，遂將其獲利的一半作為出版此書的費用。他們委託各家輪船公司，將《北清之栞》贈送給來訪北清的旅客，以供參考。[14] 由於《北清之栞》較為重視貨幣、關稅、通關手續等貿易方面的實際知識，故其預設的主要讀者群應是商務人員。

1913 年天津中東石印局所印發的《天津案內》一書頗具特色。此書除了介紹天津以外，並附載天津日人居留民的各種規定，諸如關於居留民的法令、居留民團的規則、日人社團的規約（日本俱樂部、武術會、商業會

---

13　關於居留在華北地區的日本人，參看桂川光正，〈租界在住日本人の中國認識：天津を一例として〉，收入古屋哲夫編，《近代日本のアジア認識》（京都：京都大學人文科學研究所，1994），頁 351-394；萬魯建，《近代天津日本僑民研究》（天津：天津人民出版社，2010）。

14　川畑竹馬編，《北清之栞》（天津：川畑竹馬，1906），頁 3。

議所）等等。各種規定的附載占全冊三分之一以上，但對於短期訪問天津的人而言，這些內容並不重要，若是旅客隨身攜帶此書，不免嫌其多餘，徒增負重。由此可見，《天津案內》的編纂方向主要應是針對長期居住在天津的日本人。

## （二）幫助日人在華旅行的方法

日本官方也曾編纂一系列的旅行指南書。從 1913 年至 1917 年，日本鐵道院出版了五卷英文指南書 *An Official Guide to Eastern Asia*。各卷的內容如下：

V.1: Manchuria & Chōsen

V.2: South-Western Japan

V.3: North-Eastern Japan

V.4: China

V.5: East Indies: including Philippine Islands, French Indo-China, Siam, Malay Peninsula, and Dutch East Indies

這些指南書的副題為 *trans-continental connections between Europe and Asia*，暗示著將亞洲的情況提供給歐洲人。例如第四卷開卷就提到「通往中國之路」（Routes to China），並列舉出（1）Siberian Route、（2）Suez Route、

（3）North American Route 三條路線。[15] 這五卷指南書很可能是以德國貝德克爾出版社的書籍為藍本。貝德克爾版的指南書與鐵道院的英文本不僅大小相同，封面、裝訂也相近，內容的排列方式也有所相似。因此，美國的 *Chicago Daily News* 以及 *The Outlook* 都將這一系列書籍視為「日本的貝德克爾」（A Japanese Baedeker）。[16] 事實上，鐵道院還曾經特別聲明，目前東亞地區的旅行指南書中，尚未有能與歐洲的貝德克爾或馬德羅爾（Madrolle）等相匹敵者，因而著手編纂這五卷書。[17]

1918 年作家谷崎潤一郎訪問中國時，便利用了這本指南書。他在蘇州決定不依靠導遊，循著鐵道院的指南書與地圖的指示，自己東遊西逛。[18] 然而，對普通的日

---

15　*An Official Guide to Eastern Asia: Trans-Continental Connections between Europe and Asia*, Vol. IV (Tokyo: Imperial Japanese Government Railways, 1915), pp. i-iii.

16　〈鐵道院版英文東亞交通案內書に就て〉，《ツーリスト》，第 4卷第 5號（1916年 9月），頁 41-43。惟未見 *Chicago Daily News*, March 30, 1916的原文。嚴格來說，書評的對象僅包括鐵道院英文指南書的第 1-3卷而已（或因當時第 4、5卷尚未出版）。"Book about Japan," *The Outlook*, March 31, 1915, p. 792. 此文並強調後藤新平（1908年至 1911年間任鐵道院總裁）大力推進編纂工作一事。

17　鐵道院編，《朝鮮滿洲支那案內》（東京：鐵道院，1919），頁 1。這裡的說明，嚴格來講不太正確。法國馬德羅爾版的中國旅行指南早已出來。*Chine du nord et de l'ouest: Corée, Le Transsibérien: Guides Madrolle* (Paris: Comité l'Asie française, 1904). *Chine du sud et de l'est: Guides Madrolle* (Paris: Comité l'Asie française, 1904). 另亦有英文版：*Northern China, The Valley of the Blue River, Korea: Madrolle's Guide Books* (Paris: Hachette, 1912).

18　谷崎潤一郎，〈蘇州紀行〉（1919），收入《谷崎潤一郎全集》，第 6卷（東京：中央公論社，1967），頁 224。

本人旅客來說，只有英文版實在不太方便。於是，內務
省參事官潮惠之輔提出建議：由於訪問中國的日本人逐
漸增加，與中國官紳進行交流，因而適合日本人的指南
書必不可少。[19] 到了1919年，鐵道院又修改英文指南的
第1卷與第4卷的說明，出版日文的《朝鮮滿洲支那案
內》。該書卷首的總說分為「交通徑路」與「旅客須知
事項」兩部分，其次則介紹各個地方的情況。首先從朝
鮮釜山開始，按照鐵路沿線的順序對各城市進行導覽。
在解說完滿鐵沿線之後，又逐次介紹天津、北京、大同、
漢口、濟南、青島、芝罘、南京、上海、福州、廈門、
汕頭、香港、廣州、雲南府（昆明）等地，後半部分則
假設讀者利用水路航線。值得留意的是，該書對於鐵路
沿線的主要車站周邊亦有說明。以京漢鐵路沿線為例，
該書對盧溝橋、長辛店、良鄉、保定、正定、順德、豐樂、
新鄉、鄭州、郾城、新店等處都有著墨。

　　至於對旅遊業的推動，Japan Tourist Bureau 所扮演
的角色也不能忽視。Japan Tourist Bureau 這個組織當時
就沒有日文譯名，只有英文名字，因此本文也維持原名，
不加翻譯。Japan Tourist Bureau 的目的本來是招攬外國
遊客來日本。1912年，一些志同道合的單位和公司的代
表在東京集結，成立了 Japan Tourist Bureau。當初，該

---

19　潮惠之輔，〈支那有力者との暖かなる關係を望む〉，《ツーリ
　　スト》，第5卷第1號（1917年1月），頁11-13。

社最大的出資者是日本政府的鐵路會計，一半的理事亦為官方人士，可說是一種半官半民的團體。Japan Tourist Bureau 的主要活動是海外宣傳，以及安排外國人來日旅行；附帶工作是代購火車票、寄售旅行指南等項，例如委託設於橫濱的 Kelly and Walsh 書店在海外銷售鐵道院發行的 *An Official Guide to Eastern Asia*。[20] 從 1913 年開始，Japan Tourist Bureau 發行期刊《ツーリスト》，登載各地名勝的遊記、旅館業的情況，及提出招攬海外遊客的建議等。《ツーリスト》另有英文專欄（英文刊名為 *The Tourist*），介紹日本、朝鮮、台灣等景點，偶爾也包括中國的遊記。[21]

1912 年，Japan Tourist Bureau 在大連、朝鮮、台灣設置支部，又於 1917 年日軍占領青島後成立了青島支部，北京案內所則於 1918 年在王府井大街開業。其目的有三：（1）向訪問北京的歐美人宣傳日本；（2）招攬中國人到日本觀光；（3）協助日本人安排北京旅遊。其中，第三個目的出現的背景，是由於日本的勢力在「北支」逐漸擴展，日人旅客亦日益增加。[22]

---

20　日本交通公社編，《日本交通公社 50年史》（東京：日本交通公社，1962），頁 1-13、60。

21　"A Three Week's Trip to N. E. China," *The Tourist*, 15 (October 1915); "Guide to Peking," *The Tourist*, 6:6 (November 1918); Hugh Byas, "Beaten Tracks to China and Back by Sea and Some Things Seen," *The Tourist*, 10:1 (January 1922); L. W. Crane, "The Traveller in Peking and Environs," *The Tourist*, 10:5 (September 1922).

22　《日本交通公社 50年史》，頁 21。

## （三）日本在華進出與城市指南

1920 年前後，上野太忠編寫的《天津北京案內》和丸山昏迷的《北京》二書，可以作為這個時代城市指南書的代表。這兩本書均有再版，可見銷量不錯。[23] 《天津北京案內》簡略地概括了天津的工商業與北京的名勝。該書自序指出：「近年來，為了各種目的或單純只為旅遊而訪問中國的日本旅客日益增加。其中，我們親眼目睹了學者、政治家、實業家甚至學生、藝人、不花錢旅遊的人等等，所有階層與職業均網羅在內」。有鑑於此，決定編纂這本指南書提供給旅客與居留者。[24]

相對於《天津北京案內》重視簡明的態度，丸山昏迷的《北京》則企圖採取較為廣泛的視野，全面記述當代北京的面貌。[25] 此書的特色在於收錄了幾篇專業性的文章，如清水安三的〈北京に於ける耶穌教〉、栗原誠的〈文華殿讀畫記〉、木村莊八的〈大同石佛寺〉、村田烏江的〈支那劇〉、永野武馬的〈支那貨幣〉等等。此外，佐藤汎愛的〈支那旅行に對する注意〉則是從 Japan Tourist Bureau 所編的雜誌《ツーリスト》上轉載而來。[26] 丸山昏迷是一位長住北京的記者，也是傾向社

---

23　上野太忠編，《天津北京案內》（天津：日華公論社，1920初版，1922再版）。丸山昏迷，《北京》（北京：丸山幸一郎，1921，3月初版，5月再版）。本文都利用了再版。

24　《天津北京案內》，〈自序〉。

25　丸山昏迷，《北京》，〈序〉、〈凡例〉。

26　〈支那旅行に對する注意〉，《ツーリスト》，第 7 卷第 4 號

會主義的左派分子，對於文學、藝術也有所關心，故其編纂的指南書頗具特色。[27]

村上知行於1934年初版的《北平：名勝と風俗》，可以說是最有特色的指南書之一。據其序言所說，「這本既是北平的指南書，又是關於北平的隨筆」。村上知行坦承，「其實，我對於巨大的老建築之類一般人遊歷北平的對象並不感興趣。我平常最留心觀察的是北平的民眾」。[28] 基於這種立場，本書主要藉由村上知行本身的體驗與視點，生動地描寫了北平的幾個層面，而本書的魅力也無疑源自村上知行對北平老百姓所展現的同情。[29]

1937年中日戰爭爆發，日軍侵攻北平、天津之後，日本人對於占領地區表示出強烈的關心。在這個時期，

（1919年7月），頁34-40。佐藤汎愛，〈支那旅行にはどんな準備が要るか〉，《ツーリスト》，第8卷第3號（1920年5月），頁40-45。

27 丸山昏迷的事蹟，參看山下恒夫，〈薄倖の先驅者・丸山昏迷〉，《思想の科學》，第81、82、83、84號（1986年9-12月），頁81-90、頁81-90、頁114-122、頁123-133；三寶政美，〈「北京週報」の記者丸山昏迷について：北京女高師學生團訪日旅行を通して〉，《國際經營・文化研究》，第3卷第2號（1999年3月），頁89-100。

28 村上知行，《北平：名勝と風俗》（北平：東亞公司，1934），序頁1。

29 就村上知行參見奈良和夫，〈村上知行覺え書〉，《日中藝術研究》，第36期（1998年8月），頁5-15；第37期（2002年4月），頁1-12；奈良和夫、臼井勝美、今井清一，〈日中戰爭前夜北平の一日本人ジャーナリスト：村上知行の小澤正元宛て書簡1935-36〉，《近きに在りて》，第41號（2002年6月），頁3-17；石崎等，〈村上知行の「北京」〉，《立教大學日本文學》，第94號（2005年7月），頁88-98。

區域概念「北支」經常被使用，有關「北支」的指南書
也陸續問世，如小倉章宏的《北支の新生活案内》與布
利秋的《北支案内記》。[30] 這兩本書的對象並不限於北
京與天津，《北支の新生活案内》導覽山東、河北、山
西、綏遠、察哈爾諸省的重要城市，《北支案内記》則
更加上陝西、甘肅、寧夏等西北三省的介紹。

　　1941 年安藤更生編著的《北京案内記》出刊，該書
序言明確指出其出版目的：

> 北京素為歷史悠久的千年古都，歷經這次事變後，
> 又迅速地改頭換面，呈現出近代城市的樣貌。北京
> 已不再只是觀光都市，更屹立成為最主要的興亞基
> 地。據稱旅居當地的日本人已達十萬之譜。猶如具
> 備觸手般的都會，終於敲開了古老而堅固的城門，
> 至今已發展到開始進行西郊新市街計畫的地步。除
> 了這些定居或半定居者之外，還有許多因洽公、調
> 查、留學、經商、視察及慰問等目的前來此地的國
> 人。這些人難得來到此地，卻因缺乏合適的指南書
> 籍，一而再、再而三地與世界級遺址擦身而過，至
> 於住宿、觀光、購物等方面，也由於介紹不足而產
> 生許多不便。另一方面，長期定居者也非常欠缺指

---

30　小倉章宏，《北支の新生活案内》（東京：生活社，1937）。布
　　利秋，《北支案内記》（東京：北支研究會，1938）。

引，以往出版的兩三種指南書籍僅淪為觀光用途，確實缺少一本為長居北京者所編寫的「市民生活」指南。本書的編纂即是為了特別因應這些需求，填補空缺而成。對於身在此地者來說，本書乃是一本懇切的指導書；也希望本書能夠成為一本立體的地方志，讓身處遠方卻想了解北京情況的讀者，產生親歷其境的感受。[31]

這本《北京案內記》確實比較重視生活相關的資訊。此書分為三個部分：第一部分為「觀光篇」，詳細介紹北京的名勝；第二部分為「案內篇」，其中登載數篇文章，主題包括北京的戲劇、古董、舊書、市場商場、飯館等；第三部分為「生活篇」，介紹中國宴會的禮節、交往的禮儀、衣服、洋車、保健常識等。

在日軍控制北京時期，曾有不少日本人前往北京，其中也有一些希望以北京「市民」之身分生活的日本人。這種情況可以說體現出日本侵略中國的一個面向，而指南書的內容也和日人對華侵入的現實密不可分。反之，日本戰敗之後，中國城市指南書的歷史也進入了一個很大的空白時代。

由於日本人前往中國的目的隨著時代有所變化，各

---

31 安藤更生編，《北京案內記》（北京：新民印書館，1941），頁1-2。

種指南書也就自然地反映出各個時段的中日關係。換言之，日人所編的中國城市指南書確實可以視為研究兩國關係的一個好線索。

## 二、從旅行指南書看日本人的中國體驗

### （一）旅遊

各種旅行指南書首先重視的是交通工具及住宿的介紹。

從日本到天津，主要的交通工具為海運或鐵路。《天津北京案內》說明了 1920 年前後的情況，諸如日本郵船會社的橫濱──北支那線以橫濱為起點，經由名古屋或四日市、大阪、長崎、大連到達天津；該社亦有大阪──天津線，中途停泊神戶、門司，而大阪商船會社的大阪──天津線停泊地點也與此相同。此外，大阪商船會社的高雄──天津線的停泊點則為高雄、基隆、福州、上海、青島、天津、大連。除了日本公司之外，還有招商局、太古洋行、怡和洋行的上海──天津線與香港──天津線。書中也有記載日本郵船及大阪商船的船費。[32]

利用鐵路前往天津的路線有下列幾條。首先，從北京或奉天乘坐京奉線即可直達天津。奉天是南滿洲鐵道的主要車站之一，通過支線連接到釜山。從南京方面則可乘坐津浦線到達天津。《天津北京案內》中有刊載相

---

32　《天津北京案內》，頁 1-5。

關路線的時刻表、票價表。[33] 抵達天津以後，市內交通可以坐洋車或馬車，電車也頗稱便。[34]

住宿也是大部分旅行指南書中不可或缺的內容。根據《天津北京案內》的介紹，住宿分為歐美式、日本式、中國式三種。在天津的歐美式賓館中，英國租界的利順德飯店（Astor House Hotel）最為高級，法租界的裕中飯店（Imperial Hotel）居次。日本租界的常盤ホテル（Tokiwa Hotel）以及大和ホテル（Yamato Hotel）內部設備均為完全日本式，另有西餐廳、沙龍。此外，幾家中國式客棧在租界內，設備較佳，為中國官紳的住宿首選。[35]

大部分的指南書亦介紹餐廳，大致分為西餐、日本菜和中餐。天津的日本菜館位於日租界內，中餐廳也有地方口味之別，如天津菜、山東菜、寧波菜、廣東菜、四川菜、羊肉館（回民菜館）等。[36]

由於天津缺少重要旅遊景點，租界的歐式建築也是一望便知，所以不太需要詳細介紹。北京為歷史文化名城，跟天津大不相同，值得深入導遊。丸山昏迷的《北京》企圖將 1920 年前後北京的全貌介紹給讀者。丸山昏迷首先從皇城開始說明，順次介紹五城內及郊外的寺廟、

---

33　《天津北京案內》，頁 7-13。

34　《天津北京案內》，頁 16。

35　《天津北京案內》，頁 18。

36　《天津北京案內》，頁 18-20。

官署、學校等。當時，宣統皇帝還在紫禁城內，丸山昏迷仍未能參觀中和殿以內的宮殿。從東華門或西華門買票可以進入皇城內，文華殿和武英殿則有展覽清朝的御物。[37] 他接著提到如何前往頤和園遊覽。此外，他雖然認為十三陵、居庸關、八達嶺都是不容錯過的名勝，卻也大力推薦讀者應該坐火車到大同雲崗參觀石佛。[38]

　　日本遊客之中偶爾會有熱心的中國歷史文化愛好者。在美術方面，丸山昏迷所編的《北京》收錄了栗原誠的〈文華殿讀畫記〉。栗原誠在 1917 年至 1920 年參觀文華殿，據其所言，文華殿裡陳列清宮秘藏的名畫，雖然只展出兩百幅，但堪稱是在亞洲屈指可數的美術館，是以「許多美術家以及美術愛好者，為了參觀文華殿而專程前來北京」。栗原誠在此文中提供文華殿古畫目錄以饗讀者，並選出 46 幅加以評論。[39] 他在雜誌上連續發表了目錄與讀畫記，其後自己也出版了內容相近的專著。[40] 《北京》書中的〈文華殿讀畫記〉或許正是基於這些研究成果，歷經歸納與修改而成，得以滿足喜愛美術的旅客。根據 1920 年代的記述，當時不少日本美術家去中國，親身接觸其風物、探訪古人執彩筆的痕跡，似

---

37　丸山昏迷，《北京》，頁 54-70。

38　丸山昏迷，《北京》，頁 216-226。

39　丸山昏迷，《北京》，頁 440-787。

40　栗原誠，《支那美術研究叢書　第 1 編》（北京：栗原誠，1919）。本文利用了日本國會圖書館網上提供的近代デジタルライブラリー，http://dl.ndl.go.jp/info:ndljp/pid/986541。

乎是一種流行。[41]

　　幾本指南書也對觀戲的門道加以介紹。對日本旅客
而言，若要欣賞中國的戲劇，需要一定的先備知識。村
田烏江有文章收錄於丸山昏迷的《北京》，說明中國戲
劇的特徵以及〈黛玉葬花〉、〈天女散花〉、〈嫦娥奔月〉
等 21 種劇目的梗概。[42] 村上知行《北平：名勝と風俗》
的第 11 章也提供簡單的觀戲引導，他以〈四郎探母〉、
〈打魚殺家〉、〈玉堂春〉等劇為例，簡要解說戲劇表
現的特色。[43]

　　關於歷史文物的介紹，石橋丑雄的貢獻尤為顯著。
石橋丑雄於 1910 年代在華北從軍，退伍後仍留在北京，
替外務省進行調查工作，長期研究北京的古蹟。日軍控
制北京以後，則任職於北京市公署秘書長室與觀光科。[44]
1934 年，石橋丑雄為 Japan Tourist Bureau 撰寫《北平
遊覽案內》，是一本屢經再版的暢銷遊覽指南書。[45] 至
1941 年，又刊印了第四版的《北京觀光案內》。[46] 石橋

41　佐藤汎愛，〈趣味の人は支那へ〉，《ツーリスト》，第 14 卷
　　第 2 號（1926 年 2 月），頁 53。

42　村田烏江，〈支那劇〉，收入丸山昏迷，《北京》，頁 526-
　　575。關於京劇發展的社會史，參見村上正和，《清代中國にお
　　ける演劇と社會》（東京：山川出版社，2014）。

43　《北平：名勝と風俗》，頁 302-343。

44　和田清，〈序〉，收入石橋丑雄，《天壇》（東京：山本書店，
　　1957），頁 1。

45　石橋丑雄，《北平遊覽案內》（大連：ジャパン・ツーリスト・
　　ビューロー，1934）。

46　石橋丑雄，《北京觀光案內》（奉天：ジャパン・ツーリスト・

丑雄對北京的古蹟有深厚的了解，他簡要地說明各個名
勝的歷史意義。此時，皇城內廷雖已開放參觀，但文華
殿與武英殿的大部分寶物卻早已被拿走了。[47]《北京觀
光案內》除了介紹日本的相關機構以外，基本上集中於
古蹟的導覽。事實上，在丸山昏迷編寫指南書的時代，
北京仍是民國的首都，更是中國新舊文化的中心。相對
於此，這個在1930年代改名為北平的城市，無論在政
治、文化方面的影響力都日趨衰弱，日軍的侵入也對北
京造成重大的打擊。

## （二）商務活動

日文的天津城市指南中，有關商務活動的記載占了
不少篇幅。晚清時期的《天津誌》雖然為日軍所編纂，
卻詳細解說了天津的貨幣與度量衡、金融、鹽業、工商
業、貿易、稅關，甚至開平礦務、天津市場的棉紗棉布
等。據此可以推測日方對天津的貿易有很大的興趣。

日本人在天津的經濟活動中，貿易可能是最重要的
一環。各種指南書都有關稅與進出口手續的說明。例
如1913年的《天津案內》中解說了天津海關、天津鈔
關以及天津釐金總局的區別，並談及進口時的子口稅單

---

ビューロー，1941），頁 21。石橋丑雄又另外撰寫一本指南書
的主要部分，其內容跟《北京觀光案內》大致相似。安藤更生編，
《北京案內記》，頁 9-156。

47　石橋丑雄，《北平遊覽案內》，頁 15。

（transit pass）制度、出口時的三聯單制度之概要，對通關手續亦有說明。[48] 單單依靠本書或許不足以迴避所有問題，但確實有助貿易工作更加順利。

　　1922 年再版的《北京天津案內》亦詳細地解說了天津的關稅制度及通關手續。諸如因關稅繳納問題跟海關發生糾紛時，必須按照哪些手續尋求解決；送貨時，應在貨物上蓋章與標注記號，以免不便；搬運公司為求減輕運費負擔，有時會欺騙輪船公司，申告較少的貨物，容易導致爭論，因而需要特別留意，避免受騙。[49] 當時中國的貨幣制度非常複雜，特別令人困惑。《北京天津案內》甚至教導讀者匯款的方法，例如從天津匯寄到漢口時應該如何計算。[50]

　　南京國民政府恢復關稅自主權，並且導入了法幣制度。但七七事變以後，華北局勢大為改變。1938 年出版的《北支！！天津事情》較為系統地介紹了當時天津的經濟情況。當時日本控制下的「中華民國臨時政府」（北京）修改關稅稅率，該書即關注此一變化，並透過日本利益的觀點加以評論。[51]

　　日軍入侵導致了京津地區的經濟混亂。無論日方獲

---

48　《天津案內》，頁 114-123。

49　《北京天津案內》，頁 54-68。

50　《北京天津案內》，頁 39-44。

51　早川錄銳，《北支！！天津事情》（天津：天津出版社，1938），頁 102-112。

得多大的權利，日本人要在中國做生意，依然有其困難。
1937年底出版的《北支の新生活案內》指出中國商人的
氣質和特色：他們相戶之間的團結關係非常牢固、缺少
商業道德、往往侵犯商標，大部分的商舖沒有定價等。
因此本書建議，在中國經商時首先必須充分了解中國商
人的特徵，並且掌握中國人的愛好與購買力。跟中國人
簽訂合同時，尊重中國人的習慣方能成功。[52] 日軍的武
力不能保證日本人順利地在華行商，因而指南書也不得
不忠告讀者，不可輕忽中國商人的力量。

## （三）生活

在日本人的中國遊記裡，驚訝中國城市非常污穢的
例子，所在多有。[53] 從今日的觀點來看，這與生活習慣
以及風土氣候有關。例如，日本人打掃時重視從屋子裡
清出塵土；反之，京津地區沙土太多，除了夏天以外降
雨不多，因此無法完全除去塵土。在日本城市的主要街
道，官方與居民的管理較強，掃得乾淨，[54] 使得在德川
時代末期來到日本的幾個歐美人也感到驚訝。若是依此
標準，自然會認為北京與天津的街道不太衛生。例如英

---

52 《北支の新生活案內》，頁180-184。

53 草森紳一，《文字の大陸 污穢の都：明治人清國見聞錄》（東京：大修館書店，2010）。

54 久留島浩，〈盛砂、蒔砂、飾り手桶、箒：近世における「馳走」の一つとして〉，《史學雜誌》，第95卷第8號（1986年8月），頁60-92。

國總領事阿禮國（Rutherford Alcock，後升任為公使）指出日本的街道沒有污物，管理非常好，雖然有時常可見乞丐的缺點，但相較於其他的亞洲城市，甚至不少歐洲城市而言，都是非常鮮明的對比。[55]

加之對近代日本人而言，重視衛生是日本文明化的證明，[56] 可以說是一種驕傲，因而故意強調中國城市不潔淨。如此「污穢」之說，可以說是一個很好的刻版印象案例。如《北支の新生活案內》明言，中國人沒有衛生思想，在城市內亦有很多非常骯髒的地方。[57] 雖然這種觀察似乎有所根據，但就筆者所見，如果仔細地考慮，實際情況不會有那麼明確的中日差異。

無論如何，身在異鄉，維持健康乃是不得不留心之事。1913 年的《天津案內》，按照刻版印象，描寫天津的髒亂情狀。同時，該書也介紹對於天津日本居留者有用的情報，例如介紹主要傳染病有天花、傷寒、性病、皮膚病、瘧疾（malaria）、白喉（diphtheria）、赤痢等等，以及最近鼠疫的流行情況。該書又提及醫院分為中

55  Rutherford Alcock, *The Capital of the Tycoon: A Narrative of a Three Years' Residence in Japan* (London: Longman, Green, Longman, Roberts, & Green, 1863), Vol. 1, p. 120. 日文版參見山口光朔譯，《大君の都：幕末日本滯在記》（東京：岩波書店，1962），上冊，頁 199-120。

56  「衛生」一詞雖源自《莊子》，但日本學者改變其原意，並與現代性（modernity）觀念相結合。Ruth Rogaski, *Hygienic Modernity: Meanings of Health and Disease in Treaty-Port China* (Berkeley: University of California Press, 2004), pp. 136-164.

57  《北支の新生活案內》，頁 180-184。

國官立、傳教士經營、日本人開業三種，對飲用水的情
況也有著墨。58

　　二戰時期的《北京案內記》收錄了一篇日本醫生所
寫的文章。這位醫生指出，很多日本人來到北京之後旋
即生病，為此不得不回國就醫，甚或成為不歸之客。因
此，他從生活上各方面發出警告。該文的前半部說明如
何適應北京的環境，對飲食、住居地點需要注意等等，
尤其強調應該對從廁所飛來的蒼蠅提高警戒。該文後半
部則詳細地介紹北京的疾病情況，其中大半為傳染病，
而死亡人數最多的是結核病。根據這位醫生的看法，北
京的吐痰習慣導致了結核菌的傳染。59

　　這位醫生提倡每天在家裡洗澡，60 據此可以推測，
北京的日人住家中大多都有浴室。此外，北京市內也
有澡堂。日本指南書也介紹如何利用澡堂。根據Japan
Tourist Bureau 的說明，中國的習慣是長時間泡澡，享受
沐浴之樂。這篇推薦澡堂的文章，主要針對的讀者似乎
是短期的旅客。61 華北交通會社的宇澄朗也曾撰寫中國
澡堂體驗記，他特別欣賞北京的澡堂，保證任何人只要
去到澡堂，「都會發出讚頌澡堂之聲」。澡堂的設備完

---

58　《天津案內》，頁 104-107。

59　富田三郎，〈北京に於ける保健常識〉，收入《北京案內記》，
　　頁 357-370。根據該書執筆者的介紹，富田三郎為北京大學醫學
　　院教授。

60　富田三郎，〈北京に於ける保健常識〉，頁 359-360。

61　《北京觀光案內》，頁 20-23。

善，比日本的錢湯好得多。[62] 據其所說，澡堂本是男性
專用，但在七七事變之後，日本女性也要求到澡堂沐浴，
因為她們認為在北京洗澡頗有不便。結果，部分澡堂默
認女性可以泡澡，但只限於日本女性。[63] 從這個例子來
看，住在北京的日人有時也利用澡堂。

在中國生活，如何買到物美價廉的商品，亦是非常
耗費心思的事情。《北京案內記》中收有佐藤澄子一文，
針對購物提出一些建議，例如東單與西單的菜市有何區
別、在何處能找到好商品、如何節省費用等等。根據這
篇文章的見解，為了和身經百戰的中國人共同生活，必
須習慣中國的商店及商品；而購物最重要的秘訣，則是
判斷商品質量良好與否的鑑別力。[64]

日人為了處理日常家務，有時需要僱用「底下人」，
也是另一件令人煩惱之事。佐藤澄子另有一文，說明如
何對付傭僕，並做到運用自如。據其忠告，要訣在於保
持主人的威嚴，不給底下人可乘之機，方能熟練地駕馭
他們；此外，也不能過於嚴密地禁止他們的侵吞、偷竊、
克扣等行為。[65]

---

62　宇澄朗，〈北京の支那風呂〉，收入《北京案內記》，頁 249-
　　250。

63　宇澄朗，〈北京の支那風呂〉，收入《北京案內記》，頁 260。

64　佐藤澄子，〈日常買物の手引〉，收入《北京案內記》，頁 343-
　　346。

65　佐藤澄子，〈阿媽とボーイの使ひ方〉，收入《北京案內記》，
　　頁 347-350。

坐人力車的機會亦多。佐藤澄子指出，由於主婦每天坐洋車到市場購物，車費也就成為一項必須考慮的生活費用。[66]《北京案內記》中另有一文對於人力車的利用法提出建議，點破與車夫交涉車費時的訣竅。該文引用《京華百二竹枝詞》的註記：「人力車停放街市，一見人來，即奔繞狂呼，蜂擁而至，伸頭橫臂，頗礙道途」，以此描寫人力車夫的氣質。[67]

此外，宴會的禮儀也需要指南。收到中國人的請帖而赴宴時，除了對應方式不能忽視，也需要知道許多重要的禮儀知識。至於日本人宴請中國客人時，更要多加費心。[68]

中日戰爭爆發之後，仍有許多日本人移居北京，而這當然是日軍侵略中國的結果。值得關注的是，前往中國的日本人與當地的中國人有所接觸。因此，我們希望能夠知道他們所歷經的中國體驗，其偏見或者刻版印象又是從何而來。而在其「中國體驗」形成的過程中，城市指南書扮演了相當重要的角色。

---

66　佐藤澄子，〈日常買物の手引〉，收入《北京案內記》，頁 343。

67　早瀨讓，〈洋車の話〉，收入《北京案內記》，頁 338-342。蘭陵憂患生，《京華百二竹枝詞》為清宣統刊本。就這首關於人力車的竹枝詞參見王利器、王慎之、王子今輯，《歷代竹枝詞》（西安：陝西人民出版社，2003），第 5 冊，頁 3800。

68　岩村成正，〈支那料理の作法〉，收入《北京案內記》，頁 323-333。

## 三、指南書所表現的文化觀

### （一）談論風俗與文化

　　《天津案內》（1913 年）介紹了本地的「風俗人情」，舉凡衣服、食物、家屋、婚娶、喪儀、歲時風俗均在其中，例如天津婚喪喜慶儀式的細節，年中節日應從事的活動等等。[69] 丸山昏迷的《北京》（1921 年）也曾講述「北京的風習」，包括衣服、飲食、住居、歲時風俗、婚禮與喪儀等等。[70] 村上知行《北平：名勝と風俗》（1934 年）的第8 章〈北平歲時記〉，對北京的一年加以詳細解說，[71]《北支の新生活案內》（1937 年）亦簡述婚姻、喪儀、歲時祭祀。[72]

　　乍看之下，這些關於風俗的介紹似乎沒有多大的實用意義。既是如此，各書的編者收錄這些相關說明的意圖又是如何？對此，筆者提出下列兩個答案。

　　第一種解釋是，這些介紹的確有其實用性目的。若不熟悉本地的習慣，在跟中國人交往時，恐怕會做出失禮的舉動。雖然說明本地風俗的幾本指南書並未明示如此意圖，但是關於本地慣習的知識有時確實能派上用場。目前雖然無法確定當時在華日人出席中國人的婚喪儀禮的機會多寡，但終究有遇上的可能。

---

69　《天津案內》，頁 191-201。

70　丸山昏迷，《北京》，頁 266-332。

71　《北平：名勝と風俗》，頁 208-240。

72　《北支の新生活案內》，頁 146-151。

　　雖然如此，僅就實用目的來解釋，說服力依然不太
足夠。例如，各個節日的活動，與留在中國城市的日本
人可能關係不大。因此，第二種回答亦有需要。許多日
本人在中國接觸到本地慣習後，自然而然地產生好奇心，
希望深入了解當地文化。當時日本各地亦有獨特的生活
方式或儀式性活動，使來到中國的日本人更感到自己正
碰觸到「不同的文化」。對異鄉的習慣得到一定程度的
了解之後，才能平穩心神，安身立命。排除導致心情不
安的因素，這乃是指南書的重要功能，甚或是它更重要
的實用意義。

　　有幾本城市指南書談及中國人的氣質或「國民性」。
《北支の新生活案內》（1937 年）曾概述中國人的「國
民性」，包括（1）缺乏國家觀念；（2）想得開；（3）
自衛意識較強；（4）思想保守；（5）人云亦云；（6）
殘忍；（7）執拗；（8）善於交際。[73] 當時的中國人聽
到這些評價或將感到不快。從今日的立場來看，此說似
乎也有些矛盾，例如「想得開」、「人云亦云」與「執拗」
無法同時成立。

　　《北京案內記》（1942 年版）曾收錄一篇講述如何
跟中國人交往的文章，作者是東亞日報記者服部由治。該

---

73　《北支の新生活案內》，頁 139-142：「國家觀念の缺如」、「諦
　　めよきこと」、「自衛本能の強きこと」、「保守的なこと」、
　　「雷同性に富むこと」、「慘忍性のあること」、「執拗性に富
　　むこと」「社交に巧みなこと」。

文主張跟中國人交往時，首先必需了解中國人的性格。服
部引用林語堂的著作《吾國與吾民》，指出中國人有如下
的性格（character）：（1）穩健（sanity）；（2）簡樸
（simplicity）；（3）愛好自然（love of nature）；（4）
忍耐（patience）；（5）漠不關心（indifference）；（6）
狡獪（old roguery）；（7）多產（fecundity）；（8）勤
勉（industry）；（9）儉約（frugality）；（10）愛好家
庭生活（love of family life）；（11）和平（pacifism）；
（12）知足（contentment）；（13）幽默（humor）；
（14）保守（conservatism）；（15）好色（sensuality）。[74]
林語堂談論中國人性格的意圖為何，在此姑且不論。就本
文所關心的部分而言，服部由治分析中國人的「性格」
時，將林語堂的幽默表現視為一種權威性的觀點，並藉此
展開自己的論述。

　　根據服部由治的觀察，中國人與日本人相互不了解
對方的基本性格，因此日本人碰到中國人時容易不知所
措，中國人也一樣。某次他請一位堪稱「日本通」的中
國人毫無顧慮地指出日人的缺點，結果是：（1）器量狹
小；（2）靜不下來；（3）粗魯；（4）行事匆忙；（5）

---

74　服部由治，〈中國人との交際〉，收入《北京案內記》，頁 352-
　　353。服部由治所引用的版本可能是新居格的日文譯本：《我國
　　土・我國民》（東京：豐文書院，1938），頁 66。原書為 Lin
　　Yutang, *My Country and My People* (New York: John Day, 1935), p. 43.
　　中譯本另參見黃嘉德譯，《吾國與吾民》，收入《林語堂名著全
　　集》，第 20 卷（長春：東北師範大學出版社，1994），頁 41。

單刀直入地賣弄人情；（6）過度吹毛求疵；（7）一網
打盡，過分剝削；（8）一見面就不斷誇耀自己的國家；
（9）旁若無人地宣揚日本主義；（10）雖然出自好意，
卻反倒造成困擾，只好逃跑。[75]

服部由治認為中國人的風俗習慣隨時有所變化，日
本人終究無法學會。對他來說，對付中國人，最重要的
是掌握中國人的性格。[76]

據筆者所見，所謂的「國民性」都應當說是刻版印
象。刻版印象有時具備實際上的意義，會成為某些人行
動的準則。此處並不是說指南書所提出的刻版印象與
實際狀況差異不大，但值得留意的是，現實情況非常複
雜，目前還無法完全掌握。因此，不論刻版印象是否正
確，仍然可以作為左右行動的前提。刻版印象往往導致
誤會與矛盾，諒已無庸贅述。然而直到今日，按照刻版
印象來選擇應對的方式，在世界上仍不乏其例。刻版印
象的影響力非常顯著，不可忽視。

---

75　服部由治，〈中國人との交際〉，收入《北京案內記》，頁 353-
354：「コセコセしている」、「セカセカしている」、「ゴツ
ゴツしている」、「すべてがチョコチョコ走りである」、「單
刀直入親切の押賣である」、「餘りに重箱主義である」、「全
部をさらって搾取が過ぎる」、「會えば必ずお國自慢の連發で
ある」、「傍若無人あまり日本主義を聽かされる」、「要する
に有難迷惑、逃げ出さざるを得ぬ」。

76　服部由治，〈中國人との交際〉，收入《北京案內記》，頁
356。

## （二）北方認識的形成

　　「華北」這個區域概念的形成，跟中國近代的歷史發展密不可分。[77] 既然如此，對比「北方」與「南方」的說法究竟起於何時何處，目前尚無定論。風土人心的對比可能從古代就已出現，而近代歐洲地理學理論的影響也值得關注。[78] 無論如何，不只中國人喜歡比較南北中國，日本人有時也會論及，因而這幾本城市指南書也有著墨。

　　《天津案內》說明「北方氣質」與「南方氣質」的差別。該書首先指出北方的氣候非常乾燥，瘠田較多，平地如海，景觀單調。作者並引用王之渙〈登鸛鵲樓〉詩句「白日依山盡，黃河入海流，欲窮千里目，更上一層樓」來說明北方平原的景致；又援引蘇軾〈謝運使仲適座上送王敏仲北使〉的詩句「相逢不相識，下馬鬢眉黃」來描寫黃沙。《天津案內》寫道，如此的風土以及激烈的生存競爭，使北方人民具有剛健自強的性格，與不屈不撓的意志，加上政治方面的才幹。[79] 反觀南方，

77　張利民，〈「華北」考〉，《史學月刊》，2006年第4期（2006），頁 45-50。久保亨，〈華北地域概念形成と日本〉一文也探討中日關係如何影響「華北」概念的形成。

78　Ishikawa Yoshihiro, "Liang Qichao, the Field of Geography in Meiji Japan, and Geographical Determinism," in Joshua A. Fogel ed., *The Role of Japan in Liang Qichao's Introduction of Modern Western Civilization to China* (Berkeley: Center for Chinese Studies, Institute of East Asian Studies, University of California, 2004), pp. 156-176.

79　《天津案內》，頁 202-203。

氣候溫潤，田地膏腴，山水景物更是耐人玩味，猶如杜牧〈江南春〉詩句所言：「千里鶯啼綠映紅，水村山郭酒旗風，南朝四百八十寺，多少樓臺煙雨中。」《天津案內》指出，南方的自然環境影響南方人的個性，意志薄弱而情緒豐茂，長於想像力，結果政治力量較弱，常受北方人支配。

其實，南北比較論並非《天津案內》的作者所獨創。接著，《天津案內》又介紹梁啟超在其〈中國地理大勢論〉一文中展開的論述：就北方而言，「其規模常宏遠，其局勢常壯闊，其氣魄常磅礴英鷙，有俊鶻盤雲橫絕朔漠之概」；在南方，「其規模常綺麗，其局勢常清隱，其氣魄常文弱，有月明畫舫緩歌慢舞之觀」。作者並繼續引用梁文，諸如「長城飲馬，河梁攜手，北人之氣概也。江南草長，洞庭始波，南人之情懷也」。[80]

筆者承認《天津案內》的南北比較論有受到梁啟超的啟發，但是日本人原先即存在的中國認識同樣也起到一定的作用。王之渙的〈登鸛鵲樓〉與杜牧的〈江南春〉均在十九世紀日本人喜愛背誦的《唐詩選》之中。唐詩所頌的南北景物，很可能在日本人心中留下深刻的印象。

小倉章宏的《北支の新生活案內》（1937年）中也

---

[80] 《天津案內》，頁205。編纂者可能從梁啟超的文集引用了本文。初出為中國之新民，〈中國地理大勢論〉，《新民叢報》，第6號（1902年4月），頁44-45；《新民叢報》，第8號（1902年5月），頁43。

有南北比較論。據其所說，北方人性格較為踏實而不浮
誇，且傾向保守；理解新事物不太敏捷，意志堅定，不
愛理論而多以身體力行。就人際關係而言，雖然最初怕
生，但是一旦相信之後便難以動搖。反之，南方人伶俐
而善感，頭腦明敏，破舊立新，追求進步；缺乏剛健的
素質，甚至趨向於輕浮，人情刻薄，往往先考量利害關
係，再決定交情的深淺。[81]

　　小倉章宏認為，若想找尋真正的中國特色，在輕佻
浮薄、標新立異的南方人身上很難找到，卻可在質樸重
厚的北方人的身上得見。為此，他的結論是：日本人應
該依靠北方的中國人才能發展。[82] 在此值得留意的是，
小倉章宏試圖利用南北比較論，提出日本在華北擴張勢
力的方案。

## 小結

　　在 20 世紀前半期，日本人所撰寫的北京、天津指南
書，清楚地反映著他們所關心的事物，因而值得注意。
此外，指南書的內容隨時代而變遷，與各個時代的中日
關係緊密相連。尤其七七事變之後的京津地區處於日軍
支配之下，當時出版的指南書即是當地政治狀態的產物。
即使如此，各種指南書都有其個性。特別是丸山昏迷與

---

81　《北支の新生活案內》，頁 36。

82　《北支の新生活案內》，頁 37-38。

村上知行對北京的文化、社會理解甚深，可以從指南書中發現其關懷所在。

　　各家指南書的出發點與態度也各不相同。茲以關於妓院的記述為例，《天津案內》介紹天津妓樓在南市等處，日租界中也有六十多個日本人藝妓；[83] 其記載雖然簡單，但無疑是為日本嫖客引路。村山知行的書則鉅細靡遺地介紹了北京八大胡同的妓院，包括妓女的等級、南班與北班的區別、在妓館交涉的技巧、及如何對待妓女等等；但另一方面，村上知行也強調妓女的憂鬱，對她們表示同情。根據村上知行的了解，屈身為妓的原因出於家境貧苦，而妓館的剝削也很厲害。[84] 先前村上知行寓居九州福岡時，曾在經營、管理藝妓的辦事處中任職，[85] 因而對日本的嫖娼制度及日本妓女的境遇有所了解。村上知行對於中國妓女的理解與同情不只是表面工夫。《北京案內記》也收錄一篇介紹八大胡同的文章，但此文作者的態度曖昧，雖對妓女表示同情，卻也為日人嫖客提供資訊。據此可以推測，此文除了為嫖客提供指南之外，也企圖滿足其他大部分讀者的好奇心。[86]

　　討論城市指南書的記述是否正確，恐怕無法得到結

---

83　《天津案內》，頁 229-231。

84　《北平：名勝と風俗》，頁 241-270。

85　奈良和夫，〈村上知行覺え書（一）〉，《日中藝術研究》，第
　　36號（1998年8月），頁 6-8。

86　《北京案內記》，頁 306-321。

果。必須認清的是，指南書的特色和主要功能在於化繁為簡，將非常複雜的現實變為簡單化的說明之後，再提供給讀者。這點正是刻板印象的重要來源。因此，對當時的日本人而言，若想接近城市的真正面貌，指南書雖是便利而實用的工具，卻也是招致成見的枷鎖，彷彿戴著有色眼鏡窺探世界。或許有人會對此加以譴責，然而要在短時間內不受任何成見影響地理解陌生的事物，恐怕也相當困難。

最重要的是，讀者不能過度相信指南書，必須親身面對中國社會，透過自己的摸索來獲得一定的知識。至於 20 世紀前半的日本人是否能夠這樣做，已經超過本文的研究範圍，留待將來另稿討論。此外，相較於中文或英文的中國城市指南，日文指南書的特色為何，這點也需要掌握更充分的資料，才能進一步加以分析。

# 中國菜的現代性：
# 日本遊客在民國時期食都上海的美食體驗

岩間一弘
慶應義塾大學文學部教授

## 一、前言

　　1910 至 1930 年代，東亞都市間的國際交流在飲食文化領域頗有發展。例如，在東京增加了西餐館和中餐館，上海也出現了眾多西餐館和日本料理店；並且，西餐館也進一步中國化。在食材方面，上海的高級餐館所提供的魚翅與海參也幾乎都是來自日本；在餐具方面，新加坡、香港的中餐廳常會使用刀叉，[1] 中國各地的都市則不僅會使用西洋餐具，並隨著日本客人的增長而增加了日本產免洗筷的使用。[2] 在日本，被定型為中國菜代表的「北京料理」和「上海料理」，實乃近代中國都市化的產物。透過日本遊客的造訪，以北京和上海為代表的

---

1 後藤朝太郎，《支那料理通》（東京：大阪屋号書店，1922），頁 139。

2　宮尾しげを，〈支那食物漫談〉，《支那街頭風俗集》（東京：実業之日本社，1939），頁 232-40。

中國菜也逐漸在日本全國廣為人知。

所謂的「北京料理」和「上海料理」，都不是純正的地方菜，而是各種地方菜的薈萃。[3] 由於北京長年作為首都，地方菜就像各地文化一樣集聚於此。雖說北京的菜式集全國之精粹，但也因在地風味的同化，而被認為是各家風味大同小異。在北京，以山東菜館和四川菜館數量最多，廣東菜館由於受限於食材取得的不便、以及價格高昂而無法流行，而被北京化而成為廉價菜式。[4] 另外，1930年代前，日本雖然有很多中餐館打著「北京料理」的招牌，但實際上多是迎合當地口味的日式中國菜，並且菜式是以甜味蔬菜居多的福建、寧波風味為基礎。[5] 清末民初，北京的餐館達到鼎盛期，曾出現過數百桌的宴會，資產階級競相攀比，有的甚至被作為專門接待軍人和政治家的會所。然而，隨著南京國民政府成立，政治中心南移，使北京的餐飲業迅速萎頓，並造成部分大店因客源停滯而倒閉。1936年，北京飯館數量比1926年減少至少55%以上，只有小飯鋪有所增加。[6] 在北京，商號傳承至今的著名老字號餐館大多創業於清末時期，

---

3　井川克己，《中国の風俗と食品》（北京：華北交通社員会，1942），頁 158。

4　柯政和，《中国人の生活風景》（東京：皇国青年教育協会，1941），頁 171-90。

5　佐藤真美，《支那料理の話》（奉天：満洲観光局，1942），頁 3。

6　井川克己，《中国の風俗と食品》，頁 158；馬芷庠，《北平旅行指南》（北平：經濟新聞社，1936），頁 239。

然而，也有不少的例外，如仿膳飯莊就是 1924 年馮玉祥將末代皇帝溥儀從紫禁城流放之後，由宮中的御膳廚師們在北海公園所創辦的。

由是，上海取代北京成為了民國時期中國飲食文化的中心和發源地，奠定了所謂「食都」的地位。[7] 與過去的北京一樣，民國時期的上海菜也處於各種地方菜匯聚與同化的過程中。井上紅梅在翻譯魯迅的第一部日文小說後，以上海為據點，留下關於中國風俗研究的傑出成果〈上海料理屋評判記〉。其中，他寫道：「總而言之，沒有哪個地方像上海那樣聚集了各種地方菜餐館。因此在這裡只要稍加留意，就可以瞭解支那全國的菜式特色，成為一個美食家。」同時，劇作家歐陽予倩也指出，上海只有雜揉而沒有純正的東西，福建菜一流行就全都受到福建菜影響，四川菜一流行就全都變成四川風味。所以，雖然招牌上提供各種各樣的地方菜式，但其實既非

---

7　關於民國時期上海的飲食文化，主要見唐艷香、褚曉琦，《近代上海飯店與菜湯》（上海：上海辭書出版社，2008），以及 Mark Swislocki, *Culinary Nostalgia: Regional Food Culture and the Urban Experience in Shanghai* (Stanford: Stanford University Press, 2009)；關於西餐部分的優秀研究，成果眾多：鄒振環，〈西餐引入與近代上海城市文化空間的開拓〉，《史林》，第 100 期（2007），頁 137-149；陳尹嬿，〈西餐館與上海摩登（1842-1949年）〉（嘉義：國立中正大學歷史研究所碩士論文，2008）。Mark Swislocki 認為，繁榮於民國時期上海的是各種地方菜，而不是「上海菜」或「中國菜」；並指明 1930 年代上海的高檔餐廳是廣東菜（而不是上海菜）。Mark Swislocki, *Culinary Nostalgia: Regional Food Culture and the Urban Experience in Shanghai*, pp. 161-170, 225. 本文主要運用日文史料，並深度考察上海——東京的飲食文化交流史。

四川菜或福建菜，也不是廣東菜，而是上海的菜式。[8]
1910 至 1930 年代，在上海蓬勃發展的各地高檔菜，雖
然因中日戰爭引起的食材短缺和 1949 年之後共產黨政權
所倡導的節約而陷入低迷，但在 1950 年代後半到 1960
年代前半又一度得到復興。上海的高級廚師們被選拔出
來製作專為幹部提供的料理，例如，在文革前夕的 1964
年，以北京菜為特色的國際飯店、以揚州菜為特色的上
海大廈、以四川菜為特色的錦江飯店，皆曾接待過由北
京國務院派遣來的廚師，並教授他們包括北京菜在內的
各種地方料理。[9] 民初，由上海興盛起來的中國菜，即使
在人民共和國初期也依然保有超越北京的技術水準和影
響力。

因此，本文先針對民國時期上海中國菜的變化過程
進行探討，進而思考形成於上海的中國菜對以東京為首
的日本飲食文化所產生的影響。由於近代日本關於中國
菜的研究是以食譜的分析為中心，[10] 對口味變化的社會

---

8 井上進（紅梅），〈上海料理屋評判記〉，《支那風俗》（上海：
日本堂書店，1920），頁 77-143。

9 Mark Swislocki, *Culinary Nostalgia: Regional Food Culture and the Urban
Experience in Shanghai*, pp. 205-216.

10 南廣子和舟橋由美對山田政平的《四季の支那料理》的菜名進行
了分析，見〈日本の家庭における中国料理の受容〉，《名古
屋女子大學紀要》，第 50 號（2004），頁 83-91。東四柳祥子、
江原絢子闡明了隨著中國菜在近代日本逐漸被接受，從宴會菜式
轉變為家庭菜式的過程，見〈近代料理書に見る家庭向け中国料
理の形成とその受容の特質〉，《日本食生活文化調查研究報告
集》，第 23 號（2006），頁 1-61。東四柳祥子認為江戶時代的
中國菜雖然以卓袱和普茶料理為主流，但到了江戶後期，在保留

背景及其與同時代中國飲食文化的關係則並沒有充分討
論。本文將以中國人和日本人製作的觀光美食指南為著
眼點進行分析，揭示中日飲食的文化交流，以及上海與
東京飲食文化的同步化進程。在民國時期的食都上海，
不僅發行了很多中文的餐館情報和美食指南，也有很多
日本遊客們將自己在上海的體驗用日文寫成了報告書。[11]
如果將它們作為史料加以對比研讀，就可以發現日本的
遊客們不僅向日本大眾介紹了當時上海所流行的「真正」
的中國菜，也對東京的中國菜的變化產生了影響。[12] 本
文將著眼於上海的杏花樓、一品香、小有天，和東京的
偕樂園這樣在當時赫赫有名的餐館，並針對其飲食文化
的國際化進程加以探明。

其形式的同時，內容卻被視作和中折中樣式的日本料理，見〈江
戶料理書に見る中国料理献立の受容〉，《風俗史学》，第 30
號（2005），頁 2-29。東四柳祥子在明確提出，雖然在明治初期，
基於江戶時代食譜所做的菜被稱為「支那料理」，但偕樂園（本
稿後述）開張後，很多食譜都介紹過它的菜單，見〈明治期に於
ける中国料理の受容〉，《梅花女子大学文化学部紀要》，第 3
號（2015），頁 33-46。

11　關於近代日本人的中國紀行，具有先驅性而覆蓋性的研究，有
Joshua A. Fogel, *The Literature of Travel in the Japanese Rediscovery of
China 1862-1945* (Stanford: Stanford University Press, 1996)，但高
媛和瀧下彩子關於滿洲和華北的一系列研究非常有趣，關於上
海可見岩間一宏，〈大衆化するシノウズリ——日本人旅行者の
上海イメージと上海の観光都市化〉，《現代中国》，第 87號
（2013），頁 17-32。

12　本文雖然將近代日本人的中國料理觀的變遷作為考察對象，但相
對應的歐美人的中國料理觀的相關研究，有 J. A. G. Roberts, *China
to Chinatown: Chinese Food in the West* (London: Reaktion Books, 2002).

## 二、上海的各種地方菜的盛衰榮辱

### （一）《上海指南》和《上海的吃》

　　談到中國都市指南書的先驅，就不得不提到楊靜亭向行商者們介紹北京的《都門紀略》。此書刊行於 1845 年，截至 1905 年為止，共再版了十五次以上。而《都門紀略》多有借鑒的《滬遊雜記》（1876 年葛元熙刊行）則是最早較為正式的上海指南書，1878 年由藤堂良駿改為日文訓讀版《上海繁昌記》，並在日本刊行。在此之後，清末至民國時期，商務印書館發行的《上海指南》（1909 年 7 月初版，1930 年 1 月 23 版），成為了上海指南書的經典。[13]

　　首先，綜觀商務印書館《上海指南》中、介紹清末民初的中國菜和餐館的部分，可以發現以下兩點。第一，最早期的第三版（1909 年 11 月，即宣統元年 9 月刊行）將酒館提供的菜式分為「華式菜」和「西式菜」兩種，在華式菜中還列出了魚翅、燕窩、燒鴨、魚肚、鮑魚及海參等高級食材。值得注意的是，雖然上海在清末引進的是華南（福建、廣東）的水產，但到辛亥革命前後，來自日本的水產比重有所增長。截至當時，上海和周邊區域都是日本水產最大的國外需求地區。例如 1904 至 1905 年，日本向中國出口了（按出口額排序）海帶、海參、魚翅、魷

---

13　關於這些都市指南的出版目的和背景，詳見本書第 3 章：林美莉，〈略論近代華文上海指南書刊的編纂策略〉。

魚和鮑魚等品項，對上海的出口額占總額的七成。即使在 1922 年，日本出口的魚翅和海參大約有八成都是銷往上海。此後，據說蔣介石經濟抗戰的第一步就是要求中國人不吃魚翅、海參，[14] 可見這些海產對日本出口的重要性。實際上，在中日全面戰爭的 1940 年，日本的商工省就以獎勵海參等水產向中國的輸出，作為宣傳安撫工作的一環。[15] 因此，清末民初的上海餐館所提供的魚翅和海參大半都來自於日本，中日之間食材的國際化交流是以上海為據點而進行，甚至出現日本人十分喜愛而被視為「正宗菜」的魚翅，實際上卻是來自日本的諷刺情況。然而，中國人和日本人對於中國菜的口味各不相同，當時的中國人也完全沒有接受日本料理。

第二，商務印書館《上海指南》第 7 版（1912 年 10 月）將中餐館分為「京館」、揚州館」、「徽州館」、「寧波館」和「廣東館」五類；第 8 版（1914 年 11 月）又增加了「福建館」、「四川館」、「南京館」、「教門館」和「蘇州館」，編者敏銳地捕捉到了當時各種地方菜的流行變化。順帶一提，當時上海的「上海料理」（上海菜、滬菜）並沒有被確立為中國菜系的派別，在外地商人和旅客聚集的高級餐館類別中也未被列為本幫（本地）菜。「上

---

14　佐藤真美，《支那料理の話》，頁 6。

15　根據羽原又吉的說法，最初海帶、海參、貝柱、鹽鮭和鹽鱒五類並不在統制出口品之列。見羽原又吉，《支那輸出日本昆布業資本主義史》（東京：有斐閣，1960），頁 297。

海料理」此一名稱是包括日本遊客在內的外來者所取的名字，上海當地人用以自稱則是在此之後。

早年的上海，菜館除了本幫菜之外，[16] 只有徽（安徽）、寧（寧波）兩幫。直至租界開闢，始有各地方菜館，其中，以北京菜館營業最盛。由於北京菜最宜於官場酬酢，遂取徽館之地位而代之，例如，上海首創的北京菜館新新樓在同治年間開業了。[17] 於此同時，根據井上紅梅的論述，天津菜館在上海直到光緒初年（1875 年）左右仍盛極一時，而寧波餐館等始終處於二流的位置。接著南京餐館和揚州餐館、南北折衷式餐館等相繼出現，至光緒末年（1908 年），北京菜和天津菜又東山再起；[18] 至民國初年，四馬路（現在的福州路）一帶幾乎全是北京菜的世界。[19] 但是，辛亥革命後，福建菜隨著南方派勢力的增長而開始崛起，而四川菜亦藉由開啟辛亥革命序幕的保路運動而流行起來；1910 年代，福建菜和四川菜達到了鼎盛。[20] 關於之後的變化，當時最高水準的美食指南《上

---

16  有論者把蘇州菜分別於上海的本幫菜。參見梅生，〈上海菜館之今昔〉，《申報》，1925 年 11 月 10 日，17 版。

17  〈「吃」在上海特輯〉，《申報》，1947 年 1 月 16 日，9 版。

18  井上進（紅梅），〈上海料理屋評判記〉，頁 85。

19  〈「吃」在上海特輯〉。

20  井上進（紅梅），〈上海料理屋評判記〉，頁 85。此外獨鶴認為，清末上海的中國菜分為蘇州、北京、廣東、鎮江四種，但和井上一樣認為辛亥革命後福建菜和四川菜崛起。見獨鶴，〈滬上酒食肆之比較〉，《紅雜誌》，第 23 期（1923），頁 44-48。

海的吃》等都有生動的描述。[21] 本節將把它們作為主要史料，觀察兩次大戰期間上海各種地方菜的盛衰。[22] 以下開始，沒有標注的內容均依據《上海的吃》一書。

## （二）北京菜、天津菜和四川菜

（1）北京菜（清末稱「京菜」，民國時期稱「平菜」）在上海最為平價，也最為風雅。由於從北方遷居上海的人數眾多，與上海人的口味相合而壯大。[23] 上海最早的北京餐館是雅敘園，有名的有三馬路的悅賓樓和會賓樓，四馬路的大雅樓和萬雲樓等等。其中，會賓樓的常客多為伶人。[24] 招牌菜式有辣白菜、凍雞、漕溜魚片、爆雙脆炒蝦仁、掛爐鴨和紅燒魚等。[25]

（2）天津菜以六合居和青萍園為有名，這些餐館除了主菜也很重視點心。除了片兒湯、大滷麵和炸醬麵等，還有比餛飩更大的油煎鍋貼。其中，六合居做的最出色。五加皮酒也是天津特產。另外，不少人認為天津菜館常用

---

21 狼吞虎嚥客編，《上海的吃》（上海：流金書店，1930）。

22 關於民國時期上海各種地方菜的盛衰，Mark Swislocki, *Culinary Nostalgia: Regional Food Culture and the Urban Experience in Shanghai*, pp. 142-175有所考察，論述與本文沒有矛盾之處。

23 冷省吾，《最新上海指南》（上海：上海文化研究所，1946），頁 108。

24 獨鶴，〈滬上酒食肆之比較〉（續），《紅雜誌》，第 25期（1923），頁 19-30。

25 冷省吾，《最新上海指南》，頁 108。

大蔥，故不喜大蔥者不會進店。[26]

　　（3）四川菜雖然比北京菜和安徽菜等價格更高，但仍是顧客雲集。上海只有五、六家，三馬路的美麗川菜館倒閉後，愛多亞路（Edward Ⅶ Avenue，現在的延安東路）的都益處最為有名。[27] 冷菜的醋魚，熱菜的紅燒獅子頭、奶油菜心、神仙雞等都是招牌菜式。燒辣鴨子、鳳尾筍、米粉雞和紅燒大雜燴等也很有特色；辣子雞丁、咖哩蝦仁和酸辣湯等也變得出名。[28] 值得注意的是，兩次大戰期間的上海美食指南中，四川菜通常被形容為精緻美麗，而並不是以辣味為特徵。當時的四川菜整體並不太辣，辛辣方面倒是以湖南菜更廣為人知。[29] 第二次世界大戰後成為日本四川菜代名詞的麻婆豆腐，在戰爭前也尚未被上海接納。[30]

　　四川菜在上海曾風靡一時，然而，到 1930 年代已經完全被廣東菜取而代之。[31] 廣東菜（「粵菜」）的流行始

---

26　陳亮，〈羅宋大菜〉。

27　根據東京浜町「京蘇菜館　濱のや」的老闆富山榮太郎所述，都益處的廚藝一流，即使是煮青豆這種簡單的菜也做得極美味。大正和昭和時期負責天皇家族飲食的宮內省初代廚師長秋山德藏，也在 1922 年求學於中國時前去參觀。富山栄太郎，〈上海雜記〉，《食道樂》，第 5 卷第 5 號（1931），頁 31-35。

28　冷省吾，《最新上海指南》，頁 108。

29　橫田文良，《中国の食文化研究　北京編》（大阪：辻学園調理製菓專門學校，2006），頁 185。

30　傳說麻婆豆腐是 1862 年（同治初）由四川省成都萬福橋的食堂廚師陳春富的妻子始創，由於她臉上有麻子，故稱為「陳麻婆豆腐」（略稱「麻婆豆腐」）。

31　孫宗復，《上海遊覽指南》（上海：中華書局，1935），頁 60。

於廣東出身的華僑商人們在南京路開設四大百貨公司（先施、永安、新新、大新公司）的餐館，「吃在廣州」在上海也成為了俗語。廣東菜的特徵就是精緻美麗卻價格不菲，和西餐一樣分量雖不多但外觀隆重，而且所有活物皆可入菜也是一大特色。[32] 廣東菜的興盛被比作在廣州宣示成立國民政府後，在 1926 年由蔣介石開始領導北伐的國民革命軍，[33] 這個比喻意指廣東菜打敗中國其他的地方菜，可與西餐分庭抗禮。[34]

## （三）廣東菜和福建菜

民國時期，上海的廣東菜有廣州菜、潮州菜及宵夜三派。其中，廣州菜最為華麗，比北京菜和四川菜都要便宜。冷盤中，以燒鴨、香腸、叉燒、臘鴨腿聞名；熱炒中，則以炒魷魚、蠔油牛肉、炒響螺、炸子雞、炸雞肫、翠鳳翼和冬菇蒸雞出名；還有蛇肉、龍虎會、山瑞、穿山甲、海狗肉和生猴腦等獨有的山珍美味。廣州餐館集中在粵商酒樓和會元樓等虹口北四川路一帶，雖然租界內原本只有在四馬路的杏花樓（1851 年創業，上海最早的廣州餐館，也提供西餐以及「粵菜西食」）等二、三家，但抗戰發生後，隨著虹口成為日本居留民聚居的特殊區域，廣

---

32　冷省吾，《最新上海指南》，頁 104-6。

33　王定九，〈吃的門徑〉，《上海門徑》（上海：上海中央書店，1937），頁 8。

34　Mark Swislocki, *Culinary Nostalgia: Regional Food Culture and the Urban Experience in Shanghai*, pp. 165-175.

州菜館紛紛遷移於此，四馬路和大馬路（南京路）成為大型廣東菜館的集中地，如新雅、冠生園、大三元、味雅等皆是如此。[35]

潮州菜在虹口北四川路有幾家店面，但在租界內並不多，主要擅長炒龍蝦等海鮮菜式。[36] 五馬路的徐得興雖然陳設簡陋但很有名氣，最有名的菜是冬季火鍋，以加入魚肉餃子、蝦蛋包子和潮州芋芳而獨具一格。

宵夜館是提供「一冷菜一熱菜一湯」[37] 的簡易速食店，中餐和西餐兼備。以廣東人開的店居多，提供的中餐就是廣州菜，但規模稍小。白天很少營業，以夜間為主，價格低廉。其中，三馬路的春宴樓，四馬路的燕華樓和醉華樓較有名。牛肉絲飯、咖哩雞飯、清燉鴨飯、魚生粥等都是既便宜又可以一人吃到飽的美食。

即使辛亥革命的全盛期已經過去，福建菜中小有天特製的紅燒魚翅仍然出名。福建餐館中以「有天」命名者居多，其他還有「別有天」、「中有天」、「受有天」等。福建菜格外受日本人喜愛，據云，1922 年，在日本人集中居住區的北四川路，名為「中有天」的福建菜館甫一開

---

35　錢一燕，〈吃在上海〉，《食品界》（1934）。嚴毅，《食品大觀》（上海：中國出版社，1936），頁 23-31中作為松年著再錄。〈「吃」在上海特輯〉。

36　孫宗復，《上海遊覽指南》，頁 61。

37　商務印書館編譯所，《上海指南》，第 7 版（上海：商務印書館，1912），卷 5，頁 5。

張，日本人就幾乎天天光顧，搶走了小有天不少客源。[38]

　　另一方面，與這些高檔店面形成對比的，是林立於上海南部的江邊埠頭一帶、簡易的廉價福建餐館。該地是中國海軍的軍艦停泊之處，也是海軍司令部的所在地。那些店面被免除了店鋪租金，還可以低價收購水兵捕獲的魚蝦，是以菜價十分便宜。但因為有司令艦長的私人廚師等技術高超的廚師助陣，據說好吃程度甚至不輸小有天等著名餐館。[39]

　　海軍將校和士兵之所以那麼喜愛福建菜，是由於1867年，當時東亞最大的造船廠（船政局）和海軍學校（船政學堂）創立於福州附近的馬尾，此後，福建（特別是福州）出身者就成為海軍最大的派系。[40] 中國海軍內部特別看重同鄉之誼，尤其福建同鄉往往被重用，以至於被指責為福建人的海軍，甚至還有傳聞指出司令官只出自福建籍。被福建人所掌握的海軍中央順應時局，先後擁立了袁世凱、段祺瑞、齊燮元和盧永祥等人，自1917年開始分裂，因此易被各種政權所利用。1926年，開始北伐，福建閩系海軍被編入蔣的國民革命軍；北伐結束後，就被

38　獨鶴，〈滬上酒食肆之比較〉（續），頁19-30。

39　王定九，《上海顧問》（上海：上海中央書店，1934），頁221。王定九，〈吃的門徑〉，頁15-17。

40　例如，根據王家儉，〈閩系海軍歷史地位的重新評價〉，《我武維揚──近代中國海軍史新論》（香港：香港海防博物館，2004）頁12-25，1933年海軍部編纂的《海軍部職員錄》登載的海軍部職員204人中142人是福建人。

保留下來成為中央海軍。蔣介石雖然利用福建系和廣東粵系、東北系、新設的直屬電雷（軍政部電雷學校）系海軍各派系間的相互競爭，藉此加以壓制，但直到中日戰爭前夕都未能動搖其最大派系的地位。[41]

### （四）安徽菜、南京菜、鎮江菜、揚州菜和杭州菜

（1）徽菜館的數量在上海一直很多，因為秉持著薄利多銷的原則，[42] 比起其他的上等餐館，價格較低，味道也符合中一般民眾的胃口，故而店面繁盛，常用於日常飲食。最初幾乎都是寒酸店鋪，但愛多亞路大世界前的大中華菜館因發明砂鍋餛飩、餛飩鴨和餛飩雞等菜色，被報紙大肆宣傳而聲名大噪。於是，其他店鋪亦紛紛模仿，使得徽菜廣為流行，在 1930 年前後的兩三年間風靡一時。並且，三馬路的大新樓將「裡州裡」（薄餅）作為招牌菜。然而，此後卻被廣東菜搶走了風頭。[43]

（2）教門菜是回教徒的菜系，因南京多有信仰回教者，故教門菜館也被稱為南京館。它因上海回教徒眾多而繁盛起來，以四馬路的春華樓和六馬路的金陵春最為著名。由於回教徒忌食豬肉，故其用油多是植物油或雞油，但除了豬肉之外都和其他菜系相同。板鴨和香肚很有名，

---

41　王家儉，〈閩系海軍歷史地位的重新評價〉，頁 12-25。

42　〈「吃」在上海特輯〉。

43　錢一燕，〈吃在上海〉。狼吞虎嚥客編，《上海的吃》，頁 10。

紅燒牛肉和牛肉鍋貼也很出色。[44]

　　（3）鎮江菜和揚州菜雖大同小異，但鎮江菜注重酒菜，而揚州菜則注重點心。三馬路的老半齋和新半齋的肴肉很有名，是可匹敵金華火腿的美味。熱菜中以煮干絲、紅燒獅子頭、粉蒸肉等三樣為特色。

　　（4）杭州菜在上海幾乎無跡可尋，上海名流們對此深以為憾。在 1920 年代末，他們邀請多名杭州名廚，在大世界正面開了杭州飯莊。[45] 自從杭州著名的天香樓到上海來設立分店後，如同杭州本店一樣熱鬧，杭州菜始為上海人所愛好。[46] 其招牌菜是西湖醋魚、東坡肉和魚頭豆腐鹹肉。

### （五）紹興菜、寧波菜和上海的本幫菜等

　　紹興酒聞名天下，紹興菜館中有名的有大馬路的王寶和等。雖然，有的店鋪只提供醬鴨、醬牛肉、油爆蝦、辣白菜等冷盤，但三馬路的家越中味菜館不靠酒也能吸引到紹興人光顧，其特色就是韭黃炒肉絲等。

　　雖然，在上海以寧波人最多，但寧波餐館卻不那麼多。原因是寧波近海，多喜食腥味，與內地人的口味不符。二馬路的狀元樓和大新街的重元樓是最高檔的寧波餐

---

44　孫宗復，《上海遊覽指南》，頁 62-63。

45　有關《申報》上刊登的杭州飯莊開業廣告，參見巫仁恕，〈東坡肉的形成與流衍初探〉，《中國飲食文化》，第 14 卷第 1 期（2018）一文。

46　〈「吃」在上海特輯〉。

館，狀元樓以炒櫻桃、芋艿、雞骨醬，重元樓則以蚶子、蜊黃、鹹菜湯、鹹菜黃魚等聞名。寧波菜因套餐和湯的分量很大，而得到「寧波湯罐」的雅號。寧波菜的味道並不合寧波籍、紹興籍以外的人們的口味，因而沒有像廣東菜那樣發展壯大。據說還有人誤以為有寧波的棕黃色木質傢俱的地方一定是寧波餐館，或誤以為和寧波人一起去就可以吃到價廉物美的東西，但結果往往並非如此而有受騙上當的感覺。[47]

如此，民國時期，上海的寧波菜在很大意義上是靠同鄉人的獨特口味和排他性的同鄉意識所支撐的，而以寧波菜為基礎的上海本幫菜，此時也漸漸形成了。上海的本幫餐館大多都由寧波餐館變化而來，規模較小且只提供家常便飯，諸如「老正興館」、「正興館」、「全興館」的店名鱗次櫛比，形成了「飯店弄堂」的景象。招牌菜是燉蹄膀、爛汙肉絲、炒圈子、紅燒羊肉、四喜肉炒卷菜和鹹肉豆腐湯等等，以便宜著稱。[48]

1926 年，再訪上海的谷崎潤一郎（後來他成為日本的小說家代表，如下文所云，他引領了當時的「支那趣味」）想要去「掛繩門簾的飯館」、「低檔場所」看看，於是，有人就向他推薦了「老正興館」。那裡是提供「正宗寧波菜」的店鋪，客人也多是寧波人，大部分菜品都是

---

47　冷省吾，《最新上海指南》，頁 109-110。
48　冷省吾，《最新上海指南》，頁 110-111。

使用鮮魚。谷崎吃後，回憶起了孩童時代母親做的家常煮魚的味道。[49] 從谷崎氏的感想，可見上海本地的家常寧波菜和餐館的定位，顯然與上海高級餐館有所差異。

此外，《上海的吃》還提到河南菜、無錫菜、蘇州菜等，但並不受上海人的青睞，店面也很少。河南餐館僅剩一、二家，有名的有醋海蜇、烤豬脊髓、烤童子全豬等。無錫菜注重甜味，四馬路仁和館以草頭燒刀魚、紅燒鮮帶魚出名。蘇州菜裡出名的有太和園、復興園、鴻運樓和福興園，[50]「船菜」[51] 也廣為人知，但小店的菜式卻沒有能轉型成本幫菜。

## （六）素菜和點心

（1）素菜在上海超過百家，而以北京路的功德林最為著名。其中，也有油雞、燒鴨等名稱的菜色，但全是用豆腐和麵筋仿製的。城隍廟內的松鶴樓的素菜和素點頗有名氣，冬菇麵一碗只需二百文，相當便宜。谷崎潤一郎對素食也很感興趣，他曾向自己的朋友、東京的中餐館偕樂

---

49　谷崎潤一郎，〈上海交遊記〉，《女性》，第 9 卷第 5 號（1926 年 5 月），頁 144-159。

50　獨鶴，〈滬上酒食肆之比較〉（續），頁 19-30。

51　然而，「船菜」也被分類為無錫菜。根據王定九所述，「船菜」在 19 世紀末的無錫是受歡迎的高級菜，由於國民政府禁止娼妓而在無錫沒落，但唯獨菜品在上海重現。（見王定九，《上海顧問》，頁 231-232、王定九，〈吃的門徑〉，頁 27-29）。Mark Swislocki, *Culinary Nostalgia: Regional Food Culture and the Urban Experience in Shanghai*, pp. 168-169. 根據〈「吃」在上海特輯〉，「蘇錫船菜」營業不盛之後，改為專辦喜慶筵席的蘇式菜飯了。

園的老闆笹沼源之助詢問中國素菜的發展情況。谷崎造訪上海時就在功德林吃了素菜，又在供養齋品嘗了外賣，並對此讚不絕口：「得到了享用肉、魚同等程度的食慾滿足」，「一種魔法」，「從未吃過如此美味」。[52] 另一位日本記者兼現代文學家新居格在功德林吃過素菜後，[53] 提出了「不太品嘗得出作為料理的靠譜味道，就好像吃了向島雲水的普茶料理，[54] 不想再吃第二次」的惡評。[55] 谷崎和新居完全相反的評價意味深長，可見中國素菜在日本人心中的喜惡可謂大相徑庭。

（2）點心店雖然在《上海的吃》中未有記載，但仍不能忽略。點心店包含有麵店、炒麵店、餛飩店和糕糰店，此外，廣東茶館在下午也會售賣燒賣、水餃、饅頭等品項。[56] 點心除了前文中的天津式和揚州式，還有本幫和廣式。[57] 1920 年代初，本幫的點心店只有四馬路的四如春，但大馬路的五芳齋開店後，超越了四如春；等到北萬馨和沈大成等店開張後，四如春的名氣就江河日下了。這些店鋪的點心都很過時，店門口有大灶台，油煙味刺鼻，

---

52　谷崎潤一郎，〈上海交遊記〉，頁 144-59。

53　關於新居格在上海的經歷的專論，可見西村正男，〈新居格と中国—あるアナキストにとっての「国境」〉，《德島大学国語国文學》，第 16 號（2003），頁 24-48。

54　普茶料理是江戶時代由隱元傳入日本的料理，即 17 世紀時中國的素菜被日本化後的產物。

55　新居格，〈上海斷景〉，《旅》，第 11 號（1937），頁 69-70。

56　商務印書館編譯所，《上海指南》，第 7 版，卷 5，後 5 頁。

57　孫宗復，《上海遊覽指南》，頁 69。

即使點心味道不錯，還是淪為了中下階層雲集的店鋪。另一方面，現代化的點心店有廣東系的冠生園和大三元、揚州系的福祿壽和精美等，它們主要客層來源為中產以上的客人，並沒有搶奪老店的客源。特別是福祿壽一枝獨秀，很講究點心的麵粉和材料，店面也設備齊整，坐席舒適，服務周到，但價位稍高。[58] 1930 年代，上海的點心，以湯麵、湯糰、餛飩、糖糕、炒麵、炒糕、水餃、小籠包和鍋貼等為代表，被譽為「八寶」。[59] 值得注意的是，當時日本最受歡迎的燒賣並不在列，而大約從滿洲和華北流傳到日本並在戰後流行起來的鍋貼，卻反而躋身在內。此外，各種地方菜都有其招牌點心：如廣東系的伊府麵、各色大包、小巧甜鹹包餃燒賣；北平和天津系的薄餅、鍋貼；鎮江系的蟹黃湯包、白湯餡麵；揚州系的各色包餃燒賣、春卷、千層糕和發糕等。[60]

## （七）日本料理

　　最後，筆者想確認民國時期的上海大眾尚未接受日本料理這一事實。1880 年左右，在上海最早開張的是名叫「東洋茶館」的日本茶屋。雖然，在1880 年代很是流行，但到1894 年第一次中日戰爭爆發時就消失了。那裡

---

58　老饕，〈吃在上海〉，《機聯會刊》，第 146期（1936），頁 25-30。
59　錢一燕，〈吃在上海〉。
60　老饕，〈吃在上海〉，頁 25-30。

只是靠日本藝伎吸引人氣，並提供日本風味的茶菓子，但並未造成日本飲食文化的普及。[61] 1930 年刊行的美食指南書《上海的吃》中，在比較中日飲食文化之後做了如下的論述：

> 也就是說，日本料理和中國菜在食材上屬於完全相反，比如中國人食用的豬內臟，日本人會捨棄；中國人不吃的魚類內臟，日本人則愛若珍寶。因此中國人大抵吃不慣日本料理。虹口的日本料理店雖然很多，但其中幾家保留了席地而坐的陋習，進門必須先脫鞋，對於坐不慣的人來說難以忍受。筷子是簡陋的木製筷，只能用一次（另一方面，後述的竹內逸等日本人卻對中國的長筷子夾不住食物頗為不滿）。菜品以魚類最普遍，烤時不去內臟，因此腥味濃重。海參、鮑魚、紫菜等海鮮也全部有腥味。還有飯糰，據說日本人是當做點心食用的，車站有流動商販在售賣，虹口一帶的日本商店也放在玻璃櫥櫃裡擺賣。[62]

近代中國人對日本料理的這般惡評，確實和下文中日

---

61　關於「東洋茶館」，可見池田信雄（桃川），《上海百話》（上海：日本堂書店，1921），頁 11-16。唐權，《海を越えた艷ごと》（東京：新曜社，2005），頁 161-253。

62　狼吞虎嚥客，《上海的吃》，頁 22-23。

本人對中國菜的好評形成對比，但若我們能抓住中國人對
日本料理的好奇目光，就能發現他們逐漸開始接受日本飲
食文化的先兆。

## 三、日本觀光媒體眼中上海和東京的中國菜
### （一）上海日本人眼中的人氣餐館

　　民國時期的上海，也出版了很多日語的指南書。可與
《上海指南》（商務印書館編）相媲美的生活指南書有《上
海案內》；[63] 而與《上海的吃》（狼吞虎嚥客編）等相匹
敵的美食指南書則有井上進（紅梅）的《上海料理屋評判
記》等等。[64]

　　《上海案內》是在 1913 年至 27 年間不斷再版的暢銷
書，是提供給日本人的旅遊指南，其中也記述了在上海的
日本人對於中國菜的口味變化。很多人都說，在中國的各
種地方菜中，最合日本人口味的是廣東菜。[65] 廣東菜是全
中國廣為人知的甜味菜，然而，從 1910 年代中後期開始，
日本人的口味就轉向了同樣偏甜的福建菜。在上海吃中餐
的日本人幾乎必去四馬路，特別是杏花樓（廣東菜）、小

---

63　《上海案內》第 1 版由在上海創辦金風吟社的島津長治郎一手編
　　撰，出版於 1913 年。而後，刊行至第 11 版（杉江房造編）。關
　　於《上海案內》，詳見孫安石，〈日本人が見た上海イメージ
　　──《上海案內》の世界〉，《近代中國都市案内集成　上海編》
　　第 1 卷（東京：ゆまに書房，2011），頁 11-46。

64　井上進（紅梅），〈上海料理屋評判記〉，頁 77-143。

65　島津長治郎，《上海案內》（上海：金風吟社，1913），頁 31。

有天（福建菜）、馥興園（寧波菜）和華慶園（寧波菜）
等店，當時具備很高的人氣。[66] 1920 年代，福建菜的小
有天和消閒別墅、四川菜的古渝軒和都益處等也非常出
名。一品香、百貨公司食堂裡的東亞（先施百貨內）和大
東（永安百貨內）以設施齊備、時髦而聞名。1927 年左
右，日本人在虹口的吳淞路開了一家名叫長江春的中餐
館，對當地日本人來說很是方便。[67]

　　《上海案內》所提到的中餐館，多在井上進的〈上
海料理屋評判記〉裡被重複介紹，可見日本人對於餐館
口味的偏好相當雷同。尤其是廣東菜的杏花樓自古就在
四馬路，在日本人中廣為人知，也在此舉辦了很多宴
會。甚至，是很多日本人心中的中菜館的首選。在1930
年代中後期的指南書中，杏花樓仍然被列為日本人常去
光顧的店鋪。[68] 但井上進稱，杏花樓的特徵是純廣式的
室內裝潢，即木雕金箔的隔牆和彩色玻璃鑲嵌的設計，

66　島津長次郎，《上海漢口青島案內》（上海：金風社，1917），
　　頁 166-170。福建菜十分符合當時日本人的口味，亦可見於平野
　　健，《上海渡航の栞》（上海：日本堂書店，1920），頁 52。
　　其理由不明，但長崎的華僑多出身於附近，日本的中國菜直至明
　　治時期都深受長崎卓袱料理影響，因此日本人很容易接受福建菜
　　口味。同樣，廣東菜也因橫濱華僑的影響而容易為日本人接受。
67　杉江房造，《上海案內》第 11 版（上海：日本堂書店，1927），
　　頁 355-356。
68　濱田峰太郎，《大上海　要覽・案內》（上海：上海出版社，
　　1935），頁 320。藤井清，《上海》（東京：日本国際観光局，
　　1939），頁 74。

因此，「精明的上海人」皆望而卻步。[69] 此外，上海的日本人和當地中國人之間，對於口味的巨大差異則在於安徽菜。前述安徽餐館作為家常菜而常得上海人光顧，十分興旺，但根據井上進的評價，徽州餐館在上海市內遍地都是，菜品油膩，價位普遍要便宜一、二成，但因為難吃反而還嫌貴了。[70]

還有一處值得注意的是，上海的日本人和中國人在菜品種類上也存在認知上的差異。1880 年（一說 1882 年）在四馬路開張的一品香，最初是以中國人開設的西餐店老鋪而為人所知。然而，一品香提供的是依據中國化口味的西餐。一品香在 1918 年遷往西藏路，兼營旅館和中西餐酒席。其裝潢和設備（電話、風扇、電燈等）是西式的，但招伎來唱歌演奏的飲食方式卻是中式。[71] 另一方面，一品香的中國菜被認為是「番菜式的中餐」，招牌菜有仿照蔡鍔（字松坡，中華民國初代雲南都督，為阻止袁世凱復辟帝制發動護國戰爭）吃法的松坡牛肉等。[72]

如此，日本人並未把一品香當做西餐館，而是當做新式中餐館來光顧。例如井上進就將一品香、先施百貨的東亞和永安百貨的大東等食堂列為品嘗「時髦味道」的

---

69　井上進（紅梅），〈上海料理屋評判記〉，頁 92。

70　井上進（紅梅），〈上海料理屋評判記〉，頁 119。

71　唐艷香、田春明，〈一品香與近代上海社會〉，《理論界》，第 412 號（2008），頁 128-129。

72　獨鶴，〈滬上酒食肆之比較〉（續），頁 14-25。

店鋪，認為是「可稱為香港上海式的時髦支那料理」，特別是將一品香高度評價為優於先施、永安內的食堂。[73] 根據全國同盟料理報的主編三宅孤軒的回憶，他曾在一品香點過中國菜，也在上海隨一的日本料亭六三亭舉辦過近五百人的大宴會。順帶一提，當時一品香的老闆是日本國籍的臺灣人。[74]

再者，先施百貨內的東亞雖然作為廣東菜的代表，在當地享有盛名，但在日語指南書中卻被分類到廣東菜之外的「香港上海式」[75] 或「上海菜」[76] 當中。也就是說，對於當地中國人而言，上海本幫菜就是日常的廉價食物，但從日本遊客的眼光來看，只有受到香港影響又被上海洗練過的新型高級中餐，才被視作「上海菜」或「上海式」，但實際上它們大多是廣東菜。如此，在兩次大戰期間，中、日兩地的上海和東京對中國料理的認知上出現了明顯的落差。

---

73 井上進（紅梅），〈上海料理屋評判記〉，頁 78-80。另外平野健《上海渡航の栞》，頁 52中，提及上海代表性的中餐館之一的一品香，稱之為「於支那新式」。

74 三宅孤軒，〈支那料理漫談〉，《食道樂》，第 4 卷第 10 號（1930），頁 29-31。

75 井上進（紅梅），〈上海料理屋評判記〉，頁 78。

76 日本郵船株式會社編，《上海近傍觀光案內》（東京：日本郵船株式會社，1916）、《上海航路案內》（東京：日本郵船株式會社，1928）等。

## （二）小有天和日本遊客們

日本人心中，近代上海的中餐館當中，名氣能與杏花樓匹敵、甚至還有所超越的，就屬福建餐館小有天。小有天於民國初年創辦於閘北愛而近路（Elgin Road），開張之初默默無聞，後來受到李梅庵等文人朋友的吹捧，[77] 以及著名革命黨員的青睞，才因而興隆起來，不久後就遷往三馬路躋身一流店鋪之列了。小有天室內掛有李梅庵書寫的對聯，成為上流人士聚集的地點，而後也為日本人所知，店前的馬車和汽車絡繹不絕。然而，該菜館在招待日本人和中國名士時，味道的好壞有天壤之別，據說這是因為餐館會挑客人。在中國通記者佐原篤介 [78] 看來，小有天的福建菜真髓只有受過孫文招待的人才能評說。[79] 由此可以確定，小有天這種高級餐館是中國的政要用來作為交際應酬的重要場所。

---

77 李瑞清，教育家、書畫家，未擔任中華民國官職，自稱「清道人」。據芥川龍之介所述，他擁有能夠一口氣吃光 70 隻螃蟹的非凡胃容量。芥川龍之介，《支那遊記》（東京：改造社，1925），頁 57。

78 佐原篤介就讀於慶應義塾大學部法科，1898年作為《東京時事新報》特派員赴任於上海。取材義和團之亂，1901年編纂《拳匪記事》而受矚目。在日俄戰爭中以上海為中心從事特務工作，截獲波羅的海艦隊東航的航路，1914年出兵青島時也從事特務工作。見黑龍会，《東亜先覚志士記伝》，下卷（東京：黑龍会出版社，1966），頁 627。1926年擔任《盛京新報》第二代社長，成為滿洲言論界的領軍者。詳見華京碩，〈佐原篤介と満鉄子会社時期の《盛京時報》〉，《龍谷大学大学院研究紀要　社會学・社會福祉学》，第 20號（2013），頁 23-36。

79 井上進（紅梅），〈上海料理屋評判記〉，頁 94-95。

　　小有天開始被日本遊客所關注，很大一部分是因為芥川龍之介的介紹。芥川龍之介受命於大阪每日報社，從1921年3月下旬到7月上旬的一百二十多天裡，周遊了上海、南京、九江、漢口、長沙、洛陽、北京、大同和天津等地，回國後在報紙上連載紀行文，進而在1925年出版。他的《支那遊記》，就像他自己所說那樣，是「記者才能的產物」，[80] 其辛辣又寫實的批判描寫相當突出。例如，他去豫園湖心亭時，看到中國人在庭外「病態的綠色」池水邊小便等景象。[81] 另一種說法認為，他之所以用這樣的方式記述是為了刻意抵制谷崎潤一郎「支那趣味」（幻想性的異國趣味）的言論。[82]

　　在芥川龍之介看來，上海的餐館並不舒適，即使是小有天的房間隔層也是不解風情的木牆。而以桌上的美麗擺設為賣點的一品香，也不如日本的西餐廳。此外，除了味覺感受之外，雅敘園、杏花樓和興華川菜館也盡是些讓人感覺震驚的地方。上海東方通訊社的波田博在雅敘園宴請芥川龍之介時，想找廁所，卻被服務員要求在廚房排水溝解決，事實上，他比芥川龍之介更早一步目睹了一個油膩廚子所作的示範。

　　芥川龍之介肯定小有天比起東京的中餐館確實是更加

---

80　芥川龍之介，〈自序〉，《支那遊記》。

81　芥川龍之介，《支那遊記》，頁22-23。

82　秦剛，〈芥川龍之介と谷崎潤一郎の中国表象─「支那趣味」言説を批判する《支那遊記》〉，《国語と国文学》，第83卷第11號（2006），頁57-69。

美味，價位也只有東京的五分之一。他和神州日報的余洵社長在小有天樓上共餐時，還見到了很多美女娼伎。雅敘園招伎的局票邊角寫著「毋忘國恥」的抗日口號，但小有天的卻沒有。他描述道：在魚翅湯杯盤狼藉之後，一代豔名壓四方的林黛玉跟隨著多位美貌歌伎加入了進來。林黛玉怎麼看也不像是五十八歲，至多四十歲而已。她的才氣從言談舉止間可以想見，配合二胡和笛聲演唱秦腔時，其歌聲確實有著壓倒群芳的爆發力。[83]

　　芥川龍之介紀行文的影響力之大，從東亞同文書院學生關於上海的中餐館的調查旅行報告（1922 年 7 月）可以看出。其中，小有天因為是芥川龍之介小說中介紹過的地方，所以在調查報告中最先介紹。進而，四馬路杏花樓作為日本人常去的店和小有天齊名，南京路先施百貨公司內的東亞和永安公司內的大東則被列為外國人和日本人常去的店。[84] 除了東亞同文書院的學生們，1920 年代，因閱讀芥川龍之介的上海紀行而造訪小有天的日本遊客亦不在少數。

　　美術評論家、小說家、隨筆家竹內逸也是這些遊客中的一員。他喜愛外國，在日本時也一天一頓中餐或麵包，又是個中國通，在中國曾為了不被商販糾纏、不被人注視

---

83　芥川龍之介，〈南国の美人〉，《支那遊記》，頁 57-64。

84　東亜同文書院，《中国調査旅行報告書　大正 11年 7月（第 16回）（第 19期生）》，第 25卷，上海調查 4，第 3編，上海的招牌，第 13章，餐館。

而穿著華人服裝在街上走動。他的《支那印象記》中關於
中國南方的記述，有一半都是1920年和1921年夏天在《大
阪時事新報》上連載的內容修改而成。竹內逸也經歷了好
幾次「《支那遊記》的作者在上海屈指可數的餐館的廚房
裡感到困擾的事」（前述芥川龍之介在雅敘園的經歷）
後，他就再也無法在茶館裡好好喝茶了，可見竹內逸受到
了芥川龍之介《支那遊記》的巨大影響。[85]

　　竹內逸的《支那印象記》和芥川龍之介的《支那遊
記》一樣，詳細描畫了三馬路的福建餐館小有天的宴席：
宴席提供的菜品有鴨舌、鴿子蛋、燕窩、鰻魚腸和鴨腦髓
等珍饈，而後端上的鴨掌骨，從膝關節斷開品嘗腎液，但
筷子上不過只沾了類似小粒葛糊大小的分量，就算是舌頭
再靈，這也未免太少了。剛一入口，就響起了「呀……！
呀……！」的大叫聲，回頭就看到一個廚子踩著舞步走進
來，雙手捧上金黃色的串烤全雞。一問才知道這是為了證
明餐館使用的不是別人剩下的肉。然後，竹內逸的鄰座
就是東京的中餐館偕樂園的老闆（谷崎潤一郎的好友笹沼
源之助），二人交談起來：「和你家的味道可不相同」、
「是啊那是相當日式的……」。[86]

　　竹內逸將餐館情況做如此這般生動描寫，讀過的日本
人勢必又會成為造訪上海小有天的新一批遊客。而偕樂園

---

85　竹內逸，《支那印象記》（東京：中央美術社，1927），頁 3、
　　40、52、55。

86　竹內逸，〈醼席小有天〉，《支那印象記》，頁 59-72。

的老闆品嘗的不是福州或廈門的福建菜，而是上海的福建菜。兩次大戰期間，上海的中國菜對日本產生了影響，東京的高級中國菜主要經由上海而被接受了。

## （三）東京偕樂園的跨境料理

偕樂園（1883 年至1944 年），是創辦於日本橋的日本最早期大型中餐館。其發起人主要是原長崎翻譯陽其二等長崎出身的人，[87] 他們藉由資助長崎出身的政治家伊東巳代治，[88] 得到財閥創始人涉澤榮一、[89] 大倉喜八郎和淺野總一郎等人的出資。作為被老闆委任經營的笹沼源吾的長子笹沼源之助，是谷崎潤一郎的小學同窗，也是終生好友。谷崎潤一郎認為，當時的東京街頭幾乎聞不到異國美味，而強烈刺激著少年谷崎潤一郎食慾的，是笹沼源之助每天都能吃到的美味，讓他無比羨慕。每當笹沼源之助帶著裝有「肉丸、糖排骨、名叫黃菜的中式蛋卷、名叫高麗的中式天婦羅」的便當盒到學校時，谷崎潤一郎就會和他換菜吃。[90]

---

87　關於陽其二，可見丸山信，《人物書誌大系三〇　福澤諭吉門下》（東京：日外アソシエーツ，1995），頁 7。

88　後藤朝太郎，《支那料理の前に》，頁 3。

89　涉澤榮一的同族會（1889年創設）多在偕樂園舉辦，又，榮一的長女歌子日記中記載了和丈夫穗積陳重或親戚看戲後就會去偕樂園就餐。前坊洋，《明治西洋料理起源》（東京：岩波書店，2000），頁 206-207。

90　谷崎潤一郎，〈幼少時代〉，《谷崎潤一郎全集》，第17卷（東京：中央公論社，1983）頁 41-253。首發於《文藝春秋》，1955年4月號至1956年3月號。

　　偕樂園的早期菜單被記入了大橋又太郎的探訪記
（1895 年）中。「上等　四位以上每位一円五十錢」有
「菜單○芙蓉燕絲○白汁魚翅○紅燒鴿子○清湯全鴨○
金錢鴿蛋○鵪鶉崧○水鴨片○炸蝦球○東坡肉」「點心
○燒賣○紫菜湯」「小菜○六樣」。《訪問記》又寫道：
「東坡肉在卓袱料理裡也有，使用五花豬肉烹製，小菜
盛在支那燒製的高腰餐具裡，湯羹類盛在花形或六角形
的各色小碗裡，白紙包筷子，□（一字模糊）紅色唐紙，
小碟上擺著中餐湯匙等，都和卓袱料理相同」，加上中
國製的紫檀餐桌和器皿等，可以發現與長崎卓袱料理的
共通點。[91] 然而，用餐時並不是坐在日式席地而坐的墊
子上，而是坐在正宗的中式椅子上，這讓人更有點菜興
致。並且，紹興酒被評論說像啤酒，可見他們完全不了
解。這份偕樂園菜單被明治時期的眾多料理書所介紹，[92]
因此，當時的中國菜，和江戶時代從長崎傳入京都、大
阪、江戶，興盛一時的和蘭折衷卓袱料理相近，被認為
是其延展而受到喜愛。[93]

　　然而，進入大正和昭和時期，偕樂園的中國菜開始漸

---

91　大橋又太郎，〈偕楽園の献立〉，《實用料理法》（東京：博文
　　館，1985），頁 250-256。

92　東四柳祥子，〈明治期に於ける中国料理の受容〉，頁 33-46。

93　江戶時代，中國菜由江南、福建傳入長崎，被同化成為「卓袱料
　　理」，進而出現在京都、大阪和江戶的料理店，在長崎之外的
　　地區沒有被普及，詳見田中静一，《一衣帯水──中国料理伝来
　　史》（東京：柴田書店，1987），頁 135-60。

漸過時。當代領先的中國通、語言學家後藤朝太郎，對
1920 年代初的偕樂園毫不留情地進行了殘酷的批評。他
指出偕樂園這種面向隱居老人的顧客，好像餵鳥一樣的摳
門行為，不但分量少，又缺乏中國菜的感覺。他強調中國
菜的感覺，其條件之一就是豐盛，「支那式的民主之處」
就是將剩菜分給奴僕傭人，所以，偕樂園尚有改善的餘
地。而且，他批評偕樂園盛菜時過多地使用小碟，而應該
增加中間的大菜，才更能在舉筷間增添親近感，如此更符
合中式餐館的用餐模式。再者，各房間的地板空間或榻榻
米，和正面入口處的紅牆格格不入；惟獨對偕樂園在日本
坐席中間放置的長崎製的正紅圓桌評價較好，[94] 而認為有
此之後，即使客人臨時增加也無妨。[95]

　　另一方面，到了 1930 年，偕樂園反倒被認為有歷史
價值而得到很高的評價。擅長都市風俗領域，身為美食記
者的先驅和報社記者的松崎天民認為：「那些支那料理之
流，四五円的宴會上吃的東西，可不是支那料理而是日本
料理啊。」這雖是老生常談，但東京偕樂園的存在，在中
餐口味的普及上可謂功勞甚大。被日本化的中國菜雖然風
味清淡，但絕非難吃；不過，讓人感覺飯錢的四分之一都
花在裝潢上，這種明目張膽的態度亦是偕樂園的特色。松
崎氏對於「過去的開拓者」的偕樂園絕非不懷好意，相反

94　谷崎潤一郎，〈幼少時代〉，頁 131。
95　後藤朝太郎，〈東京に於ける支那料理〉，《支那料理の前に》。

的，他認為「所謂支那料理，竟如此清爽，不油不膩」的
這種啟蒙，恰恰是「近乎名利淡薄的偕樂園的使命」所
在。偕樂園等東京中餐館，雖然自稱「支那料理」，但實
際可謂「一種超越國境的料理」。因此，即使其菜品的外
在和風味被指過分日本化，但這絕不能算是不光彩。[96]

　　如此，以偕樂園為首的東京本土化中國菜館被評論家
們視為「過去的開拓者」、「超越國境的料理」，再度予
以正面的評價之際，中餐館也順應時代的要求開始試圖改
良口味。特別是 1923 年關東大地震之後，東京的中餐館
劇增，[97] 中國菜也開始普及到家庭，當媒體過分關注中國
菜而使得相關情報氾濫之時，大眾化的中國菜卻失去了民
族料理的珍奇。[98] 食都上海的中國菜也伴隨著些許偏向和
時差，傳播到日本大眾當中。此時，相較於江戶時代經由
長崎的卓袱風味的日式中國菜，同時代的上海中國菜開始

---

96　松崎天民，《三都喰べある記》（東京：誠文堂，1932），頁
　　45-48。

97　在1920年代的東京，隨著「支那趣味」的流行，中國餐館變多（詳
　　見岩間一弘，〈大眾化するシノウズリ──日本人旅行者の上海
　　イメージと上海の観光都市化〉），關東大震災之前約有1500家，
　　見木下謙次郎，《美味求真》（東京：啟成社，1925），頁 136。
　　在震災之後短期內又開張了很多，包括兼營在內，增加至 2000餘
　　家。見吉田誠一，《美味しく經濟的な支那料理の拵へ方》（東
　　京，博文館，1928），〈緒言〉。其中很多都是小店，即使在震
　　災後的食物短缺時代，仍然提供廉價美味的「支那炒麵」。再者，
　　由於震災後的蔬菜短缺，豆芽在東京被迅速普及，此事與中國菜
　　的普及也有所關聯，見〈新興野菜　豆もやしを語る座談会〉，
　　《糧友》，第13卷第5號（1938），頁40-46。

98　東四柳祥子、江原絢子，〈近代料理書に見る家庭向け中国料理
　　の形成とその受容の特質〉，頁 1-61。

被東京的消費者當做「正宗」、「原味」而加以追捧。谷崎潤一郎覺得，「正宗的中國菜」一旦流行，偕樂園也會迫於時勢招聘中國廚師，增設中式房間，進而烹製「原味的支那料理」。[99] 在民國時期食都上海的美食體驗，為東京的中國菜帶來了口味的變化，更促進了上海——東京的飲食文化的同步化。

　　1920 年代，東京的中國菜崛起引人矚目，當時，還有廣東菜、北京菜、上海菜等等。但隨著來自上海的廚子越來越多，每當談起中國菜時，「上海派就有七八成」的份額。在介紹美食的月刊雜誌《食道樂》中，丹後四郎將當時稱為「支那料理時代」，他曾惋惜橫濱盡是廣東口味，而東京則是「全都變成上海風味，提供真正的廣東菜的店面，變得越來越少。」[100]

## 四、結論

　　民國時期，食都上海的飲食軌跡，可以說與當時政治情況的推移息息相關。早年，上海的菜館除了本幫菜之外，只有安徽和寧波兩幫，直至租界開闢之後，始有各地菜館的出現。其中，北京菜和天津菜皆曾盛極一時。但福建菜隨著辛亥革命後革命軍勢力的抬頭而崛起，而保路運動的爆發揭開了辛亥革命序幕，也使四川菜流行起來。其

---

99　谷崎潤一郎，〈幼少時代〉，頁 131。

100　丹後四郎，〈支那料理時代〉，《食道樂》，第 14 號（1928），
　　頁 20-21。

中，福建菜專供中國海軍，在上海的軍港、司令部附近都可以品嘗到。而且，當時上海的四川菜並不注重辣味，四川當地的麻婆豆腐也尚未在上海傳播。1930 年前後，安徽菜也風靡一時。然而，這些流行均未能持久，取而代之的是廣東菜，廣東菜以上海首屈一指的繁華區南京路四大百貨公司的餐館為中心而興盛。粵菜館不但匯聚了祖籍廣東的華僑商人們，而其蓬勃之勢甚至被比喻成餐飲界的北伐。但同時代在日本最受歡迎的廣東系燒賣，在上海卻並未得到普及。而其中，海參作為代表性的高級食材，一直是日本重要的出口商品，在中日戰爭期間甚至被利用於日本的宣傳安撫工作。至於日本料理，直到 1920 年代都還是人們好奇的對象，因日本帝國主義在中國的擴張，也使日本料理無法在中國普及化。

一方面，民國時期在上海匯聚的各種地方菜蓬勃發展；另一方面，「上海菜」卻未能確立，因此未出現上海菜的高級店鋪。[101] 在日本遊客中，老店廣東餐館杏花樓是必去之處，福建菜小有天也因在芥川龍之介的紀行中被提及而盛極一時。1920 年代的小有天，繼芥川龍之介之後，東亞同文書院的學生、美術評論家竹內逸、以及東京老鋪中餐館偕樂園的老闆等人都留下了來訪記錄。日

---

101 臺灣的當地庶民飲食被確立為「台湾料理」，是在 1930年代中日戰爭時期之後，而臺灣菜作為「臺菜」出現在很多餐館是在1960年代之後。可參照曾品滄，〈鄉土食和山水亭──戰爭期間「臺灣料理」的發展（1937 - 1945）〉，《中國飲食文化》，第9卷第1期（2013），頁 113-156。

本遊客們在中國人開設的第一家老鋪西餐館一品香品嘗中國菜，在廣東出身的華僑們經營的百貨公司食堂裡用餐，卻卻不將之視為廣東菜。在他們的認知中，這些是「香港上海式」的「時髦支那料理」和「上海菜」，而不是廣東菜。近代到訪上海的日本遊客們所體驗的支那料理，並非上海人日常食用的上海本幫菜，而大多是廣東菜或福建菜。[102]

　　經由上海而接納了最新式中國菜的近代日本，並未將流行於上海並染上上海風格的中國各種地方菜，尤其是廣東菜、福建菜和北京菜，加以嚴格的區分開來。例如，從明治時期開始，東京偕樂園就提供長崎卓袱風味的中國菜，也意識到在兩次大戰期間的上海，與其國內的中國菜有極大的差異，於是開始招聘中國廚子提供「正宗」與「原味」的中國菜，但其實仍是上海風味（並不是上海菜）的中國菜。在造訪上海的日本美食家、飲食行業者及遊客們所進行的中日飲食文化國際交流的過程中，由食都上海興起的上海風格廣東菜、福建菜和北京菜，造就出日本人對中國菜最為基本的味覺。

（譯者：彭㤠　日本慶應義塾大學大學院文學研究科博士生）

（原載於《中國飲食文化》，第 14 卷第 1 期）

---

102 因此，改革開放時期確立起來的海派菜，並非重現了民國時期的本幫菜，而是中國各地的高檔菜被上海口味洗練而成。Mark Swislocki, *Culinary Nostalgia: Regional Food Culture and the Urban Experience in Shanghai*, pp. 219-240.

# 近代中國寺廟破壞運動的空間特徵：以江南都市為重心

康豹

中央研究院近代史研究所特聘研究員

## 一、前言

　　本文旨在探討近代中國寺廟破壞運動在都市宗教生活中的空間特徵，以江南地區為主要範疇，並旁及北京、廣州等地。目前學界已經注意到帝國晚期官方對於地方信仰風俗治理的多重轉型，包括譴責「迷信」、徵用寺廟、強調「宗教」的合法性，進而發起一系列標舉科學化的改革行動。[1] 然而，這些面向如何在都市中落實、政治又如何與其他因素（如：新式媒體的興起等）相結合，牽動都市宗教生活的變化，仍有許多未發之覆。要釐清這些現象，考察近代都市寺廟及其儀式活動，尤其是大型廟會的變遷，不失為可行的切入點。

---

1　例詳 Rebecca A. Nedostup, *Superstitious Regimes: Religion and the Politics of Chinese Modernity* (Cambridge, MA: Harvard Univeristy Press, 2010); Poon Shuk-wah [ 潘淑華 ], *Negotiating Religion in Modern China: State and Common People in Guangzhou, 1900-1937* (Hong Kong: Chinese University Press, 2011); Vincent Goossaert and David A. Palmer, *The Religious Question in Modern China* (Chicago: University of Chicago Press, 2011); Paul R. Katz, *Religion in China and its Modern Fate* (Waltham, MA: Brandeis University Press, 2014).

　　從更開闊的層面來看，關於現代世界都市生活的研究日益重視其中躍動的文化多樣性，本文也傾向從這樣的角度，檢視上述議題。在許多國家，現代化與急遽的人口成長都使信仰問題再度浮上檯面，遍及神聖空間的打造與擴張、外來移民對社會性、宗教性服務的需求，乃至公民宗教社群的形成。現代國家也一再展現管理宗教團體的企圖心，包括強制徵收其資產，許多宗教實踐也受到知識分子的貶抑，被大眾媒體貼上汙名的標籤。但另一方面，不少教界領袖也在變局中調整走向，以適應大環境的衝擊，從許多案例看來，這些困境確實也為他們揭示了成長的助緣。新起的都市宗教模式在近代社會脈絡中開展，尤以志願性團體表現最為突出，安頓、撫慰外來移民即其一端，貼近世俗生活的儀式受到官方與知識界肯定，青年團等新式組織也開始湧現。簡言之，有別於過去對宗教的刻板印象，現代世界多數的都市宗教生活都展現了高度的活力，遠非往日世俗化理論的視角所能籠罩。[2]

　　對於近代中國宗教生活空間議題的反思也隨之展

---

2　**參考** Hugh McLeod, "Introduction," in *idem*., ed., *European Religion in the Age of the Great Cities, 1830-1930* (London and New York: Routledge, 1995), pp. 1-39; Hugh McLeod, "Review Essay: Religion in an Urbanizing Europe, c. 1840-1939," *Journal of Urban History*, 39:6 (2013), pp. 1175-1180; Marian Burchardt and Irene Becci, "Introduction: Religion Takes Place: Producing Urban Locality," in Irene Becci, Marian Burchardt, and José Casanova, eds., *Topographies of Faith: Religion in Urban Spaces* (Boston: Brill, 2013), pp. 1-21.

開，Thomas DuBois 近年提出，中國宗教就本質而言，
當可視為以「空間」為核心的宗教，並藉由儀式展演再
現、建構家族與國家體系中的身分認同。[3]過去幾年中，
也有越來越多學者運用 GIS、Google Maps 等數位工具，
開拓相關課題。[4]Kenneth Dean（丁荷生）、鄭振滿對
福建莆田寺廟的綜合考察，[5]黎志添主持的「道教數位
博物館」，以及 Spatial Explorer of Religion 都是出色的
例子。[6]在臺灣，洪瑩發團隊所從事的本土寺廟數位地

3　Thomas David DuBois, "Local Religion and Festivals," in Vincent Goossaert, Jan Kiely and John Lagerwey, eds., *Modern Chinese Religion II, 1850-1915* (Leiden: Brill, 2016), volume 1, pp. 371-400, esp. pp. 373-379.

4　Carmen C. M. Tsui, "Review Essay: Chinese Cities in a Time of Change," *Journal of Urban History*, 41:1 (2015), pp. 508-513. 近代中國都市生活的概述，包括宗教面向在內，可參考 Wu Weiping and Piper Gaubatz, *The Chinese City* (Milton Park and New York: Routledge, 2013), esp. pp. 36-66. 相關探討散見 Stephan Feuchtwang, "City Temples in Taipei Under Three Regimes," in Mark Elvin and G. William Skinner, eds., *The Chinese City Between Two Worlds* (Stanford: Stanford University Press, 1974), pp. 263-301; Kristofer M. Schipper, "Neighborhood Cult Associations in Traditional Tainan," in G. William Skinner, ed., *The City in Late Imperial China* (Stanford: Stanford University Press, 1977), pp. 651-676; Susan Naquin, *Peking: Temples and City Life, 1400-1900* (Berkeley: University of California Press, 2000).

5　Kenneth Dean and Zheng Zhenman [ 鄭振滿 ], *Ritual Alliances of the Putian Plain*, Volume I: *Historical Introduction to the Return of the Gods*; Volume II: *A Survey of the Village Temples and Ritual Activities* (Leiden and Boston: Brill, 2010).

6　分別見香港中文大學道教數位博物館：http://dao.crs.cuhk.edu.hk/digitalmuseum/CH/，2015年 2月 13日檢索；University of Michigan, Spatial Data Center: http://chinadataonline.org/religionexplorer/, accessed April 10, 2014. 另參 Wu Jiang, Tong Daoqin, and Karl Ryavec, "Spatial Analysis and GIS Modeling of Regional Religious Systems in China: Conceptualization and Initial Experiments," in Jeff Kyong-McClain and Du Yongtao, eds., *Chinese History in Geographical Perspective*

圖頗可期待。[7] 值得在此一提的還有黎志添對廣州 274
座喃巫道館的空間分析，深入觸及了近代官方政策對寺
廟信仰的影響。[8]

　　總之，就近代中國的社區宗教生活而言，空間性
的議題仍大有可為，微觀、宏觀皆然。本文撰寫的首要
目標也在於此，將著重在大都市、縣城、市鎮之間寺廟
破壞運動空間特徵的異同，並重估其意義。近年人文地
理知識的進展頗有助於消除過去城／鄉對立的二分法，
儘管這種區分屢見於書面文獻，實際上在鄉村、市鎮、
縣城乃至大都市之間，其連結可能遠遠超乎吾人想像。
要想增進近代寺廟破壞運動的認識，深化空間層面的思
考顯然不可或缺，以本文而言，寺廟破壞情形在不同地
區的空間分布表現，便是最關鍵的切入點，[9] 可以看出
官方破壞政策的效率往往與都市化、國家治理程度成正
比。此外，拜近代交通發達之賜，人群移動的空間現象
也值得關注，[10] 潘淑華考察 1930 年代廣東德慶縣悅城鎮

　　　(New York: Lexington Books, 2013), pp. 179-196.

7　見中央研究院文化資源地理資訊系統（CRGIS）：http://crgis.
　　rchss.sinica.edu.tw/，2015年8月31日檢索。

8　黎志添，〈民國時期廣州市正一派火居道士營業道館分布的空間
　　分析——廟宇、人口與道教儀式〉，《漢學研究》，第 32 卷第 4
　　期（2014年 12月），頁 293-330。

9　參看祁剛，〈清季溫州地區的廟產辦學〉，收入《改變中國宗
　　教的五十年，1898-1948》（臺北：中央研究院近代史研究所，
　　2015），頁 39-73。

10　除了寺廟信仰現象跨越城鄉，近代宗教知識／出版品的傳播亦
　　然，相關討論見 Philip Clart and Gregory Adam Scott, eds., *Religious*

的龍母祖廟，便提供了一個顯著的案例。[11]

　　以下將先概述近代寺廟破壞運動的背景，說明民國時期以降的廟產興學、破除迷信、風俗改良等政策及其效應。接著會透過兩組案例從事分析，首先採取上海地區歷年發行的「城市指南」等資料，考察寺廟在當地都市景觀中的定位與變遷，其次則擴及溫州，比較寺廟破壞運動因地而異的情形。另外必須向讀者說明的是，目前收集的材料以檔案、報紙為多，主要集中於上海等大都市，溫州等地相對較少；再者，城市指南的訊息誠然可貴，但並不能等同於宗教生活的全面報導，其取材有所篩選，描寫有時亦嫌浮泛，然而若能充分整合，加上民族誌的視野，仍為大可利用的資料來源。

*Publishing and Print Culture in Modern China, 1800-2012* (Boston and Berlin: De Gruyter, 2014); Francesca Tarocco, *The Cultural Practices of Modern Chinese Buddhism: Attuning the Dharma* (New York and London: Routledge, 2007); Jan Kiely, "Spreading the Dharma with the Mechanized Press: New Buddhist Print Cultures in the Modern Chinese Print Revolution, 1865-1949," in Christopher Reed and Cynthia Brokaw, eds., *From Woodblocks to the Internet: Chinese Publishing and Print Culture in Transition, 1800-2008* (Leiden: Brill, 2010), pp. 185-210.

11　Poon Shuk-wah, "Thriving under an Anti-superstition Regime: The Cult of Dragon Mother in Yuecheng, Guangdong during the 1930s," *Journal of Chinese Religions*, 43:1 (May 2015), pp. 34-58. 此外，請參見 Vincent Goossaert, "The Shifting Balance of Power in the City God Temples, 1800-1937," *Journal of Chinese Religions*, 43:1 (May 2015), pp. 5-33; Joseph W. Esherick, "Modernity and Nation in the Chinese City," in *idem.*, ed., *Remaking the Chinese City: Modernity and National Identity, 1900-1950* (Honolulu: University of Hawaii Press, 2000), pp. 1-16.

## 二、近代寺廟破壞運動概觀

　　近代中國國家權力治理的核心在於都市，大小宗教政策最初也多在此施行。都市也是許多著名寺廟與廟會的根基，但清代中晚期以來，天災戰亂頻仍，人口削減，各種民間產業屢受破壞，即使全無國家干預，各寺廟仍不得不接受日漸萎縮、甚至破敗的變局，[12] 晚清以降官方發動的寺廟破壞風潮更如同雪上加霜。

　　在民國時期，1928 至 1937 年可說是國家打擊寺廟信仰最力的十年，當時國民政府北伐告捷，權勢達於頂點，[13] 當局顯然有意依循現代／基督教的「宗教」標準，處理各團體的合法性問題，面對擁有菁英基礎、足以組織力量與政府交涉的社團尤然，執法雷厲風行，取締各種「迷信」。[14] 首都南京所在的江蘇是國民黨勢力大本

---

12　Tobie S. Meyer-Fong, *What Remains: Coming to Terms with Civil War in 19th Century China* (Stanford: Stanford University Press, 2013).

13　參看陳金龍，《南京國民政府時期的政教關係：以佛教為中心的考察》（北京：中國社會科學出版社，2011）；許效正，〈清末民初廟產問題研究（1895-1916）〉（西安：陝西師範大學博士論文，2010）；鄭國，〈民國前期迷信問題研究（1912-1928）〉（濟南：山東師範大學碩士論文，2003）；付海晏，〈革命、法律與廟產——民國北平鐵山寺案研究〉，《歷史研究》，2003年第 3期，頁105-120。

14　Rebecca Nedostup, "Ritual Competition and the Modernizing Nation-State," in Mayfair Mei-hui Yang [ 楊美惠 ], ed., *Chinese Religiosities: Afflictions of Modernity and State Formation* (Berkeley: University of California Press, 2008), pp. 87-112; 沈潔，〈現代化建制對信仰空間的徵用——以二十世紀初年的廟產興學運動為例〉，《歷史教學問題》，2008年第 2 期，頁 56-59。另見瞿海源，〈中華民國有關宗教「法令」及法律草案彙編〉，《中央研究院民族學研究所資料彙編》，第 2 期（1990年 3月），頁 113-139；中國第二歷史檔案館編，《中華

營，其市鎮、縣城頗不乏這類行動的紀錄，何志明考察
1928 年江蘇鹽城的破除迷信運動，便指出係由省府民政
廳與縣黨部人員所主導；類似的情形也見於寶應，1929
年國民黨在當地聯合發起廢除偶像運動，縣府也調派警
力支援，一舉搗毀了過去由地方官致祭的城隍廟。然而
黨部、地方官員和菁英人士的口徑並不總是一致，不時
發生摩擦，甚至引發暴力事件。[15]

　　寺廟破壞風潮在浙江都市區開展之速，也使省府當
局頻頻陷入窘境：一方面必須配合高層，限制新舊廟宇
興修的工事；另一方面又得緩衝青年世代和黨部激進分
子的手段，安撫地方菁英的抗爭，特別是來自佛教徒的
力量。[16] 不少寺廟破壞行動，包含部分反迷信、風俗改
良政策，都以杭州為重點；許多神聖空間都被以都市開
發為由遭到拆除，或課以賦稅。[17]

民國史檔案資料彙編》（南京：江蘇古籍出版社，1994），第 5 輯，
　　第 3 編・文化（1），頁 490-513、1017-1029、1075-1082。

15　何志明，〈民國奇案：從「打城隍」到「打黨部」〉，《文史天
　　地》，2010 年第 11 期，頁 41-45。更多江蘇的案例，見 Bradley
　　Kent Geisert, *Radicalism and its Demise: The Chinese Nationalist Party,
　　Factionalism, and Local Elites in Jiangsu Province, 1924-1931* (Ann Arbor:
　　Center for Chinese Studies Publications, University of Michigan, 2001).

16　《海潮音》，第 10 卷第 1 期（1929 年 1 月），頁 78、80。

17　Vincent Goossaert, "The Local Politics of Festivals: Hangzhou,
　　1850-1950," 《道教研究學報：宗教、歷史與社會》，2013 年
　　第 5 期，頁 57-80；Wang Liping, "Tourism and Spatial Changes in
　　Hangzhou, 1900-1927," in Joseph W. Esherick, ed., *Remaking the Chinese
　　City: Modernity and National Identity, 1900-1950* (Honolulu: University of
　　Hawaii Press, 2000), pp. 107-120; 何王芳，〈民國時期杭州城市社
　　會生活研究〉（杭州：浙江大學博士論文，2006），頁 167-196。

在浙江都市之外的地區，這股風潮的表現則略有不
同。1929年，紹興的官員與黨部曾組成廟產興學委員
會，但實際作用尚不清楚。[18] 最激烈的破壞事件發生在寧
波，引爆衝突不斷，也在此年將矛頭指向東嶽宮等大廟，
以當地的國民黨員、學生、童子軍等為主力聯手加以摧
毀。[19] 但整體來看，這些行動似乎收效有限，以《鄞縣通
志》所保存的調查報告為例，當地有517座20世紀前建
立的寺廟，直到1935年，只有57座被改為學校，另有
57座改為行政機關，扣除廢棄的2座、改為民間聚會所
的6座，有395座未受影響，超過75%。如果將遭到挪用、
但相對完整者也計入，則有403座，比例接近八成。[20]

即使在大型都市，寺廟破壞運動的表現也並不一致。
以北平而言，官方雖然也拆毀寺廟，主要卻是出於都市計
畫所需，較無涉於反迷信政策；[21] 在廣州，如黃大仙等若
干寺廟，先後被改為學校或孤兒院，亦有廟方與學校合用

---

18　〈破除迷信——紹興舉辦廟產興學〉，《真光雜誌》，第28卷第
　　2期（1929年2月），頁86。

19　楊德惠，〈寧波搗毀偶像記〉，《申報》，1929年1月20日，19版；
　　張韋靜，〈對破除迷信運動的商榷〉，《寧波民國日報六周年紀
　　念暨二十年國慶紀念合刊》（寧波：寧波民國日報社，1931），
　　頁 90-92；楊汝熊，〈鄉村教育與鄉村廟會——從大港東嶽廟會
　　談起〉，《鄉村教育》，第1卷第6期（1936年6月），頁10-
　　12；黃式陵，〈破除迷信問題：從餘姚搗毀民教館案說起〉，《晨
　　光周刊》，第5卷第47期（1936年12月），頁6-10。

20　趙家蓀等纂修，《鄞縣通志》（1935年鉛印本），頁725-793。

21　Vincent Goossaert, *The Daoists of Peking, 1800-1949: A Social History
　　of Urban Clerics* (Cambridge, MA: Harvard University Press, 2007).

一處，原本的神龕也依然保留；儘管政府有時會為了籌措
經費，徵收廟產並公開出售，實際買主通常仍是其他的宗
教團體。[22] 鄰近的香港在 1928 年公布「華人廟宇條例」，
被要求立案的寺廟多達 200 座，最後遭到拆毀的僅有 28
座 [23]——這似乎透露外來主政者對於傳統寺廟的立場較為
寬容，對照上海租界區的情形，或許也多少與此有關。

　　各地政府對於廟會的管制或禁令通常為期不長，而
且常有執行上的困難，主要是因為廟會涉及地方菁英的
利益結構，誠如高萬桑（Vincent Goossaert）所言，他們
和行會等商業團體多半關係緊密，帶頭抵制的往往也是
這群人。畢竟寺廟與廟會不僅是菁英寄託信仰、競逐象
徵性資本的所在，更是商機的一大命脈，官員和黨部要
想廢除廟會，或加以限縮，首先要面對的便是商業菁英
的反彈。政府苦於力量有限，警方執法也不積極，深怕
擦槍走火，釀成更大的風波，這些衝突常在各自精算後
達成共識，以妥協收場，比如廟方同意將廟會所得用於
慈善，或是當時局不靖，必須縮減廟會的規模。[24] 民國
時期蘇州的劉猛將廟會可謂這類事件的縮影，原本政府

---

22　Poon Shuk-wah, *Negotiating Religion in Modern China*, pp. 42-49.

23　危丁明，〈《華人廟宇條例》與香港廟宇管理〉，收入游子安、
　　卜永堅主編，《問俗觀風：香港及華南歷史與文化》（香港：
　　華南研究會出版，2009），頁 157-173；游子安，〈大道南行：
　　1920至1930年代港、星天清草堂與道院之道脈因緣〉，收入《改
　　變中國宗教的五十年，1898-1948》，頁 141-167。

24　Vincent Goossaert, "The Local Politics of Festivals: Hangzhou,
　　1850-1950".

曾下令禁止，但並未徹底執行，加上官方捕蝗失利，更助長了民間促請巡遊的聲浪。[25]

概言之，儘管國民政府大力推動寺廟破壞運動，尤其是在統治核心的江南地區，仍始終遭受各種阻力，對於其他遠離都市區的地域，更顯鞭長莫及。只是在許多地方，連年戰事加上經濟衰敝，都迫使社區宗教生活趨於式微，1949年後中共當局所發動的大小運動，更將僅存者摧毀殆盡。[26]

綜觀1950到1970年代，寺廟破壞的程度與範疇可說愈演愈烈，反觀中共草創初期，為了壯大勢力，不惜與地方宗教綰合，並盡可能在不引發農民反感的前提下，培養草根組織，逐步取代寺廟的地位。但在1940年代，頗有宗教團體傾向於國民政府，有意傳播不利共產黨擴張的末世說法，以致被後者烙上「反動會道門」的負面印記，更在日後遭到嚴厲的禁毀。相形之下，地方宗教傳統似乎不在中共優先對付之列，至少在建國初期，仍

---

25 Vincent Goossaert, "Territorial Cults and the Urbanization of the Chinese World. A Case Study of Suzhou," in Peter van der Veer, ed. *Handbook of Religion and the Asian City. Aspiration and Urbanization in the Twenty-First Century* (Berkeley: University of California Press, 2015), pp. 52-68. 另見小田，〈社區傳統的近代命運──以蘇州「穹窿老會」為對象的例案研究〉，《江蘇社會科學》，2002年第6期，頁141-147；沈潔，〈反迷信與社區信仰空間的現代歷程──以1934年蘇州的求雨儀式為例〉，《史林》，2007年第2期，頁44-63。

26 在非漢族群聚居的西南省份，寺廟破壞運動的衝擊也較不明顯，見 Paul R. Katz, "Religious Life in Western Hunan during the Modern Era: Some Preliminary Observations," *Cahiers d'Extrême Asie*, 25 (2016), pp. 181-218.

小有公開活動的空間，甚至某些地區還有寺廟重建，給人一絲信仰復甦的錯覺。[27] 1950 年代之後，反右、整風、大躍進、文化大革命接踵而至，寺廟命運就此丕變，後二者更帶來全面性的破壞，無數神職人員被打為黑五類，難以翻身，宗教活動幾乎在大半個中國境內消失，寺廟徒存軀殼，神靈黯淡無光，必須要等到 1970 年代末後，才得以公開重燃往日香火。[28]

## 三、案例一：上海市區及其周邊 [29]

在概述近代寺廟破壞運動之後，本節將以上海為例，進入本文論述的主軸。讀者應不難想見上海地區相關資料之豐富，而且確實也已受到學界充分的運用，在本節中，上海歷年發行的「城市指南」是最關鍵的材料之一，

27　Jeremy Brown and Paul G. Pickowicz, eds., *Dilemmas of Victory: The Early Years of the People's Republic of China* (Cambridge, MA. Harvard University Press, 2007); Eddy U, "Dangerous Privilege: The United Front and the Rectification Campaign of the Early Mao Years," *The China Journal*, 68 (2012), pp. 32-57; 韓方生，〈論黨對「破除迷信，解放思想」的認識及超越〉（南京：南京師範大學碩士論文，2003）。

28　1949年後中國宗教的變化，可見 Steve A. Smith, "Local Cadres Confront the Supernatural: The Politics of Holy Water (*Shenshui* 神水) in the PRC, 1949-1966," in Julia Strauss, ed., *The History of the PRC (1949-1976)* (Cambridge and New York: Cambridge University Press, 2007), pp. 145-168; Adam Yuet Chau, ed., *Religion in Contemporary China: Revitalization and Innovation* (London: Routledge, 2011).

29　本節可參看吳政哲，〈從《上海宗教通覽》看近代上海宗教空間的特色與轉型〉，發表於「全球視野下的中國近代史研究」國際學術研討會，中央研究院近代史研究所，2014年 8月 11日至 13日。近代上海寺廟信仰之概觀，見郁喆雋，《神明與市民：民國時期上海地區迎神賽會研究》（上海：上海三聯書店，2014）。

記載了主要寺廟的位置與沿革，同時不乏市民宗教生活的描寫，與寺廟破壞運動形成鮮明的對比，後來這套書關於寺廟的關注逐步降低，對宗教在都市生活中的分量也著墨漸少，更是值得留意的現象。1912 年發行的《上海指南》依照傳統分類，將上海的神聖空間分為「釋教」（13 座）、「道教」（4 座）、「祠廟」（10 座），但為數最多的是「耶穌教」（40 座）。書中也記載了中華佛教總會、佛學研究社的地址，為後來的版本所無。[30] 在兩年後發行的《指南》中，「釋教」增加到 18 座，包括位於北四川路的日僧道場東本願寺支院，「道教」、「祠廟」則分別為 3 座、10 座。[31]

更多的訊息可以從 1920 年代前期的指南中尋得，在 1920 年的《上海指南》中，除了 10 座「祠廟」，「釋教」、「道教」各有 38 座、8 座，前者包含上面提到的東本願寺支院，以及同樣來自日本、座落於崑山花園路西口的上海真言宗布教所。此外，也有不少隸屬於志願性組織，不乏現在所慣稱的「救世團體」，[32] 比如虹江路 303 號

---

30　商務印書館編譯所，《增訂上海指南》，第 7 版（上海：商務印書館，1912），卷 7，〈雜錄〉，頁 240-242。

31　商務印書館編譯所，《增訂上海指南》，第 8 版（上海：商務印書館，1914），卷 7，〈雜錄・甲・宗教〉，頁 301-303。

32　酒井忠夫，《近・現代中國における宗教結社の研究》（東京：國書刊行會，2002）；Prasenjit Duara, *Sovereignty and Authenticity: Manchukuo and the East Asian Modern* (Lanham: Rowman & Littlefield, 2003), pp. 103-122, 139-140, 154-162; Thomas David DuBois, *The Sacred Village: Social Change and Religious Life in Rural North China* (Honolulu: University of Hawai‘i Press, 2005), pp. 107-185.

的天理教中華布教所、密勒路壽椿南里 238 號的天理教上海宣講所。[33] 1922 年《上海指南》所載「釋教」與「祠廟」各有 53 座、36 座，前者如歷史悠久的靜安寺，後者如城隍廟，至於「道教」僅有 2 座。[34] 1924 年的《上海快覽》略有不同，著錄 4 座佛教道場、7 座祠廟，後者包括紀念明代名臣徐光啟的祠堂；[35] 有意思的是，此書註記了陽曆與陰曆的節日，前者為新式節日與國定行事，後者則為傳統的歲時節慶。[36]

　　如前所說，上海的寺廟破壞運動也在 1920 到 1930 年代達到高潮，但指南系列的編寫者起初似乎並未因此擱筆：1926 年的《上海指南》列出了 62 座佛教的寺、院、庵，2 座道觀，50 座祠廟，名目遍及堂、殿、宮、閣、府等，以及 6 座志願性組織支持的扶乩團體，比如看似相異、實出一源的集雲軒與中國濟生會。另外還有 38 座天主教堂、1 座東正教堂、2 座清真寺、1 座猶太教堂，和

---

33　商務印書館編譯所，《增訂上海指南》，第 11 版（上海：商務印書館，1920），卷 7，〈雜錄・甲・宗教〉，頁 351-354。

34　商務印書館編譯所，《增訂上海指南》，第 12 版（上海：商務印書館，1922），卷 7，〈雜錄・甲・宗教・祠廟庵觀〉，頁 485-487；商務印書館編譯所，《增訂上海指南》（上海：商務印書館，1925），卷 7，〈雜錄・甲・宗教・祠廟庵觀〉，頁 502-504。

35　《上海快覽》（1924），第 10 編，〈上海之勝蹟・乙・古蹟〉，頁 129-130。

36　《上海快覽》，第 11 編，〈上海之禮俗・甲・俗尚・四・歲時俗尚〉，頁 139-141。近代中國使用西曆的情形，見 Rebecca A. Nedostup, *Superstitious Regimes*; Poon Shuk-wah, *Negotiating Religion in Modern China*.

1 座印度教神廟。[37] 1930 年的《指南》則網羅了84 座佛教、19 座道教機構，後者中霞飛路的地母殿、巨籟達路139 號的上海道院，可能都和救世團體有關；此時雖然當局破壞的手段益發激烈，仍有36 座祠廟被收入書中。[38]

1930 年代之後的《指南》則傳達了更多上海宗教變遷的跡象，在 1933 年版的「風俗」欄目中，遍載婚喪禮節、方音俗語、衣服、中外錢幣、職業、僱傭等，[39] 卻不見任何與宗教相關的事務；在「遊覽娛樂」中，沒有一座寺廟被列為「古蹟」，只在「祠墓」中收錄 10 座寺廟、6 座祠堂，包括為國民黨大員陳其美所建的陳英士紀念堂。[40] 這種變化在 1940 年代更為顯著，彷彿宗教已從上海市民的生活脈絡中淡出，在1946年版《指南》的「上海之文化」中，大幅報導學校、圖書館，乃至書店、文具店，隻字不及宗教。[41] 同年出版《申報上海市民手冊》，無論「古蹟」或「祠墓」，也沒有提到任何個別寺廟，[42]

37　商務印書館編譯所，《增訂上海指南》，第 22 版（上海：商務印書館，1926），卷 7，〈雜錄・宗教〉，頁 1-4。關於濟生會，參看王見川，〈清末民初中國的濟公信仰與扶乩團體：兼談中國濟生會的由來〉，《民俗曲藝》，第 162 期（2008年 12 月），頁 139-169。

38　《增訂上海指南》（1930），卷 7，〈雜錄・甲・宗教・祠廟庵觀〉，頁 394-397。

39　《上海市指南》（1933），第 3 章，〈上海生活〉，頁 139-156。

40　《上海市指南》（1933），第 4 章，〈遊覽娛樂〉，頁 181-182、185-188。

41　《最新上海指南》（1946），頁 71-78。

42　《申報上海市民手冊》（1946），頁 353。

隔年《指南》的「文化事業」章節，洋洋灑灑列舉報館、通訊社、出版業、書店、圖書館、學校、博物館、動物園、觀象台、信號台等都市地標，唯有寺廟盡付闕如。[43]以上這些新的文化取樣與分類，無疑反映了近代中國宗教論述的變化，傳統方志標誌寺廟的習慣，以及常用的名目，諸如風俗、壇廟、寺觀、仙釋等，已逐漸從《指南》系列的視野中流失，為其他的都市景觀所替代。[44]

　　不過也有例外，志願性團體所成立的組織便仍會在《指南》中出現，1936 年版就登錄了寧波路升安里的中國濟生會、大東門外郎家橋的位中善堂、閘北中興路寶昌路的世界紅卍字會閘北分會等，[45] 直到 1947 年還有記載。近年的研究已經證實，這些救世團體對於民國都市文化，實有不容低估的作用，特別是在板蕩不安的 1930、1940 年代。[46] 以理教在上海的扶乩團體「慈濟仙壇」為例，雖然不見於任何一版的《指南》，實際上以普緣社為名，在當時廣行公益。社中成員對此極為投入，

---

43　《大上海指南》（1947），第 3 篇，〈文化事業〉，頁 13-44。

44　Timothy Brook, "Buddhism in the Chinese Constitution: Recording Monasteries in North Zhili," in *The Chinese State in Ming Society* (London: Routledge, 2005), pp. 158-181.

45　《大上海指南》（1936），第 7 章，〈上海之公益事業樂 ・四 ・慈善團體〉，頁 232-234.

46　孫江，《近代中國の革命と秘密結社：中國革命の社會史的研究（一八九五――一九五五）》（東京：汲古書院，2007）；蔣竹山，〈1930 年代天津獨流鎮商人的宗教與社會活動――以天理教為例〉，收入王見川、蔣竹山主編，《明清以來民間宗教的探索：紀念戴玄之教授論文集》（臺北：商鼎文化出版社，1996），頁 266-291。

其動力則極可能來自降壇仙佛的乩文，時時以關懷弱勢為勉，並指點統籌分配資源的方式。這種表現在抗戰期間最為明顯，雖然無法安頓所有難民，該壇仍將慈善範圍延伸到杭州等都市，更因此博得時人的好感，這或許是他們在中共建國初期，尚得以公開聚眾活動的成因之一。[47] 回顧這類團體的努力與成就，也不免使人聯想起此前西方宗教團體適應社會變遷的歷程。[48]

　　至於上述寺廟的空間特徵，筆者近年與吳政哲合作，以 Google Maps 呈現了上海市各區域寺廟分布的情形，包括上海老城廂東北角、老西門外、法租界外的徐匯區、虹口區。這些地段不僅人口密集，同時也是上海的商業中心，住有不少都市菁英。近水樓臺，座落此處的寺廟自然容易獲得更多贊助，但也更容易因此淪為官方鎖定的破壞目標。外來者也常以這些地區作為定居首選，尤其是廣東移民，他們同樣在此建廟，虹口的黃大仙觀、閘北的慈航仙觀（同樣祀奉黃大仙）與報德律院，香火都頗興旺。其中有些年代可溯及太平天國戰爭前後，畢竟當時太平軍的主力並未深入縣城，小刀會等組織也不以破壞偶像為號召。話雖如此，今天想完整辨識其後上

---

47　Paul R. Katz, "Spirit-writing and the Dynamics of Elite Religious Life in Republican-era Shanghai," 收入《近代中國的宗教發展論文集》（臺北：國史館，2015），頁 275-350。

48　Hugh McLeod, "Introduction," in *European Religion in the Age of the Great Cities, 1830-1930,* pp. 15-23; Hugh McLeod, "Review Essay: Religion in an Urbanizing Europe, c. 1840-1939," *Journal of Urban History*, 39:6, p. 1176.

海新建或重修寺廟的確切位置，以及在歷年戰亂中摧毀的比例，仍不無困難，有賴於更多材料的發現與運用。[49]

　　另一項有待挖掘的課題是租界區內的寺廟際遇，一般而言，不分法租界或公共租界，寺廟分布的密度都比較低，且多鄰近於華人較多的舊城區，包括霞飛區、新北門、西門、四馬路（福州路）的中段及西段，和五馬路（廣東路）到南京路南端一帶。關於近代上海的租界文化已有不少專論問世，[50]但租界居民的宗教生活始終沒有受到足夠重視。舉例而言，租界當局如何看待寺廟，並落實於公共政策之中，便耐人尋味，比如禁止在住宅區蓋新寺廟、不輕易動用司法權干預宗教事務，對於菁英發起的破壞運動，也多半採取冷處理的態度。在晚清的《申報》中，常可見到中國政府對於租界充斥「佛店」的不滿，[51]西方官員的立場相對寬鬆，當可與香港做一比較——英國殖民政府似乎也未曾大力支持過這類破壞運動。[52]

49　宋鑽友，《廣東人在上海》（上海：上海人民出版社，2007）；高紅霞，《上海福建人研究》（上海：上海人民出版社，2008）；Bryna Goodman, *Native Place, City, and Nation. Regional Networks and Identities in Shanghai, 1853-1937* (Berkeley: University of California Press, 1995).

50　甚至已觸及墓葬課題，見安克強，〈上海租界公墓研究（1844-1949年）〉，《中國海洋大學學報（社會科學版）》，2008年第5期，頁23-38。

51　見〈查禁佛店〉（1876年8月17日）、〈禁逐佛店告示〉（1878年6月25日）、〈申禁佛店〉（1881年6月6日）、〈佛店宜禁說〉（1885年7月31日）、〈論佛店〉（1891年5月29日）、〈佛店難除〉（1896年2月22日）、〈佛店幾封〉（1900年3月23日）。

52　更多報紙資料，可見 The North China Herald Online、ProQuest Historical Newspapers: Chinese Newspapers Collection (1832-1953)

　　如前所說，論近代寺廟破壞運動案例之多、情形之複雜，自以上海居首，在上海市政府與當地學者共同編纂的《上海宗教通覽》中，就留有不少珍貴、但仍有待分析的統計數字。根據該書，1949 年前，分布在上海市及周邊地區的大小寺廟，從佛寺道觀到地方神祠，總計有 2,186 座。位於市郊與市區的寺廟分別為 1,841 座、345 座，這一點頗與日常經驗相符：前者閒置的土地較多，自然能較後者容納更多的寺廟。如果從整體來看，上海寺廟破壞運動的兩個高峰剛好都落在政權轉移之際：先是清帝遜位，民國肇建，後是國府崩潰，中共建立。[53]但《通覽》的數目僅足以勾勒概括式的圖景，事實上，寺廟破壞運動的過程相當複雜，往往牽動多方利益間的角力，知名的壽聖庵產權之爭便是著例。[54]

　　據《通覽》所載，1949 年前在上海市區及周邊共有2,186 座寺廟，但1951 年再次調查，數量已暴跌到624座。（這可能是僅採計較大型立案寺廟的結果）1961年，上海還有500 座以上的寺廟，但只剩220 座還有宗教活動。1966 年文革爆發，除了玉佛寺之外，所有宗教場

　　等電子資料庫。

53　張化等編，《上海宗教通覽》（上海：上海古籍出版社，2004），頁 6-183、217-330；Vincent Goossaert, "Détruire les temples pour construire les écoles: reconstitution d'un objet historique," *Extrême-Orient Extrême-Occident*, 33 (2011), pp. 35-51.

54　劉文星，〈近代湖社與寺院的互動：以上海壽聖庵事件為中心〉，收入《改變中國宗教的五十年，1898-1948》，頁 427-493。

所都被封閉，直到1970年代晚期改弦易轍，才又重新開放，但首批獲准的僅有47座佛寺和10座道觀，和從前的盛況全然不可同日而語。《通覽》也提到，1949年後有108座寺廟被改為學校，35座改為政府機關、警局、消防所等，完全被毀的有574座，分別被註記為「廢」、「停」、「占」、「拆」、「關閉」，其整體命運可以想見。

　　如果從空間角度分析《通覽》提供的數字，繪製成圖，不難察見某些驚人的現象。

地圖 9-1　上海及周邊地區寺廟破壞情形

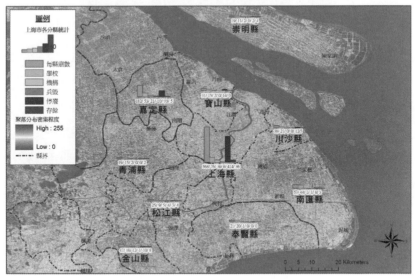

（中央研究院人文社會科學研究中心地理資訊科學專題研究中心繪製）

上海地區最晚於 1898 年便已成立的寺廟，總計有

1,002 座，甲子重換，1958 年只剩下 67 座（6.7%），
大部分被改為學校（280 座，27.8%），或挪為他用（82
座，8.1%），或是在戰時被破壞（22 座，2.2%），或
由政府下令而完全封閉（556 座，55.3%）。在空間分布
上，破壞最徹底的寺廟絕大多數都集中在市區（414 座，
占總數 568 座的 72.9%），其中只有一部分被改為學校
（76 座，13.3%）。此外，上海市區寺廟破壞運動在晚
清和民國還是有所差異。在目前已知的 407 座寺廟中，
計有 352 座完全被毀，28 座改為學校，10 座改為政府
建築。完全保留的僅有 15 座，另有 2 座情況不明。相
較之下，上海周邊寺廟的廟產等剩餘資源（假使先前未
遭剝奪）仍攸關當地的公共事務，似乎比較容易因此獲
得保全。以青浦為例，19 座寺廟就有 15 座被改為學校
（78.9%），但沒有一座遭受徹底破壞，雖然通盤保留
的僅有 2 座。南匯的情形也類似，57 座寺廟有 44 座改
為學校（77.2%），完整保留 8 座。奉賢的例子最極端，
21 座寺廟有 20 座改為學校（95.2%），完整的一座都沒
有。相形之下，金山和崇明應該比較接近於常態，在兩
地的 47、19 座寺廟中，各有 16 座（34%）、11 座（57.9%）
被改為學校，各保留 8 座、4 座。簡言之，在 1898 到
1949 年的半世紀間，上海地區的寺廟飽受衝擊，但都市
外圍的寺廟得以挺過風暴、至少局部倖免的機率，始終
高於市區，與都市化的程度適成反比。

地圖 9-2　上海市區寺廟破壞情形（1958）

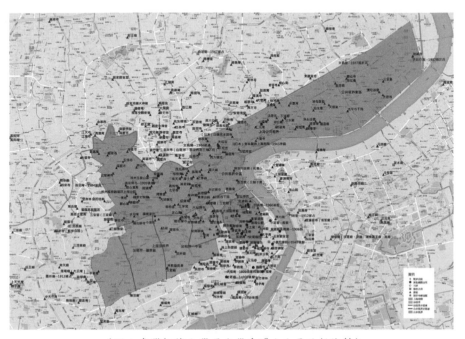

（國立臺灣師範大學歷史學系博士生吳政哲繪製）

## 地圖 9-3A　上海市區寺廟破壞情形（上海城廂）

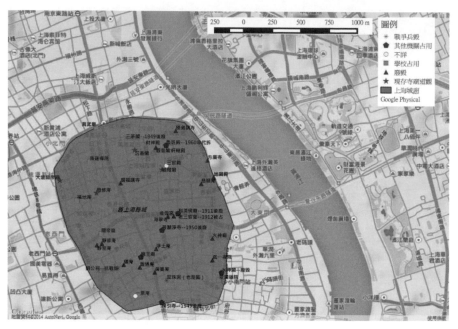

（國立臺灣師範大學歷史學系博士生吳政哲繪製）

地圖 9-3B　上海市區寺廟破壞情形
（法租界中區、福煦區、貝當區）

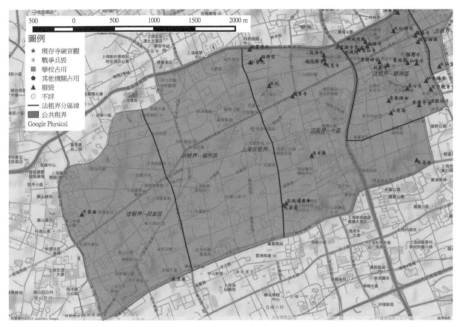

（國立臺灣師範大學歷史學系博士生吳政哲繪製）

## 地圖 9-3C　上海市區寺廟破壞情形
### （法租界東區、麥蘭區、霞飛區）

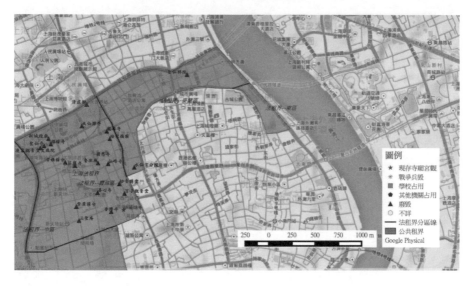

（國立臺灣師範大學歷史學系博士生吳政哲繪製）

地圖 9-3D　上海市區寺廟破壞情形（公共租界中、西區）

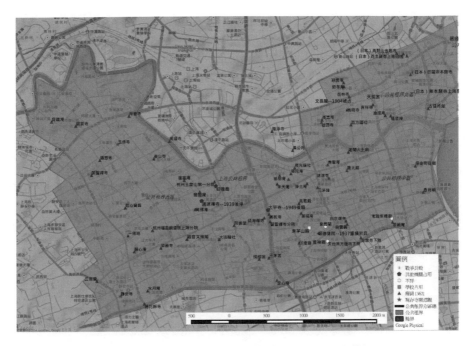

（國立臺灣師範大學歷史學系博士生吳政哲繪製）

地圖 9-3E　上海市區寺廟破壞情形（公共租界北區）

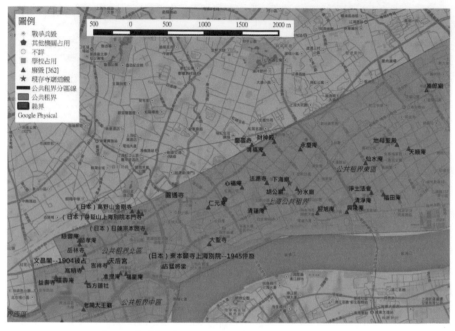

（國立臺灣師範大學歷史學系博士生吳政哲繪製）

## 地圖 9-3F　上海市區寺廟破壞情形（公共租界東區）

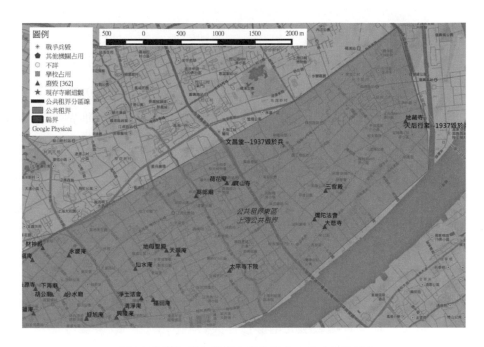

（國立臺灣師範大學歷史學系博士生吳政哲繪製）

　　此外，我們運用 Google Maps 的研究成果也顯示，能在寺廟破壞運動中倖存的寺廟，多半座落在舊縣城，或鄰近於此，包括關帝廟、城隍廟等傳統祀典廟宇，或由佛道神職人員主持的寺觀。類似情形也見於戰爭時期，可清楚看到晚清和民國期間寺廟被改為學校或其他政府機關的趨向。在上海的部分地區，寺廟改為學校的比例確實較他區為高，滬西的虹橋、諸翟，黃浦江右岸的陳行、杜行等地皆然；這一點可以和改為政府機關的案例分布相對照，後者在舊城區南方的南市區相當普遍。1949 年之後，中共發起的寺廟破壞運動橫掃全上海，法租界、公共租界均不例外，各有 34、93 起破壞行動，但在舊城區只有 28 起。單看上海一地，誠然不足以代表全中國，但這些空間特徵顯然有助於佐證上文提出的「大都市—縣城—市鎮—鄉村」模式，寺廟破壞的情形往往與各地都市化、政策執行的程度相呼應；在評估近代國家文化政策的實際效益時，此一觀點當不失為可行的研究途徑，考察傳統宗教生活的因革，當然也適用。

表 9-1　上海市寺廟分區概況統計（1853-1948）

| 廢毀主因 | 上海城廂 | 法租界 | 公共租界 | 總計 |
|---|---|---|---|---|
| 校占 | 3 | 0 | 4 | 7 |
| 其他機構占用 | 3 | 0 | 2 | 5 |
| 兵毀 | 2 | 0 | 3 | 5 |
| 現存 | 2 | 0 | 1 | 3 |
| 不詳 | 3 | 0 | 2 | 5 |
| 停廢 | 1 | 2 | 4 | 7 |
| 小計 | 14 | 2 | 16 | 32 |

表 9-2　上海市寺廟分區概況統計（1949 年後）

| 廢毀主因 | 上海城廂 | 法租界 | 公共租界 | 總計 |
|---|---|---|---|---|
| 校占 | 6 | 2 | 2 | 10 |
| 其他機構占用 | 4 | 0 | 2 | 6 |
| 兵毀 | 0 | 0 | 0 | 0 |
| 現存 | 2 | 1 | 2 | 5 |
| 不詳 | 0 | 0 | 1 | 1 |
| 停廢 | 16 | 31 | 86 | 133 |
| 小計 | 28 | 34 | 93 | 155 |

## 四、案例二：溫州

　　相較於上海，寺廟破壞政策帶給溫州當地信仰的衝擊，顯然較為有限。和中國大部分地區相似，溫州的寺廟破壞運動始於1900 年代初期，改革派官員下令將寺廟改為學校，或開徵各類雜稅（包括廟方種植的果樹），導致官民關係時時緊繃。溫州的第一起寺廟破壞事件發生在瑞安，縣府在部分士紳有志一同、或有意迎合的聲援下，首度將境內的4 座祀典廟宇改為新式學校，[55] 在這支隊伍

---

55　參看 Lo Shih-chieh [ 羅士傑 ], "The Order of Local Things: Popular

中，有人後來也投身反迷信運動，包括被譽為「清代樸學殿軍」的孫詒讓，便鼓舞了不少西式教育出身的青年，加入他們的陣營。[56] 不僅關帝廟、岳飛廟等前朝祀典被廢除，就連孔廟也遭受波及，改成了孫中山紀念堂。[57]

　　學生帶頭破壞地方宗教傳統的情形在當時比比皆是，直到 1920 年代亦然，但已有了新的變化，特別是國民黨力量的加入。1928 年，樂清縣的黨幹部仇約三以文化更新為名義，動員學生組成「搗神團」，鎖定當地的寺廟與神像，甚至將廟裡的駿馬像帶回學校改造成運動設施，銅鐘也被扛走當作校鐘使用。[58] 如同他處所見，這種行徑引發了眾怒，有人匿名寫詩，指控官員和黨部貪汙，也有人傳說該團成員紛紛暴斃，還有人收買警方，阻撓其行動；即使寺廟和神像慘遭搗毀，當地信徒仍然堅持舉辦廟會，有些人甚至轉而破壞改建而成的新式學校，以洩其憤。[59]

―――――――――

　　Politics and Religion in Modern Wenzhou溫州 (1840-1940)" (Ph.D. thesis, Brown University, 2010); 胡珠生，《溫州近代史》（瀋陽：遼寧人民出版社，2000），頁 203-210；祁剛，〈清季溫州地區的廟產辦學〉，頁 39-73。

56　張棡著，俞雄選編，《張棡日記》（上海：上海社會科學院出版社，2003），頁 112。

57　張棡著，俞雄選編，《張棡日記》，頁 386。

58　Lo Shih-chieh, "The Order of Local Things," pp. 258-291; 方宗苞，〈樂成搗神團〉，《樂清文史資料》，1984年第1期，頁116；《海潮音》，第 10卷第 1期（1929年 1月），頁 76。

59　張棡著，俞雄選編，《張棡日記》，頁 550。

　　從目前收集到的溫州資料來看，可喜的是已涵蓋前文提到的三重空間模式：大都市、縣城、市鎮。以溫州市而言，1921、1931年份的《中國旅行指南》保留了當時寺廟的概況，前者收錄3座佛寺、1座清真寺、4座教堂，[60] 後者數量稍多，計有10座佛寺、7座宮廟（包含4間媽祖廟），以及7座教堂；[61] 王震之1998年發表的文章記錄了124座寺廟，尤為珍貴。[62] 除了分析這些案例，筆者與祁剛另行增補了王文漏收的29座，並與鍾狝合作，以Google Maps繪製寺廟分布地圖，重探破壞運動所帶來的變化。總之，在目前可知的153座寺廟中，有57座重建，38座被毀，其餘的詳情尚在考察當中，在王文發表後的近二十年間，當地寺廟又為何呈現爆炸性的成長，也在解謎之列。從這些地圖中，不難看出民國時期的溫州寺廟雖然也集中於商業地段（市場、港口）和開發較少的坡地，但大體看來，其分布仍較上海來得平均。

---

60　商務印書館編譯所，《中國旅行指南》，第 9 版（上海：商務印書館，1921），〈溫州〉，頁 1-4。

61　商務印書館編譯所，《中國旅行指南》，第 14 版（上海：商務印書館，1931），頁 232-234。

62　王震之，〈溫州舊城區廟宇與戲台分布概況〉，《鹿城文史資料》，第 12 輯（1998年 12 月），頁 227-240，另見高益登，〈樂清宗教〉，《樂清文史資料》，第 9 輯（1991），頁 144-165。

地圖 9-4　溫州市寺廟破壞情形

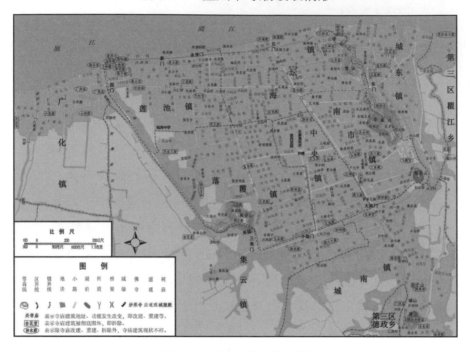

（鍾翀、祁剛、康豹合作繪製）

　　在我們的研究團隊中，出身溫州的資深文史工作者周干提出了豐碩的成果，他針對溫州縣城的寺廟，以田野調查結合方志、檔案，指出平陽縣城關的81座寺廟中，總計有50座被毀，只有25座後來重建（有6座情況不明）。這些寺廟有很多被改為學校，如城隍廟被改為中共黨校，有些則改建為行政機關或公共市場，大多數都發生在1949年之後，大躍進期間尤為明顯；倖存的25座寺廟多半由神職人員管理，一部分主祀民間崇拜的神祇，如陳十四（臨水夫人）、天后、財神、齊天大聖等。從空間分布來看，保存最多者位在縣城以南的九凰山（5座有3座保留），其次依序是城南（26座有8座保留）、城東（11座有3座保留）、城西（10座有2座保留），最後是城北（18座有2座保留）。周干也從田調中增補了11座方志失收的寺廟，其中有7座被保留；這提醒我們，官方的寺廟資料往往留有補白餘地，不應恆以之為足。[63]

　　在市鎮層級，根據團隊成員白洪祉的調查，位於騰蛟鎮的98座寺廟僅有13座受到根本性的破壞，另外的85座先後在二十年間重修或新建。在前者的13座寺廟中，只有1座被稱為「寺庵」，其他都屬於宮廟，應不出傳統社區信仰的範疇。此外，白洪祉在2002年從事調查時，

---

63　周干，〈平陽縣城關的廟會與醮會〉，收入康豹、徐宏圖主編（下略），《平陽縣、蒼南縣傳統民俗文化研究》（北京：民族出版社，2005），頁63-103。

當地85座寺廟被官方列為縣級、省級文保點的，分別只有3座、1座，其餘多屬於地方信仰，包含陳府大王（陳八大王，18座）、土地公（9座）、五顯靈官（華光大帝；7座）、楊府爺（4座）、徐三府君（3座）、忠訓爺（2座，其中一座被列為省文保）、馬仙（2座）等。[64]

　　另一個有意思的例子是溫州南邊的蒲城，當地在明代曾為衛所，乃海防之要塞，寺廟活動似乎因此受到某些限制，雖然從地緣來說，和其他大都市仍有相當距離。根據金亮希蒐集的資料，可知該地34座寺廟有18座保全，其餘16座被毀。其中有些被毀於民國期間，但大多數發生在大躍進和文革階段。[65] 近年當地寺廟的數量不斷攀升，主因不外乎以傳統文化為名、觀光收益為實的吸引力，加上寺廟晉身為國家非物質文化遺產名單的一員，命運早已改觀。[66]

　　從其他現存的資料中，也可以看出溫州寺廟破壞運動的空間特徵，以1957年瑞安縣佛教學習會所做的佛教寺院與僧尼調查為例，便透露不少線索。當中收羅了340座寺廟，保留的寺廟有231座，接近總數的68%，略低

---

64　白洪祉，〈平陽縣騰蛟鎮忠訓廟廟會〉，收入《平陽縣、蒼南縣傳統民俗文化研究》，頁209-256。

65　金亮希，〈蒼南縣蒲城「拔五更」習俗 —— 2002年正月迎神賽會活動紀實〉，收入《平陽縣、蒼南縣傳統民俗文化研究》，頁434-499。

66　Tim Oakes and Donald S. Sutton, eds., *Faiths on Display: Religion, Tourism, and the Chinese State* (Lanham, MD: Rowman and Littlefield, 2010).

於鄞縣所保留的75%。[67]

## 五、結語

關於近代中國寺廟破壞運動的空間課題，仍不乏深
入探索的空間，上文應當已提供一些新的認識，揭示這
波運動對於傳統宗教生活的衝擊，與都市化、官方治理
的程度密切相關。以目前的研究工具來說，還可進一步
利用安克強（Christian Henriot）開發的 GIS 上海地圖，[68]
檢視當地寺廟與商業區、政府機構的位置關係；安克強
等人整理各建物所在的詳細資訊，多達 1,700 餘筆，[69]
在中研院近史所建立的資料庫中，也可找到更多商業建
築的地址。[70] 這些資料無疑有利開發更精密的歷史版塊，
加上 Google Maps 等支援技術，得以將寺廟定位於上海
的社會、經濟地緣脈絡中，檢證空間位置是否攸關日後
的命運，以及這些空間特徵反映的各種可能。至於溫州，
學者也正在整合縣城、郊區、鄉村等不同地域的寺廟資
料，梳理寺廟破壞運動因時因地而異的表現。

透過本文所描述的寺廟破壞風潮，讀者不難想見近

---

67 康豹，〈近代中國之寺廟破壞運動：以江浙地區為討論中心〉，
收入《改變中國宗教的五十年：1898-1948》，頁 28。

68 Virtual Shanghai: http://www.virtualshanghai.net/, accessed June 7,
2016.

69 Virtual Shanghai: http://www.virtualshanghai.net/Data/Buildings,
accessed June 7, 2016.

70 中央研究院近代史研究所近代史全文資料庫：http://mhdb.
mh.sinica.edu.tw/index.php，2017年6月4日檢索。

代中國都市宗教生活的波瀾,如能進一步釐清義務性和
志願性組織的性質,認知想必會更加清晰。前者包括地
方信仰、宗族,或會館、公所等,後者則包括信徒組成
的香會、朝山會、自發性的廟會團隊,乃至道堂、乩壇
與善堂,最後兩者更往往結合為一。[71] 寺廟破壞運動的
後果之一,是迫使許多都市信徒脫離義務性的宗教組織,
志願性團體則日趨興盛。何以如此呢?簡言之,寺廟義
務性參與及地方廟會的社會網絡,在反迷信和都市現代
化政策之下,往往首當其衝,香會等則未必如此,因其
多半由較小型的志願性團體所組成,而且多興起於都市
中心之外,在當地被接受的程度通常高出於彼。[72]

　　另一項可關注的課題,是晚清民國各地的小型祠廟。
以上海為例,已有小部分收錄於 1930 年代反迷信運動中
整理的〈上海市淫祠邪祀調查表〉,據該表所見,52 座
祠廟中有 38 座建於民國,另有 6 座可上溯光緒年間,歷
史都不算長;其中沒有任何一座擁有廟產,大多奉祀呂
洞賓或黃大仙,都是乩壇常見的主神,可以推測有些當
與救世團體有關。位於大世界遊樂場的濟公壇便是當時
有名的扶乩處所,1926 年初《申報》曾加以報導,提到
該壇由來已久,信眾超過千人,在許多身處 1920 年代擾

---

71　更詳盡的討論見 Vincent Goossaert and David A. Palmer, *The Religious Question in Modern China*, pp. 24-27.

72　Vincent Goossaert, "The Local Politics of Festivals: Hangzhou, 1850-1950".

攘的上海居民眼中，不啻修行或決疑的寶地。入壇的門
檻不高，甚至只要購買 5 張遊樂場的門票，作為對該壇
的贊助即可；扶乩本身並不收費，而且曾有神靈降壇，
指示該壇成員可以免購門票入場。[73]

　　在江南其他都市區也有類似的情形，居民的宗教生
活時常環繞經營手法更為靈活的企業型祠廟與儀式專家
（特別是靈媒）而展開，其背景則來自悠久、穩定的地
方信仰傳統。職是之故，儘管民國政府一再禁止，其風
依然不減。[74] 以五通神為例，本或源出精怪，後來逐漸
被尊崇為財神，[75] 歷來官方屢禁屢敗，在上海和江蘇南
部信眾尤多。最晚從明代初年起，蘇州附近的上方山便
成為有名的據點，近代蘇州多處廟會都曾遭遇阻滯，唯
獨此一不在主流之中、卻又深入民心的信仰歷久不衰。
許多靈媒也都擁有專屬的神祠，通常設在租來的店面或
街邊公寓，恍如臺灣神壇的前身，在精英批判與官方禁
令的夾擊下，這些人物與場所在近代都市景觀中，始終
占有一席之地，不應視而不見。田調顯示，今天到上方

---

73　〈大世界大昌佛教〉，《申報》，1926年5月25日，20版；〈濟
　　公堂徵求會員消息〉，《申報》，1926年6月10日，20版。另見
　　Paul R. Katz, "Spirit-writing and the Dynamics of Elite Religious
　　Life in Republican-era Shanghai," 收入《近代中國的宗教發展論
　　文集》，頁 275-350。

74　小田，〈論江南鄉村女巫的近代境遇〉，《近代史研究》，2014
　　年第5期，頁 39-55。

75　關於五通信仰，可參看 Richard von Glahn, *The Sinister Way: The
　　Divine and the Demonic in Chinese Religious Culture* (Berkeley: University
　　of California Press, 2004).

山參拜的信徒當中，仍有不少是在靈媒感召下前來。[76]

　　近代都市宗教的變革也反映在建築上，1926年以在家信徒為主力建造的世界佛教居士林，重點在於體現現代靈性修持的新貌，有意以鮮明的道德氛圍，區別傳統寺廟的「熱鬧」景象。[77]近代都市宗教生活另一項鮮明的指標，是志願性團體中女性成員的增加，無論扶乩、誦經、演講都活動，都見得到她們的身影。回顧近代的「新女性」論述，經常強調女性擁有知識，得以擺脫「迷信」的包袱；實際上，這些女性也有著更多參與宗教組織的自由，不讓鬚眉，而且陣容日盛。[78]民國時期不乏女性涉足宗教出版的領域，她們也就女性修行的議題，以通訊方式和讀者積極互動。[79]

　　即使在當代兩岸，上述的宗教潮流仍然湧動不已，義務性與志願性的宗教參與形式都在成長，後者更在都

---

76　Vincent Goossaert, "Daoism and Local Cults in Modern Suzhou: A Case Study of Qionglongshan [ 穹隆山 ]," 收入柯若樸（Philip Clart）主編，《中國民間宗教、民間信仰研究之中歐視角》（臺北：博揚文化，2012），頁 199-228。

77　江建明（J. Brooks Jessup），〈打造現代都市的佛教身份認同——以 1920年代上海的世界佛教居士林為例〉，收入《改變中國宗教的五十年，1898-1948》，頁 337-361.

78　從性別角度討論近代中國宗教，可參看 Kang Xiaofei [ 康笑菲 ], "Women and the Religious Question in Modern China," in Vincent Goossaert, Jan Kiely and John Lagerwey, eds., Modern Chinese Religion II, 1850-1915, volume 1, pp. 491-559.

79　例詳 Liu Xun [ 劉迅 ], Daoist Modern: Innovation, Lay Practice, and the Community of Inner Alchemy in Republican Shanghai (Cambridge, MA: Harvard University Asia Center, 2009).

市區不斷壯大。在中國各大都市，不少寺廟得以從近代的諸般風暴中倖存，卻無能抵禦今天土地開發炒作的熱潮，終至片瓦不留；另一方面，宗教的態勢在中國都市高漲，知識與實踐的面貌則日趨多元，特別是以保健、養生的形式，流通於各地小型祠廟、書店、素食館之間。[80] 類似的都市宗教新貌也見於戰後的臺灣，大小神壇遍布街巷店面或公寓住宅，而且多有靈媒供人問事，對於在都市打拼的外地遊子來說，尤其能藉此獲得生活的慰藉與指引。[81] 許多信徒也利用網路，包括 Facebook 等社群網站，分享法會、公益等寺廟訊息。[82] 這些宗教空間的變化，以及他們如何連結都市菁英，進而串接起跨地域、乃至跨國性的社經／宗教網絡，無疑是未來應當密切留意的課題。

　　近代中國都市宗教生活不乏值得探究的課題，比如宗教與經濟的關係，特別是不平等與社會排斥的現象，都市景觀中衍生的宗教新貌，尤其是志願性團體的表

---

80　Ian Johnson, *The Souls of China: The Return of Religion After Mao* (New York: Pantheon Books, 2017).

81　宋光宇，〈神壇的形成：高雄市神壇調查資料的初步分析〉，收入《寺廟與民間文化研討會論文集》（臺北：行政院文化建設委員會，1995），頁 97-128；戴思客（Lawrence Scott Davis），〈語與女：試探乩童修辭學〉，《思與言》，第 35 卷第 3 期（1994），頁 267-312；Chao Shin-yi［趙昕毅］, "A *Danggi* 童乩 Temple in Taipei: Spirit-Mediums in Modern Urban Taiwan," *Asia Major*, 15:2 (2002), pp. 129-156.

82　Lin Wei-Ping［林瑋嬪］, *Materializing Magic Power: Chinese Popular Religion in Villages and Cities* (Cambridge, MA and London: Harvard University Press, 2015).

現，乃至宗教在都市人群移動中的角色，都是可以深入的面向。[83] 面對這些課題時，空間性的思考顯然不該受到忽略，本文對寺廟破壞運動空間特徵的分析，應當已多少揭示此一意義。

最後，本文要提出的是，跨文化取徑也能為近代中國寺廟破壞運動，帶來新的認識。前文談到，不少現代國家都曾擬定政策，以官方力量介入宗教團體，或徵用其資產，加上現代化效應的推波助瀾，最顯著影響之一便是志願性組織的成長。就亞洲而言，Peter van der Veer 曾指出，在「帝國遭遇西方」的全球化歷程中，各地區的反應頗有不同，但其政治領袖多有意重塑傳統，在世俗化的進程下，致力打造宗教生活的新形態。[84] 日本是眾所皆知的例子，在近代雖然不曾發生如中國般大規模的寺廟破壞運動，也曾動用國家的力量，整頓各地寺廟及儀式，1906 到 1914 年間，以合併的手段，便讓神道組織從 200,000 暴跌到 120,000 座，並且改革有粗野或淫穢之嫌的祭典，特別是與性有關、或鋪張過度的風俗。其設想與中國官員大致相同，亦即避免民眾在不必要的逸樂中偏離常軌，乃至耗費大量的社會資源，甚

---

83 Hugh McLeod, "Introduction," in *European Religion in the Age of the Great Cities, 1830-1930,* pp. 18-20; Marian Burchardt and Irene Becci, "Introduction: Religion Takes Place: Producing Urban Locality," in *Topographies of Faith: Religion in Urban Spaces,* pp. 13-14.

84 Peter van der Veer, *The Modern Spirit of Asia: The Spiritual and the Secular in China and India* (Princeton: Princeton University Press, 2013).

至引發民變。[85] 但與此同時，也不能否認，朝禮佛教名山或神道聖地的風氣在中日兩國始終有增無減，信仰雖然受到遏抑，從未就此衰歇。[86] 近代朝鮮的情形也接近於中國，在十九、二十世紀之交，頗有代表改革勢力的菁英改宗成為基督徒，將本土信仰視為國家衰落的主要病因，進而發起各種反迷信的運動，隱然與晚清中國的新派菁英遙遙相應。[87]

（譯者：陳亨佑　國立臺灣大學中國文學系博士生）

（原載於《中央研究院近代史研究所集刊》，第 95 期）

---

85　Trent E. Maxey, *The "Greatest Problem": Religion and State Formation in Meiji Japan* (Cambridge, MA: Harvard University Asia Center, 2014).

86　Sarah Thal, *Rearranging the Landscape of the Gods: The Politics of a Pilgrimage Site in Japan, 1573-1912* (Chicago: University of Chicago Press, 2005).

87　Laurel Kendall, *Shamans, Nostalgias, and the IMF: South Korean Popular Religion in Motion* (Honolulu: University of Hawai'i Press, 2009), pp. 1-11.

# 清朝至民初的北京旅蒙商

賴惠敏

中央研究院近代史研究所研究員

## 一、前言

　　清代北京為首善之區，商賈雲集，因清末庚子之役，
八國聯軍燒毀許多商鋪、衙門，使得北京老字號的寫作
都只上溯到清末民初。幸虧北京的碑刻資料保存下來，
本文討論北京的旅蒙商是依據 1942 年至 1944 年仁井田
陞在北京調查五十多所會館的碑刻。[1] 1961 年以後中國
亦進行碑刻調查，1980 年李華編輯的北京工商會館碑
刻有九十塊有價值的碑刻。北京工商會館在乾隆時期大
量重修，捐款的商號如富有號、人和號、萬盛號、義和
號、福來號、永聚成等都是著名的旅蒙商，至民國 8 年
（1919）之〈外館雜貨行商會〉還有一百餘家商號（見
附錄 10-1）。[2] 再由民國年間的北京工商指南瞭解這些

---

1　1975年以後陸續刊行《仁井田陞博士輯北京工商ギルド資料集》
　　自一至六集。參見佐伯有一、田仲一成、濱下武志、上田信、中
　　山美緒編註，《仁井田陞博士輯北京工商ギルド資料集》（東
　　京：東京大学東洋文化研究所附属東洋学文献センター一刊行委員
　　會，1975-1983）。

2　外館商號有鋪號和執事人名稱，共有 149 家雜貨行店鋪。參見京
　　師總商會匯纂，〈1919年京師總商會眾號一覽表〉，收入孫健主
　　編，《北京經濟史資料：近代北京商業部分》（北京：北京燕山

商號經營項目,得以長期地觀察北京旅蒙商的發展。

北京的旅蒙商同時也在張家口、庫倫開分號,稱為座莊。民國 4 年(1915),陳籙擔任庫倫辦事大員,他說:「京幫者係專指北京安定門外外館各商在庫倫所設之分號而言,不過西庫倫一隅五六十家而已。其資本之基礎,及勢力之範圍,均不及西幫遠甚。」[3] 根據調查,京幫在西庫最大之商號為通和號、福來號、協和公、隆和玉、人和厚、隆興和、隆聚和等 10 家,資本皆各在五萬元之上。東富有、同聚興、萬福源等 29 家,資本皆各在萬元以上。此外資本在千元以上萬元以下者,共 53 家。在千元以下者共 16 家。統計京幫商號 108 家,資本共洋 1,308,600 元,夥友共 1,627 名。[4] 俄國學者伊・米・邁斯基(I. M. Maiskii)討論 1919 年時,北京商號在庫倫、烏里雅蘇臺、科布多各分店的貿易額:裕盛和為 1.2 百萬盧布、通和號 60 萬盧布、隆昌玉 50 萬盧布、協和公 45 萬盧布、恒和義 45 萬盧布、三和義 30 萬盧布。[5] 因為當時盧布貶值,貿易額突然激增。北京到蒙古的商人販賣各種蒙古人日常所需的物品,多數屬於雜貨商。

---

出版社,1990),頁 737-742。

3　陳籙,《止室筆記・駐紥庫倫日記》(臺北:文海出版社,1968),頁 250。

4　陳籙,《止室筆記・駐紥庫倫日記》,頁 251。清末商人組織甲首立甲董,山西占其三,北京居其一,以經理商業公益之事。頁 174。

5　伊・米・邁斯基,〈革命前夜的外蒙古經濟〉,《蒙古史研究參考資料》(呼和浩特:內蒙古大學蒙古史研究室,1975),第 4 輯,頁 52-53。

　　過去，張正明提到在北京營銷顏料行的多山西平遙縣商人；綢緞、雜貨等為臨襄人；山西翼城人是北京布行的主力；潞安府商人在京師多業銅、鐵、錫、碳諸貨；曲沃縣人經營煙業；襄汾人經營布行及雜貨；臨汾、襄陵人經營紙張、乾果、雜貨等業；盂縣人經營氊毯行。氊帽行、賬局、錢莊也以山西人居多。[6]王永斌認為外館本是喀爾喀蒙古到北京大量採辦生活所需物資，有眼力會做生意的商人到外館附近開設店鋪。日久形成獨特的商業街。他提到的永聚成雜貨行就是在庫倫、烏里雅蘇台、科布多等地貿易的商號。[7]郭松義討論晉商在北京商業活動相當廣泛，有行當、銀錢店、糧店、酒鋪、油鹽店、煙鋪、乾果店、雜貨鋪、估衣鋪、成衣鋪、餑餑鋪、銅錫器店、古玩店、羽纓局。還有從事販羊、販騾馬買賣等工作。[8]

　　以上的研究還有值得進一步探討的地方，第一、所謂的「外館」是否侷限於安定門外的商人？第二、北京老字號記憶都以清末為起點，本文擬利用碑刻資料將商號往前推至乾隆年間。第三、北京的商號買賣物資，從北京賣到蒙古的商品，再次討論由蒙古買入的貨品，可

6　張正明，《晉商興衰史》（太原：山西古籍出版社，2001），頁84-87。

7　王永斌，《北京的關廂鄉鎮和老商號》（北京：東方出版社，2003），頁62-76。

8　郭松義，〈清代北京的山西商人──根據136宗個人樣本所作的分析〉，《中國經濟史》，2008年第1期，頁3-10。

瞭解北京旅蒙商活絡的商業。

## 二、北京的旅蒙商號

民初，畢晴帆提及北京安定門外，外館周圍鋪戶專做外蒙買賣，統稱外館，並設分莊於外蒙各大埠，如庫倫、烏里雅蘇臺、恰克圖、科布多、烏梁海等處，販賣京貨故又名京莊。其北京之總莊專司運轉貨物、通報消息等事，並不交易買賣。外蒙各分號則設櫃安莊，發賣貨物。[9] 本節將討論商號在北京設立的時期，以及它和庫倫商號的關係。

### （一）乾嘉時代的旅蒙商號

北京為皇室貴族、文武百官聚集所在，其消費奢侈品如錦綺羅緞、毛皮布疋、琺瑯玉器、翡翠珊瑚等，為各地仿效對象，商人將北京奢侈品攜至蒙古，所以在乾嘉時代就有往來蒙古北京兩地的。以下分別討論幾個著名的商號：

### （1）協和公與隆昌玉等

協和公是北京重要的旅蒙商，協和公的股東侯氏，在北京的碑刻資料中常出現。譬如，道光 18 年（1838）

---

9　畢晴帆，〈蒙行隨筆〉，收入《中國邊疆行記調查記報告書等邊務資料叢編（初編）》（香港：蝠池書院出版有限公司，2009），第 22 冊，頁 277、288。

〈顏料行會館碑記〉中，協和公助銀 30 兩、蔚泰永施銀 30 兩、隆聚昌施銀 30 兩。同治 8 年（1869），〈重修財神廟碑記〉協和號為「經理首事」。[10] 咸豐 4 年皇帝上諭提到：「山西太谷縣之孫姓富約二千餘萬兩。曹姓、賈姓富各四、五百萬。平遙縣之侯姓、介休縣之張姓富各三、四百萬。榆次縣之許姓、王姓闔族家資各千萬。又介休百萬之家以十計；祁縣百萬之家以數十計。」[11] 張正明提到康熙時侯萬瞻出外經商，專販蘇杭一帶的綢緞。侯萬瞻之孫侯興域生於乾隆年間，卒於嘉慶年間。侯氏在北京有協和公、隆和玉等商號，販售雜貨、綢布、茶葉和錢鋪。李華輯的北京工商會館碑刻就有侯維山、侯賜瑞、侯德權、侯賀齡名字。[12]

　　協和公記出現在庫倫的時間為乾隆 54 年（1789），編入第六甲。嘉慶 4 年（1797）商民事務衙門調查每年營業額約六、七千兩，屬於大鋪戶。道光 22 年（1842）庫倫檔案上稱為協和京，執事人為田人傑、賀美士。光緒 12 年（1886）商民事務衙門調查協和公記有三處商鋪：執事人史文壽居住房舍，係咸豐 5 年天德永蓋，趙玉領門牌；執事人李麟趾居住房舍，係咸豐 5 年自蓋，牛杲

10　李華編，《明清以來北京工商會館碑刻選編》，頁 9；《仁井田陞博士輯北京工商ギルド資料集》，第 2 集，頁 261。

11　〈軍機處錄副奏摺〉，中國第一歷史檔案館藏，檔案編號 4264-003，微捲 293，頁 0198-0201，咸豐 4 年 7 月 2 日。

12　李華編，《明清以來北京工商會館碑刻選編》，頁 1、2、5、8、9、61。

領門牌；執事人柳逢春居住房舍，係咸豐 5 年四義源蓋，
趙嘉文領門牌。[13] 協和公的三處房屋，分號有南協和公、
西協和公。[14] 蒙古國家檔案局所藏協和公的檔案列於表
10-1。陸世葵將協和公列為一等商號，蒙古人向該商號
借款約二、三十萬元。[15] 協和公的股東為侯慶哉，其執
事人都來自直隸地區，故稱為京幫。

　　陸世葵調查隆和玉、隆昌玉等商號的股東也是侯慶
哉，與協和公同一股東。隆昌玉出現在庫倫的時間較晚，
於道光 22 年（1842）有隆昌京，後來改為隆昌玉。哲布
尊丹巴呼圖克圖的商卓特巴衙門和四部盟長於同治 13 年
（1874），上書清帝，說漢人新建的房屋和店鋪妨礙了
彌勒形象儀式的舉行，這些商號是來自北京的萬盛號、
天德通、源聚裕、隆昌玉、昌興號、萬通號、長興厚等。
光緒 12 年的調查有隆昌玉、隆和玉。光緒 34 年（1908）
這商號的分號有東隆和玉、西隆和玉。[16] 〈外館雜貨行
商會〉記載這商號的分號有隆升玉、隆昌玉、隆源玉、
隆增玉等。[17] 這些商號販售絲綢、布疋，至清末放債給

---

13　文化部蒙藏文化中心藏蒙古國家檔案局檔案，編號 003-004、
　　019-025、024-007、052-004。
14　文化部蒙藏文化中心藏蒙古國家檔案局檔案，編號 068-018、
　　068-013、010-005。
15　陸世葵，〈庫倫商業報告書〉，《中國銀行業務會計通訊錄》，
　　第 11 期（1915），頁 18。
16　文化部蒙藏文化中心藏蒙古國家檔案局檔案，編號 003-004、
　　052-004、010-005、010-006。
17　京師總商會匯纂，〈1919年京師總商會眾號一覽表〉，頁 737-742。

蒙古王公和喇嘛。

表 10-1　協和公在庫倫的時間和規模

| 商號 | 年代 | 檔案編號 | 執事人 | 籍貫 | 甲別 | 地基 | 鋪內夥友 | 僱工人數 |
|---|---|---|---|---|---|---|---|---|
| 協和公記 | 1789 | 019-025 | 賀大謨 | | 六甲 | | 1 | |
| 協和公記 | 1797 | 020-007 | 左佩坤 | | | | 5 | |
| 協和公記 | 1813 | 024-007 | 周萬國 | | 九甲 | | 6 | |
| 協和公 | 1886 | 052-004 | 史文壽 | 直隸肅寧縣人 | | 合廈1所、房8間、棚5間、大門1合 | 8 | |
| 協和公 | 1886 | 052-004 | 李麟趾 | 直隸饒陽縣人 | | 合廈1所、房17間、棚8間、大門1合 | 15 | |
| 協和公 | 1886 | 052-004 | 柳逢春 | 直隸饒陽縣人 | | 合廈1所、房11間、棚4間、大門1合 | 8 | |
| 協和公 | 1893 | 068-013 | 柳文明 | | 三甲 | | | |
| 南協和公 | 1893 | 068-013 | 宋金生 | | 頭甲 | | | |
| 南協和公 | 1908 | 010-005 | 王長順 | 直隸饒陽縣人 | 頭甲 | | 16 | 2 |

表 10-2　隆昌玉等商號在庫倫的時間和規模

| 商號 | 年代 | 檔案編號 | 執事人 | 籍貫 | 甲別 | 地基 | 鋪內夥友 | 僱工人數 |
|------|------|----------|--------|------|------|------|----------|----------|
| 隆昌京 | 1842 | 003-004 | 張文明 | | | | | |
| 隆昌玉 | 1886 | 052-004 | 張書玉 | 直隸饒陽縣人 | | 合廈1所、房9間、棚3間、大門1合 | 9 | |
| 隆昌玉 | 1886 | 052-004 | 侯文彬 | 直隸饒陽縣人 | | 合廈1所、房11間、棚4間、過道房1間、大門1合 | 7 | |
| 隆昌玉 | 1886 | 052-004 | 孫萬順 | 直隸饒陽縣人 | | 合廈1所、房2間、門櫃3間、大門1合 | 5 | |
| 隆昌玉 | 1893 | 068-013 | 王佩倫 | | 二甲 | | | |
| 隆昌玉 | 1908 | 010-006 | 連欄柜魏守根 | 直隸饒陽縣人 | 西庫倫，232號 | | 24 | 3 |
| 隆昌玉 | 1908 | 010-005 | 魏壽庚 | 直隸饒陽縣人 | 二甲長 | | 21 | 3 |
| 隆昌玉 | 1910 | 088-057 | 吳武魁 | 直隸武強縣 | 西庫倫三甲長 | | 28 | 3 |
| 西隆和玉 | 1908 | 010-006 | 韓武震 | 直隸深州 | 西庫倫，219號 | | 27 | 3 |
| 西隆和玉 | 1908 | 010-005 | 韓武震 | 直隸深州 | 二甲長 | | 37 | 3 |
| 西隆和玉 | 1910 | 088-057 | 崔思忠 | 直隸深州 | 西庫倫二甲 | | 33 | 3 |
| 東隆和玉 | 1908 | 010-005 | 錢拓軒 | 直隸饒陽縣人 | 二甲長 | | 18 | 2 |
| 東隆和玉 | 1910 | 088-057 | 錢拓軒 | 直隸饒陽縣人 | 西庫倫三甲 | | 16 | 2 |
| 隆和玉 | 1886 | 052-004 | 王建中 | 直隸饒陽縣人 | | 合廈1所、房6間、棚2間（尚未蓋1間）、大門1合 | 8 | |
| 隆和玉 | 1886 | 052-004 | 王建中 | 直隸饒陽縣人 | | 合廈1所、房10間、棚4間、大門1合 | 7 | |
| 隆和玉 | 1893 | 068-013 | 丁棟桂 | | 四甲 | | | |
| 隆和玉 | 1908 | 010-006 | 錢通選 | 直隸饒陽縣人 | 西庫倫，233號 | | 11 | 2 |

| 商號 | 年代 | 檔案編號 | 執事人 | 籍貫 | 甲別 | 地基 | 鋪內夥友 | 僱工人數 |
|---|---|---|---|---|---|---|---|---|
| 隆順玉 | 1886 | 052-004 | 郝英魁 | 直隸饒陽縣人 | | 合廈半所、房6間、棚3間、門櫃4間、大門1合 | 6 | |
| 隆順玉 | 1893 | 068-013 | 趙星 | | 頭甲 | | | |
| 隆順玉 | 1908 | 010-006 | 趙遇順 | 直隸饒陽縣人 | 西庫倫，158號 | | 15 | 2 |
| 隆順玉 | 1908 | 010-005 | 范福全 | 直隸饒陽縣人 | 頭甲長 | | 10 | 2 |
| 隆增玉 | 1910 | 088-057 | 郝清廉 | 直隸饒陽縣人 | 西庫倫頭甲 | | 1 | 0 |

　　孟榘，〈烏城回憶錄〉提到民初烏里雅蘇臺有華商大號十七家：大盛魁、雙舜全、天順店、永盛店、協玉和、義盛德、恆和義、永興恆、協和公、元生和、同和堂、恆隆厚。大致晉人居多，直隸次之。[18]

## （2）合盛永

　　合盛永創始人為郭嶸，嘉慶7年（1802）〈重修河東會館碑記〉載，總理公直郭候，施銀1兩。河東為山西平陽府所屬的稷山縣、絳縣、聞喜縣三縣商人組織的會館。煙行崇祀火祖、關聖、財神三聖。嘉慶24年（1819）〈重修先翁廟碑記〉合盛號為「糾首」之首。施銀120兩。道光18年〈重修顏料會館碑記〉中為「經理人」。[19] 糾首和經理人都代表合盛號在北京商號的重

---

18　孟榘，〈烏城回憶錄〉，收入，《中國邊疆行記調查記報告書等邊務資料叢編（初編）》，第22冊，頁334。

19　《仁井田陞博士輯北京工商ギルド資料集》，第5集，頁871；第

要地位。河東會館為煙行組織，顏料會館為布行組織。
因此，合盛永販賣蒙古的貨物中，以煙和布的數量最
多。光緒9年的〈京師正陽門外打磨廠臨汾鄉祠公會碑
記〉中出現，這商號是晉商在北京開設紙張、顏料、乾
果、煙葉各號建臨汾鄉祠公會。[20] 合盛號為總號名稱，
底下又分有某記為支號，合盛號有分號合盛全、合盛
永、合盛元、合盛興、合盛源等。

　　道光17年（1837）合盛元由茶莊改成票號，股東
為祁縣郭源逢、張廷將，票號設於北京、天津、瀋陽、
營口、安東、西安、開封、上海、漢口、安慶、日本東
京、大阪、神戶、朝鮮仁川等共14處，是著名的山西
票號之一。[21] 合盛元改經營票號後，在庫倫的商業規模
縮小，夥計不過十餘位，不像隆和玉分號多，且夥計達
二、三十人。

　　2集，頁322；李華編，《明清以來北京工商會館碑刻選編》，頁5；
　　《仁井田陞博士輯北京工商ギルド資料集》，第2集，頁328。
20　李華編，《明清以來北京工商會館碑刻選編》，頁21。
21　中國人民銀行山西省分行、山西財經學院《山西票號史料》編寫組，
　　《山西票號史料》（太原：山西經濟出版社，1990），頁656-657。

表 10-3　合盛永在庫倫的時間和規模

| 商號 | 年代 | 檔案編號 | 執事人 | 籍貫 | 甲別與住址 | 地基 | 鋪內夥友 | 僱工人數 |
|---|---|---|---|---|---|---|---|---|
| 合盛永記 | 1797 | 020-007 | 賀堡 | | | | 4 | |
| 合盛全記 | 1797 | 020-007 | 張公錦 | | | | 2 | |
| 合盛興記 | 1797 | 020-007 | 馬學孟 | | | | 6 | |
| 合盛源 | 1886 | 052-004 | 侯國珍 | 山西代州人 | | 合廈1所、房15間、棚5間、大門1合 | 12 | |
| 合盛源 | 1893 | 068-013 | 權運偉 | 山西交城縣人 | 經理 | | | |
| 合盛源 | 1893 | 068-014 | 朱蘭 | | 十一甲 | | | |
| 合盛源 | 1907 | 087-023 | 梁體和 | 山西定襄縣人 | | | 14 | 2 |
| 合盛源 | 1908 | 010-003 | 王景明 | 山西榆次縣 | 東庫倫，63號 | | 9 | 1 |
| 合盛源 | 1908 | 010-005 | 路昭 | 山西太原府交城縣 | 二甲長 | | 11 | 1 |
| 合盛源 | 1908 | 010-006 | 王秉文 | 山西代州 | 西庫倫，221號 | | 2 | 1 |

## （3）大興玉

　　大興號於乾隆 26 年（1761）〈重修河東煙行會館碑記〉施銀六次，約 6 兩左右。乾隆 35 年（1770）〈建立罩棚碑序〉曰：「都城彰儀門內河東會館，迺煙行崇祀火祖、關聖、財神三聖處也。⋯⋯今郭局同立官秤一杆，準斤十六兩。凡五路煙包進京，皆按觔數，交納稅銀。每百斤過稅銀四錢六分。」大興號施銀共 6.8 兩。乾隆 44 年（1779）〈河東煙行會館碑記〉出現施銀 0.3 兩。嘉慶 7 年（1802），〈河東會館重修碑記〉大興號為「募化公直」施銀 12 兩。同時有東家常利仁名字。嘉慶 14

年〈洪化寺義塚碑記〉施銀 1.5 兩。嘉慶 21 年（1816），
〈重修河東會館碑記〉大興號亦為「募化公直」，施錢
7,500 文、東大興施錢 7,500 文。[22] 大興號包括大興玉，
這商號從 1818 年至 1871 年的中俄貿易額達二百餘萬，
主要是販售青茶為主，占 87%。同治年間因俄商競爭和
釐金問題，販售茶葉無利潤可圖，但大興玉至光緒朝都
還領票到恰克圖貿易，至民初〈外館雜貨行商會〉還有
大興玉這商號。畢晴帆提到他在民國 8 年（1919）去庫
倫前將行李交由大興裕（玉）商號轉運，因為他坐汽車
只能攜帶 40 斤的東西，其他必須另僱駝腳運送，大興裕
是經營運送貨物的商號。[23]

## （4）祥發永

　　乾隆 44 年〈河東會館碑記〉出現祥字號施銀 30 兩。
這商號應該是祥發永。嘉慶 7 年，〈河東會館重修碑記〉
祥發號施銀 2 兩。嘉慶 21 年，〈重修河東會館碑記〉為
「募化公直」，施錢 6,500 文。[24]《晉游日記》載，祥
發永設在張家口的賬局，為汾陽商人王庭榮投資白銀四
萬兩創辦，經營工商業存款和放款業務在京師的賬局，

---

22　《仁井田陞博士輯北京工商ギルド資料集》，第 5 集，頁 875-
　　883、884-898、875-883、894-898、906、912-915、922、930-932。
23　畢庶遠，〈蒙行隨筆〉，收入，《中國邊疆行記調查記報告書等
　　邊務資料叢編（初編）》，第 22 冊，頁 277。
24　《仁井田陞博士輯北京工商ギルド資料集》，第 5 集，頁 900、
　　916、931。

并兼營候選官吏放款。[25]

　　祥發永記為恰克圖重要商號，清末祥發永記的分號祥發源記為張家口茶葉的商總。[26] 這商號在清末被劃歸為山西票號，是因它也經營金融匯兌行業。光緒 24 年（1898），庫倫辦事大臣興廉奏稱，蒙古王公並呼圖克圖等報效昭信股票，計京市平足銀共 205,300 兩，均已備足現銀批交商號祥發永、恆隆光、興泰隆、公合全等匯兌。[27] 祥發永如合盛元一樣，發展為全國性的票號後，在庫倫的商業活動較少。

## （5）永聚號

　　王永斌提到永聚成雜貨行是河北衡水人集資的買賣，從清光緒到民國年間掌櫃陳銓。永聚成雜貨行在張家口、庫倫設有分號，科布多也有分號。這商號販售磚茶、鹼鹽、鼻煙、氈鞋、氈帽、綢緞、布疋、羊毛皮袍、眼鏡、銅盆、銅器皿、古玩玉器等蒙古各階層都需要的生活必需品。從蒙古帶回的貨物有魔眼鏡片的茶晶石、貴重藥材、羊毛、駝毛、粗細皮貨、黃金等。[28]

---

25　李燧等，《晉游日記》，頁 79。

26　〈晉商請減帽盒茶關稅案〉，《總理各國事務衙門檔案》，中央研究院近代史研究所檔案館藏，檔號 01-20-005-05-004，光緒 4 年 8 月。

27　〈興廉奏報蒙古王公等報效銀兩委員解送戶部交納片〉，《宮中檔硃批奏摺・財政類・捐輸》，編號 0701-082，光緒 24 年 11 月 25 日。

28　王永斌，《北京的關廂鄉鎮和老商號》，頁 62-63。

　　永聚成在 1910 年《都門記略》載，崇文門外花兒市大街上開設客店。[29] 永聚成在 1920 年的《實用北京指南》記載位於東珠市口，開設鐵鋪；東四牌樓東路北開設估衣鋪；打磨廠開設鞍（韂）鋪；花市大街開設旅店。姚祝萱，1923 年的《北京便覽》記載該商號位於花市大街路南開設紙花店。[30] 永聚和於 1920 年的《實用北京指南》記載在崇文門外上四條開設白銅首飾店，打磨廠開設洋爐鋪。1923 年的《北京便覽》記載永聚祥於布巷子增盛店開洋貨莊。[31]

　　由以上討論可知，北京的大旅蒙商如協和公、合盛元、大興號、永興號、祥發永，都是在北京的山西人所經營的商號。在雍正、乾隆年間碑刻中已出現商號名稱。陸世葵稱它們為零售京廣雜貨業，就販賣的物資來說，販售布疋的商號如協和公、合盛元等出現在顏料業行會，並參與金融匯兌的商業活動。

## （二）同光年間的北京旅蒙商號

　　同治 9 年，西疆回亂攻占烏里雅蘇台，清朝調集蒙古、綠營兵駐防。庫倫辦事大臣張廷岳恐駐防兵丁糧食告匱，令商民辦事衙門招攬商賈以供軍需。當時，增加

---

29　徐永年增輯，《都門記略》，頁 487。

30　徐珂編，《實用北京指南》（北京：商務印書館，1920），頁 40、48、128、10；姚祝萱，《北京便覽》，頁 110。

31　徐珂編，《實用北京指南》，頁 63、69；姚祝萱，《北京便覽》，頁 145。

了許多北京來的商號，如隆和玉號、富有號、通和號、
人和號等，以及北京來的小生意人。陳籙提到京幫資本
既不及西幫之雄厚，而營業範圍亦甚狹小。所售貨物，
自運者以綢緞為大宗，其餘多向西幫盤運分批零售，這
都是事實。

### （1）人和號

　　人和號於乾隆 44 年〈河東煙行會館碑〉出現「西人
和號」施銀 0.9 兩。嘉慶 7 年，〈河東會館重修碑記〉
人和號施銀 1 兩、中人和施銀 1 兩。[32] 嘉慶 22 年，〈重
修河東會館碑記〉人和號施錢 1,000 文。人和厚在道光 9
年〈公建桐油行碑記〉為新市鋪局字號施銀 30 兩。[33] 嘉
慶 14 年〈洪化寺義塚碑記〉人和號施錢 1,300 文，〈臨
襄會館施銀碑殘缺〉人和號施錢 0.3 兩。[34]

　　人和義商號在庫倫有三家，咸豐 5 年三合公蓋，同
治 5 年向蒙古巴林齋桑佃，同治 13 年購買長春堂朱寶善
所蓋房屋。[35] 根據商卓特巴所報添蓋鋪戶清冊中，人合
義添蓋房兩處，均係同治、光緒年間蓋。[36] 人和義為北

32　《仁井田陞博士輯北京工商ギルド資料集》，第 5 集，頁 905、
　　917。
33　李華編，《明清以來北京工商會館碑刻選編》，頁 83、84。
34　《仁井田陞博士輯北京工商ギルド資料集》，第 2 集，頁 188、
　　第 5 集，頁 925。
35　文化部蒙藏文化中心藏蒙古國家檔案局檔案，編號 052-004，頁
　　0020-0136。
36　文化部蒙藏文化中心藏蒙古國家檔案局檔案，編號 068-018。

京商幫經營的商號，到庫倫的時間比較晚，所以租佃蒙
古或山西商人的房子。人和號在北京的鋪子有中人和號、
西人和號，庫倫的商鋪分有中人和厚、東人和厚、西人
和厚。人和義有中人和義、東人和義、南人和義。阿 ‧
馬 ‧ 波茲德涅耶夫提到庫倫生意興隆的北京商號通常都
設法開幾個鋪子。這種情況在北京已存在。人和厚在日
本東亞同文會派遣小西茂於 1921 年張家口調查報告，提
到「仁和厚」應是人和厚，註明為外館商號。37

　　清末庫倫辦事大臣衙門向商號收取釐金，並給發憑
單據。北京商舖採購皮張等物後，申報釐金，此以光緒
33 年（1907）人和厚商舖繳交的釐金為例，採購以羊毛
數量最多，羊皮居次，珍貴的狐皮、狼皮數量不多。如
光緒 33 年人和厚採辦羊毛 214,546 斤、駝毛 816 斤、蘑
菇 831 斤、山老羊皮 1,758 張、馬尾 74 個、沙狐皮 27 張、
馬皮 49 張、牛皮 16 張等，共繳釐金 72.92 兩。38

　　1910 年《都門記略》載，前門外李鐵拐斜街有人和
店的客店。39 人和厚的股東徐彥臣，陸世茭所說民國 4
年的資本額為 5,000 兩。經營匯兌，吸收俄鈔買金磅匯
上海，於金融界大占勢力。40

---

37　小西茂，《張家口事情》（上海：東亞同文會，1921），頁 34。
38　文化部蒙藏文化中心藏蒙古國家檔案局檔案，編號 083-117、
　　083-157，頁 158。
39　徐永年增輯，《都門記略》，頁 492。
40　陸世茭，〈庫倫商業報告書〉，《中國銀行業務會計通訊錄》，
　　頁 16。

表 10-4　人和號在庫倫的時間和規模

| 商號 | 年代 | 檔案編號 | 執事人 | 籍貫 | 甲別 | 地基（鋪戶規模） |
|---|---|---|---|---|---|---|
| 人和厚 | 1886 | 052-004 | 姜希齡 | 直隸通州人 | | 合廈1所、房8間、棚2間、大門1合 |
| 人和義 | 1886 | 052-004 | 張增 | 直隸良鄉縣人 | | 合廈1所、房8間、棚3間、大門1合 |
| 人和厚 | 1893 | 068-013 | 張朝海 | | 二甲 | |
| 人和義 | 1893 | 068-013 | 王椿 | | 經理 | 合廈1所、房9間、棚2間、大門1合 |
| 中人和義 | 1893 | 068-013 | 趙祥 | | 頭甲 | |
| 東人和義 | 1893 | 068-013 | 高浦 | | 二甲 | |
| 南人和義 | 1893 | 068-013 | 韓泰和 | | 頭甲 | |
| 中人和厚 | 1908 | 010-005 | 徐士傑 | 直隸深洲 | 頭甲長 | |
| 中人和厚 | 1908 | 010-006 | 徐士傑 | 直隸深州 | | |
| 西人和厚 | 1908 | 010-006 | 張致和 | 直隸通州 | | |
| 西人和厚 | 1908 | 010-005 | 張達道 | 直隸通州 | 頭甲長 | |
| 東人和厚 | 1908 | 010-006 | 王殿元 | 直隸武清縣 | | |
| 東人和厚 | 1908 | 010-005 | 王殿元 | 直隸通州 | 二甲長 | |
| 東人和厚 | 1910 | 088-057 | 王佐 | 直隸通州 | 西庫倫二甲 | |
| 西人和厚 | 1910 | 088-057 | 張達道 | 直隸通州 | 西庫倫二甲 | |

　　長興厚的股東也是徐彥臣，總理范輔和。陸世葵所說民國4年的資本額為6,000兩。[41]

---

41　陸世葵，〈庫倫商業報告書〉，《中國銀行業務會計通訊錄》，頁16。

表 10-5　長興厚在庫倫的時間和規模

| 商號 | 年代 | 檔案編號 | 執事人 | 籍貫 | 甲別 |
|---|---|---|---|---|---|
| 長興厚 | 1886 | 052-004、068-013 | 賈建中 | 賈建中係直隸束鹿縣人 | 三甲 |
| 長興厚 | 1893 | 068-013 | 賈建中 | | |
| 南長興厚 | 1893 | 068-013 | 徐開運 | | 二甲 |
| 長興厚 | 1908 | 010-005 | 蔣彬 | 直隸宛平縣 | 三甲長帶領元字第一號 |
| 南長興厚 | 1908 | 010-005 | 郝保魁 | 束鹿縣 | 二甲長帶領地字第二號 |
| 南長興厚 | 1910 | 088-057 | 郝保魁 | 直隸束鹿縣 | 西庫倫三甲 |
| 北長興厚 | 1910 | 088-057 | 蔣彬年 | 直隸宛平縣 | 西庫倫三甲 |

## （2）富有號

　　晉翼會館建自雍正 10 年，山西翼城布商建立，又稱布商會館。[42] 乾隆 26 年〈重修河東煙行會館碑記〉富有號施銀兩次，約 1.75 兩左右。乾隆 35 年〈建立罩棚碑序〉施銀共 6.8 兩。乾隆 44 年〈河東煙行會館碑記〉出現施銀 1.05 兩。嘉慶 7 年，〈河東會館重修碑記〉施銀 1.2 兩。嘉慶 21 年，〈重修河東會館碑記〉施錢 6,860 文。[43] 道光 17 年，〈新建布行公所碑記〉富有號施銀 30 千文。[44] 比起其他商號，富有號在乾隆年間施銀兩較少，嘉慶、道光以後施銀較多，可能是財力不夠雄厚。發展到庫倫的時間也較晚。

---

42　李華編，《明清以來北京工商會館碑刻選編》，頁 29。清末為人和、泰和兩家布商典當，民國初年與翼城會館合併。

43　《仁井田陞博士輯北京工商ギルド資料集》，第 5 集，頁 876-882、893-895、904、917、932。

44　李華編，《明清以來北京工商會館碑刻選編》，頁 66、38。

表 10-6　　富有號在庫倫的時間和規模

| 商號 | 年代 | 檔案編號 | 執事人 | 籍貫 | 甲別 | 地基（鋪戶規模） |
|---|---|---|---|---|---|---|
| 東富有 | 1886 | 052-004 | 石永壽 | 石永壽係直隸大興縣人 | | 合廈1所、房6間、棚3間（尚未蓋2間）、大門1合 |
| 東富有 | 1886 | 052-004 | 石永壽 | 石永壽係直隸大興縣人 | | |
| 東富有 | 1893 | 068-013 | 段榮甫 | | 二甲 | |
| 南富有 | 1893 | 068-013 | 王錦臣 | | 頭甲 | |
| 東富有 | 1908 | 010-005 | 劉承毅 | 直隸高邑 | 二甲長帶領地字第七號 | |
| 南富有 | 1908 | 010-005 | 田占魁 | 直隸深州 | 頭甲長帶領天字第一號 | |
| 富有通 | 1908 | 010-005 | 石子玉 | 順天府 | 頭甲長帶領天字第一號 | |
| 東富有 | 1910 | 088-057 | 孫華峯 | 直隸大興縣 | 西庫倫二甲 | |
| 南富有 | 1910 | 088-057 | 劉景亭 | 直隸深州 | 西庫倫二甲 | |
| 富有通 | 1910 | 088-057 | 石振聲 | 大興縣 | 西庫倫頭甲長帶領天字第三號 | |

　　富有號的庫倫分號為東富有、南富有、富有通。光緒34年在庫倫的座莊成立富有通，執事人為石子玉，宣統2年（1910）執事人換成石振聲或許為石永壽族人。富有號三座鋪子，每家都有夥計十餘人、僱工三、四位，算是中型商號。光緒27年（1901），庫倫商民的捐輸名冊中石永清捐輸四百兩，係直隸大興縣外館村人。父祖三代：曾祖德勝、祖有山、父珍。[45]

　　富有號為販售雜貨商鋪如綢緞、布疋、煙等，又自

---

45　〈庫倫十二甲首暨眾商民報効銀花名冊簿〉，文化部蒙藏文化中心藏蒙古國家檔案局檔案，編號077-024，頁0124-0138。

庫倫運回羊毛的皮張。〈外館雜貨行商會〉記載富有號的執事人石永壽。

### （4）通和號

通和號在北京工商碑刻資料中出現次數少，乾隆 8 年（1743），〈臨襄會館碑記〉通和號布施銀 1 兩。隆 44 年〈河東會館碑記〉有通和號捐款 3 兩。[46] 通和號到庫倫時間較晚，1886 年的地基調查係咸豐 5 年源泰長執事人閻治昌所建，原係一處，光緒 7 年經福任查門牌分為二所，發給門牌二張。執事人分別為呂發成、張浚。1893 年北通和號執事人呂峻德。通和號在清末民國的股東姓呂純風。[47] 通和號為呂氏的商號，光緒 27 年，庫倫商民的捐輸名冊中呂峻德捐輸四百兩，係直隸冀州棗強縣大王常村人。父祖三代：曾祖文輝、祖魁先、父發成。[48] 通和號共有三家分號：東通和號、南通和號、北通和號。通和號在 1886 年鋪子才 8 名夥計，1910 年，北通和有有夥計 24 人、僱工 3 人；東通和有有夥計 21 人；南通和有夥計 26 人、僱工 5 人，屬於大鋪子。光緒 33 年，庫倫辦事大臣衙門為通和堂報運出口皮張一宗給發憑單

---

46 《仁井田陞博士輯北京工商ギルド資料集》，第 2 集，頁 156；第 5 集，頁 907。

47 陸世葵，〈庫倫商業報告書〉，《中國銀行業務會計通訊錄》，頁 21。。

48 文化部蒙藏文化中心藏蒙古國家檔案局檔案，編號 077-024，頁 0124-0138。

據此存查，共山老羊皮 23 張、馬尾子 2 個、獺子皮 54 張、
猁子皮 9 張、羔子皮 20 張、馬皮 1 張，共釐金 0.532 兩。[49]

表 10-7　通和號在庫倫的時間和規模

| 商號 | 年代 | 檔案編號 | 執事人 | 籍貫 | 甲別與住址 | 地基（鋪戶規模） |
|---|---|---|---|---|---|---|
| 通和號 | 1886 | 052-004 | 呂發成 | 直隸冀州棗強縣 | | 合廈 1 所、房 12 間、棚 4 間、大門 1 合 |
| 通和號 | 1893 | 068-013 | 張浚 | | 頭甲 | |
| 北通和號 | 1893 | 068-013 | 呂峻德 | | 四甲 | |
| 北通和號 | 1908 | 010-005 | 鄭翰傑 | 直隸冀州棗強縣 | 二甲，西庫倫 220 號 | |
| 北通和號 | 1908 | 010-006 | 鄭翰傑 | 直隸冀州棗強縣 | | |
| 東通和號 | 1908 | 010-005 | 包慶長 | 直隸冀州棗強縣 | 頭甲長，西庫倫 128 號 | |
| 東通和號 | 1908 | 010-006 | 包慶昌 | 直隸冀州棗強縣 | | |
| 南通和 | 1908 | 010-005 | 楊喜生 | 直隸深州 | 頭甲長 | |
| 南通和號 | 1908 | 010-006 | 鹿崧峨 | 直隸冀州棗強縣 | | |
| 北通和號 | 1910 | 088-057 | 張興 | 直隸大興縣 | 西庫倫二甲 | |
| 東通和號 | 1910 | 088-057 | 陳長義 | 直隸甯津縣 | 西庫倫頭甲 | |
| 南通和號 | 1910 | 088-057 | 鹿松峨 | 直隸冀州棗強縣 | 頭甲，西庫倫 127 號 | |

民國 15 年（1926）馬鶴天到庫倫，說西庫倫漢商亦不
過五、六百家，共一萬多人。惟北通和號每年可得利十萬
元左右，東富有、隆和玉等也得數萬元，其餘都甚小。[50]

---

49　馬鶴天，《內外蒙古考察日記》（桂林：廣西師範大學出版社，
　　2010），收入《中國邊疆社會調查報告集成》，第 1 輯，第 12 冊，
　　頁 254-255。
50　馬鶴天，《內外蒙古考察日記》，頁 215。

## （5）福來號

　　福來號出現在北京工商碑刻資料很少，只有民國 22
年（1933）〈芝麻油同業公會成立始末暨購置公廨記〉
有福來號的名稱。[51] 〈外館雜貨行商會〉記載福來號執
事人鞏步峰，這商號在清末在庫倫的座莊股東為鞏步瀛、
鞏步達，應是同一家族。福來號從事販賣蒙古來的羊皮、
馬匹、駱駝等。鞏步瀛報效銀 400 兩，籍貫直隸冀州城
西南北內漳村，其父祖三代如下：曾祖龔興元、祖龔泰、
父長拜。[52] 福來號 1923 年《北京便覽》記載，係外館的
洋貨莊。[53] 1921 年張家口調查報告《張家口事情》提到
福來號為外館商號。[54]

　　庫倫辦事大臣衙門為存查事。今據福來號報運出口
牲畜一宗，應完釐捐如數收訖合行給發憑單，以便路過
本境局卡照章驗單放行，須至存查者。計開：騍馬 4 匹、
牛 3 條、綿羊 10 只，共稅銀 4.2 兩。[55]

---

51　李華編，《明清以來北京工商會館碑刻選編》，頁 187。
52　文化部蒙藏文化中心藏蒙古國家檔案局檔案，編號 077-024，頁
　　0124-0138。
53　姚祝萱，《北京便覽》，頁 148。電話 911。
54　小西茂，《張家口事情》（東京：東亞同文會，1921），頁 34。
55　文化部蒙藏文化中心藏蒙古國家檔案局檔案，編號 083-017，頁
　　0017。

表 10-8　　福來號在庫倫的時間和規模

| 商號 | 年代 | 檔案編號 | 執事人 | 籍貫 | 甲別 | 地基（鋪戶規模） |
|---|---|---|---|---|---|---|
| 福來號 | 1886 | 052-004 | 鞏步瀛 | 直隸冀州人 | | 合廈1所、房9間、棚2間、大門1合 |
| 福來號 | 1893 | 068-013 | 馬占元 | | 經理 | |
| 南福來號 | 1893 | 068-013 | 段文相 | | 二甲 | |
| 南福來號 | 1908 | 010-005 | 王振 | 順天府寶底縣 | 二甲長帶領地字第首號 | |
| 北福來號 | 1908 | 010-006 | 呂玉瑞 | 直隸肅寧縣 | | |
| 北福來號 | 1908 | 010-005 | 呂玉玢 | 直隸河間府肅寧縣 | 二甲長帶領地字第首號 | |
| 北福來號 | 1910 | 088-057 | 呂玉玢 | 直隸肅寧縣 | 西庫倫三甲 | |
| 南福來號 | 1910 | 088-057 | 鞏步達 | 直隸冀州 | 西庫倫三甲 | |

　　以上的商號有共同的特色，第一、在北京的工商碑刻資料地位不顯著，布施銀兩也較少。第二、阿・馬・波茲德涅耶夫或陳籙說，庫倫京幫商人大多數是屬於北京安定門外的中下等商人階層。實際上，真正來自北京外館村的只有石永壽一家。其次，〈外館雜貨行商會〉也不限於外館附近的雜貨行，包括在前門、安定門、德勝門附近的商號。第三、北京旅蒙商所販賣的貨物是高級的綢緞、瓷器、上用黃茶、宗教祭祀用品，有別於晉商販售蒙古人日常生活用品。因北京為京師所在，各種物資齊聚，故以下討論旅蒙商從北京攜至庫倫的貨物。

### 三、北京商號販售的貨物

　　蒙古產業不發達，衣食皆仰賴進口，輸入品以磚茶、麥粉、絲綢布疋為大宗。蒙古人所食的麵麥來自俄羅斯。

店鋪最好的絲綢、緞子如紡綢、洋縐、曲綢等係來自北
京。民國 4 年陸世棻調查北京、張家口輸往庫倫和俄羅
斯的商品中，進口以二四磚茶、二七磚茶、三六磚茶及
紅茶為大宗，茶葉自張家口、歸化輸往，其餘綢緞、粗
羊、斜紋布、油酒糖味、米麵、京廣雜貨皆來自北京和
張家口。一年所需物品達五百四十七萬餘兩，其進口數
量見表 10-9。[56]

表 10-9　自北京、張家口輸往庫倫的貨物

| 品名 | 採購地區 | 銷售地區 | 全年產量 | 價值(兩) | 備註 |
|---|---|---|---|---|---|
| 綢緞 | 北京<br>張家口 | 蒙古七成<br>俄國三成 | 六萬五千疋 | 二十萬 | 在清末最盛時，量減此三成而價較高 |
| 粗洋 | 北京<br>張家口 | 蒙古六成<br>俄國四成 | 三十萬疋 | 七萬五千 | 盛時量減此一成，而價較高 |
| 斜紋 | 北京<br>張家口 | 蒙古七成<br>俄國三成 | 三十萬疋 | 四萬五千 | 盛時量減此一成，而價較高 |
| 油酒糖味 | 北京<br>張家口 | 蒙古六成<br>俄國四成 | 五萬件 | 四萬 | 盛時量加此一成，而價較高 |
| 米麵 | 北京<br>張家口 | 蒙古 | 一萬件 | 十萬 | 盛時量減此二成，而價較高 |
| 京廣雜貨 | 北京<br>張家口 | 蒙古 | 二萬五千件 | 二十四萬 | 盛時量減此一成，而價較高 |

馬鶴天在 1926 至 1927 年到外蒙古考察，統計蒙古
的進出口物品如表 10-10。[57]

---

56　陸世棻，〈庫倫商業報告書〉，《中國銀行業務會計通訊錄》，
　　頁 13-14。
57　馬鶴天，《內外蒙古考察日記》，頁 268-271。

表 10-10　　1926 年外蒙古進出口貿易數量

| 輸入品品名 | 價值（盧布） | 百分比（%） | 輸出品品名 | 價值（盧布兩） | 百分比（%） |
|---|---|---|---|---|---|
| 茶 | 4,500,000 | 36.73 | 家畜 | 9,500,000 | 59.75 |
| 麥粉 | 3,200,000 | 26.12 | 羊毛 | 1,800,000 | 11.32 |
| 織物 | 300,000 | 2.45 | 其他皮毛 | 2,500,000 | 15.72 |
| 穀物 | 2,200,000 | 17.16 | 馬毛馬尾 | 500,000 | 3.14 |
| 煙草 | 900,000 | 7.35 | 駱駝毛 | 350,000 | 2.27 |
| 酒精 | 550,000 | 4.89 | 羊毛皮 | 350,000 | 2.27 |
| 砂糖 | 150,000 | 1.22 | 皮革 | 400,000 | 2.52 |
| 佛具 | 450,000 | 3.67 | 獸獵物 | 500,000 | 3.14 |

外蒙獨立仍仰賴中國的茶葉、煙草、布疋、食品、日常用品，以下分項討論。

## （一）茶葉和煙草

由表 10-10 可知，銷往蒙古地區的茶所占比例高達36.73%，過去都認為蒙古人喜歡喝磚茶，其茶由張家口銷往庫倫。但是，蒙古人飲茶有社會階層之區分。階層高的王公，用蓋碗細瓷喝上品的茶葉，如珠蘭茶、松蘿茶、白豪茶、黃茶等；下層民眾則用木碗喝磚茶。[58] 北京銷售茶葉的商鋪在安定門、德勝門附近的商鋪有：大新茶葉莊，交道口北路西 118 號。又新茶莊，安定門大街路西姑姑寺北。同泰茶葉發莊，安定門內大街路西 39號。元興號茶葉店，德勝門內菓子市路南。正茂號茶葉店，德勝門內菓子市路北。同昌茶店地安門外，煙袋斜

---

58　〈買東西賬〉，文化部蒙藏文化中心藏蒙古國家檔案局檔案，編號 015-001，頁 1-25。在商人的帳冊中亦有黃茶，每包 0.01兩，一箱 10.05兩。帽盒茶每簍 1.2兩、磚茶一箱 9兩，每箱有 21塊茶磚。

街 12 號。[59] 永和義在 1920 年的《實用北京指南》記載
為雜糧店，位於地安門內內府庫大街。[60] 永和號位於東
珠市口半壁街，販售皮貨、針線。在大柵欄的鋪子販賣
茶葉。[61]

　　北京經營煙草業大多為山西人，最初祇製煙葉、普
通稱為旱煙。當營業極盛時期，大小商店凡四百餘家。
大商鋪專售煙品兼售檳榔砂仁，小商鋪兼營銀錢兌換之
副業。煙葉種類有1. 關東煙產於吉林，分片菸、把菸、
柳菸三種。2. 易州煙產於河北易縣，分城園、西園、山
園、西山、板菸、柳菸六種。3. 昌平煙產於昌平縣，分
大菸、蓬菸、板菸、柳菸四種。4. 山東煙產於沂水、濰
縣、兗州、泰安，分菸葉、菸毛兩種。5. 四川煙，名金
堂葉子，可仿造呂宋煙。6. 白葉子產於湖廣。7. 錠子
煙，產於湖南。8. 蘭花煙，產於福建。[62] 乾隆44 年〈河
東煙行會館碑記〉記載43 年因易州煙莊的牙儈為奸，煙
行的交易停頓一年，後改定章程。可知，北京的煙草商
到易州收購煙草。[63]

---

59　北平民社編，《北平指南》（北京：商務印書館，1929），頁
　　20-21。

60　徐珂編，《實用北京指南》，頁 96；姚祝萱，《北京便覽》，
　　頁 58。

61　徐珂編，《實用北京指南》，頁 57、80、116、119。

62　池澤匯等編纂，《北平市工商業概況（一）》，收入《民國史料
　　叢刊》，第 571冊，頁 419-420。

63　佐伯有一、田仲一成、濱下武志、上田信、中山美緒編註，《仁
　　井田陞博士輯北京工商ギルド資料集》，第 5集，頁 898-899。

　　梁四寶、張新龍研究山西曲沃種植煙草,行銷北京、蒙古地區。曲沃曬煙業外銷分東路、西路、南路、北路4條管道。北路是它的主要外銷管道。到了清代,曲沃曬煙的銷售逐漸形成了以曲沃為煙絲生產基地,以平遙為集散中心。以魁泰號等煙坊生產的品牌煙為主導,走出山西,邁出國門。從張家口經多倫到呼倫貝爾的關東商以及從庫倫直接到恰克圖,再經西伯利亞進入莫斯科、彼得堡的旅俄商。山西、陝西大商以煙草為貨者,有九堂十三號。每堂資本出入,歲十餘萬金。到乾隆35年,北京銷售曲沃煙草的河東煙商已達539家。[64] 乾隆32年稱為臨汾東館。山西臨汾商人建立臨汾西館。[65]

　　天義成為典型的雜貨鋪,開店的地點多。1920年的《實用北京指南》記載,天義成的乾鮮果行在正陽門外果子市、煙鋪在崇文門外小市口。[66] 乾鮮果行、煙鋪應與蒙古貿易有關。〈外館雜貨行商會〉記載天源成執事人李寶錕,與隆茂號執事人李寶鐩、瑞成壹執事人李寶興的行輩相同,應有親戚關係。義成永為重要的旅蒙商號, 1923年《北京便覽》記載於護國寺東口外開設紙烟莊(兼洋貨煤油)。[67]

---

64　梁四寶、張新龍,〈明清時期曲沃煙草的生產與貿易〉,《中國經濟史研究》,2007年第3期,頁42-50。

65　李華編,《明清以來北京工商會館碑刻選編》,頁21。

66　徐珂編,《實用北京指南》,頁110、121。

67　姚祝萱,《北京便覽》,頁82。

　　陳籙提到呈獻鼻煙壺為蒙古人見面禮，「無論男女長幼，見面必行此禮。各出所藏以奉，受之者將壺近鼻微嗅，即還之。往往壺中無煙，彼此以空壺交換為禮。」[68] 蒙古人有聞鼻煙的嗜好，外館的芳蕙齋鼻煙鋪的顧客都是從喀爾喀來的蒙古人。製作鼻煙壺的材料以瑪瑙、珊瑚為主體，清朝多製為鼻煙壺、民國以後多製為玩物或裝飾品。[69] 昇寅〈戈壁道中竹枝詞云〉：「皮冠冬夏總無殊，皮帶皮靴潤酪酥。也學都門時樣子，見人先遞鼻煙壺。」可見此物在蒙古之流傳。[70]

## （二）綢緞和布疋

　　馬鶴天提到庫倫奢侈風氣很盛，差不多男女人人都有狐皮帽或貂皮帽，價最少的十幾元，多的百數十元。皮靴最少的十幾元，多的數十元。男女多旗袍綢腰帶，每條腰帶少的十幾元，多的數十元。[71] 民國年間蒙古王公不復存在，仍保留身繫絲綢腰帶的習俗，因此綢緞在蒙古還有銷路。義順成是重要的旅蒙商號。1920年的《實用北京指南》記載此商號於於打磨廠和東四牌樓東路北兩處，開設縷帶鋪。[72]

---

68　陳籙，《止室筆記・駐紮庫倫日記》，第二種，頁93。

69　池澤匯等編纂，《北平市工商業概況（一）》，頁41。

70　方濬師，《蕉軒隨錄・續錄》（北京：中華書局，1985），卷6，頁227。

71　馬鶴天，《內外蒙古考察日記》，頁105。

72　徐珂編，《實用北京指南》，頁60。

　　北京的綢緞業、在清朝鼎盛時期已負榮譽，都人士女，服尚精美，凡東南絲織物之極品，悉數北來號曰京莊。李華討論北京綢緞等絲織品來自江寧、蘇州、杭州。[73] 1923 年《北京便覽》記載，販售綢布雜貨的外館商號有通和堂、榮吉號、義合成、萬慶號、福來號、蔚成厚。萬慶號是典型的外館商號，位於安定門黃寺旁，販賣綢布雜貨。[74] 隆興和 1923 年《北京便覽》記載為洋貨莊，位於外館駱駝橋北。[75] 蔚成厚 1923 年《北京便覽》記載位於宮牆東，係外館的洋貨莊。[76] 駱駝橋位於寶善橋東北，南對建國北路，俗名樂渡橋、落渡橋。清時有絲織品專用裝船埠頭，每日在此裝運綢緞經東河外運，來往船隻川流不息。萬盛號經營縧帶、瓷器等。1920 年的《實用北京指南》記載此商號位於東華門內大街，為縧帶舖舖。[77]

　　18 世紀旅蒙商攜帶至蒙古的貨物，以棉織品和絲織品為輸出品首位，其次是生絲、冰糖、煙草、茶葉、八

73　李華編，〈前言——明清以來北京的工商業行會〉，收入《明清以來北京工商會館碑刻選編》，頁 14。

74　姚祝萱，《北京便覽》，頁 148。此外，位於安定門內大街販售箋紙，頁 18。

75　姚祝萱，《北京便覽》，頁 148；〈駱駝橋〉，「互動百科」，http://www.baike.com/wiki/%E9%AA%86%E9%A9%BC%E6%A1%A5，檢索日期：2019 年 6 月 11 日。

76　姚祝萱，《北京便覽》，頁 7。

77　在正陽門外東小市開瓷器店。徐珂編，《實用北京指南》，頁 60、70；姚祝萱，《北京便覽》，頁 102、128。另有手車舖、估衣舖、軍刀舖三家店舖可能旅蒙商品無關。

角、茴香和帷幔。李華討論北京的布疋，有松江布，以及他來自山東和直隸高陽的布疋。北京銷往蒙古的布疋，其產地可分以下幾種。

第一、京布。「京布」是北京染的布。京靛藍布，南來細布在京染的為之京靛。[78] 阿‧科爾薩克提到各種顏色總是混合搭配裝在一捆裡並且不允許從中挑選。這段描述可證明這布為「三色小京布」，它以數百萬俄尺的數量出現在俄國貿易的各主要市場上。[79] 三色小京布亦銷往蒙古地區，每甬價格 3 兩。

第二、兩湖布。劉秀生的研究提到運到口外的布有來自湖北德安府出產棉布長 33 尺、寬 1.5 尺的大布，細薄如綢。山西商人收購，稱為邊布，專門銷往塞北。雲夢縣是湖北布銷往塞北的中轉站，該縣城內寬間屋宇多賃山西布商作寓，聞之故老云：西客來處販布，必經雲城改捆，捆載出疆，歷遠不變色。不由雲城改捆，一至河南渡黃河，布多霉暗。[80] 嘉慶 24 年北京〈重修先翁廟碑記〉在湖北漢口募化銀 300 兩，可以說明布商在漢口採買布疋。[81]

第三、上海布。上海梭布較京布細緻，且染色也藝

---

78 〈當譜集‧乾隆二十四年抄本〉，收入國家圖書館古籍文獻叢刊，《中國古代當鋪鑑定秘籍》，頁 117。

79 阿‧科爾薩克著、米震波譯，《俄中商貿關係史述》，頁 58。

80 劉秀生，〈清代棉布市場的變遷與江南棉布生產的衰落〉，《中國社會經濟史》，1990年第 2 期，頁 58。

81 李華編，《明清以來北京工商會館碑刻選編》，頁 7。

高一等。〈當譜集〉載，大凡色之奪魁者，紅色頭等是南紅，南邊染的，次等是（河北）南宮縣。皂青京師染高者也，蘇色以藍為高。還有一種是南毛藍布，是蘇州染的，其形細而軟。其色鮮而翠，又名曰對子藍。[82] 雜色毛布價格是小京布的兩倍，每甬6兩，加長毛布每甬9兩。

北京布鋪如天聚興在 1923 年的《北京便覽》記載其位於崇文門之布巷子，販售為呢絨洋貨。[83] 永聚祥在 1923 年《北京便覽》記載為洋貨莊，位於布巷子增盛店。義合成亦為外館之洋貨莊。[84] 1921 年張家口調查報告提到義合成為庫倫莊碎小鋪。[85] 榮吉號 1923 年《北京便覽》記載，係外館的洋貨莊。廣義號 1923 年《北京便覽》記載，係外館的洋貨莊，在布巷子增盛店。[86]

北京外館商會之一同和義在 1923 年《北京便覽》記載為成衣鋪，位於西城區石駙馬溝沿。[87] 義成永為重要的旅蒙商號，此商號於堂子胡同開設成衣鋪。義順成也是重要的旅蒙商號，此商號於馬市大街翠花胡同開設成

---

82　〈當譜集‧乾隆二十四年抄本〉，收入國家圖書館古籍文獻叢刊，《中國古代當鋪鑑定秘籍》，頁 119-120。

83　在 1914 年《新北京指南》是位於廊房頭條的金店。擷華編輯社，《新北京指南》（北京：擷華書局，1914），頁 2-2；姚祝萱，《北京便覽》，頁 86。

84　姚祝萱，《北京便覽》，頁 145、頁 148。

85　小西茂，《張家口事情》（東亞同文會，1921），頁 34。

86　姚祝萱，《北京便覽》，頁 147-148。電話 1650。

87　1920 年的《實用北京指南》記載此商號位於阜成門內路南，為羅圈鋪。徐珂編，《實用北京指南》，頁 132；姚祝萱，《北京便覽》，頁 96。

衣鋪。東珠市口蘇家坡開設皮貨局。於打磨廠和東四牌樓東路北兩處，開設縧帶鋪。天義成為縧帶鋪在廊房頭條、梳篦鋪在崇文門外四條，應該與蒙古的服飾、頭飾相關的商品。[88]

北京人在庫倫經營成衣鋪也特別多，公義成衣鋪、張廷智成衣鋪、趙如山成衣鋪、成衣鋪義順成，經營者皆來自直隸懷安縣。[89] 民國年間庫倫的靴鋪有珍德順、四合成、元昇永、永發魁、積泉順、雙義全。馬鞍鋪有義聚合、晉泰明、天德永、三興成、和合美。[90]

## （三）宗教與日常用品

清代安定門外的外館地方，銅店聚集，造銅器及銅質佛像頗為馳名，專銷內外蒙。蒙古人信仰佛教，到北京採購佛像或銅器。因此，安定門外之外館地方銅店聚集，造銅器及銅質佛像頗為馳名專銷於內外蒙。該業中之開設最早資本頗厚者、為萬昌、洪順、雙聚生、同順合、和豐諸家。[91] 雍和宮為蒙古來京朝覲之地，商賈雲集。《實用北京指南》更細分白銅鋪北天成在安定門內路東、黃銅鋪泰德號在安定門大街、銅錫店有：鴻興號

---

88　徐珂編，《實用北京指南》，頁 54、59、60、64。
89　文化部蒙藏文化中心藏蒙古國家檔案局檔案，編號 081-029，頁 0155-0163。
90　陸世莢，〈庫倫商業報告書〉，《中國銀行業務會計通訊錄》，頁 9-36。
91　池澤匯等編纂，《北平市工商業概況（一）》，頁 137、444-445。

在安定門大街，泰德公、德順號在安定門路東。[92] 安定
門靠近雍和宮，蒙古人到雍和宮進香，順便採辦銅製佛
像或供器。香舖則在德勝門外路東、凌雲閣在德勝門內
大街。[93]

　　民國8年之〈外館雜貨行商會〉永聚和於1920年的
《實用北京指南》記載此商號位於崇文門外上四條，是
白銅首飾店。位於打磨廠開設洋爐舖。[94] 隆聚和1920年
的《實用北京指南》記載此商號位於三府菜園，今宣武
區三富胡同舊稱，係包金作。位於打磨廠開設紅銅舖。[95]
義順成是重要的旅蒙商號。1920年的《實用北京指南》
記載此商號於正陽門外東大市開設銅錫店。義順成也是
重要的旅蒙商號。1920年的《實用北京指南》記載此商
號於正陽門外東大市開設銅錫店。1923年《北京便覽》
記載於西珠市口宣武門內大街，開設洋爐舖。西珠市口
開設銅鐵工廠。[96]

　　氍毹是北京的特產，乾隆54年，有六字號每售氍毹
一匹，施銀一錢。至嘉慶2年共得銀二千三百餘兩，遂
於煤市街小椿樹胡同南，購民房一所。出銀六家字號：

92　徐珂編，《實用北京指南》，頁38-39。
93　姚祝萱，《北京便覽》，頁142。
94　徐珂編，《實用北京指南》，頁63、69；姚祝萱，《北京便覽》，
　　頁110、131。
95　徐珂編，《實用北京指南》，頁15、38；姚祝萱，《北京便覽》，
　　頁119、189。
96　徐珂編，《實用北京指南》，頁 39；姚祝萱，《北京便覽》，
　　頁131、184。

義興號出銀 536.5 兩、永興號出銀 529.3 兩、大成號出銀
433.9 兩、大順號出銀 453 兩、義成號出銀 176 兩、義和
號出銀 184.1 兩。[97] 蒙古地區天氣冷，以氈布為門簾。
北京的氈簾鋪，冬天賣氈係羊毛氈，夏天賣簾係竹板簾、
通俗統稱為冷熱貨。德興成 1920 年的《實用北京指南》
記載此商號於朝陽門內大街北開設氈簾鋪。[98] 氈簾鋪永
順德在德勝門外大街東、義聚興在德勝門內果子市東路
南。義聚興也是毛氈局，其附近寶祥號屬毛氈局。[99]

　　蒙古人是騎馬民族，北京供應蒙古人所需的馬鞍、
馬蹬等騎射用品的店鋪頗多。如永聚成於 1920 年的《實
用北京指南》記載此商號位於東珠市口，開鐵鋪、位於
打磨廠開設鞍（鞊）鋪。[100] 德興成 1920 年的《實用北
京指南》記載此商號於東安市場開設紙花店；朝陽門內
大街北開設氈簾鋪；騾馬市開設米莊；崇文門外大街東
開設羅底局。1923 年《北京便覽》還記載該商號在於長
巷上二條開設景泰琺瑯鋪。[101] 德興成經營的商業與蒙古
有關的氈簾鋪，羅底局應該是運輸貨物的包裝用品。德
聚泰於 1921 年張家口調查報告提到該商號為庫倫莊碎小

97　李華編，《明清以來北京工商會館碑刻選編》（北京：文物出版
　　社，1980），頁 89-90。
98　徐珂編，《實用北京指南》，頁 72。
99　姚祝萱編，《北京便覽》，頁 133-134。
100　徐珂編，《實用北京指南》，頁 40、128；姚祝萱，《北京便覽》，
　　頁 117、121。
101　徐珂編，《實用北京指南》，頁 63、72、98、132；姚祝萱，《北
　　京便覽》，頁 21、62、111、134、137。

鋪。[102] 所謂碎小鋪顧名思義店鋪規模較小。德義永在嘉慶10年的張家口〈重修市台關帝大字碑記〉捐銀50兩。永順德位於東四附近的弓箭大院，為琢磨玉石作。又，位於德勝門外大街東，開設氈簾鋪。在新街口南大街開設鮮果店。[103] 外館雜貨行商會中永順德執事人李元順、永盛德執事人李元隆、西永盛德執事人李元盛的排行相同，應有親戚關係。《都門雜記》提到耍貨市，百貨具備堆積如山，在德勝門內大街。[104]

## 四、北京商號買進的貨品

從蒙古販賣到北京的貨品有最大宗為羊毛、駝毛、老羊皮、山羊皮、羔羊皮、牛馬羊、騾子牲畜、麝香、鹿茸、黃芪、蘑菇、黃油以及茶、墨晶石等。

### （一）牲畜

清乾隆年間，蒙古王公來京進貢多用馬匹，所進之馬每百倍其數以備挑選，凡不中選者即就地售與商民，為負重或耕地之用。於是經紀其事者，因而開設行店成為專業。北京之騾馬行店，由店招待經售抽取佣金。馬之產地以喀爾喀蒙古與察哈爾為大宗，產於蒙古最上品

---

102 小西茂，《張家口事情》，頁 34。
103 徐珂編，《實用北京指南》，頁 15、72、109；姚祝萱，《北京便覽》，頁 47、133、188。
104 徐永年增輯，《都門雜記》，頁 337。

為齊齊罕與俄連界，其地所產之馬，極為西人所贊賞，察哈爾次之，其他各地又次之。從前蒙古王公素與各商相善每年進貢即住外館，所帶馬匹亦皆由此地分發於驟馬行代為銷售。[105] 據仁井田陞蒐集資料，驟馬業同業公會地址在德勝門外。公會匾額稱：「驟馬業創始於清季咸豐間，經有百餘年歷史。」驟馬來自蒙疆地區。[106] 隆茂號在 1914 年《新北京指南》是位於前門大街路東的錢莊。1920 年的《實用北京指南》記載此商號於驟馬市開設糧局。[107] 福生號 1923 年《北京便覽》記載位於校場，係糧店。[108]

## （二）皮張

蒙古的獸類有虎、豹、熊、狼、湖、兔、狸、獺鼠、栗鼠、軍鼠、野馬、野驢。而以麋鹿、羚羊、山羊三種最多。軍鼠實為土撥鼠，毛短常棲息洞穴中。蒙古人捕獲野兔，其肉輸往北京，為蒙古輸出品之一。[109] 蒙古皮貨羊毛與駱駝毛產額最多，為海外輸出品之一。北京的

---

105 池澤匯等編纂，《北平市工商業概況（二）》，收入《民國史料叢刊》，第 572 冊，頁 641-643。

106 佐伯有一、田仲一成、濱下武志、上田信、中山美緒編註，《仁井田陞博士輯北京工商ギルド資料集》，第 6 集，頁 1327-1328。

107 擷華編輯社，《新北京指南》（北京：擷華書局，1914），頁 2-1；中華圖書館編輯部，《北京指南》（上海：中華圖書館出版，1916），頁 1-2；徐珂編，《實用北京指南》，頁 94。

108 姚祝萱，《北京便覽》，頁 57。

109 王泰鎔，〈蒙古調查記〉，《東方雜誌》，第 7 期（1908），頁 1-8。

旅蒙商人和號、福來號、通和號、義和厚都經營毛皮、
馬匹生意。

　　民國 21 年（1932）穆學熙等調查北平市各種皮貨
業，約共 440 家，有兩個工會，一細毛皮貨同業公會；
一老羊皮貨同業公會，前者店員約七千餘人；後者店員
共約二千餘人，兩者共工人一萬人。外蒙獨立後，北方
皮貨缺乏來源，皮商萎頓。[110] 庫倫出產羊毛為大宗，全
年產量約一千萬斤，價約二百萬兩。羊皮有二百萬張、
價十二萬兩。

表 10-11　庫倫出售至北京、張家口的貨物 [111]

| 品名 | 產地 | 全年產量 | 價值（兩） | 備註 |
|---|---|---|---|---|
| 羊毛 | 圖車三札四盟 | 一千萬斤 | 二百萬 | 在清末最盛時，量加此四成而價較高 |
| 駝毛 | 圖車三札四盟 | 二百八十萬斤 | 七十八萬 | 盛時量減此二成，而價較高 |
| 羊皮 | 圖車三札四盟 | 二百萬張 | 十二萬 | 盛時量加此一成，而價較高 |
| 牛馬皮 | 圖車三札四盟 | 六萬張 | 二十四萬 | 盛時量減此一成，而價較高 |
| 狼皮 | 圖車三札四盟 | 二萬張 | 十一萬 | 盛時量加此一成，而價較高 |
| 灰鼠皮 | 圖車三札四盟 | 十萬張 | 三萬 | 盛時量加此一成，而價較高 |
| 鹿茸 | 圖車三札四盟 | 一百對 | 八千 | 盛時量減此三成，而價較高 |
| 黃芪 | 圖車三札四盟 | 六萬斤 | 八萬六千 | 盛時量減此一成，而價較高 |
| 蘑菇 | 圖車三札四盟 | 十四萬斤 | 七萬 | 盛時量減此二成，而價較高 |

110 池澤匯等編纂，《北平市工商業概況（一）》，頁 195-203。
111 陸世莢，〈庫倫商業報告書〉，《中國銀行業務會計通訊錄》，頁 13-14。

　　蒙古盛產皮張，種類繁多。北京經營皮貨行業多，外館的雜貨行往蒙古運貨做買賣，皮貨就是必帶的貨品。外館大成永皮貨鋪是直隸棗強人鄭大成於同治年間開設。[112] 1920 年《實用北京指南》記載的皮貨店增加數十倍。在大蔣家胡同有萬盛德等 2 家。小蔣家胡同有魁元永。東珠市口中間有德記號等 3 家。東珠市口西湖營有義順興等 4 家。東珠市口冰窖胡同有崑成玉。東珠市口東三里河有慶裕恒。東珠市口大市有源順號等 89 家。東珠市口蘇家坡有寶和成等 7 家。東珠市口大市有永義成等 21 家。[113] 細毛皮貨店集中在前門大柵欄、東珠市口、大小蔣家胡同、東西半壁街。[114]

　　清朝制定宮廷、王公、文武百官的冠服制度，冬季的服飾特別使用毛皮種類來顯現文武百官等級差異，蒙古王公穿著符合身分的毛皮，另方面也為禦寒目的。馬鶴天提到蒙古人過年，無論貴賤男女人人預備美帽一頂，多者百數十元，少者或數十元。如貂皮帽，僅皮價 80 元，手工需 5 元，緞面等在外合計近百元。[115]

## （三）其他

　　旅蒙商賣蘑菇的商號有天豐厚的商鋪，其相關的

---

112 王永斌，《北京的關廂鄉鎮和老商號》，頁 73-74。
113 徐珂編，《實用北京指南》，頁 239-241。
114 池澤匯等編纂，《北平市工商業概況（一）》，頁 194。
115 馬鶴天，《內外蒙古考察日記》，頁 261。

商鋪天豐益、天豐義兩家在東珠市口、天豐成東茶食胡同，並有聚義公。其他福源在抽分廠、巨泰永在興隆街中間、廣慎厚在菜市口東大街、巨太在東珠市口。民國18 年崇文門稅關記載，該年進口蘑菇34,024 斤、凍蘑20,480 斤。[116]

　　茶晶、墨晶以蒙古產著。[117] 聚豐齋晶石眼鏡鋪從蒙古庫倫進茶、墨晶石，製作成眼鏡片。庫倫的茶、墨晶石眼鏡片顏色為茶色中稍有黑色，顏色正。山東嶗山出產茶、墨晶石眼鏡片是茶色中有淺黃頭，不如庫倫的茶、墨鏡片。聚豐齋晶石眼鏡鋪專門賣庫倫出產的茶、墨眼鏡片，其眼鏡主要賣給外館各雜貨行運往蒙古，賣給蒙古人。他們不交現錢，而是年終算帳付款。[118]

## 五、結論

　　北京和庫倫相距五千里，北京商鋪的角色是做為總號，專司運轉貨物、通報消息等事，並設分莊於外蒙各大埠，如庫倫、烏里雅蘇臺、恰克圖、科布多、烏梁海等處，設櫃安莊，發賣貨物。總結北京旅蒙商的特色如下：

　　第一、從北京工商會館碑刻資料可以看到這些商號出現在乾隆、嘉慶年間，旅蒙商分布在北京城的特定區域，如德勝門外的牲畜店、氈靴鋪、馬鞍鋪；德勝門內

---

116 池澤匯等編纂，《北平市工商業概況（一）》，頁 382。
117 池澤匯等編纂，《北平市工商業概況（一）》，頁 38。
118 王永斌，《北京的關廂鄉鎮和老商號》，頁 73-74。

有果子市，糖坊、乾鮮果行、煙鋪等集中此地。茶葉鋪
分布在德勝門外路或丁字街附近。

北京的商號在庫倫的分號多。阿‧馬‧波茲德涅
耶夫提到庫倫生意興隆的北京商號通常都設法開幾個鋪
子。如通和號有北通和、南通和、東通和三家分號。人
和厚有中人和厚、東人和厚、西人和厚三家分店。人和
義有中人和義、南人和義兩家分號。隆和玉有東隆玉、
西隆和玉。福來號有南福來號、北福來號兩家分號。東
富有另一分號為南富有，又成立富有通。長興厚有南長
興厚、北長興厚。商號推薦新的夥計往往需要親戚作保，
這在庫倫的檔案是很常見。[119]

第二，北京商號的股東親自到庫倫經商，不像山西
商號大多由夥計經營。舉例來說，萬盛京的第一任執事
人錢匯，至陸世炗的股東為錢月如，應是錢匯的後人。
通和號首位執事人呂發成至民國的股東呂純風應同族
人，光緒19年（1893）增添北通和號的執事人為呂峻德。
福來號在光緒12年的股東龔步瀛，至民國4年仍同一人。
東富有股東石永壽在光緒34年成立富有通，執事人為石
子玉，宣統2年（1910）執事人換成石振聲或許為石永
壽族人。其次，北京商號的夥計都來自直隸地區。東通

---

119 參見賴惠敏，〈清政府對恰克圖商人的管理（1755-1799）〉《內
蒙古師大學報》，第41卷第1期（2012年1月），頁 39-66；〈山
西常氏在恰克圖的茶葉貿易〉，《史學集刊》，2012年第 6期，
頁 33-47。

和股東呂發成為棗強縣人，夥計多數亦來自棗強縣。隆和玉之夥計多數來自直隸饒陽縣。

　　第三、北京商人也到烏里雅蘇台、科布多等處貿易。北京商號永聚成，在科布多做好幾年生意，並在城內開一家店鋪。其他的北京人都沒有自己的店鋪，主要是在臨時租用的客店裡做買賣。北京店鋪裡隨時都有新的好貨，但在科布多的貨物價格比北京貴 75%，而烏里雅蘇台的貨物則比北京貴 35%。[120] 畢晴帆從庫倫到烏里雅蘇台去，烏城新升永號王執事，及恒和義號宋商人也請求隨同行。說明這些北京商號在烏里雅蘇台也有分莊。不過，北京和蒙古地區的商號名稱往往不一致，譬如大興裕在蒙古各地名的商號稱為永興恒。[121]

　　民國時期北平工商業衰弱原因在於外蒙向為牲畜、皮革、皮貨、茶晶等品之來源地，而內地之綢緞、布疋、玉器、油漆、鼻煙、火柴、銅鐵錫器，及其他服用之品，亦以外蒙為大銷場。乃自外蒙獨立後，一切交易為之隔絕，北平市之工商大有影響。

---

120 阿・馬・波茲德涅耶夫著，劉漢明等譯，《蒙古及蒙古人》，第 1 卷，頁 344-345。
121 畢庶遠，〈蒙行隨筆〉，收入，《中國邊疆行記調查記報告書等邊務資料叢編（初編）》，第 22 冊，頁 277、288。

## 附錄 10-1　北京外館商號鋪戶名稱與執事人

| 鋪號 | 執事人 | 鋪號 | 執事人 | 鋪號 | 執事人 | 鋪號 | 執事人 | 鋪號 | 執事人 | 鋪號人 | 執事人 |
|---|---|---|---|---|---|---|---|---|---|---|---|
| 人和厚 | 李永愷 | 永盛德 | 李元隆 | 信通號 | 李光祿 | 隆興和 | 李逢征 | 義順成 | 高德路 | 廣茂亨 | 郝金城 |
| 三和義 | 李曉林 | 永順德 | 姜順 | 保興德 | 金寶豐 | 順成合 | 葛元亮 | 義聚公 | 范和元 | 廣源堂 | 于秉長 |
| 大義興 | 劉汝霖 | 永順德 | 李元順 | 厚德堂 | 紀榮茂 | 新升永 | 趙長鎖 | 義聚永 | 王珍 | 廣聚豐 | 郝延年 |
| 大興玉 | 劉繼恒 | 永瑞號 | 廖斌 | 茂盛成 | 郭德福 | 新升和 | 宋介賓 | 義聚成 | 徐士杰 | 廣慶豫 | 曹文慶 |
| 中和益 | 孟宗漢 | 永義劉 | 劉俊 | 恒升號 | 王文仲 | 新升慶 | 田瑞生 | 義聚恒 | 王益齋 | 德合成 | 宋德成 |
| 仁和\襲記 | 襲永壽 | 永聚成 | 陳銓 | 恒和義 | 李春和 | 楊順生 | 李有堂 | 裕元西 | 邊英魁 | 德成和 | 劉純忠 |
| 元生和 | 張秉鈞 | 永聚和 | 高凌雲 | 恒隆厚 | 李毓齡 | 源利號 | 溫爾謙 | 裕德厚 | 趙榮 | 德信慶 | 馮書泉 |
| 元聚益 | 毛儒珍 | 永聚祥 | 李海 | 恒義元 | 張順義 | 源昌恒 | 李彭年 | 榮升玉 | 齊玉峰 | 德祥厚 | 王丕祥 |
| 元增和 | 徐鵬瑞 | 永聚隆 | 劉維炳 | 恒德厚 | 袁錫慶 | 瑞誠壹 | 李寶興 | 榮升號 | 李德海 | 德順長 | 閻文漢 |
| 公義合 | 何煥文 | 吉祥號 | 李寬 | 恒興和 | 馮憲文 | 瑞德通 | 趙聯喜 | 榮吉號 | 侯呈祥 | 德義永 | 王德海 |
| 天和瑞 | 馬瑞庭 | 同和義 | 岳友林 | 通和堂 | 呂俊德 | 萬盛號 | 彭斌 | 榮盛祥 | 謝秉和 | 德榮祥 | 胡鳴岐 |
| 天昌厚 | 許景山 | 同益祥 | 石振宗 | 通發長 | 史長來 | 萬義公 | 郭承恭 | 福升號 | 許占元 | 德聚厚 | 張永鐸 |
| 天源成 | 李寶錕 | 同聚興 | 錢潤古 | 富盛永 | 李生華 | 萬福源 | 李錫疇 | 福生號 | 王士林 | 德聚泰 | 賈需 |
| 天義成 | 高士惠 | 西天聚德 | 閻潤山 | 富順成 | 石國梁 | 萬億號 | 楊文煥 | 福來號 | 鞏步峰 | 德興成 | 李春成 |
| 天聚興 | 劉輝普 | 西永盛德 | 李元盛 | 富聚合 | 殷金水 | 萬慶號 | 沈昆 | 福和號 | 張鄷柱 | 德興厚 | 安萬景 |
| 天德厚 | 董世瑢 | 西永瑞 | 廖文治 | 富興昌 | 屈永富 | 義元成 | 周文翰 | 福聚永 | 王文德 | 慶和榮 | 薛起鳳 |
| 天慶豫 | 王扎喜 | 西萬明堂 | 楊振毅 | 復和公 | 劉坦 | 義和公 | 殷端 | 聚成祥 | 王彥濱 | 慶昌玉 | 李樹棠 |
| 天豐厚 | 石振惠 | 宏義順 | 陳德名 | 復和信 | 武玉容 | 義生泰 | 張淵 | 聚順和 | 李成祥 | 慶祥瑞 | 張興祿 |
| 世成永 | 董殿安 | 志仁永 | 李書堂 | 復和誠 | 張存誠 | 義合成 | 曾瑞祿 | 聚順德 | 王明 | 蔚成厚 | 張文煥 |
| 北義成 | 王永安 | 志誠號 | 張志安 | 隆升玉 | 劉秀陵 | 義成永 | 張昆 | 聚源長 | 沈慶 | 興盛合 | 常德興 |
| 永生和 | 宋淑身 | 協聚豐 | 李玉璠 | 隆昌玉 | 張文魁 | 義成永 | 段明錦 | 聚源長元 | 石振銘 | 興順永 | 常順 |
| 永和義 | 康安 | 忠厚信 | 孟繼善 | 隆茂號 | 李寶鐉 | 義和厚 | 梁立堂 | 聚億榮 | 李榮福 | 瑞豐 | 王文貴 |
| 永和號 | 王匯 | 東富有 | 石永壽 | 隆源玉 | 魏福生 | 義昌和 | 常偉堂 | 聚德厚 | 催占元 | 萬明堂 | 楊振宗 |
| 永泰義 | 王長 | 長泰美 | 張博興 | 隆聚和 | 馬萬清 | 義昌恒 | 李潤芳 | 增盛趙 | 趙聯膏 | 廣義號 | 李殿忠 |
|  |  | 長興厚 | 劉允章 | 隆增玉 | 李芳春 | 義順合 | 金英俊 | 增興永 | 廖增延 | 廣聚興 | 郭承信 |

（原載於《中國邊疆史地研究》，2016 年第 3 期）

民國論叢 03

# 城市指南與近代中國城市研究

Finding Urbanity:
Guidebooks and the Study of Modern
Chinese Cities

作　　者　巫仁恕（中央研究院近代史研究所
　　　　　城市史研究群）主編
總 編 輯　陳新林、呂芳上
執行編輯　林弘毅
封面設計　陳新林
排　　版　溫心忻

出 版 者　　開源書局出版有限公司
　　　　　香港金鐘夏愨道 18 號海富中心
　　　　　1 座 26 樓 06 室
　　　　　TEL：+852-35860995

　　　　　民國歷史文化學社
　　　　　10646 台北市大安區羅斯福路三段
　　　　　　　　37 號 7 樓之 1
　　　　　TEL：+886-2-2369-6912
　　　　　FAX：+886-2-2369-6990

銷 售 處　　涎流成文化 股份有限公司
　　　　　10646 台北市大安區羅斯福路三段
　　　　　　　　37 號 7 樓之 1
　　　　　TEL：+886-2-2369-6912
　　　　　FAX：+886-2-2369-6990

初版一刷　2019 年 6 月 28 日
定　　價　新台幣 550 元（精裝）
　　　　　港　幣 140 元（精裝）
I S B N　978-988-8637-03-4（精裝）
印　　刷　長達印刷有限公司
　　　　　台北市西園路二段 50 巷 4 弄 21 號
　　　　　TEL：+886-2-2304-0488